风帆游艇设计原理

[瑞典]拉尔·拉尔森　罗孚·埃利亚森　麦克·奥瑞驰　著
(Lars Larsson　Rolf E Eliasson　Michal Orych)

[加拿大]张万波　译

HEUP 哈尔滨工程大学出版社

黑版贸审字 08 - 2017 - 018 号

内容简介

本书以一个新设计的40英尺巡航游艇的设计全过程为例来验证了游艇设计理论的实践应用。从游艇设计的技术规格书开始,作者介绍了众多的设计应用:线型和计算机辅助技术设计船体几何形状,静水和波浪的水力学和稳性计算,船体、龙骨和舵的设计,船帆的空气动力学和对帆的影响结果,如何找出游艇的平衡,选择正确的螺旋桨和主机,高速动力艇的特殊水动力,帆装游艇和动力游艇的结构设计,作用在船体和帆具上的载荷及其计算方法,以及玻璃钢及夹芯层压板的应用等。书中还给出了如何优化总布置中的艉阱、甲板、舱室,并推导了游艇的完全质量计算过程。

本书可供游艇设计工程师、船舶建造专业学生参考,也可供游艇爱好者阅读。

图书在版编目(CIP)数据

风帆游艇设计原理/(瑞典)拉尔·拉尔森,(瑞典)罗孚·埃利亚森,(瑞典)麦克·奥瑞驰著;(加)张万波译. —哈尔滨:哈尔滨工程大学出版社,2018.1
ISBN 978 - 7 - 5661 - 1730 - 4

Ⅰ.①风… Ⅱ.①拉… ②罗… ③麦… ④张… Ⅲ.①游艇 - 设计 Ⅳ.①U674.910.2

中国版本图书馆 CIP 数据核字(2017)第 282803 号

选题策划 史大伟
责任编辑 薛 力
封面设计 刘长友

出版发行 哈尔滨工程大学出版社
社　　址 哈尔滨市南岗区南通大街 145 号
邮政编码 150001
发行电话 0451 - 82519328
传　　真 0451 - 82519699
经　　销 新华书店
印　　刷 哈尔滨市石桥印务有限公司
开　　本 787mm × 1 092mm 1/16
印　　张 20.5
字　　数 521 千字
版　　次 2018 年 1 月第 1 版
印　　次 2018 年 1 月第 1 次印刷
定　　价 100.00 元
http://www.hrbeupress.com
E-mail:heupress@hrbeu.edu.cn

中文版前言

中国游艇业方兴未艾，持续发展，但面临诸多挑战，特别是游艇行业缺乏相关教育资料，游艇爱好者、学生和游艇设计师都热切盼望能看到有一定专业技术含量，但是又不晦涩难懂的游艇专业书籍。本书恰当地由始至终贯穿了船舶设计师的观点，而其中涉及的数学知识和各种计算公式又可以为受过普通高中以上教育的读者所掌握，译者认为这是一本非常适合当前中国游艇行业发展的好书。

译者取得了本书主要作者拉尔森先生及 BLOOMSBURY 出版社的授权，进行简体中文版本的翻译工作。

本书原名为《游艇设计原理》，因为书中除了阐述机动游艇的设计，还包含了大量的风帆游艇设计内容，经和作者及出版社商议后，将中文简体译本改名为《风帆游艇设计原理》。

目前本书已经有英语、德语、日语、朝鲜语、西班牙语、意大利语和埃斯托尼亚语版本，在游艇设计领域和游艇制造领域几乎众所周知，是一部非常难得的深入浅出并覆盖全面的教材和指导书。读者按照本书的指导，完全可以理解游艇设计并参与游艇的设计，甚至可以作为自己的游艇设计导师。

本书主要由张万波进行翻译，吴燕红、吴章和陈雁飞等人参加了部分章节的翻译，最后由张万波统一审校。虽然译者长期从事船舶设计、建造和教学研究工作，但是毕竟水平有限，疏漏之处在所难免，请读者给予批评，以便将来再版进行改正。任何关于本书中文简体版内容方面的建议，都可以直接电邮 waveboom@gmail.com 与译者本人联系，欢迎交流指正。

为了中文读者阅读的方便，对比原著，译者给每章增加了小标题序号，并对原著中一些明显的疏漏，比如错误的引用参考图编号等直接进行了修正。

感谢哈尔滨工程大学出版社薛力老师的大力支持，感谢译者家人无私的奉献，感谢哈尔滨工程大学校友会上海分会副秘书长赵辉及张亦斌等人和众多游艇爱好者、网友的热情鼓励和对懈怠的译者进行的持续鞭策，最终才使得本书得以付梓。

张万波

2017 年 2 月于加拿大蒙特利尔

前　　言

第一版《游艇设计原理》于1994年出版，迄今已经出版两个新版，本书被译成过德语、日语和朝鲜语，在美国也出版过特别版。本书第四版中保留了之前版本的结构和主要内容。本书主要的内容覆盖游艇设计的全过程，从设计规格书，水动力和空气动力学设计，结构评估和布置，到最终设计评估。本书对游艇设计的基本概念说明方面进行了加强，书中也包括了足够深度的并和文字分开的设计公式以满足新游艇的设计。这也是目前版本和之前版本的主要区别。YD－41，一个完整的全新设计的现代巡航游艇用以取代之前版本中的YD－40。这样也造成对大多数的图表和书中重要部分的文字进行修订。为了和新的设计联系起来，本书对设计章节中的统计数字进行了彻底的修订，目前这些统计都是基于最近十年的游艇设计。新游艇的第一设计者是Michal Orych，也欢迎他成为本书新版的第三作者。

从第一版以来，本书持续进行了更新，特别是在以下两个区域：基于戴尔夫经验船体系列(DSYHS)的水动力公式；ISO针对风帆游艇的安全性和结构一致性的标准。作者要向DSHYS的主任：Dr. Lex Keuning在这些方面的建议表示感谢。ISO 12217－2适航性标准是在Andrew Blyth主席的领导下开发的，ISO结构标准12215是Fritz Hartz和Gregoire Dolto牵头开发的。在此要感谢他们的支持，以及他们的许可而采用一些尚未正式出版的标准的部分内容。目前版本中，新的阻力公式来自DSHYS，更新了和舵叶及附体有关的ISO 12215标准。

因为从第一版以来，计算流体力学(CFD)有了显著进展，这也反映到了本版本中，也就是在最后一章的扩展部分反映了这些当代的技术。

拉尔·拉尔森
罗孚·埃利亚森
麦克·奥瑞驰
于哥森堡

目　　录

数学符号表 …… 1
转换因子 …… 10
引言 …… 12
第 1 章　设计方法学 …… 15
1.1　设计螺旋线 …… 15
1.2　计算机辅助设计(CAD) …… 16
第 2 章　初步设计考虑 …… 19
2.1　艇型选择 …… 19
2.2　确定用途 …… 19
2.3　主要尺寸 …… 20
2.4　造价 …… 22
第 3 章　船体几何 …… 24
3.1　定义 …… 24
3.2　绘制线型 …… 27
3.3　工具 …… 29
3.4　计算机辅助船体设计 …… 33
第 4 章　静水力学和稳性 …… 36
4.1　面积计算 …… 36
4.2　湿面积 …… 37
4.3　排水量 …… 39
4.4　浮心 …… 40
4.5　水线面面积 …… 42
4.6　小倾角横稳性和纵向稳性 …… 44
4.7　大倾角横稳性 …… 47
4.8　静稳性曲线 …… 48
4.9　横摇 …… 50
4.10　波浪对恢复力矩的影响 …… 52
4.11　稳性统计 …… 54
4.12　适航性评估 …… 55
第 5 章　船体设计 …… 60
5.1　风帆游艇所受的力和力矩 …… 60
5.2　阻力构成 …… 62
5.3　黏性阻力的基本概念 …… 63
5.4　摩擦阻力 …… 65

5.5 黏压阻力 …… 67
5.6 粗糙度阻力 …… 69
5.7 兴波阻力:基本概念 …… 71
5.8 兴波阻力和剩余阻力 …… 74
5.9 横倾阻力 …… 79
5.10 波浪附加阻力 …… 81
5.11 其他耐波性方面 …… 86
5.12 船型统计 …… 87
第6章 龙骨和舵的设计 …… 92
6.1 机翼绕流 …… 92
6.2 龙骨外形定义 …… 94
6.3 经典机翼理论 …… 95
6.4 龙骨梢部形状 …… 99
6.5 游艇的升力和诱导阻力 …… 102
6.6 高级龙骨外形设计 …… 103
6.7 斜龙骨 …… 109
6.8 一些龙骨外形概念的评估 …… 110
6.9 截面定义 …… 112
6.10 三种常用的NACA截面 …… 112
6.11 形状对剖面特性的影响 …… 114
6.12 一些关于截面形状的实践结论 …… 120
6.13 理论截面形状偏差的影响 …… 120
6.14 高级截面设计 …… 123
6.15 龙骨和舵面积的统计数据 …… 124
6.16 YD-41游艇 …… 126
第7章 帆装设计 …… 127
7.1 船帆的绕流 …… 127
7.2 轮廓外形 …… 129
7.3 船帆的拱度 …… 133
7.4 桅杆的干扰 …… 135
7.5 降低桅杆紊流的方法 …… 136
7.6 流线型 …… 138
7.7 帆装空气动力学的实践模型 …… 139
7.8 帆具统计数据 …… 143
第8章 平衡 …… 145
8.1 横倾效应 …… 145
8.2 良好的平衡 …… 146
8.3 水下船体的力作用中心 …… 147
8.4 帆的力作用中心 …… 149
8.5 帆导距 …… 149

8.6 舵平衡 …… 151
第9章 推进和主机 …… 152
9.1 平静和恶劣天气的阻力 …… 152
9.2 推进特性 …… 155
9.3 螺旋桨的优化设计 …… 157
9.4 非优化的螺旋桨特性 …… 162
9.5 叶片区域的校核 …… 164
9.6 推进器阻力 …… 165
第10章 高速水动力学 …… 167
10.1 滑行 …… 167
10.2 艏部升高 …… 170
10.3 滑行船体的受力 …… 171
10.4 防溅条、断级型船底和艉压板 …… 175
10.5 动稳性 …… 177
10.6 其他推进设备 …… 178
10.7 实例 …… 179
第11章 帆装建造 …… 183
11.1 标准的定义和范围 …… 183
11.2 侧支索受力 …… 185
11.3 支索的各种受力 …… 189
11.4 钢索和连接钢杆的比较 …… 191
11.5 桅杆的横向刚度 …… 193
11.6 桅杆的纵向刚度 …… 194
11.7 部分帆装的桅杆顶部 …… 195
11.8 张帆杆 …… 195
11.9 横撑 …… 196
11.10 桅杆上的开孔 …… 197
11.11 游艇 YD－41 的帆装 …… 198
第12章 船体建造 …… 202
12.1 结构力学概念 …… 202
12.2 全局载荷 …… 203
12.3 局部静水力载荷 …… 209
12.4 局部动水力载荷 …… 209
12.5 横向载荷分布 …… 211
12.6 局部变形 …… 212
12.7 龙骨传递的力 …… 213
12.8 搁浅传递的力 …… 215
12.9 舵传递的力 …… 216
12.10 载荷小结 …… 218

第 13 章 材料 …… 223
13.1 玻璃增强材料 …… 223
13.2 湿积层板 …… 228
13.3 疲劳 …… 229
13.4 外来材料积层板 …… 230
13.5 夹芯结构 …… 232
13.6 典型夹芯结构失稳 …… 235
13.7 夹芯结构弯曲 …… 236
13.8 实践应用中的夹芯结构 …… 237
13.9 最后的评论 …… 239
第 14 章 船体结构设计 …… 240
14.1 ISO 标准的结构 …… 240
14.2 船体结构的定义 …… 244
14.3 基本积层板结构 …… 246
14.4 船底设计载荷 …… 246
14.5 顶边载荷设计 …… 248
14.6 甲板、上层建筑和舱壁的载荷设计 …… 251
14.7 内部载荷设计 …… 251
14.8 纵向冲击分布因数 …… 253
14.9 面积降低因数 …… 253
14.10 板架计算 …… 255
14.11 加强材计算 …… 257
14.12 铲形舵装置的设计 …… 259
14.13 链板和龙骨螺栓 …… 261
14.14 夹芯结构的建造 …… 264
14.15 100YD－41 的结构 …… 268
第 15 章 布置 …… 272
15.1 一般空间需求 …… 272
15.2 舱室布置 …… 274
15.3 甲板布置 …… 279
第 16 章 设计评估 …… 285
16.1 无量纲参数 …… 285
16.2 航速预报程序（VPP） …… 286
16.3 拖曳水池试验 …… 290
16.4 风洞测试 …… 291
16.5 计算流体动力学（CFD） …… 292
附录 A YD－41 的主要参数 …… 300
附录 B 质量计算 …… 301
附录 C STIX 计算 …… 310
参考文献 …… 312

数学符号表

一般而言,本书中采用的符号都是国际拖曳水池会议(ITTC)推荐的符号。然而,在结构规范设计章节(结构尺寸)和北欧小船标准(Nordic boat standard)(帆具尺寸)中,采用了一些其他的符号。这也是为了方便读者们使用这些标准。

$A, A_{(i)}$	通常为面积
a	伸长量
$a_{(i)}$	自然轴到面积中心距离
A_0	螺旋桨盘面面积
a_1	L_{WL}到 T_1 的距离
a_2	L_{WL}到 T_2 的距离
ABS	美国船级社
A_D	考虑中的设计面积
A_F	前三角区面积
A_f	法兰面积
a_k	龙骨重心到艇体距离
A_{lr}	预计舵面积
A_M	主帆面积,或者设计水线以下中横剖面面积
A_{min}	龙骨/船体面积
AP	艉垂线
A_R	空气动力学推力
$AR, \Delta AR$	长宽比和长宽比相关变化值
AR_e	有效长宽比
AR_E	伸展龙骨的长宽比
AR_{Ee}	有效伸展龙骨长宽比
A_S	帆面积(主帆+前三角帆)或者空气动力学侧向力
A_W	水线面积
A_X	设计水线下最大横剖面面积
b	控制台短边长度
B	船中最大宽度,或者船舶正浮时的浮心
B_C	船体折角宽度
BD	迎浪杆距离甲板高度

b_e	列板有效宽度
BG	浮心和重心距离
B_H	船体型宽
BM	稳心半径
B_{MAX}	船体最大宽度
B_U	泰勒侧推系数
B_{WL}	水线宽
C	弦长,或者扶强材冠幅,或者压缩强度
$C_{1,2}$	吊索收缩力
c	控制台弧形高度
C_B	方形系数
C_D	阻力系数
C_{DI}	诱导阻力系数
C_{D0}	零度攻角时阻力系数或者桅杆、索具和桅顶的阻力系数
C_{DP}	帆的黏性阻力系数
CE	气动力作用中心
C_F	表面摩擦系数
CFD	计算流体动力学
C_H	船底阻力系数
C_L, C_{Lmax}	升力系数和相对最大升力系数
C_{Lr}	舵升力系数
CLR	侧体阻力水动力中心
C_M	中横剖面系数
C_P	菱形系数,或者压力系数
C_R	剩余阻力系数
C_S	空气动力学侧向力系数
C_u	扶强材弧形高度
D	游艇型深、吃水或者螺旋桨直径
$D_{1,2,3}$	对角侧支索
d_{kb}	龙骨栓的中心直径
DWL	设计水线
E	弹性模数或者主帆基座(ISO)
E_C	压缩弹性模数
E_F	弯曲弹性模数
E_T	恩斯勒弹性模数
E_{TC}	平均弹性模数

F	帆平面因子、弯曲强度、扶强材法兰宽度、诱导因子的设计压头
$F_{1,2,3}$	横向索具力尺寸数
F_a	艉干舷
F_f	艏干舷
F_h	水动力侧向力,迎浪杆水平力
F_i	冲击力
Fr	弗劳德数
FP	艏垂线
F_r	舵侧向力
F_s	诱导因子的设计压头
F_S	桅顶干舷
F_v	迎浪杆垂向力
F_Φ	垂直中纵剖面的侧向力
FRP	增强纤维塑料、玻璃钢
g	重力加速度、周长、压载重力
G	重心、游艇空载重力
GM	稳心高
GRP	增强玻璃纤维塑料、玻璃钢
GZ	恢复力矩
H	内底高
$H_{1/3}$	显著波高
h	粗糙度高度、舵页高、扶强材高、水线或者折角线局部高度、桅杆自甲板起高度、上层建筑顶部到前帆索最高点距离
h_u	舵承间距
HA	横倾力臂
h_b	水密舱壁或者一体舱的压头
I	前三角高度(ISO),惯性矩
I_L	水线面纵向惯性矩
IACC	国际美洲杯竞赛级
IMS	国际丈量系统
IOR	国际离岸规则
ISO	国际标准化组织
I_T	水线面积横向惯性矩
I_{yy}	绕通过 G 点的横轴的质量惯性矩
I_x	桅杆横向惯性矩
I_y	桅杆纵向惯性矩

J	前三角基线(ISO)
k	螺距的惯性半径、长宽比因子
k_{AR}	衰减系数的区域压力
k_c	曲率纠正系数
k_{DC}	设计类别因子
k_L	纵向冲击因子
K_Q	扭矩系数
k_R	结构成分和艇型因子
k_{SA}	扶强材剪切面积因子
k_{SHC}	夹芯板剪力因子
k_{SLS}	轻快型帆船的抨击因子
k_{SUP}	上层建筑压力衰减因子
K_T	侧推系数
k_V	垂向影响因子
k_1	弯曲刚性系数
k_2	弯曲强度的长宽比系数
k_3	弯曲刚性的长宽比系数
k_4	表面位置因子
k_5	表面纤维类型因子
k_6	表面稳性因子
k_7	最小厚度因子
k_8	最小厚度因子
l	控制台长边
L	总长、额定长度、升力
L_F	内底长度
L_k	龙骨踵长度
$l_{1,2,3}$	索具平台长度
l_a	水线面至尾牵索顶端距离
l_c	导边到力作用中心距离
l_u	扶强材非支撑长度
LCB	纵向浮心
L_H	船体长度
L_{OA}	总长
L_{pp}	垂线间长
L_{WL}	水线长
m	质量排水量、质量(总)、桅杆材料因子

m_K	压载龙骨质量
m_{LA}	满载到港质量
m_{LDC}	满载排水质量
M	弯矩、稳心
Mb_{hull}	船体弯矩
M_{fl}	内底弯矩
M_{kl}	基线内底弯矩
M_{kt}	龙骨横向弯矩
m_{MO}	最小出港质量
M_r	舵弯矩
M_s	吊具弯矩
N	舵力因子
NBS	北欧小船标准(Nordic Boat Standard)
n	上艇人数、转速、龙骨以上甲板数
n_{cg}	动态载荷因子
n_{kb}	龙骨螺栓数目
OF_{bolt}	龙骨螺栓偏移
ORC	近海竞赛协会(Offshore Racing Congress)
O_x	桅顶长度横向分量
O_y	桅顶长度纵向分量
P	主帆高度(ISO)、螺旋桨螺距、总载荷
P_a	艉牵索载荷量纲
P_{ah}	艉牵索载荷水平分量
P_{av}	艉牵索载荷垂直分量
P_b	艇底压力
P_{BMD}	动力艇船底压力排水量
P_{BMP}	动力艇船底压力面
P_{BS}	风帆艇船体压力
P_c	复合材料特性
P_{crit}	极限载荷
P_D	传递功率、设计压力
P_{deck}	甲板压力
P_{DM}	动力艇甲板压力
P_{DS}	风帆艇甲板压力
$P_{D,V}$	横桅索载荷量纲
P_{fh}	艄牵索载荷水平分量

P_{fi}	内艏牵索载荷量纲
P_{fo}	外艏牵索载荷量纲
P_{fv}	艏牵索载荷垂直分量
P_{hd}	牵索力水平分量
P_{kb}	龙骨螺栓阻力
P_{kt}	总龙骨螺栓阻力
P_{m}	毡垫特性
P_{mast}	桅杆压力
PT	桅杆载荷量纲
P_{r}	搁浅载荷
P_{SMD}	动力艇侧向压力排水量
P_{SMP}	动力艇侧向压力面
P_{SS}	风帆艇侧面压力
P_{SUPM}	动力艇上层建筑压力
P_{SUPS}	风帆艇上层建筑压力
P_{TB}	整体液舱设计压力
P_{WB}	水密舱壁设计压力
Q	扭矩
R	总阻力、收帆因子
R_{A}	风阻
R_{AW}	波浪附加阻力
R_{F}	摩擦阻力
R_{H}	船底阻力
RM	复原力矩
RM_{1}	1°复原力矩
RM_{30}	30°复原力矩
RM_{90}	90°复原力矩
Re	雷诺数
RORC	皇家海洋竞赛俱乐部
R_{R}	剩余阻力
r_{t}	艏柱半径
R_{VC}	舵力中心、从顶端起的垂直距离
RYA	英国皇家游艇协会
s	扶强材间距
$S_{(n)}$	横桅杆长度
SA	三角帆总面积

SAF	前三角帆面积(ISO)
SAM	主帆面积、三角帆面积(ISO)
SL	大三角帆长度(ISO)
SM	剖面模数
SM_{fl}	内底剖面模数
SM_{hull}	船体梁剖面模数
SM_{i}	内平台剖面模数
SM_{k}	龙骨渐进剖面模数
SM_{o}	外平台剖面模数
SMW	大三角帆宽度(IOR)
S_{W}	湿面积
S_{Wc}	船体湿面积
t,t_{max}	厚度和相对最大厚度
T	游艇吃水、侧推螺旋桨、拉伸强度
T_1	波浪周期、横向首帆受力
T_2	横向主帆受力
T_{boom}	主帆基部横向力
T_{bu}	上迎浪杆受力
t_{c}	芯材厚度、折角厚度
TCG	横向重心
t_{f}	面材厚度
T_{head}	主帆顶部横向力
t_{k}	龙骨底板厚度
T_{hl}	下横桅杆受力
T_{hu}	上横桅杆受力
T_{K}	船体下方龙骨吃水
T_{R}	锥度比
T_{r}	舵扭矩
T_{S}	停止时间
t_{s}	表面厚度、首列板厚度
V	排水体积、游艇航速
$V_{1,2}$	垂向横桅索
V_{AW}	相对风速
V_{AWe}	有效相对风速(游艇正浮)
VCB	垂直浮心
VPP	速度预报程序

V_s	游艇速度
W	排水量、纤维角度
w	纤维质量
W_f	纤维内容量比率
W_K	压载重量
X_0	中性轴位置
x	中面板距离、水线尾端扶强材
x_{lc}	导边到舵轴中心距离
X_m	复合材料中毡垫比率
X,Y,Z	卡迪讯坐标:从艏垂线开始,X 指向艉部、Y 指向右舷
y	偏斜度
Z	船体顶端高度、水线面以上甲板高度
Z_{CBk}	水面到龙骨浮心距离
α	攻角、比例因子
α_a	艉牵索与桅杆角度
α_f	艏牵索与桅杆角度
β	偏航角、舭部升高角
$\beta_{1,2,3}$	桅杆吊索对角线角
β_{AW}	相对风向角
$\gamma_{1,2}$	吊索垂向角
δ	泰勒参数、横桅杆水平角
δ_{RM}	来自船员和侧风的附加恢复力矩
η	安全因子
η_0	推力有效性
θ	倾斜角
λ	波长
^	后掠角
ν	运动黏性
ρ	密度
σ	常规压力、气泡数
$\sigma_{0.2}$	屈服应力
σ_a	设计应力
σ_c	舵承设计应力
σ_d	设计应力
σ_f	芯材表面常规应力
σ_u	许用应力

σ_y	屈服应力
τ	伯努利参数、剪切应力
τ_d	设计剪切应力
τ_u	许用剪切应力
Φ	横倾角
ω_φ	自然频率(翻滚状态)
ω_e	波浪相遇频率
∇	排水体积
指数	
c	船体
k	龙骨
r	舵
u	上方
l	下方

转 换 因 子

转换公制单位到英制单位,乘以 x;转换英制单位到公制单位,乘以 y。

公制单位	英制单位	x	y
长度			
毫米(mm)	英寸	0.039	25.40
厘米(cm)	英寸	0.394	2.540
米(m)	英寸	39.37	0.025
米(m)	英尺	3.281	0.305
米(m)	码	0.914	1.094
千米(km)	地理英里	0.621	1.609
千米(km)	海里	0.5397	1.8532
面积			
平方毫米(mm^2)	平方英寸	0.0016	645.10
平方厘米(cm^2)	平方英寸	0.155	6.452
平方米(m^2)	平方英寸	1 600.0	0.000 63
平方米(m^2)	平方英尺	10.764	0.092 9
平方米(m^2)	平方码	0.835 5	1.196 8
体积			
立方厘米(cm^3)	立方英寸	0.061 0	645.10
立方米(m^3)	立方英尺	35.315	0.028 3
立方米(m^3)	立方码	0.764	1.309
升(L)	立方英寸	61.024	0.016 4
升(L)	立方英尺	28.317	0.035 3
升(L)	美国加仑	0.264	3.785
升(L)	英制加仑	0.220	4.546
质量和重力			
克(g)	盎司	0.0353	28.350
千克(kg)	磅	2.204 6	0.453 6
吨(t)	磅	2 204.6	0.000 45
吨(t)	长吨	0.984 3	1.010 60
牛顿(N)	磅	0.224 7	4.450

千牛(kN)	磅	224.73	0.004 4
密度			
千克/立方米(kg/m^3)	磅/立方英尺	0.062 4	16.026
压力、应力、做功、能量			
牛顿/平方毫米(N/mm^2)	磅/平方英寸	144.95	0.006 9
千牛/平方毫米(kN/mm^2)	磅/平方英寸	144 950	0.000 006 9
帕斯卡(Pa)(=1 N/m^2)	磅/平方英寸	0.000 14	6 899
千帕(kPa) = (1 kN/m^2)	磅/平方英寸	0.144 95	6.899
兆帕(MPa) = (1 N/mm^2)	磅/平方英寸	144.95	0.006 9
吉帕(GPa) = (1 kN/mm^2)	磅/平方英寸	144 950	0.000 006 9
牛顿·米(N·m)	英尺·磅	0.737 0	1.356 8
千牛·米(kN·m)	英尺·磅	737.00	0.013 6
公制马力(hp)	英制马力	1.014 2	0.986 0
千瓦(kW)	英制马力	0.746 3	0.986 0
速度			
米/秒(m/s)	英尺/秒	3.280 8	0.304 8
米/秒(m/s)	节	1.942 5	0.514 8
千米/小时(km/h)	海里/小时	0.621 4	1.609 3
千米/小时(km/h)	节	0.539 7	1.853 2

引 言

过去的50年间，游艇产业得到了广泛的发展，从最初的非常昂贵的少数人的运动到大多数人的运动——全世界上百万人参与的休闲娱乐活动。20世纪60年代，很多海滨胜地几乎没有供娱乐的游艇，但是今天，要在这些地方找到一个适合的泊位停靠一晚都变得很困难。从小游艇比赛到世界性的美洲杯比赛，人们对于各种级别比赛的兴趣也显著增加。

这个时期，出现了很多新型游艇设计，专业设计师和业余设计师人数也同步稳定增加。实际上，很多游艇人都对他们的游艇设计和航海理论背后的原理有着浓厚的兴趣。大多数游艇杂志都开辟专栏，经常性地刊登关于游艇设计原理的文章。

同时，游艇研究也方兴未艾。美洲杯比赛中一个来回大约花费300万英镑，大约相当于研究和开发方面经费的十分之一。在几个国际系列会议中，游艇研究也成为国际会议的主要内容，包括美国的Chesapeake航海游艇论坛，荷兰的HISWA论坛等。2002年，与美洲杯航海比赛相关的第一届高性能游艇设计讨论会在新西兰的奥克兰举行，接下来，这个成功的大会又在2006年举行了第二届。过去的十年，很多大学也出现了游艇研究机构。在奥克兰的游艇研究机构还有专门开发的用于研究航海性能的风洞。瑞典的查尔莫理工大学（Chalmers University of Technology）的游艇研究机构则专注于游艇水动力和空气动力学的计算方法研究，而美国斯坦福大学（Stanford University）也有个相似的研究机构。最有名的游艇研究组织是位于英国南安普顿（Southampton）的已经运行多年的Wolfson游艇研究所（Wolfson Unit）。

大概100多年前，Skene编写了现在看来也算是经典的《游艇设计元素》（Elements of Yacht Design）一书，该书被Kinney改编过几次。几乎一个世纪以来，这本著作被看作游艇设计领域的“圣经”。其他两本同样经典的书是D Phillips-Birt著的《航海游艇设计》（Sailing Yacht Design）和R G Henry与R T Miller著的《从美术欣赏角度的航海游艇设计》（Sailing Yacht Design—An Appreciation of Fine Art）。这些书相继在20世纪50年代和60年代出版。现在它们都不再付梓印刷，也没有广泛应用。后来，后者被R T Miller和K L Kirkman改写成同名会议论文在1990年的美国造船轮机工程师协会（SNAME）年度会议上发表。

在航海理论方面最广为人知的比较优秀的书籍之一是C A Marchj的《航海理论和实践》（Sailing Theory and Practice，1964年第1版），《航海流体动力学》（The Aero-hydrodynamics of Sailing，1979），《适航性：被忘记的设计因素》（Seaworthiness-the Forgotten Factor，1986）和《航行特性：从技术到最大航行动力》（Sail Performance：Techniques to Maximize Sail Power，1996）。同类的其他书籍还有：出版于20世纪70年代的H F Kay的《游艇、风和水的科学》（The Science of Yachts，Wind and Water）和A G Hammitt的《技术游艇设计》（Technical Yacht Design）。然而，这些书都不适合设计师使用，因为它们都不包含对已知游艇的设计方法、统计数据或者设计评估数据。更多的是，这些书都专注于水动力或者空气动力的问题，同时，没有提及或者简单总结一下任何诸如载荷、强度和结构方面的问题或者实际设计游艇需要考虑等方面的问题。

关于游艇设计主题的最新的两本书是 D Connell 和 J Leather 著的《现代游艇设计发展》(Modern Development in Yacht Design)以及 P Gutelle 著的《航海游艇设计》(The Design of Sailing Yachts)。前者因为只覆盖了部分游艇设计范围和主题,因而不适合作为大学教材;后者的问题与上面一段提到的问题相似。然而,Gutelle 提到在他的将要出版的第 2 版书中会考虑更多设计实践方面的内容。深入的航海理论研究方面的文献综述可以参见《流体力学研究年度综述》(1990 年),L Larsson 教授的《游艇设计的科学方法》(Scietific Methods in Yacht Design)和 J Milgram 的《航海船舶设计中的流体力学》(Fluid Mechanics for Sailing Vessel Design)。

本书 1994 年第 1 版出版时,比较 Skene 的经典设计书籍,尚没有现代教材可以指导游艇设计者。试图用这本现代教材取代 Skene 的经典教材是一个巨大的挑战,但是新书受到了从专业到业余游艇设计者的热烈欢迎,并被翻译成多种语言出版。

本书第 1 版出版以来,出现了另外两本高质量的书籍:Claughton,Wellicome 和 Shenoi 著的《航海游艇设计》(Sailing Yacht Design,该书分理论卷和实践卷)和最近的 F Fossati 的《流体动力学和风帆游艇特性》(Aero-Hydro dynamics and the Performance of Sailing Yachts)。后者主要讨论风帆游艇设计特性的基本理论,这本书被看作当代的 Marchaj's 著作。

成功的游艇设计类书籍,必须满足两个条件:

- 必须覆盖游艇设计的方方面面;
- 虽然必须满足业余爱好者的理解,但是必须有一定的理论高度以满足专业设计人员的需要。

接下来是本书的简单介绍以及对如何满足上面两个条件的解释。

本书从描述推荐的设计过程中的设计方法开始。第 2 章讨论了游艇技术规格和设计概念,第 3 章和第 4 章介绍了船体形状的描述,静水及波浪中的静水力学和稳性。船体的水动力学设计,龙骨和舵的设计以及航海空气动力学在第 5 章,6 章,7 章进行了解释。第 8 章介绍了找到游艇平衡的计算方法。第 9 章讨论选择正确的螺旋桨和主机,第 10 章介绍了滑行艇体。

第 11 ~ 14 章介绍的是结构设计方面的内容,介绍了作用在帆装和船体上的载荷种类及其计算方法,解释了满足 ISO 标准的尺寸确定,并给出一个完整的计算实例。这些章节还讨论了不同的玻璃钢材料(FRP),包括夹芯层压板。实践方面的内容,诸如艉阱、甲板和舱室的布置,在第 15 章进行了讨论。第 16 章给出了不同的设计评估方法。附录 B 给出了一个完整的重力计算过程。

因此本书很好地覆盖了游艇设计过程的不同方面。为满足上面的第二个条件,必须很好地组织本书材料,我们也是从几方面来完成这个目标的。

游艇设计按照其自然属性是一种量变过程。一个设计者,无论是专业的还是业余的,对于量变过程,没有太大区别。光知道船体的壳板增厚可以承受更多载荷,或者增加龙骨压载量可以提高游艇稳性是不够的。但是,设计者需要尽可能知道的是,在所有可能情况下,最安全的游艇上最小的船体厚度和最少的龙骨压载量。如果设计者不知道如何计算这些数据,那么建造的游艇可能会非常慢,没有必要的成本增加,甚至是不安全的。因此,对于所有设计过程,本书通过公式和图表给出了基本的设计理论。读者可以在设计过程中,评估量化设计的每个步骤。

我们也完全意识到很多潜在读者不喜欢文字中的公式,会拒绝太技术化的书籍。因此,本书将方程等计算内容从文字中抽出插入到图表中。根据前面刚刚解释的原因,认真的设计者是需要自己对公式进行一步步地计算的,但是我们也相信本书同样适用大多数游艇人,因为他们中的很多人很热切地想知道基本的航海物理学知识。他们都能轻松阅读本书,而不必钻研很深的数学方面的知识。

另一方面,书中涉及的方程从数学的角度看都不是很复杂的。这些方程很多,可能很长,但是它们充其量就是代数水平。高等数学的知识,诸如积分或者不同的微积分,已经被完全剔除。每一个有着基本数学背景知识的人,如高中水平,都能理解这些方程和公式。

为了帮助读者理解本书介绍的原理和公式的实践应用,本书以新设计的一艘 YD－41(41 英尺游艇)游艇为例,其设计过程贯穿本书始终。这样,在给出了 YD－41 的大多数公式的计算值之后,就可以绘制这艘现代竞赛艇(游艇)的全部图纸了(如型线图、内部和外部布置图、帆装平面图和总布置图等)。当然,这不是说本书仅限于该型游艇的设计。本书的材料涵盖了其他巡航游艇、竞赛艇,传统的或者现代的不同帆装类型游艇。至于某些特定范围的小游艇也包括在本书讨论的内容里,但是关于多体船没有过多讨论,动力游艇的参考文献也鲜有提及。动力游艇主要在高速艇水动力学和结构章节有专门说明,但是本书其他部分的大量材料也同时适用这种游艇。

YD－41 更详细的参数见附录 A,附录 A 中给出了全部的数据。这里有两组不同的数据:一组是用于巡航状况下,装备了所有必需的设备,所有油舱半充满状态;一种是轻载状况,没有巡航设备。后一种状况,或者说是最轻的状况,通常用于新游艇的展销。附录 B 给出了 YD－41 不同载荷的重力计算。

为评估一个新的设计和设计质量,对新设计和其他游艇进行比较就显得很重要。因此本书在很多章节都包含有统计数据部分,给出了现有游艇的平均值及其扩展范围,这个范围涵盖 95% 的全部游艇在内。本书还讨论了从平均值偏离得到的效果,这可以让设计者设计出具有特别质量的游艇。同样本书给出了 YD－41 在统计数据中的位置,给出这个位置的动因是在第 2 章和附录 A 中谈及的详细规格书。

为了满足更多专业读者的需要,本书还列有高级设计部分,其中谈到的方法和数据不适合非专业人士阅读。本书介绍了最新的游艇设计研究成果,大多数这些研究成果都没有在游艇学文献中涉及。

最后,在原理和成书风格方面,本书制定了一些通用的标注。除了极少的例外,本书采用国际单位制系统。这些例外主要集中在帆装部分和结构章节,本书采用的设计标准还选用了英制单位系统。另外,游艇航速是没有按照国际单位制的,因为它的单位是节(kn)。目前成熟的速度测量单位是米每秒(m/s)。本书给出了国际单位制和英制单位的转换表。

本书选择的另外的标准是由国际拖曳水池会议(ITTC)制定的术语。这些术语标准已经使用了很多年,并且是被所有 ITTC 成员承认的,这些成员包括全部世界上拥有合理尺寸的拖曳水池,同时包括绝大多数的教授船舶工程专业的大学。这个系统采用的符号在本书开始部分单独列出。

本书结尾部分列有到参考文献部分。参考文献是根据第一作者的姓氏按照字母顺序排列的。本书中没有列出参考文献编号,但是不同的个人和团体对本书的贡献已经在文中直接列出其姓名,也会很容易找到其相关的文献。应该注意到,书末列出的参考文献书目要多于在书中特别指出的文献数目。

第1章　设计方法学

游艇设计是一个反复的“试验－误差”的过程,直到最终结果满足最初给定的特定要求。为达到这个目的,设计者从一系列假定的数据开始,经过整个设计过程,直到最后看它是否满足设计需求。在大多数情况下,这不会在第一轮反复的过程就可以完成,因此需要不停地改变假设,重复过程,一般需要几次以上。这个工作过程的次序通常被看作是一个螺旋线,设计者运行螺旋线上所有的步骤后又回到开始点,再开始一个新的螺旋。经过几个螺旋后,这个过程可能会产生想要得到的结果。我们将在下文中更详细地描述这个设计螺旋线。

如果上述所有步骤都由手工完成将是相当消耗时间的工作,只有在初始规格书要求的全部尽量满足的时候才能试图停止反复的过程。如果采用现代计算机辅助设计(CAD)的话,会节约大量的时间并提高设计精度,我们将在本章第二部分讨论这种可能性。

1.1　设计螺旋线

图1.1给出了设计螺旋线。图中列出11种不同的设计元素,对于每种元素设计者都要有特定的工作。并不是所有的工作都要在每个螺旋中进行,一个一个的螺旋中所采用的工具也是不同的。理论上,在设计过程逐渐接近最终结果的过程中,包括的元素越来越多,采用的工具就会越来越好。本图也给出了每个部分(元素)在本书中对应的章节(或者两个章节)。

从设计开始,设计者仅仅有游艇的规格要求,例如对其能力的要求。基于设计者的经验,或者从其他游艇获得的数据,他要假设船体的主要数据。设计者根据这些数据来计算无量纲参数,诸如:排水量长度之比,总帆面积和湿面积之比,也可以计算复原力臂和稳心高,还可以基于其他游艇的统计数据对本船进行一个粗略的性能检查。这个过程在第2章和第16章进行了概述。在第一圈设计螺旋线上,设计者直接从第一个元素跳到最后一个元素,而且评估也是非常粗略的。

第二个设计螺旋,在调整主要参数之后,这才是真正开始设计船体、龙骨、舵和船帆。第3章,5章,6章,7章和8章给出了相关的理论。也可以绘制一个粗略的内部和外部设计的布置图(见第15章),初步估算质量,以满足稳性计算的需要(见第4章)。质量和稳性看上去都是不正确的,因此需要几个螺旋往复以获得满意的合理的数值。当然,并不是所有先前的工作都要在每个螺旋循环中重做。如果已经获得了新设计游艇的合理的质量和稳性数据,接下来的循环将包括详细的船体结构计算和帆装尺寸的定义,以及选择主机(见第9～14章)。只有在这个阶段才进行一个完整的质量计算,就如附录B中所计算的一样。

当一个设计者快接近他的最终结果的时候,他会想更加仔细地评估自己的设计,因而会需要用到速度预报软件(VPP)。第16章描述了这种软件,同时,在这里还介绍了其他更

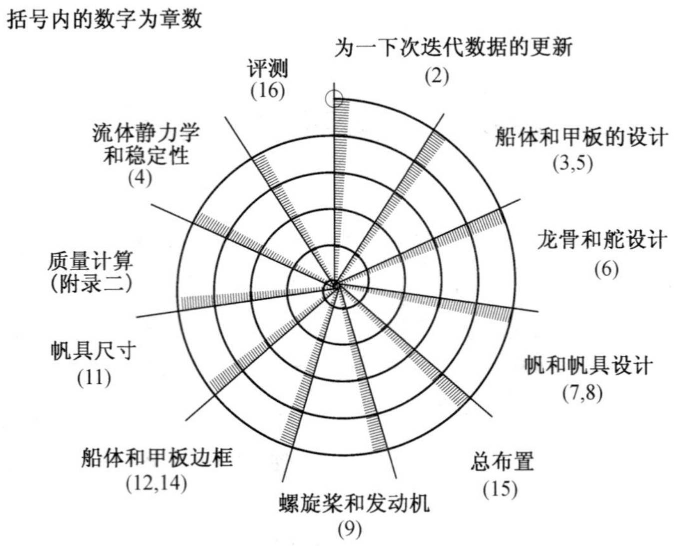

图 1.1 设计螺旋线

加精确的技术。然而,业余水平设计者可能不会应用这些技术,哪怕其中的一个,他们更多的是依靠其经验来评估其新设计。

应该指出的是,一些设计因素尚需要进行其内部的循环设计过程。特别是对于船体设计领域的一些情况,在这里,预先给出对容积及其分布的要求,这需要几次的循环往复以满足其要求。如果这个过程由人工进行,还需要光顺不同视向的型线图,参见第 3 章的说明。在静水力和稳性方面的循环计算中,需要考虑船体大倾角情况下螺旋桨的浸没深度和切面。

1.2 计算机辅助设计(CAD)

由于近年的快速发展,计算机辅助设计(CAD)可以在个人计算机或者苹果电脑上高效地运行。采用高分辨率屏幕和特殊的图形设计软件提高设计效率是非常重要的。激光打印机可以处理合理的小比例图形输出,但是专业设计师采用笔式打印机以生成不同比例的图纸直到实尺比例。

对游艇设计来说,当前最重要的 CAD 系统模块是比较强大的能生成船体型线的软件,这样的软件早在 20 世纪 80 年代早期就有了。船体被数字化,可能是两组线型,一组是船体表面的纵向曲线,而另一组是横向曲线,也或者是按照特定的光顺条件对表面的横截面进行的插值。无论哪一种情况,船体表面的点都可以找到其数学表达,或者更精确地,如果给出一个点的二维坐标,程序可以计算第三个点。这样,如果一个用户给出了距船首的距离 X,水线面以上的高度 Z,程序就可以计算在这一点处的船宽 Y。通过设定一些点,可以获得任何船体表面的切面,例如,任何站位和水线面的切面。

理论上,表达船体表面主要考虑两类问题。一是程序生成一个新的船体,二是尽可能准确地复制已知船体,后者可能会更加困难。当然循环往复的过程也可以得到给定的形状,但是这会非常耗时。设计师一般倾向于第一种方案,就是生成新的船体。为达到这个目的,设计者需要一系列的接近船体曲面的主曲线,通常这不是最终需要的曲面。每一条主曲线都是由位于曲线上的一系列点(顶点)构成的。曲线和顶点的数量根据不同的设计而变化,通常在5~15条之间。通过移动每个顶点,主曲线随之改变,这样船体表面在局部进行了改变,但是总的来说还算是光顺的。在多数程序中,船体表面的曲度可以打印出来,这样可以使得设计者在很小的比例上,在低分辨率的屏幕上也可以生成光顺的线型。有些程序利用船体上的点来控制船体的形状,但是国际上通行的绝大多数软件都是利用主曲线的。看上去这是大多数游艇设计师的观点,而且这种方法对生成光顺的型线非常有效。在第3章中我们将给大家介绍如何用主曲线的方法生成船体形状。

多数船体形状程序具有旋转船体和在屏幕上展示船体不同角度透视图的能力。展示不同位置的船体透视图的能力非常重要,比较以往人工方法的三视图,这是个巨大的改进(见第3章)。例如,舷弧线的形状在透视图里就看起来与侧视图非常不同,因为沿船体宽度的变化会给人眼带来影响。侧视图看上去非常好的船体形状在现实中可能会变得很难看。

一些更高级的程序包括了船体模型的甲板和上层建筑的设计,例如游艇的这些部分被表达成三维形状而且可以显示为透视效果,其他的程序则把它们分开。在计算甲板的大倾角稳性时,需要对舱室和艉阱进行建模,然后将这些部分进行简单的一部分和一部分的叠加,这也是常常被分开建模的。

游艇CAD系统一般也包括对龙骨或者舵的建模。设计者可以在很多不同特征的横截面中进行选择以及指定龙骨或者舵的平台。程序代码用来计算龙骨的体积、质量、重心和水动力的作用中心。如第8章的解释,后者在考虑平衡游艇时候是需要的。对于平衡游艇,也需要风帆布置图,一些软件给出了简单的风帆模型,在给定风帆角的坐标后,用以计算船帆的面积和力的作用中心。

在质量重心统计表中,记录了所有艇上和给定参考点有关的项目的相应位置,这样就可以计算总质量和重心位置(三向)。附录B介绍了在记录表上进行的输入和输出。

游艇CAD系统最重要的模块是静水力和稳性计算模块。这些计算全部在第4章进行讨论,包括小倾角和大倾角稳性、每毫米进水质量、每度纵倾力矩等。在稳性计算中,可以得到每一度正确的进水质量和纵倾力矩,这个过程如果手工进行是非常消耗时间的。

前面提到的速度预报软件(VPP)也可作为游艇CAD设计系统的一个模块。就像前文所述,该程序可以在基于一系列不同尺度的船体、龙骨、舵和帆的基础上,计算在各种风速和不同航向上的航速、进水角和风压角。系统模块还可以是基于一些主要尺度,用于初步螺旋计算的参数而建立的非常简单的特性估算器。

最后,也或多或少地包括一些用于游艇结构设计的高级程序。这样的程序一般都是基于船级社给定的规则进行设计,如:美国船级社(ABS),劳氏船级社(LR)和其他船级社或者ISO12215结构计算标准。在第14章将对ISO标准进行介绍。在帆装和结构计算方面也采用一些基于强度理论或者有限元技术的其他的方法。

计算机辅助设计也被扩展到计算机辅助制造,以用于生产游艇。例如,对于造船人来说,非常耗时的放样过程中实尺样板的制作步骤可以完全省略。传统上,造船厂需要从设计人员那里拿到型值。按照这些型值,游艇建造者制作省略掉外板厚度的实尺样板。这个步骤很重要,因为这些样板在游艇建造中要用于内部的建造。然而,如果采用计算机设计的话,只要打印机够大,就可以直接打印出实尺样板的尺寸。外板展开也可以从游艇 CAD 系统获得,这简化了钢质或者铝质船体的生产。

第2章　初步设计考虑

在开始实际设计工作之前，对于游艇设计的目的，我们必须有个很清楚的认识：设计的需求、限制和目的都是什么？本章我们列出这些形成设计开始点的考虑因素。

2.1　艇型选择

无论客户是个人船东还是游艇建造机构，都会有明确的想要什么样的游艇的意向。很多人头脑中都有了特定的游艇，可能是改变了的主尺度、风格、布置、帆装或者船体形式，以满足他们的要求。这些特性通常因为其他的考虑而被调整，如本地条件、经济因素和它们的用途等。如果没有完全确定的话，其他人的意见也通常会左右这些形式的选择，而更加符合逻辑的和科学的讨论也许就变成了第二考虑因素。

2.2　确定用途

游艇的用途是在考虑清单上的第一项，首先要区别的是比赛用游艇还是巡航用游艇。

对于比赛用游艇，必须确定按照哪种规范设计，在哪种级别赛事中使用。通过与现成的经典的赛艇进行比较，综合考虑游艇尺寸、船员、帆装尺寸和艇型，这会给我们一个很好的开始。确定游艇的类型和尺寸后，我们可以按照接下来章节描述的内容去处理设计过程，调整改变以符合选定的规范。

对于巡航艇，其基本要求影响着设计者去选择船体、甲板、居室和帆装等类型，这些要求用船舶术语是指无限航区航行、开敞水域或者限制性近海使用，抑或沿岸或者遮蔽海区使用。显然，对于一艘有足够船员去管理的大型游艇而言，是很容易达到安全、稳性和性能方面的高标准的要求。

这些就带给我们一个平衡协调的问题。对速度的需求、适航性、干燥程度、操作的难易、舒适性和其他质量方面经常冲突，但是需要协调得越少，设计得就越好。必须在最初阶段决定或者特别注意我们最希望达到的质量特性。很多游艇的设计是按照假定它达到全部的理想游艇的质量特征而忽视其所选的游艇类型和使用用途等限制条件。满足一个好的游艇设计是一个螺旋型定义使用用途、作用在游艇上的质量需求的过程，最后去选择一型设计元素完全满足的游艇。当游艇类型被选定后，确保这点被贯彻在整个设计过程中。在游艇设计中会有很多选择，如果我们发现必须要做很多主要改变的时候，最好是彻底重新开始设计工作。

游艇用途不仅仅包括航行区域、特性和续航力，还要考虑使用游艇的人和环境。如果我们设计一艘用于出租的游艇，通常是需要布置大量的床铺和给每个乘用的人一个舒适的空间，其出海的时间一般是受限制的，大多时间游艇停泊在港口里或者锚泊在某地，而且操作系统必须很容易地被没有一点经验的使用者掌握。相反，有着一小组船员的专业船主则希望游艇航行得很远，他的需求则和前面的相反。

2.3 主要尺寸

总体而言，船舶尺寸的增加在性能和舒适度方面将有利于更好的设计；另一发面，游艇操纵的难度对于全体船员来说也会有所增加。船的尺寸和航行的区域有关：无限制的海域对船舶的要求相较于隐蔽水域更高。对于较大的游艇来说，不仅仅要考虑船体能够承受强风和恶劣海情，同时也要考虑携带更多的燃料、水和储备物品。然而，船艇的尺寸与它的长度明显并不对等；更好的量度方法是船舶的排水量，因为它描述了一艘船的体积。比较两艘相似排量的船舶：船身长的通常会有更好的性能，但是它们的运载能力会显著低于船长较短的船舶。

游艇的主机、帆装和甲板装备很大程度上取决于其大小、轻重、长短以及船宽。在有限的动力能源下，若要达到某一速度，游艇长度和质量的比例是关键因素，能够携带多少质量满足帆的稳定性更多地取决于船宽和船体质量。由此而论，显而易见：随着游艇尺寸的增加，当横倾力矩能达到等级 3 的时候，稳性随之增加至等级 4。所以线性地将游艇按比例增大并不能够创造出有更好性能和稳性的可兼容的设计。

随着尺寸的增加而成比例地变化，由苏格兰圣安德鲁大学的 HM Barkla 通过对总长 7 ~ 19 m 增加的系列游艇进行了计算（见图 2.1）。图中清晰可见，不同的尺寸和参数随长度而变化。按图中给出的比例因子，从基本模型各个方向按照比例缩放而设计得到的游艇的性能和舒适性。图 2.1 中的 L 代表基础模型和其衍生设计之间的长度关系。例如，如果我们把船长增加 50%，也就是增加至 1.5 倍的 L，那么船宽、型深和干舷即要比原始值增加 $1.5^{0.7}=1.33$ 倍，以保证船舶与其母船具有相同的性能。

对于没有任何图纸和计算之前的新设计的船体和帆装的尺寸参数的确定，一个比较好的方法就是根据已知的设计按照尺寸比例来决定。第 5 章将会给出更多细节并介绍涉及的有关因素。对于 YD－41 游艇而言，图 2.2 给出的比例数值来源于对主要尺寸的第一次估算。和现存的相同尺寸游艇进行对比，需要注意的是，这样的对比大多数时候是和大量相似的游艇进行对比而不是一定要完全相同的尺寸。利用图 2.1 中的比例关系，有着显著不同尺寸的游艇，也可以和长度的因次数成比例。一旦有了一定数量的参考母船符合这些因数，那么设计就可以有了一个良好的开始。

主要关系——独立的基本模型	比例因子
假定：	L
帆面积	$L^{1.85}$
型宽、型深、干舷	$L^{0.70}$
龙骨和舵展、舷长、厚度	$L^{0.70}$
派生：	
面积 —— 截面	$L^{1.40}$
—— 湿面积 - 船体	$L^{1.70}$
—— 龙骨和舵	$L^{1.40}$
—— 侧向面积 —— 船体	$L^{1.70}$
—— 龙骨和舵	$L^{1.40}$
体积 —— 船体	$L^{2.40}$
—— 龙骨	$L^{2.10}$
比例 —— $L_{WL}/\nabla^{1/3}$（外龙骨）	$L^{0.20}$
—— $SA/\nabla^{2/3}$（外龙骨）	$L^{0.25}$
水线面的二阶弯矩 —— 侧向	$L^{3.10}$
—— 纵向	$L^{3.70}$

次要关系　取决于基本型的一定扩展	
总排水体积	$L^{2.38}$
总浸湿面积	$L^{1.63}$
帆面积/浸湿面积	$L^{0.22}$
帆面积/$\nabla^{2/3}$（包括——龙骨）	$L^{0.26}$
垂直浮心与水线的距离	$L^{0.64}$
$\overline{BM}$	$L^{0.72}$
$\overline{GM}$	$L^{0.45}$
初始扶正弯矩	$L^{2.83}$
作用力中心的偏移（导边）	$L^{0.86}$

图 2.1　比例对尺寸（Barkla）

设计参数	L_{OA}	L_{WL}	B_{MAX}	T	∇	SA	DLR	LDR	SDR	SA/S_W	GPH
YD-41	12.50	11.60	4.20	2.30	5.75	88.1	104	6.5	27.4	2.55	535
市场上的41′游艇	12.40	11.50	3.95	2.40	8.15	88.2	152	5.7	21.7	2.48	576

L_{OA}=总长，m；
L_{WL}=水线长度，m；
B_{MAX}=最大型宽，m；
T =水线最大深度，m；
∇ =轻载排水体积，m^3；
SA=三角形帆总面积，m^2；
S_W=船体及附体的浸水面积，m^2；
DLR=排水量长度比，$28\,300\cdot\nabla/L_{WL}^3$；
LDR=纤细度比，$L_{WL}/\nabla^{1/3}$；
SDR=帆面积排水量比，$SA/\nabla^{2/3}$；
GPH=常规用途扣点数，ORC

图 2.2　初始设计参数

2.4 造　　价

没有人会对建造一艘不必要的浪费费用的船有兴趣。仅考虑造船的必要条件,看上去很明显的结果是将船体造得尽可能小,因为船舶造价直接跟其尺寸(或者质量)有关。然而,为了减小质量,我们不得不使用特殊材料和先进的造船方法,这些就比使用较重的材料和传统的造船技术造价更高。衡量的标准的另外一面就是,重型船舶建造一般采用钢铁,对于制造重型船舶,钢铁的确是便宜的材料,但是船舶需要更多的动力(帆力和引擎)来驱使航行,需要坚固有力的甲板设备来操控,所有的这些都需要花费成本。

为了降低造价而设计的更小型游艇通常会有一个缺陷,也就是将它们微型化。也许每个部件在图纸上看起来都按比例规划好,但实际上这些设计也许不能生效,因为人类(船舶的使用者)不能够按比例缩小。此外,尝试将船体挤压成很小的空间不是有效成本的设计。这不仅是因为游艇所有物件都能在大型的游艇上找到,还由于空间太小难以布置下这些设备。

船体的形状基本上根据流体力学和流体静力学来设计,但是甲板的形态更多的是由设计师的奇思妙想、潮流趋势和设计理念的特性所决定的。相对于有平稳的空间和在拐角处有较大半径的船体,有更多角度和尖锐拐角点的船会比有着光滑表面和大转角的游艇更难建造(FRP 造船)。由此可见,我们需要最确切的选择来决定造价。设计甲板或部分甲板需要多种模具使下模有更多有效的模具,这也将导致造船成本的增加。我们必须十分明确这样的设计带来的好处将会高于其建造所加大的投资。

某种程度上,同样的推论也适用于居住舱室。显而易见,平坦的仪表板在直角上附于侧板的成本比弯曲的板安装于斜角更小。另一方面,圆角的仪表面板和斜角能够获得更好的空间使用率,最终,它们能使船设计得更好,所增加的成本也是合理的。另一种能增加使用空间的方法是将客舱和其余空间相互重叠。客舱的总高度没有必要超过船长。例如厕所可以设计在驾驶舱座椅处,其他头部区域空余的地方或上层建筑之下。如果不考虑客舱是个两维拼图,将它看作三维拼图来使用可获得的空间是个富有成果的想法。注意:复杂的事物越多,造价越高,所以为了能满足所有必备条件的好方法就是将整个船造得更大更简单。

不论船舶质量的大小,标准设备的总数在船舶的造价中也有重要影响。空调/暖气、自来热水或冷水、量水表、冷冻库/冰箱、电动绞盘、全自动无线电探测器、绘图机、自动领航系统和自动收放帆装置等,所有的这些设施几乎都是整个船体之外的花费。

2.4.1 考虑因素清单

总结以上考虑的因素,可以列出如下的清单:

(1)定义游艇的用途和限制要素;

(2)收集类似母船信息;

(3)决定主尺寸和比例大小;

(4)决定初步布局和外部设计;

(5)第一次估算出大概质量和列出形状参数;

(6)校核上述第(3)条,如有必要需更正;

(7)生成初步设计用于今后的工作。

2.4.2 YD-41 的清单

当考虑完以上列出的清单后,就可以准备初步设计方案。为了使其有意义必须选定一个特殊的方案,本书中将使用 YD-41。这个游艇的设计要点如下:

(1)是一艘海洋游艇,能够为四个人提供居住条件,能被 1~2 名驾驶员轻松操纵。它的性能、舒适性和安全性应该允许这个游艇在一般海况下以 10 kn 的航速在海洋上快速航行。

(2)在图 2.2 中找到一艘相似的游艇进行比较。

(3)主要的尺寸和比例也来自于和图 2.2 的比较。

(4)图 2.3 是游艇的首个草图,它展示了主要的居住区域。基本上设计将会围绕它展开,这样它就能满足有四名船员的需要。这意味着需要四个较佳的海上铺位,两个在艉舱,两个在客厅。厨房,艏舱和导航区域在船的垂荡中心。客厅必须足够大来保证特殊情况时候的竞赛船员队伍以及在港湾举行的社交娱乐活动需要。港口休息时艏舱用作主卧。为增强游艇的性能,居住舱室不能置于游艇的后方。如果仅基于游艇长度考虑,长度越小,建造花费越低。

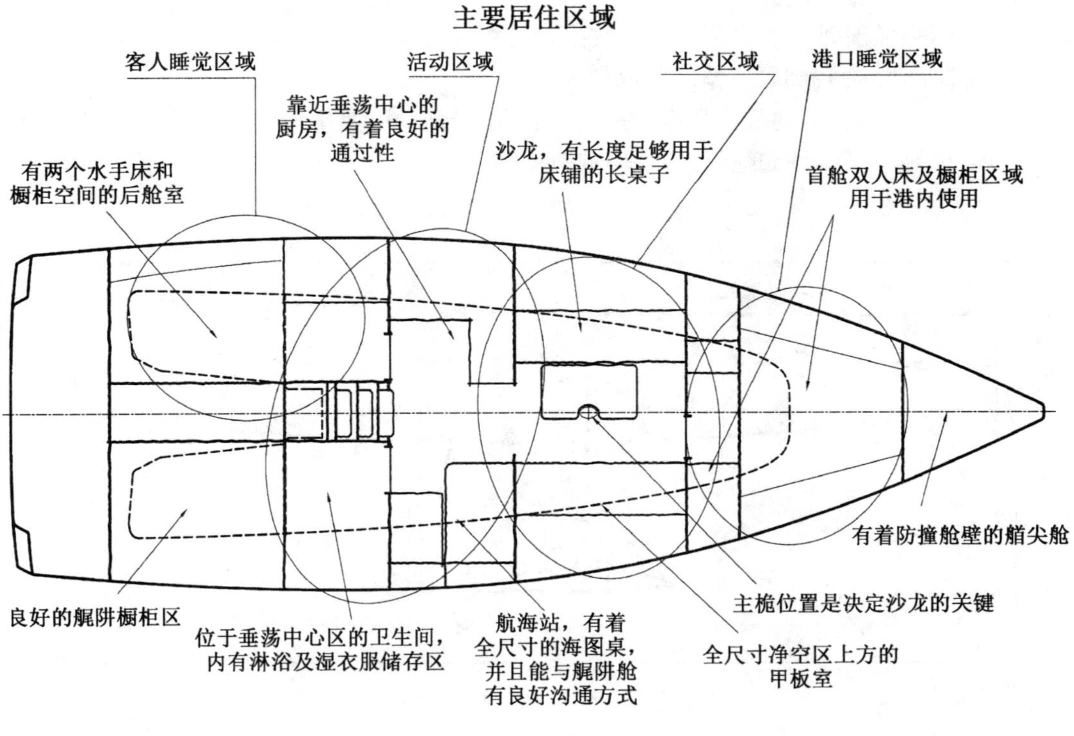

图 2.3 YD-41 的初步布置

当已经确立了主要尺寸后,对于船型和使用区域,就可以进行更多详细的设计工作了。比较图 2.2,可以看到图 2.3 主要设计在主尺度和它们选择的比例方面都匹配得很好。

第3章　船体几何

游艇的船体是个极其复杂的三维形体，它无法通过任何简单的数学原理来表述。船体的总体特征可以通过各个尺寸的大小来描绘，例如船长、船宽和吃水，或棱形系数、纤细度（长度/排水量）之类没有尺寸的数据。传统的绘制型线仍是用于准确进行船体造型设计的常用工具，尽管现在大多数专业游艇设计师采用了第1章介绍的CAD中的技术。

这章我们将开始确定经常被游艇文献引用的大量的参数，描述游艇的大致特征。之后，本书将对传统的绘画和需要的工具进行说明。本书将推荐某个工作计划来完成精确的作图成果，最后，会简明地展现船体型线是如何在一个现代的CAD程序中产生。

3.1　定　　义

以下的一系列定义包括了用于确定游艇船体的基本几何数据，更多的数据一般用于船舶水动力学，而游艇领域不常用到这些数据。读者可以在国际拖曳水池会议（ITTC）的《船舶水动力学字典》中找到更完整的参数列表。

• 总长（L_{OA}）：船体的最大长度，是指从船首的最前端到船尾的最末端（见图3.1），根据平常的实践经验，舾装件或配件，例如船首斜桅、高架操作台、船舵等都没有包括在内。

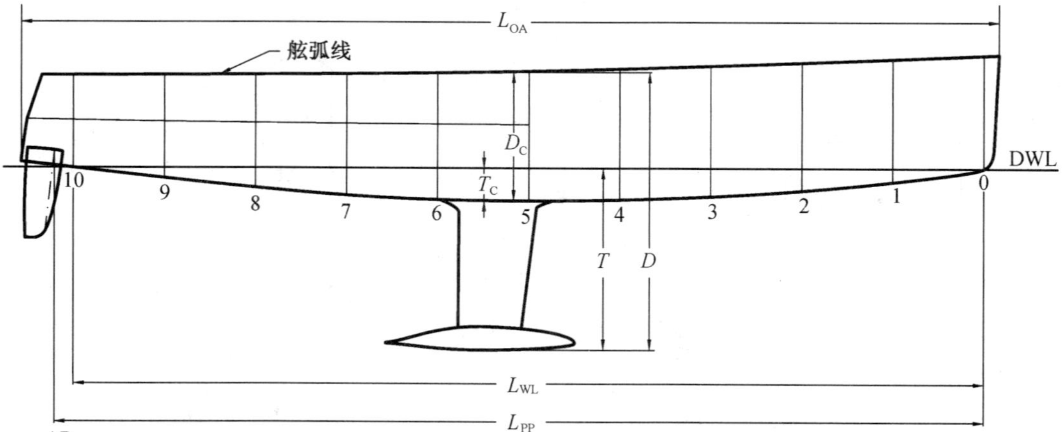

图3.1　主尺度的定义

• 水线长（L_{WL}）：设计水线的长度（通常用DWL表示）。

• 垂线间长（L_{PP}）：这个长度虽不常用于游艇，但在船舶中却很重要。艏垂线FP是艏部设计水线的端点，艉垂线AP是舵杆的中心线。

• 额定长度：是任何评级规则里最重要的参数。通常长度 L 要经过对船首和船尾部分充分地考虑才能够获得。

• 船宽（B 或者 B_{MAX}）：船体最大宽度，不包括设备，比如舵列板。

• 水线宽（B_{WL}）：设计水线的最大宽度。

• 吃水（T）：是游艇正浮于设计水线上的最大吃水。T_c 是船体不包括龙骨的吃水。

• 型深（D）：从龙骨的最深点到甲板舷弧线的垂直距离。D_c 是不包括龙骨的型深。

• 排水量：即可以是质量排水量（m），例如游艇的质量；或者体积排水量（V 或者 ∇），也就是游艇浸没在水中部分的体积；m_c，V_c，∇_c 分别对应的是没有龙骨的情况。

• 船中横剖面：对一般船舶而言，这部分位于从船头到船尾之间的垂直线中间的位置。对游艇来说，这部分更普遍地被放在水线两端的中间位置。中横剖面面积（浸没部分）用 A_M 表示，如果带角标 c 就表示不包括龙骨的情况。C_{Mc} 是船中横剖面系数，用裸船体的情况 $C_{Mc} = A_{Mc}/(B_{WL} \cdot T_c)$ 来定义。

• 最大横剖面：游艇中最大横剖面常位于船中横剖面之后，这部分用 A_X（A_{Xc}）表示。

• 棱形系数（C_P）：这是体积排水量与最大横剖面积和水线长乘积的比，也就是 $C_P = \nabla/(A_X \cdot L_{WL})$。这个值受龙骨的影响非常大，在大多数游艇中应用的是仅考虑裸船体的情况：$C_{Pc} = \nabla/(A_{Xc} \cdot L_{WL})$，参见图 3.2。棱形系数表示了游艇的丰满度。船的末端型线越丰满，C_{Pc} 就会越大。它的优化值取决于船速，如第 5 章所讨论的。注意角标 c 经常被省略，即使该系数指的就是裸船体。

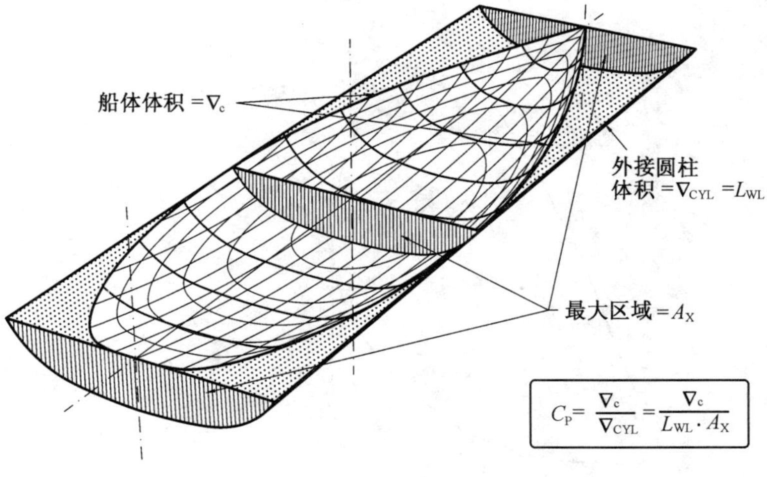

图 3.2 棱形系数

• 方形系数（C_B）：这个系数在普通船舶水动力学中很重要，但在游艇设计上却不常用。方形系数是排水体积除以船体所在的方盒子体积，也就是 $C_{Bc} = \nabla_c/(B_{WL} \cdot L_{WL} \cdot T_c)$，见图 3.3。

• 浮心（B）：排水体积的重心。其纵向和垂向位置分别用 L_{CB} 和 V_{CB} 代替。

• 重心（G）：游艇的重心必须和浮心在同一条垂直线上。在图纸上 G 常通过一个圆圈和十字交叉线的特殊标志来标明。这也被用于标明重力几何中心，见图 8.2。

• 舷弧线：甲板边线在艏位顶点间的弧线。一般地，这条线的侧面投影是弯曲向上为

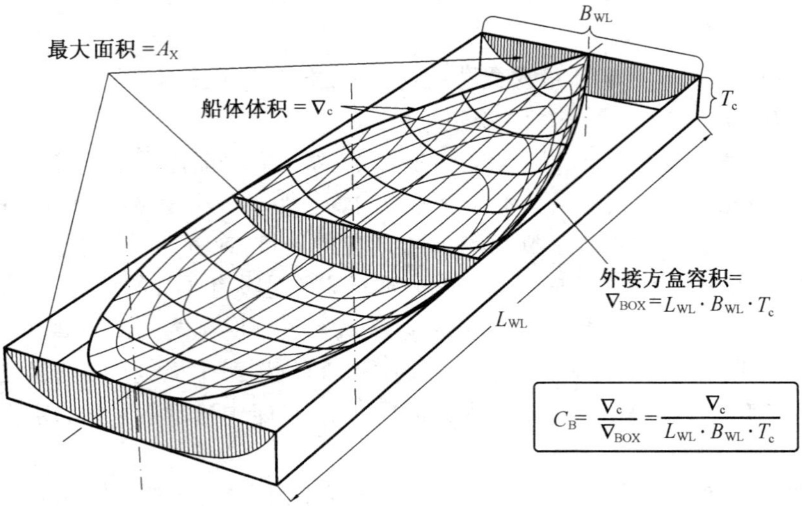

图 3.3　方形系数

正的。在某些极端的竞赛游艇和动力艇上可以看到有零舷弧和负舷弧。

● 干舷:甲板舷弧线和水线的垂直距离。

● 内倾:当最大宽度低于舷弧线时,游艇艇体的上部分将会弯向船体内侧(见图 3.4)。某些情况下,这会降低甲板层的质量,但这同时也降低了恢复力矩。进而,在港口时船体会更容易损伤外壳。

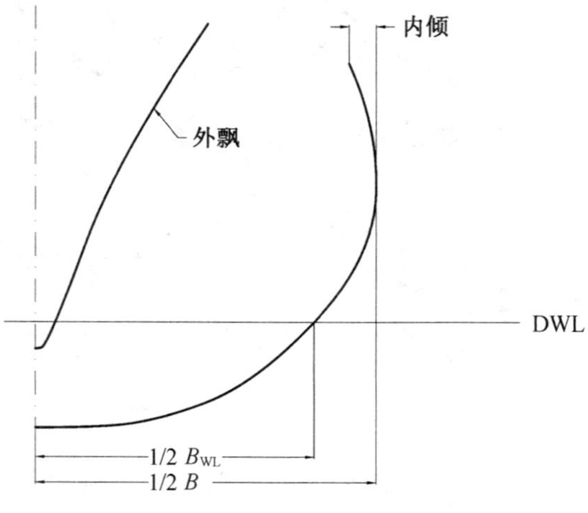

图 3.4　内倾和外倾的定义

● 外飘:内倾的相反情况。特别在前体,横剖面会向外弯曲,以降低游艇的过度横摇并保持甲板在迎风上浪时的干燥。

● 比例因数(α):这不是一个船体的几何参数,但在设计游艇时却十分重要。该比例因子就是简单的实际长度和模型长度的比值。注意,该比值在对应面积时应该是 α^2,对应体积时是 α^3。

3.2 绘制线型

图 3.5 给出了游艇 YD－41 的完整型线图。船体用三视图来展现:侧视图(上面部分左侧),横剖面图(上面部分右侧)和半宽平面图(底部)。注意船首是朝向右边的。

大体上,船体可以被两个不同平面族的交点所确定,这通常是一组水平线(水线)和一组垂直于船体(横截面)的纵向轴的垂直线。同时按照一定的规定选择了一些水线,这些水线的站位是有标准的。在游艇设计中,设计水线经常被分为 10 等份,同时对相应的截面从艏垂线(截面 0)开始由前至后编号。在船尾,也可能会添加其余的等距离截面,像#11 和#－1 等。为了确定几何形状的快速变化,同样将采用半站或四分之一站的截面。在图 3.5 中从始至终都采用了半站。

外形轮廓对游艇的外观十分重要。它显示出了船首、船尾和舷弧线的形状。当绘制显示在半宽图中的水线时,如果线型末端由容易确定形状的几何图形来结束的话将会很有用。因此可以加一个虚拟的船尾和艉封板。虚拟的船尾是船体导边形状的想象的延伸,实践中经常遇到圆滑的船尾,引入虚拟艉封板是因为实际艉封板通常为弧线形和内倾的。如果一个想象中的垂直艉封板放置在一个增加的站线附近的话,它将会促进线型的光顺。图 3.5 的图形是通过 CAD 系统做出的,图中看不到虚拟船尾。但是,实际上图中已经有个虚拟的船尾了。

在船体横剖图中,给出了船体的横截面。因为船体通常是左舷和右舷对称的,只需要表达出一半即可,这样就使得船中前部在右,船中后部在左的构图变成可能。在这种方式下,可以避免线条的混乱,整个图片也会看起来更清楚。需要注意的是在图中半站的图形被用不同的线型画出。

以上对船体的横切就足够用来确定船体的形状了,但通常加上的另外两组的剖面线有助于增强船体的立体感。在侧视图中采用了纵剖线,它展示了在半宽图中已经有表达的垂直的、纵向的船体剖面。半宽线图的下部分区域的对角线也很重要。它们是通过对横剖面图中的船体纵向不同的斜面进行斜剖得到的。切面必须尽可能地和船体表面呈直角,这样可以使得其纵向光滑。实践中,至少是大致上,水流是按照斜剖线流动的,所以斜剖线可以代表船体在水中被看到的形状。特别需要注意的是斜剖线的尾端,可能会有其他图中没有发现的突出,尤其是按照国际海洋规则(IOR)1970—1980 系列设计的游艇。几乎可以确定的是,这样的设计使得阻力增加并且降低了游艇的速度。

半宽线图下部分区域的另一条线是横剖面面积曲线,它代表了游艇纵向水下容积的曲线分布。每个截面的数值与该区域浸没面积成比例,同时曲线下的总面积代表了排水量(容积)。更详细的关于横剖面区域曲线的创建将在第 4 章详细地介绍。

如果用手工绘图,设计师经常会提供一份型值表。它能够使造船者以实际尺寸来放样并制作模板。通常水线也需要型值,但是同样的信息也可以由对角线和纵剖线来提供。注意所有的尺寸测量都要以船体外壳为准。对于通过 CAD 系统绘制的图样,其几何尺寸信息可以直接传递给数控切割机床。通常,这个文件格式采用初始图形交换规范(IGES)。

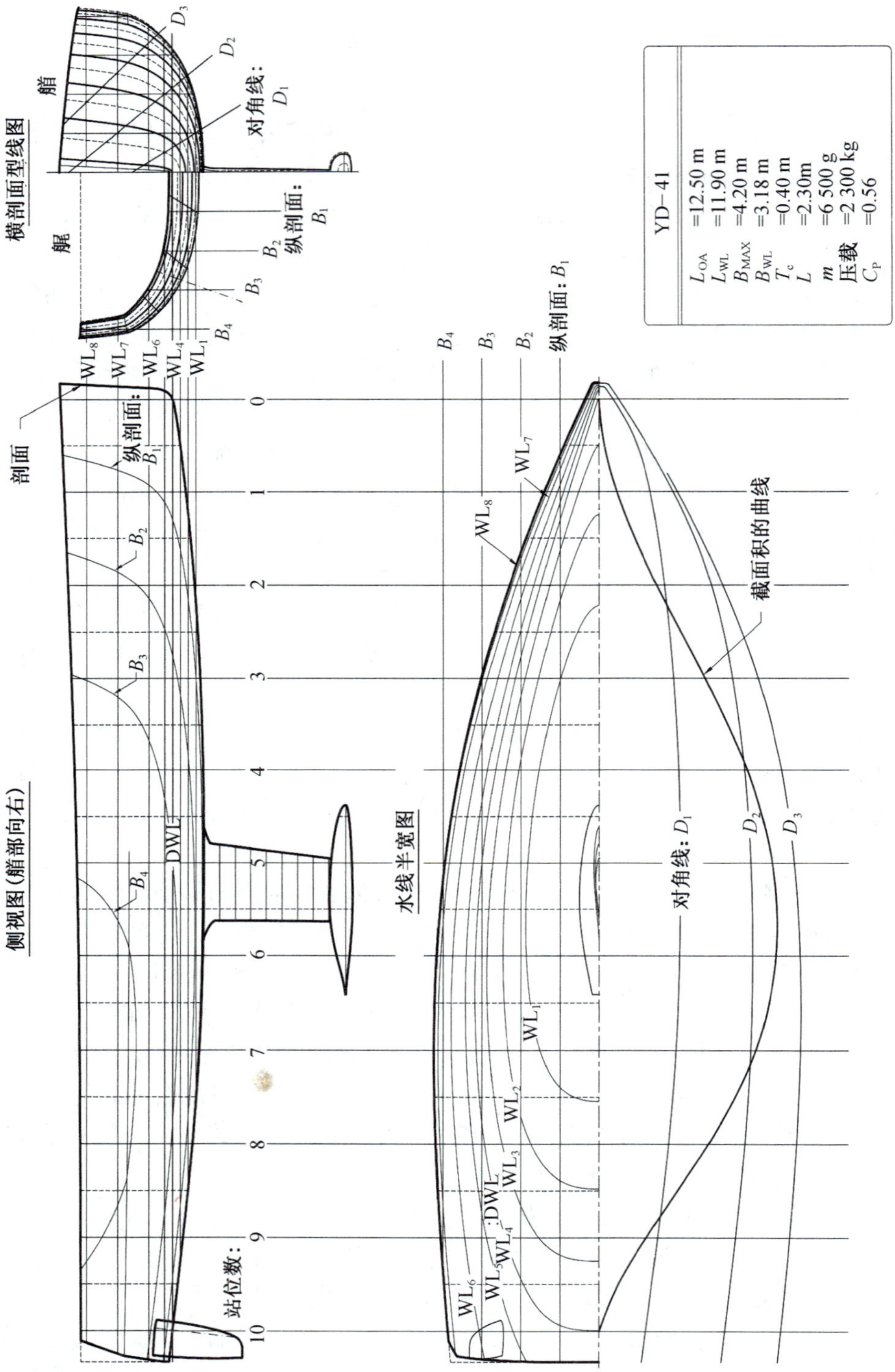
横剖面型线图
艏
艉
对角线：D_1
D_2
D_3
纵剖面：B_1
B_2
B_3
B_4
WL_8
WL_7
WL_6
WL_4
WL_1
侧视图（艏部向右）
剖面
纵剖面：B_1
DWL
站位数：
0 1 2 3 4 5 6 7 8 9 10
水线半宽图
WL_7
WL_8
WL_1
WL_2
WL_3
WL_4
DWL
WL_5
WL_6
截面积的曲线
对角线：D_1
YD-41
L_{OA} =12.50 m
L_{WL} =11.90 m
B_{MAX} =4.20 m
B_{WL} =3.18 m
T_c =0.40 m
L =2.30m
m =6 500 g
压载 =2 300 kg
C_P =0.56

图3.5 型线图

3.3 工　具

手工绘图应在一张特殊的塑料胶片上进行，对塑料胶片的厚度无要求，但要确保胶片是质地好的，不能被橡皮擦破。另外，胶片不受空气潮湿度所影响，潮湿度会使普通纸张缩小。

由于胶片是透明的，所以打草稿用的网格可以画在胶片的背面，这样即使在前面擦多少次，船体的线条也不会影响到它。画网格的时候需要特别注意，要确保直线和间隔是准确的，所有的直角必须是90°。在图3.5中可以看到构成网格的水平的和垂直的线条，它们代表了水线、纵剖线和站线。

应当用黑色墨水绘制格子线和完成船体线条的最终绘制。不管怎样，绘制型线时钢笔和橡皮是必备的。实际上，是需要能够在塑料胶片上作画的特殊钢笔和橡皮。擦图孔板和刷子也是需要用到的（见图3.6）。

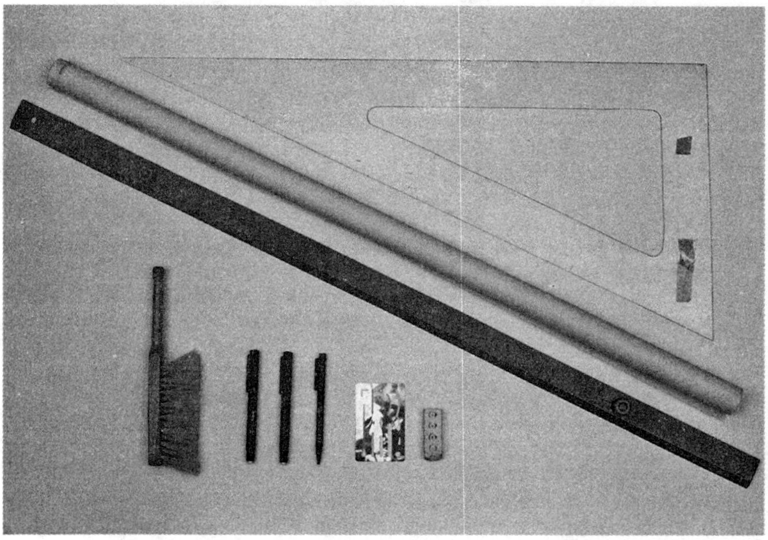

图3.6　工具

为了绘制格子线，需要准备长的直角尺。可以准备一些长纸条，它能够用于将不同尺寸数据从一个平面图转换至另一张图上。例如，当绘制一条水线的时候，这条线的型值将可以直接用纸条从横剖图转移到半宽图（见图3.7）。

为绘制船体型线图，我们需要准备一整套的样条、砝码或者压铁。弯曲样条并用压铁压住某些拐点时可以获得较长的光顺弧线。图3.8给出了这些工具在绘制水线的时候是如何使用的。样条是用塑料制成的，有的样条比图纸中的船体还要长，一般样条横截面积大约为2.5 mm^2。压铁有很多不同的类型，有些是自制的。压铁比较倾向于用铅制成，其质量为1.5～2.5 kg。为了能够压住样条，就像图3.8中的那样，压铁都有个伸出的鼻子。

在绘制侧视图和半宽水线图时均需要样条。然而，横剖图中的曲线弧度对于样条来说太大了，因此需要采用一套专用于此的曲线板。最有名的是哥本哈根船舶曲线板，如图3.9所示。

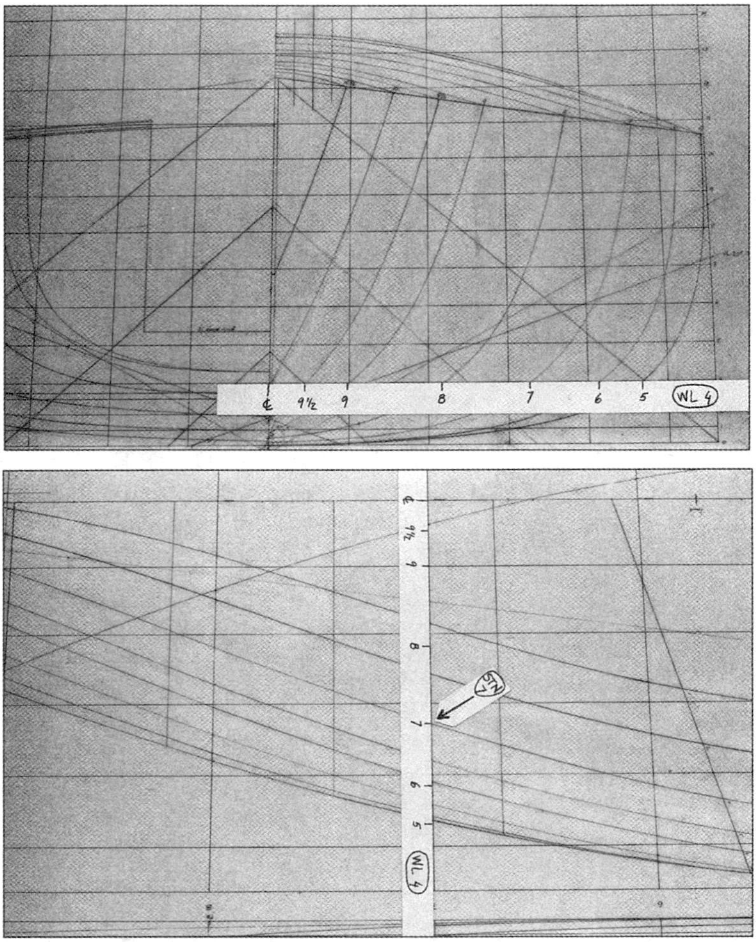

图 3.7　采用纸条从横剖面图(上)到半宽图(下)转移尺寸

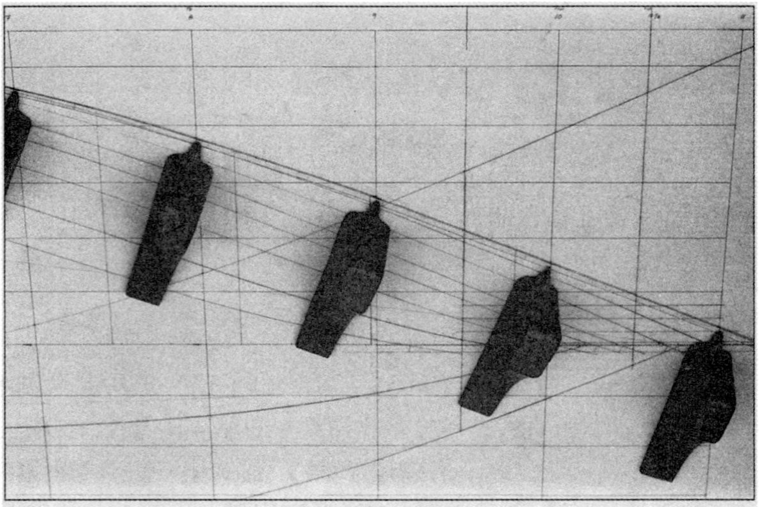

图 3.8　压铁和用于绘制水线的样条曲线板

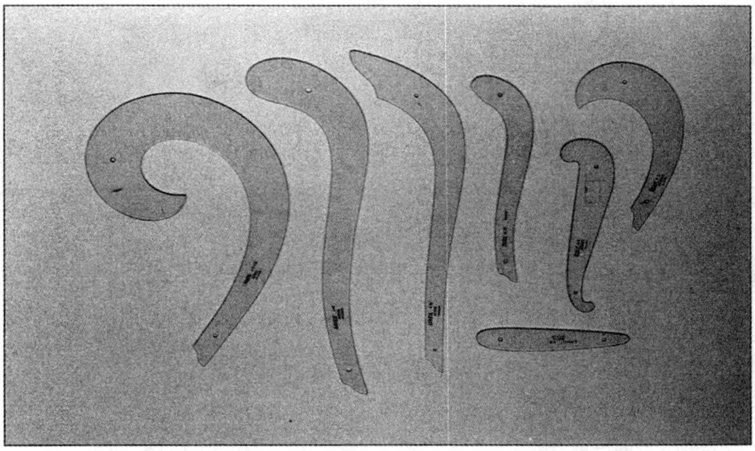

图 3.9　用于绘制船舶线型的有大曲度的曲线板

在船舶工程领域有一个非常方便的工具，这就是面积仪，它用于测量面积（见图 3.10）。面积仪的旋针可以在要被测量的区域移动，当旋针返回离开点时的读数变化就是要测量部分的封闭面积。考虑到跟踪任何给定线段的困难，这个测量的精确度还是很高的，更经常地用于说明的目的。我们将在下一章解释对测量区域面积的要求。

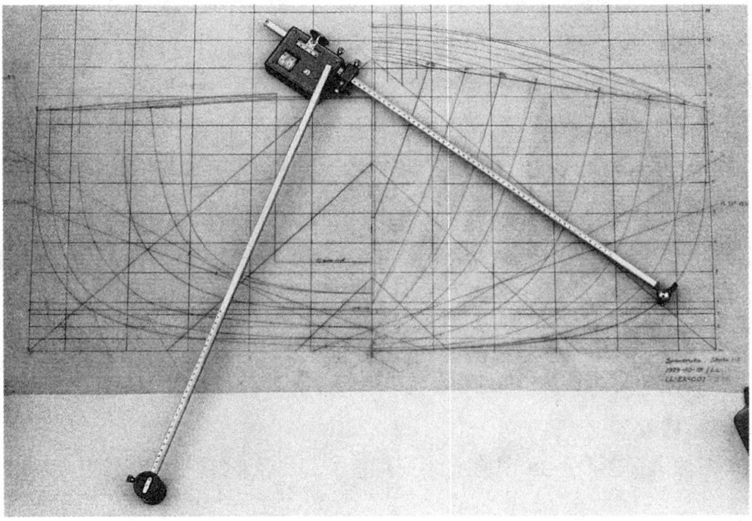

图 3.10　面积仪

当准备绘图时，甚至整个设计过程中是需要许多计算的，所以我们需要准备一个电子计算器。在大多数情况下简单的计算器也许就足够了，但是一个可编程的计算器将简化其中的某些计算，尤其当面积仪不可用的时候。大多数科学计算器具备用于精确计算面积的程序程式，这些程式在下章讲述的大部分计算中也会有用。

3.3.1　工作图绘制过程

设计船体是一个复杂的过程，需要考虑许多问题。这其中的一个难点就是要考虑重要的参数，例如排水量，需要线型画好后才能确定。这需要反复重叠的方法，这样的方法同样需要线条的光顺性。比较有挑战性的问题是如何将位于一个投影平面上与另外两个平面上对应的船体型线光顺。对于经验不足的绘图者来说，这是个严重问题，为了画出平滑的船体线型其要做许多尝试。

尽管不同的游艇设计者会有自己的设计偏好，但游艇设计的主要步骤还是有一定次序的。接下来，我们制订一个工作计划，这个计划在很多案例上已证明很有效率。需要指出的是这个工作计划没有将度量规则的限制考虑在内。

步骤一：确定主要尺寸

主要尺寸的确定应基于第2章中讨论过的一般考量上。利用尺寸相似游艇上的数据信息去设计相似的目标。这种设计方式在船舶工程方面很具有传统，因此设计发展进程相较于先前的设计缓慢。之后很重要的是，在决定好游艇的尺寸后，去寻找尽可能多的相似设计上的信息。新游艇的图纸可以在全世界许多主流游艇杂志上找到。

这个阶段需要确定的尺寸是：总体长度、水线长度、最大宽度、吃水、排水量、帆面积、压载比、棱形系数和浮心的纵向位置。

步骤二：绘制侧视图

正如以上所指出的，这一步需要着重考虑，因为游艇的美观在很大程度上取决于它的侧视图。

步骤三：绘制中横剖面图

在这个阶段可以绘出船体中横剖面图。也可选择当浮心位于船中后方，绘制最大横截面。首个截面的绘制很重要，因为其形状决定了其他截面的特性。

步骤四：检验排水量大小

想要知道排水量的准确数值，计算（或者测量）刚刚画出的横截面积的水下部分的面积，乘以水线的长度和为船体选择的棱形系数之积。根据压载比，计算龙骨质量，除以材料的密度（铁≈7 200 kg/m^3，铅≈11 300 kg/m^3），就可以得出容量。

假定船舵排水量是龙骨的10%，累加全部三个排水体积。如果因此获得的排水量不同于第一条描述的值，返回步骤三并根据它进行更正。

上述步骤是用于有鳍龙骨的游艇。对于一个有着集成龙骨的船体而言，如同传统游艇一样，棱形系数通常包含了龙骨和舵。

步骤五：绘制设计水线

靠近于船体中站面的那一点现在已经知道了，以及侧视图中的两个端点，因此现在可以试着去绘制第一条设计好的水线。

步骤六：绘制3，7站横截面和艉封板

已知水线宽度以及船体吃水，这些截面应该类似于船体中央截面。在船体后画一个虚拟艉封板也是有用的。

步骤七：绘制新的水线

现在可以绘制2～3条在DWL之上或之下的水线。如果对外观不够满意，返回步骤六并根据它进行更正。

步骤八和步骤九：添加新的截面和水线

这两步骤一旦完成，1～9截面以及7～10水线应当可以完成了。需要经常做些调整来在主平面图中和半宽图中画出平滑的线条。

步骤十：再次检查排水量和浮心纵向位置

现在可以创建截面面积曲线图了。面积可以给出排水量(除了龙骨和舵)，其重心对应浮心纵向坐标。如果不正确，需按照步骤五、六调整。

步骤十一：作斜对角线

检查平滑度，尤其是在船尾附近，如有必要需调整。

步骤十二：绘制纵剖线

这个步骤是对平滑度的最后检验。这一阶段只需要做出一些细小的更正。

3.4 计算机辅助船体设计

正如第1章提到的，大多数现代CAD程序使用NURBS(非均匀有理数B样条)曲线去生成船体表面。每一条NURBS曲线表面都由一套位于船体外面的顶点确定，如图3.11所示。可以看到这些顶点形成船体外面的网格。设计师的任务就是以这种方式来定义这些顶点来生成船体形状。这些原始的形状之后可以通过移动顶点来变形，这就相对容易地能够创造出一个像游艇的形状。理论上，有三种方法可以生成船体外形：从一个方形草图开始，从已经存在的船型开始，或者从一个基于用户给定的参数的程序生成的通用船型开始。最后一个选择不是所有程序都具有的功能，但却是一个非常有用的特性。

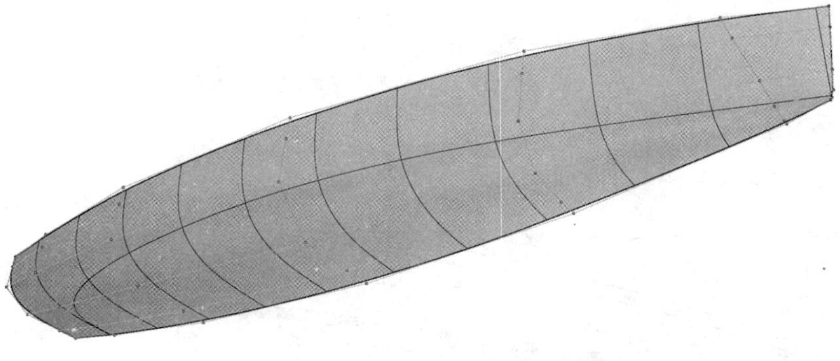

图3.11 定义船体表面的外顶点

为了避免曲线表面的凸起，船体表面的曲度可被彩色图形显示出来，或者沿着一条特殊线用功能图显示出来。在第一种情况下，可以显示船体表面的两种主要曲度。船体表面的每一个点上，总是有着两个互相垂直的方向，其常规曲度是相对最大或者最小的。这是该点的主要曲率。假设可以沿一条线作出一个函数，这个函数就是给定线表面的常规曲度。图3.12给出了例子。(a)顶图，彩色(彩色图请扫描图3.12右侧二维码，编辑注)代表沿着船体的最小主曲度，水线外面的打印线代表船体的正常曲度；(b)图的最大曲度线用彩色表达出来，同时外面的打印线表示了沿着三个站面的常规曲度。利用这些在曲度上的信息，设计者可以设计出光滑的艇体。

大多数CAD项目有一个很大的好处就是船体可以符合透视法地展现出来。正如第1章中所述，研究舷弧线是很重要的，尤其是通过不同的视角，因为实际上船体轮廓的印象也会被束流分布影响，它是看不见的，只有研究侧视图才行。图3.13用透视法展现了YD-41，据此也可以获得一个形状良好的艺术表达。

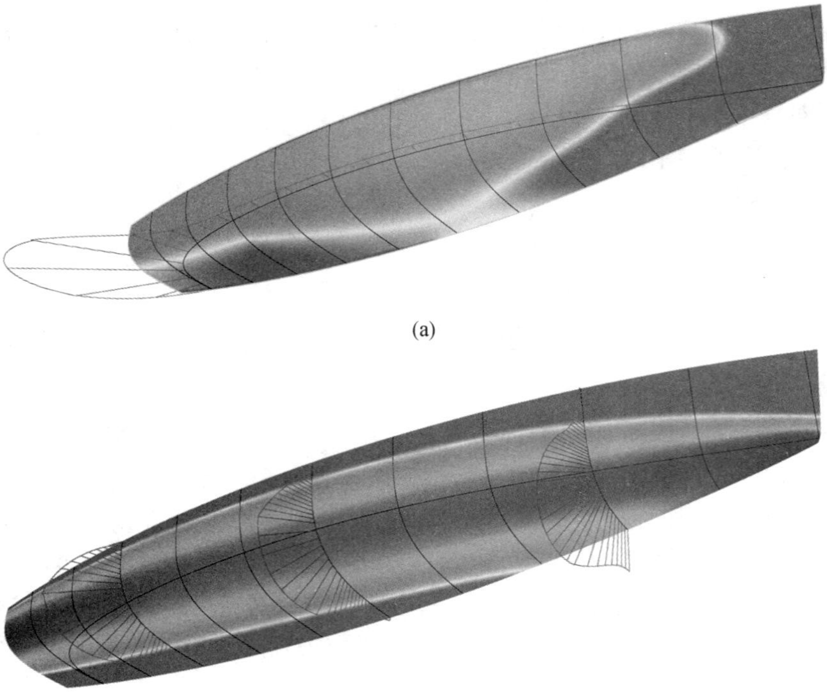

(a)

(b)

图 3.12　用一定比例的彩色表示的船体表面曲度

(a)沿水线面最小曲度;(b)三个站面的最大曲度

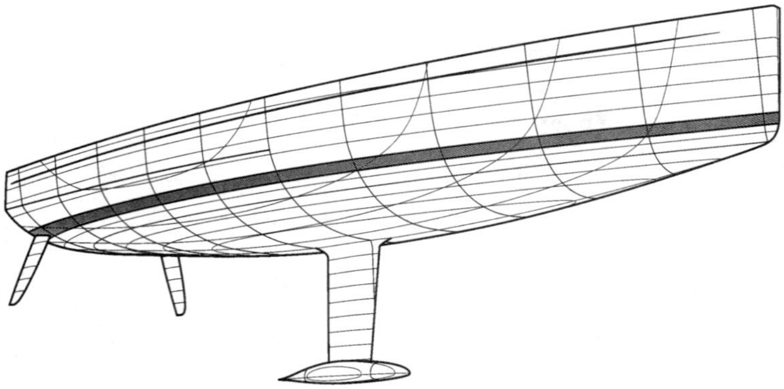

图 3.13　YD－41 的透视图

通过利用一个 CAD 程序可以快速设计出一个光顺的船体,同时不需要太多工作就能满足不同的需求,例如给定棱形系数或纵向浮心。通过人工过程来满足如此精确的需求是件极其消耗时间的事,所以这就容易理解为什么现在 CAD 技术经常被专业设计师所用。由于现代 CAD 系统的花费持续降低(甚至互联网上还有免费软件),当然,这些软件也可以被业余设计师使用。然而,上面谈论的人工方法还是在使用的,也是本书为什么要叙述这个的原因。

完成 CAD 设计之后，就可以生成一个渲染好的图片了。很多软件都可以做到这点。光、影和表面任何物体的光反射，一起生成非常真实的图片。图 3. 14 给出了 YD－41 的两张渲染透视图，一个从船首看，一个从船尾看。图 3. 15 甚至还增加了水面的效果。渲染图看上去和游艇的照片已经非常相近了。

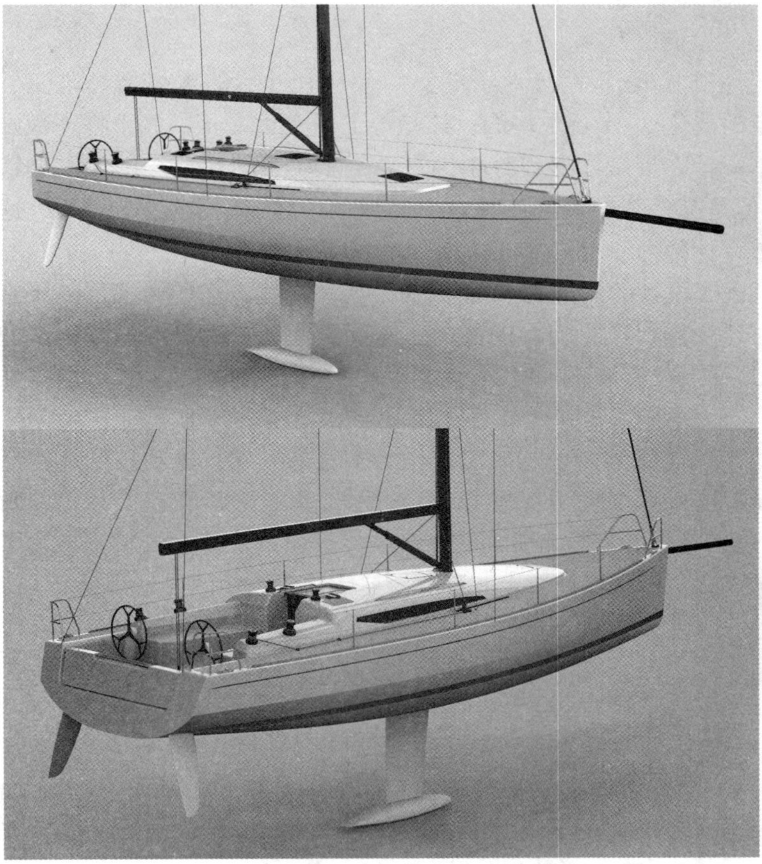

图 3. 14　YD－41 的渲染图

图 3. 15　YD－41 包括水面的渲染图

第4章　静水力学和稳性

回顾游艇历史中船体的发展,很明显对于游艇的最适宜外形的观点已经改变了很多次。这主要是由于规范的变化,但最近更多的设计趋势上的变化反映了关于物理规则控制了风帆游艇的行为。本书旨在展现游艇设计中的最新工艺。虽然目前的知识不能够对所有的现象都做出解释,但是有一个领域这些基本的规则很久之前就已经被了解了,这些方法几世纪以来也一直被设计师们使用,这就是静水力学和稳性领域。

静水力学和稳性代表了设计的最重要方面,因为游艇在这些方面的性能反映了它运载所需质量的能力和能够经受得住风帆横倾的能力。需要强调的是对稳性的精确认知受限于静力的状况,也就是水面上没有波澜。但是,在本章中我们也选择了动力稳性,虽然这方面的规则和静力稳性有很大不同。

我们通过介绍一些计算面积的简单的方法来作为本章的开端。这项技能在之后的章节中也被用于求解船体浸湿面积、排水量、重心、棱形系数、水线面面积以及相关的每毫米浸水面积的质量,同时包括每一度纵倾和横倾的弯矩。关于动态稳定性的讨论包含了波浪中的稳性,减少起伏的方法,远海游艇的要求和现有游艇的扶正力矩的统计信息。

4.1　面积计算

对于一名业余设计师来说,获得封闭曲线内面积的方法是将它们画在方格上,通过数方格的数量来得到面积。在大多数情况下,这个方法已经足够精确了,但它的缺点是太乏味且难以用于专业领域。

另一种简便的方法就是利用面积仪,这个仪器在前面章节中提到过。这个方法快而精准,但是几乎没有业余的设计师能够接触到这个便利的仪器。

对于许多设计师来说,最好的选择就是使用一个简单的数据方法来估算面积,在选定间隔内的曲线中基于纵坐标(Y轴)来计算。这些方法也常包含于电子计算器中的子程序包,但是如果这个选择不可行,最简单的方法就是根据第一原理来实施计算。

图4.1中介绍了计算面积的最普通的数值方法,它被称作辛普森法则,辛普森法则在船舶工程中很常用。因为应用辛普森法则总是采用同样的操作次序,见图4.1中采用的图示。端点之间的距离被分成相等的偶数等份,在本例中X_0和X_{10}之间是10份,步长为s。Y轴的值被用于所有X值的计算,可以用表格插值法。通过乘以它们的辛普森乘数系数,也就是1用于端点的值,4和2交替用于其他的数值,累加全部的计算值,获得总值。曲线Y下面的面积A就可以很容易用总的数值个数乘以总值再除以3来获得。

当然,这一系列步骤也许超过10,但是这个数据依然在辛普森法则中。在游艇设计内的许多实际程序中,步骤的数据确实是10,原因是从截面0到截面10的标准分割,但是有时候需要更精确的数据,因此引入了半截面图。辛普森法则依然可以使用,通过考虑结束的时间间隔部分,但

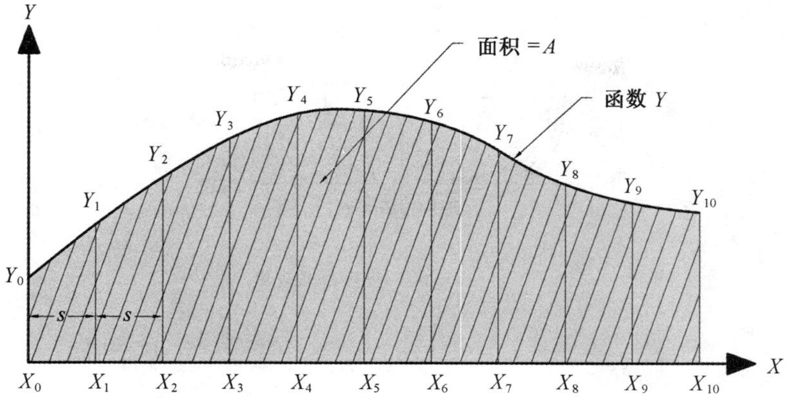

辛普森法则:

$$A=\frac{s}{3}(Y_0+4Y_1+2Y_2+4Y_3+2Y_4+4Y_5+2Y_6+4Y_7+2Y_8+4Y_9+Y_{10})$$

S.M.= **辛普森乘数**

纵坐标号	纵坐标值	S.M.	值
0	Y_0	1	Y_0
1	Y_1	4	$4Y_1$
2	Y_2	2	$2Y_2$
3	Y_3	4	$4Y_3$
4	Y_4	2	$2Y_4$
5	Y_5	4	$4Y_5$
6	Y_6	2	$2Y_6$
7	Y_7	4	$4Y_7$
8	Y_8	2	$2Y_8$
9	Y_9	4	$4Y_9$
10	Y_{10}	1	Y_{10}
			合计

$$A=\frac{s}{3}(\text{合计})$$

图 4.1　辛普森法则

是间隔的数字总是如此,常常两个或四个间隔就需要被划分。图 4.3 显示了将一个间隔分成两部分带来的变化。在接下来的讨论中,我们总是会涉及辛普森法则来进行面积计算。总而言之,以上所提及的另一种方法可供选择使用。

4.2　湿　面　积

由于船体的立体特性,船体浸湿面积的精确计算是复杂的,但是如同图 4.2 中所解释的,我们可以得到一个近似值。如果每个截面沿船面从龙骨至水线的总长度测量好了,并且这个周长从船头至船尾以和船体纵向相反的方向绘制,那么曲线下的面积 A 会是一个相当不错的船体一半面浸湿面积的代表。图 4.2 同样显示了这个面积的计算过程。在括号内给出了 YD－41 的值。

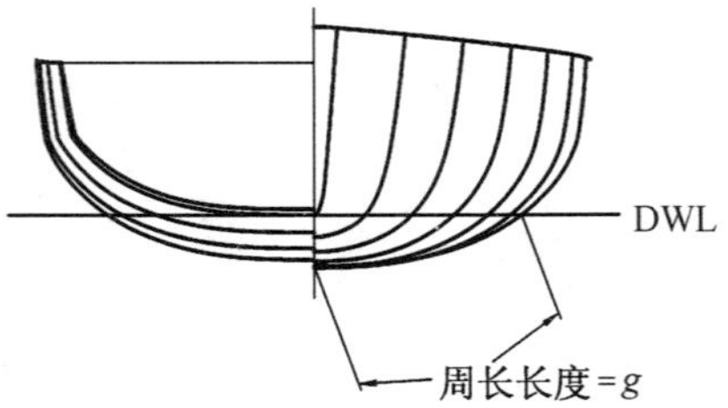

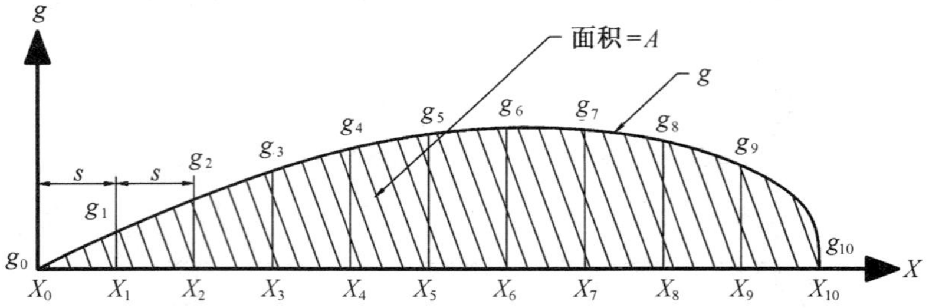

纵坐标序号	纵坐标值	S.M.	值
0	g_0 [0.000]	1	g_0 [0.000]
1	g_1 [0.436]	4	$4g_1$ [1.742]
2	g_2 [0.820]	2	$2g_2$ [1.639]
3	g_3 [1.155]	4	$4g_3$ [4.620]
4	g_4 [1.417]	2	$2g_4$ [2.834]
5	g_5 [1.587]	4	$4g_5$ [6.349]
6	g_6 [1.662]	2	$2g_6$ [3.325]
7	g_7 [1.638]	4	$4g_7$ [6.552]
8	g_8 [1.506]	2	$2g_8$ [3.012]
9	g_9 [1.218]	4	$4g_9$ [4.870]
10	g_{10} [0.000]	1	g_{10} [0.000]
			合计 [34.95]

$$A=\frac{s}{3}\cdot(\text{合计})$$

$$S_W=2\cdot c\cdot A$$

$[S_W=28.20\ \text{m}^2]$

{ 2 = 双方
 c = 舭部因子 = 1.02 ~ 1.04

或（完全经验）：

$$S_W=[1.97+0.171\frac{B_{WL}}{T_c}]\sqrt{\nabla_C\times L_{WL}}\cdot\sqrt[3]{\frac{0.64}{C_M}}\qquad[27.34\ \text{m}^2]$$

$$C_M=\frac{\nabla_c}{L_{WL}\cdot B_{WL}\cdot T_c\cdot C_P}\qquad[0.716]$$

图 4.2　湿面积的计算

计算面积的问题是船体的纵向坡度，如同在水线和对角线中所见，是没被考虑到的。这个问题的影响较小，但是通过增加 2% ~4% 可获得更精确的结果，也就是乘以舭部因子 c，它在 1.02 ~1.04 范围内。舭部因子是通过比较一条典型对角线长度和水线之间的直线线距来估算的。

为了尽可能简化描述，所有公式中需要输入的都是实际数据。在之前的作图中得到的尺寸在用于计算之前需要转化成实际的尺寸。在这种方法下，不同指数的比例因子带来的一些混淆可以在不同的公式中被避免。需要注意的是许多计算都是在一半船体的情况下计算的，因此最后所要得到的值必须是之前得出结果乘 2 的数值。

一个快速估算获得湿面积的经验公式，依据是长度、型宽、吃水、排水量和裸船体棱形系数。对于平滑的船体来说，这个公式计算的结果是十分准确的。如果有船体的型线，一般推荐上述方法。

4.3 排 水 量

根据阿基米德定律，漂浮物体的质量等同于其排水体积的质量。因此游艇的排水体积∇乘以水的密度ρ，就等同于游艇的总质量。

本章中，我们将讨论排水量的计算，同时游艇的质量将在附录 B 中论述。需要注意的是，淡水密度ρ 等于1 000 kg/m^3，但是会随盐分的密度来变化。一般可以采用一个平均值1 025 kg/m^3。

为了获得体积，首先需要确定截面积曲线。它可以通过打印在半宽线图内每个截面（水下部分）面积而得到，如第 3 章中所述。当应用辛普森曲线来计算截面面积 A 的时候遇到的一个困难是坐标没有合适的间隔，所以每个截面需要被均分（见图 4.3）。

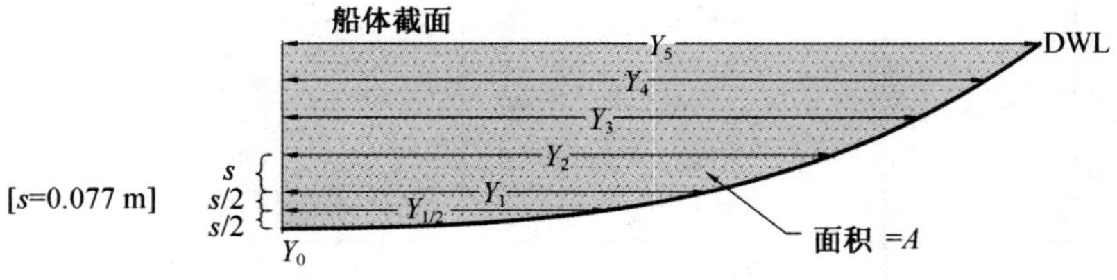

坐标号	坐标值	S.M.	值
0	Y_0 [0.000]	0.5	$0.5Y_0$ [0.000]
1/2	$Y_{1/2}$ [0.682]	2	$2Y_{1/2}$ [1.364]
1	Y_1 [0.892]	1.5	$1.5Y_1$ [1.338]
2	Y_2 [1.154]	4	$4Y_2$ [4.616]
3	Y_3 [1.334]	2	$2Y_3$ [2.668]
4	Y_4 [1.474]	4	$4Y_4$ [5.896]
5	Y_5 [1.585]	1	Y_5 [1.585]
			合计 [17.467]

$A=\frac{s}{3}\cdot$（合计）

$A_S=2\cdot A$（两边）

[A_S=0.896 m^2]

图 4.3 站线面积的计算

图 4.3 中的纵坐标是半宽图，它的深度被均分成五等份。最小间隔内的内距离被分为

两半，因为纵坐标在那个区域变化很快。在这个间隔内辛普森乘法因此而改变为半值，例如0.5,2,2.5。但是另外的间距我们依旧采用更常规的辛普森乘法值，第一个是1（第一个系列是1,4,2,4,1），总值就变成了1.5。

现在已经获得了所有截面的面积并已将它们绘制好得到了截面面积曲线（如图3.5中的型线图所示），曲线下的面积就是要获得的排水量大小。图4.4展示了如何使用辛普森法则计算得出的结果。再次强调全过程使用的是实际尺度，YD-41的值在括号里给出。

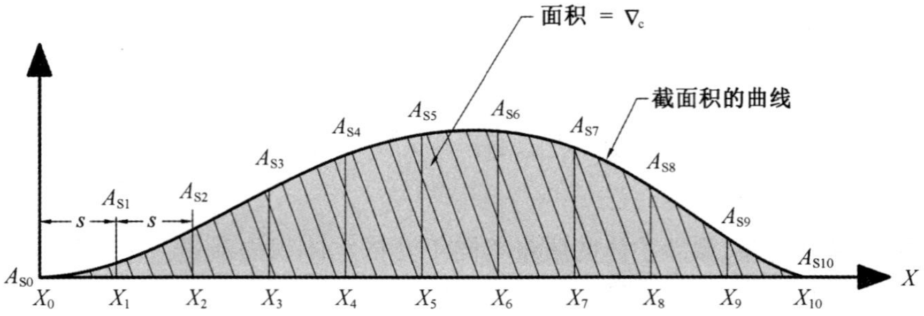

[s=1.19 m]

A_S: 面积计算见图4.3

坐标号	坐标值	S.M.	值
0	A_{S0} [0.000]	1	A_{S0} [0.000]
1	A_{S1} [0.090]	4	$4A_{S1}$ [0.360]
2	A_{S2} [0.294]	2	$2A_{S2}$ [0.588]
3	A_{S3} [0.541]	4	$4A_{S3}$ [2.164]
4	A_{S4} [0.757]	2	$2A_{S4}$ [1.514]
5	A_{S5} [0.886]	4	$4A_{S5}$ [3.544]
6	A_{S6} [0.906]	2	$2A_{S6}$ [1.812]
7	A_{S7} [0.802]	4	$4A_{S7}$ [3.208]
8	A_{S8} [0.562]	2	$2A_{S8}$ [1.124]
9	A_{S9} [0.244]	4	$4A_{S9}$ [0.976]
10	A_{S10} [0.000]	1	A_{S10} [0.000]
			合计 [15.290]

$\nabla_c = \frac{s}{3} \cdot$(合计) [6.06 m^3]

图4.4 排水体积的计算

4.4 浮　心

力矩是由垂直于轴线的力而引起的弯矩，是力和其到轴线的距离的乘积值（杠杆臂）。这个概念可用于找到船体的重心。重心就是整个物体质量集中体现的那个点。可以假定重力作用在这一点上。

计算任意轴线到重心的距离的一个方法是累加相对于该轴线的船体的各部分力矩。

这样得出的力矩,将等同于重心的质量力矩。这个方法在图 4.5 中有解释,选择的轴线在 FP 的横向方向。

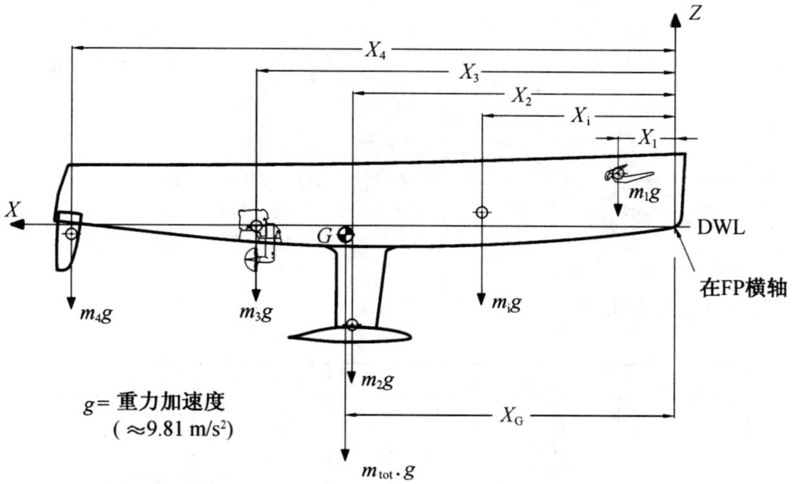

x:FP前的值为负;

z:低于DWL的值为负。

从FP沿x轴测量的重心

$$m_{tot}\cdot g\cdot x_G = m_1gx_1 + m_2gx_2 + m_3gx_3 + \cdots + m_igx_i + \cdots$$

$$m_{tot}\cdot g\cdot x_G = m_1x_1 + m_2x_2 + m_3x_3 + \cdots + m_ix_i + \cdots$$

$$m_{tot} = m_1 + m_2 + m_3 + \cdots + m_i + \cdots$$

$$x_G = \frac{m_1x_1 + m_2x_2 + m_3x_3 + \cdots + m_ix_i + \cdots}{m_1 + m_2 + m_3 + \cdots + m_i + \cdots}$$

从DWL沿Z轴测量的重心

$$z_G = \frac{m_1z_1 + m_2z_2 + m_3z_3 + \cdots + m_iz_i + \cdots}{m_1 + m_2 + m_3 + \cdots + m_i + \cdots}$$

图 4.5 计算重心的方法

相应的计算也可以算出排出水体积的重心,也就是浮心。我们首先来计算浮心纵向位置 LCB,和以前一样使用相同的轴线。船体的每个截面可被认为一个面积,其力矩需要单位面积质量乘以其到艏垂线(FP)的距离并以此叠加,因此可得到一条近似面积截面曲线的横截面弯矩曲线。新曲线下的面积代表了整个弯矩,从浮心中心的位置在图 4.6 中可得到详细说明。

有个简单的可选择的方法也经常被用于决定浮心纵向坐标(LCB),如果严格地应用,这个方法几乎和数值型的一样精确。横截面积曲线被简单地切成很多小片板,切下来的片板与纵向轴线成直角的切边相平衡。当片板平衡时,重心在切边的另外一边,这也就是浮心纵向坐标的位置。如果片板悬挂在一个针上并任其旋转,从针垂下来的直线就会通过重心。通过悬挂片板的两个不同位置作的铅垂线的交汇处就是重心。

为了定义浮心的垂向位置(VCB),须考虑垂向分布的截面弯矩。如果已知水线面面

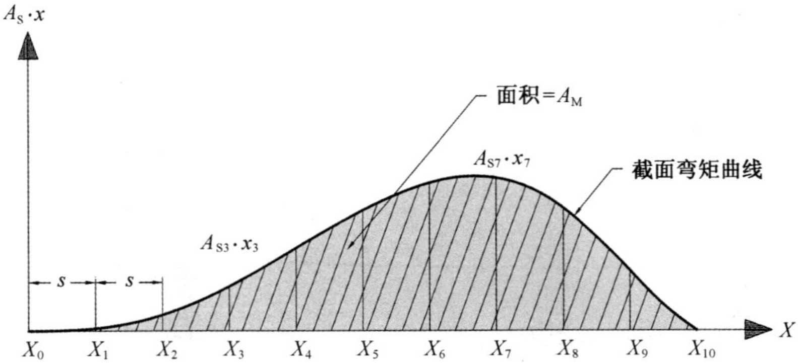

[s=1.19 m]

A_S: 面积计算见图4.3

坐标号	坐标值	S.M.	值
0	$A_{S0}\cdot x_0$ [0.000]	1	$A_{S0}\cdot x_0$ [0.000]
1	$A_{S1}\cdot x_1$ [0.107]	4	4 $A_{S1}\cdot x_1$ [0.428]
2	$A_{S2}\cdot x_2$ [0.699]	2	2 $A_{S2}\cdot x_2$ [1.399]
3	$A_{S3}\cdot x_3$ [1.931]	4	4 $A_{S3}\cdot x_3$ [7.722]
4	$A_{S4}\cdot x_4$ [3.602]	2	2 $A_{S4}\cdot x_4$ [7.203]
5	$A_{S5}\cdot x_5$ [5.269]	4	4 $A_{S5}\cdot x_5$ [21.077]
6	$A_{S6}\cdot x_6$ [6.466]	2	2 $A_{S6}\cdot x_6$ [12.932]
7	$A_{S7}\cdot x_7$ [6.678]	4	4 $A_{S7}\cdot x_7$ [26.711]
8	$A_{S8}\cdot x_8$ [5.348]	2	2 $A_{S8}\cdot x_8$[10.696]
9	$A_{S9}\cdot x_9$ [2.612]	4	4 $A_{S9}\cdot x_9$[10.705]
10	$A_{S10}\cdot x_{10}$ [0.000]	1	$A_{S10}\cdot x_{10}$ [0.000]
			合计 [98.617]

$A_M = \frac{s}{3}\cdot$(合计) [39.10 m⁴]

$x_{LCB} = \frac{A_M}{\nabla_c}$ [6.468 m]

图 4.6 计算裸船体的纵向浮心

积,垂向分布的体积就可以绘制出曲线。这个曲线可采用与横截面积曲线相同的处理方式,而且可以找到浮心垂向坐标位置(VCB)。然而,我们有可能不知道水线面积,因此通常不需要用于其他目的。另外的可能性是将全部船体截面切割下来,按照船体结构黏接在一起。这个纸船的垂向重心位置就是 VCB。

4.5 水线面面积

水线面面积,也就是在设计的水线内的区域面积(DWL),它在许多方面都很重要:首先,它的大小决定了每毫米质量,也就是让船体下沉一定深度的额外质量;其次,它的重心位于当船上纵向移动物体时造成船体纵倾的绕轴上;第三,所谓的沿纵轴的惯性矩(有时候被称作第二面矩)定义了小倾角稳性;第四,通过面积重心的横轴惯性矩服从纵向稳性,也就是使得船体纵倾一定角度的弯矩。

面积的计算可以直接应用辛普森法则计算，见图 4.1。如果面积用 A_W 表示（实尺值），当船体下沉 1 mm 的附加排水量是 $0.001 \cdot A_W$ m³。这个体积的质量，对应到船体质量，是 $\rho \cdot 0.001 \cdot A_W$，$\rho$ 是水的密度。每厘米浸没质量是从这个简单的公式得到的。

前面段落已经解释，浮心是从横截面积几何中心来定义的，即可以用数学方法，像辛普森法则，也可以用简单的方法，如片板的方法来计算。为获得水线面重心的几何中心，也就是通常说的浮心，可采用相同的计算方法。

没有简单的方法可以去计算惯性矩，但是其数学计算方法与重心的计算方法是相似的。首先我们计算艏垂线 FP 处横轴纵向惯性矩 I_{LFP}。然后可以绘制一条横截面积惯性矩曲线，其纵坐标是水线半宽和自艏垂线 FP 距离的平方。这个曲线下的面积可按照常规方法去计算实尺惯性矩（两侧）（见图 4.7）。注意的是，对于 YD－41 靠近艉部的水线半宽变化非常迅速，最后两个分割的间距要再被分开。对这样的水线形状就可以获得可接受的

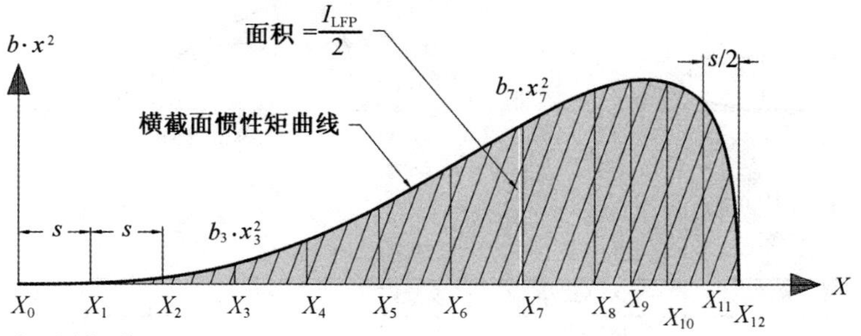

[s=1.19 m]

b=半宽

坐标号	坐标值	S.M.	值
0	$b_0 \cdot x_0^2$ [0.00]	1	$1\,b_0 \cdot x_0^2$ [0.0]
1	$b_1 \cdot x_1^2$ [0.55]	4	$4\,b_1 \cdot x_1^2$ [2.2]
2	$b_2 \cdot x_2^2$ [4.23]	2	$2\,b_2 \cdot x_2^2$ [8.5]
3	$b_3 \cdot x_3^2$ [13.63]	4	$4\,b_3 \cdot x_3^2$ [54.5]
4	$b_4 \cdot x_4^2$ [30.08]	2	$2\,b_4 \cdot x_4^2$ [60.2]
5	$b_5 \cdot x_5^2$ [53.12]	4	$4\,b_5 \cdot x_5^2$ [212.5]
6	$b_6 \cdot x_6^2$ [80.73]	2	$2\,b_6 \cdot x_6^2$ [161.5]
7	$b_7 \cdot x_7^2$ [109.2]	4	$4\,b_7 \cdot x_7^2$ [436.8]
8	$b_8 \cdot x_8^2$ [132.9]	1.5	$1.5\,b_8 \cdot x_8^2$ [199.4]
9	$b_9 \cdot x_9^2$ [139.0]	2	$2\,b_9 \cdot x_9^2$ [278.4]
10	$b_{10} \cdot x_{10}^2$ [138.0]	1	$1\,b_{10} \cdot x_{10}^2$ [138.0]
11	$b_{11} \cdot x_{11}^2$ [124.0]	2	$2\,b_{11} \cdot x_{11}^2$ [248.0]
12	$b_{12} \cdot x_{12}^2$ [0.00]	0.5	$0.5\,b_{12} \cdot x_{12}^2$ [0.0]
			合计 [1 800]

$I_{LFP}=2 \cdot \frac{s}{3} \cdot$ (合计)　　[1 427 m⁴]

绕浮心的惯性矩

$I_L=I_{LFP}-A_W \cdot x_F^2$　　[205 m⁴]

A_W= 水线面积　　[26.34 m²]

x_F= FP 与浮心距离

图 4.7　计算纵向惯性矩

精度。

在纵向稳性公式中，也是在下一章要讨论的，惯性矩 I_L 的轴是通过浮心的轴线而不是艏垂线。然而，计算值 I_{LFP} 可以简化为计算 I_L，见图 4.7。

原则上，绕纵向轴线的横向惯性矩 I_T 是计算横稳性所需要的，可以按照类似方式计算，接下来水线面积被分成一系列的沿纵向的切片，它们都可以像上面讨论的横切面积一样处理。然而，这些分切是不实际的，因为它们不会再用于其他的计算。因此可以采用在图 4.8 中的另外一个方法。注意，因为对称的原因，纵向轴线总要通过浮心，因此没有必要进行纠正。

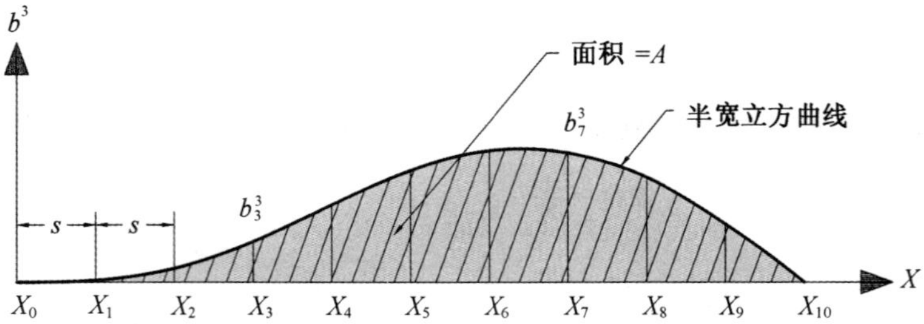

[s=1.19 m]

b=半宽

坐标号	坐标值	S.M.	值
0	b_0^3 [0.000]	1	1 b_0^3 [0.000]
1	b_1^3 [0.058]	4	4 b_1^3 [0.235]
2	b_2^3 [0.418]	2	2 b_2^3 [0.837]
3	b_3^3 [1.228]	4	4 b_3^3 [4.914]
4	b_4^3 [2.347]	2	2 b_4^3 [4.695]
5	b_5^3 [3.388]	4	4 b_5^3 [13.55]
6	b_6^3 [3.982]	2	2 b_6^3 [7.964]
7	b_7^3 [3.906]	4	4 b_7^3 [15.63]
8	b_8^3 [3.163]	2	2 b_8^3 [6.327]
9	b_9^3 [1.745]	4	4 b_9^3 [6.981]
10	b_{10}^3 [0.000]	1	1 b_{10}^3 [0.000]
			合计 [61.135]

$A=\frac{s}{3}\cdot$(合计)

$I_T=\frac{2}{3}\cdot A$　[16.1 m^4]

图 4.8　计算横向惯性矩

4.6　小倾角横稳性和纵向稳性

游艇横稳性的解释可以参见图 4.9。当游艇横倾的时候，浮心从 B 点偏移到 B'。向上的浮力则生成与作用于 G 点的向下的重力相等的力偶。力臂通常被记作 GZ，恢复力矩就是 $m\cdot g\cdot GZ$，而重力就是质量 m 乘以重力加速度 g(9.81 m/s^2)。

横稳性关系：

$BM = \frac{I_T}{\nabla}$(基本稳性公式) [2.55 m]

$\overline{GM} = \overline{BM} - \overline{BG}$ (G在B上) [2.52 m]

$\overline{GZ} = \overline{GM} \cdot \sin\Phi$ (Φ =横倾角)

[$\overline{BG}$=0.03 m]

[∇=6.3 m³]

横向扶正力矩：[N·m]

$$RM = m \cdot g \cdot \overline{GZ}$$

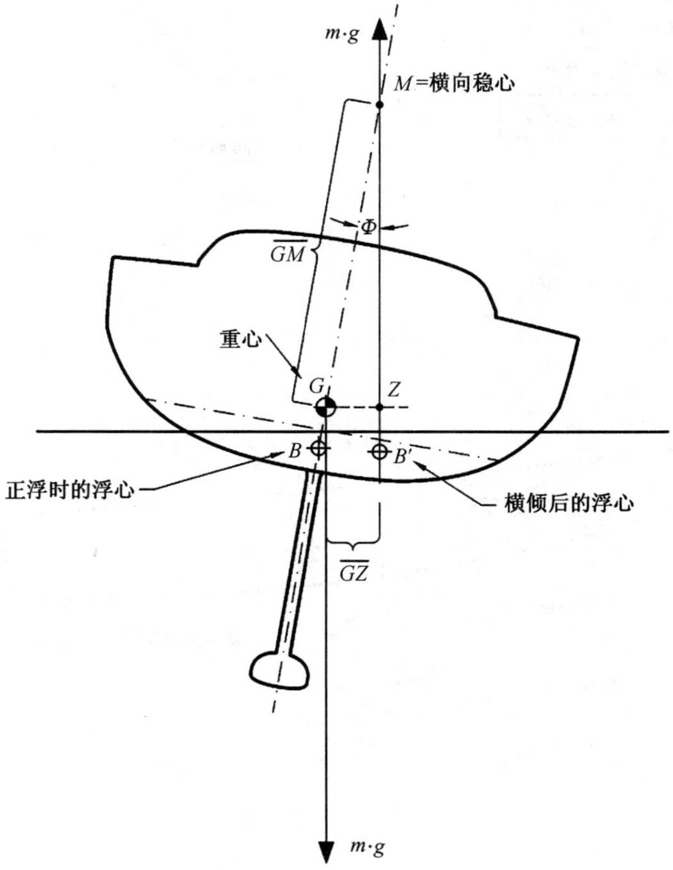

图 4.9 横稳性

图 4.9 中标识的另外一个重要的点就是横稳性中心(横稳心)M。这是通过 B'的垂线和游艇对称平面的交点。对于小横倾角的情况，为了简化计算，这个点可以看作是固定。重心 G 和 M 点之间的距离记作 GM，也就是稳心高，而 BM 是稳心半径。在一个基本的稳性方程(本处不提供)中，稳性半径等于横向惯性矩 I_T 和排水量∇的比值。利用这个公式和一些简单的几何关系，图 4.9 中给出了横向恢复力矩的计算。

因为游艇稳性和 GM 成比例，有两种方法可以增加游艇稳性，即或者降低 G 的高度，或者增加 M 的高度。较低的 G 常见于狭窄、质量大、有着大的压载比的游艇，比如 12 m 艇和

R 游艇。它们都是质量稳性。另外一方面，现代竞赛游艇，艇较宽并且吃水浅，这样就升高了 ***M***，它们是形式稳性。

计算纵向稳性的方法和横向稳性的方法相同。这样，当船体有纵倾角时，其恢复力矩可通过图 4.10 中的公式进行计算。当在游艇上纵向移动物体时，这个公式也可以用来计算纵倾角。

纵向稳定性的关系：

$BM_L=\frac{L_T}{\nabla}$(基本稳定公式)　　[33.06 m]

$\overline{GM}_L=\overline{BM}_L-\overline{BG}$　(*G* 在 *B* 上)　　[33.03 m]

$\overline{GZ}_L=\overline{GM}_L\cdot\sin\Phi$　(Φ =纵倾角)

[$\overline{BG}$=0.03 m]

[∇=6.3 m³]

纵向扶正力矩：

$$RM_L=m\cdot g\cdot\overline{GZ}_L$$

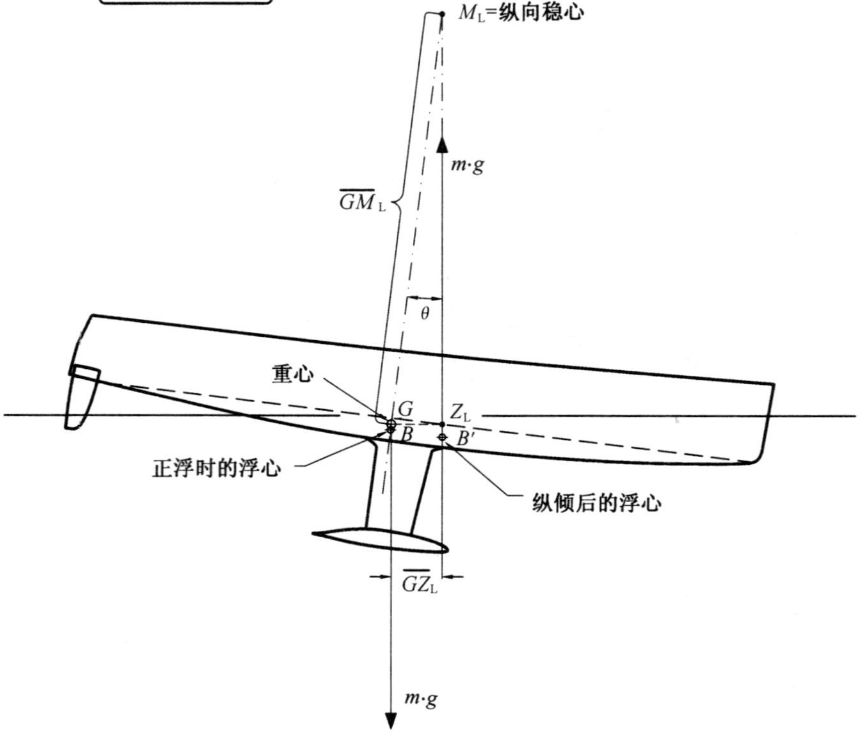

质量(W)沿纵向移动一定距离(x)的纵倾角(单位：度数)

$$\theta=\frac{180}{\pi}\cdot\frac{W\cdot x}{m\cdot\overline{GM}_L}$$

图 4.10　纵稳性

4.7 大倾角横稳性

在大倾斜角中复原力矩的计算比其在小倾斜角中的计算复杂得多。现实中的难点是倾斜的船体关于水线面的定位难以知晓。如果船体仅仅只绕着中心线旋转(在设计水线的平面内),那么排水量通常会变大,同时平衡力矩也会随之变大。唯一能克服这些难点的办法是不断试验和尝试,需要尝试多种高度,通过系统地变化下沉量和倾斜度,来找到一个排水量和 LCB 相对于原始数值的位置。

在找到正确的高度之后,就需要进行大量的计算来找到复原力矩,因为没有像可用于计算小倾斜角一样的简单公式来获得结果。实际上,即使是小船,这些计算很少是通过人工完成的,因为在计算机时代之前,船舶工程师利用一个叫作积分器的特殊工具,它是求积仪的一种发展。像这样的工具,毕竟很少为游艇设计者们使用,所以我们将构建一个更合适可行,也总是很精确的方法。这个方法在图 4.11 中有所说明。需要特别注意的是一些船身宽大且船头和船尾不对称的游艇,这些船体在倾斜时会产生巨大的吃水差,这样的影响是没有考虑在内的。

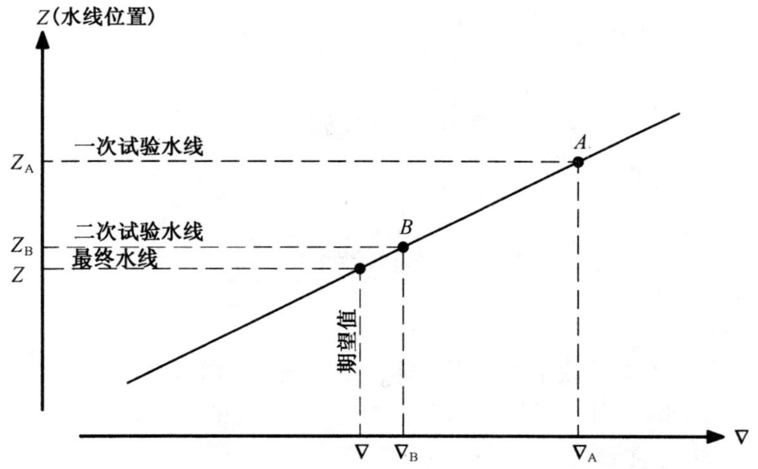

图 4.11 计算横倾水线的过程

为了找到船体的高度,首先让船体在设计水线面内围绕中心线旋转至一个设定好的角度。然后计算随水线到达 Z_A 的排水量。但是如果不知道对称平面的两边的截面形状,将无法计算,所以首先需要完成的就是船体平面图并将其两边包括在内。

排水量 ∇_A 可能是差别非常大的,因而需要作一个新的水线 Z_B。首先需通过用原始的设计水线 DWL 的面积除以超过部分的排水量来确定这条线。这里给出了到新的水线 Z_B 处的大概距离,这里对应的排水量 ∇_B 也可以算出。不但这种方法比较精确,而且最终水线位置 Z 也可以根据内插值法或者外部插值法得出,见图 4.11。尽管所有的纵倾效应都被省略,这种方法算出的排水量也是非常精确的。

找到了水线位置后,就可以用"片板"的方法去找到浮心的横向位置 B',见图 4.12。水线面下面的所有横倾部分被切成片板,并重新按照它们原来正确的方式黏合在一起。可以用两条线相交线的方法找到新的片板船体的重心（对应于真正船体的浮心），就如前面讨论过的一样。

知道了 B'，通过 B' 的垂线与中线面相交得到 M_{Φ}，见图 4.12。图中可以测得 BM，再用小倾角稳性的方程即可。

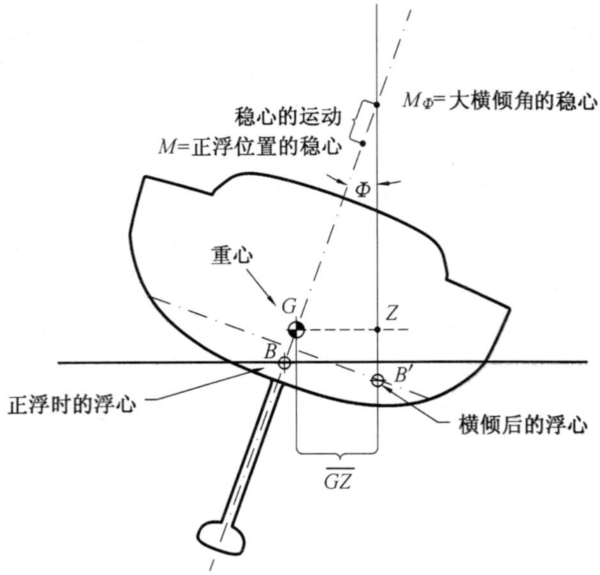

图 4.12　大倾角稳性

4.8　静稳性曲线

静稳性曲线代表不同横倾角的恢复力矩。因为力矩的不同是由与常数 $m \cdot g$ 相关的力臂决定的，所以垂向坐标可以选择 GZ 作为参数。图 4.13 中给出了 YD－41 的 GZ 曲线。

小倾角时，GM 是常数并且 $\sin\Phi \approx \varphi$（弧度），所以 GZ 就与横倾角成比例，也就是 $GZ = GM \cdot \sin\Phi \approx GM \cdot \varphi$。注意到，这样就可以得到原始的 GZ 曲线的切线，其正切应该通过点 $GZ = GM$ 且 $\Phi = 1$ rad，也就是 57.3°。

GZ 曲线的另外一个重要方面就是其最高处，该处代表船体的最大可能的恢复力矩。显然当横倾弯矩超过这个点时，游艇将倾覆。

最有用的是稳性范围，代表该点正向恢复力矩的倾角范围。更大倾角情况，船体稳定倒浮。

还应注意到 RM 曲线下的面积到达某一角度则表示将船体横摇到某一个角度所做的功，比如波浪。

现代鳍龙骨游艇和传统 V 形长龙骨游艇的稳性曲线有很大不同。经过 1979 年 Fasrnet 竞赛的海难，在南安普顿大学进行了这两型游艇的相似尺寸的比较研究，都用于 V 级竞赛。一个是 Contessa 32 巡航竞赛游艇，另一个是 Grimalkin 超快速游艇，总长均为 30 英尺①。

① 1 英尺(ft) = 0.304 8 米(m)。

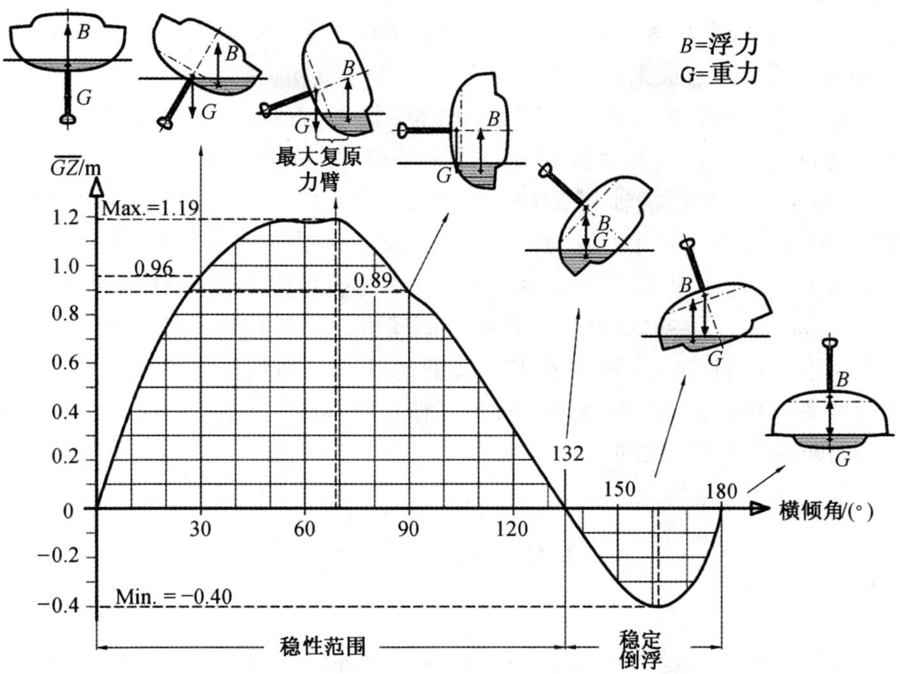

图 4.13　YD－41 的静稳性曲线

将两型游艇的 *GM* 增加到一定的程度(到达 0.85 m),(如图 4.14 给出了 *GZ* 曲线。然而,由于质量是不同的,这不意味着对于小角度情况下,两型艇 *RM* 是正好相同的:Contessa 32 是 4 600 kg;Grimalkin 是 3 800 kg。相应地,在 1°横倾角时,*RM* 分别是 670 N·m 和 550 N·m。应该注意到对两型艇而言,帆面积几乎是完全相同的。

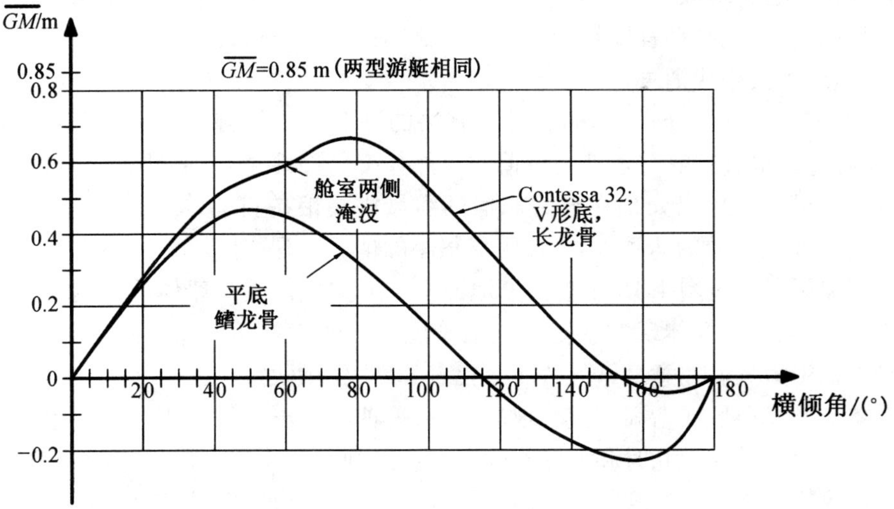

图 4.14　Grimalkin 和 Contessa 32 的 *GZ* 曲线

两型游艇最大的不同是在 *GZ* 的最大值上，对于 Contessa 32 而言能高出 40%。转换到恢复力矩后，这个不同会更大。对于 Contessa 32，RM_{max} 最大发生在 80°，等于 30 200 N·m，同时对于 Grimalkin，RM_{max} 最大发生在 50°，等于 17 900 N·m。

也可以看到两型游艇最显著的不同是稳性范围。Contessa 32 的稳性范围约 155°，同时 Grimalkin 的零恢复力矩已经发生在 115°。这样，一个较小的角度（25°），Contessa 32 就是稳定倒浮，这个范围内在坐标横轴和 *RM* 曲线之间的面积就很小。对于 Grimalkin，这个响应范围大概是 65°，面积则足够了。这也意味着一旦将倾覆的游艇恢复正浮的时候，后者更加困难。这是由于风和浪所做的功比较大，所以这个游艇可能会保持稳定倒浮一定的时间，也许几分钟；而同时 Contessa 32 几乎一旦被撞翻就可以立刻回到正浮的姿势。

从这个讨论中我们可以清晰地看出传统的游艇在高海情下比现代化的游艇更安全。在接下来的章节中我们将更详尽地阐述波浪的作用对稳性的影响，在这之前我们将列出关于海上竞赛游艇的一些相关数据和条件。

4.9 横　　摇

在海上航行的游艇在六个自由度上运动，即纵荡、横荡、垂荡、横摇、纵摇和艏摇。前三个要素各自是在纵向、横向和垂直方向的线性运动，而剩余的三个运动各自是围绕纵轴、横轴和垂直轴线的运动。从安全性方面来说，横摇是最重要的运动，将在本章和接下来的章节中论述。对波浪附加阻力有最重要影响的是纵摇和垂荡，这些问题将在第 5 章中结合船体设计一起讨论。

如果在静水中使船体倾斜一定的角度并突然释放受力，那么恢复力矩将会立刻使船体趋向正浮。船体开始横摇至它的正浮位置，但是当倾斜角为零的时候，由于其自身惯性，将不会停止横摇。它将继续横摇至另一边，另一边也就会产生一个相对的平衡力矩。船体就这样不停地摇晃，直到晃动程度趋于零。实际上，对于一个航行游艇来说，减幅缓冲的力量很大，所以这个力会很快消失。

这个例子包含了因海面引起的和横摇有关的许多重要的特点。尤其重要的就是船体在静水中横摇测试出的频率，也就是所谓的自然频率。稳性越高，惯性就会越低，自然频率也就会越大。可以设想出如果在波涛汹涌的海域中波浪拍打船体的频率和固有频率（谐摇）一样，将会导致大幅的运动，至少在阻尼很小的情况下是这样。

这个现象可以通过图 4.15 中被清晰地证实。横向坐标就是船体的固有频率分离出的波浪响应频率，纵向坐标体现的就是被波浪斜度划分的横摇角。图中的几条曲线，每一条都有各自的恒定阻尼。注意最下方的曲线代表了最大的阻尼。

如果响应频率很低或者固有频率很高，在水平轴上得出的值会很小。这里所有曲线汇集成纵轴上的值。横摇角此时和坡度相同。在大风刮过的海洋表层后起的波浪，大部分船体将会如同这样的波形。一艘救生筏，它的惯性很小，即有很高的固有频率，同样会依照波形所示有较短的波纹和更高的频率，因为在纵向规模上对应的值依然很低。在图表频谱的后端可以看到所有曲线数值趋向于零。在这个位置所表明的是波浪以一个如此高的频率击打船体以至于船体没有时间做出反应，这对于有义波高来说这是一个不大可能的情况。

一个危险的状况就是当响应频率接近于自然频率，也就是谐摇。如图 4.15 所示，横摇

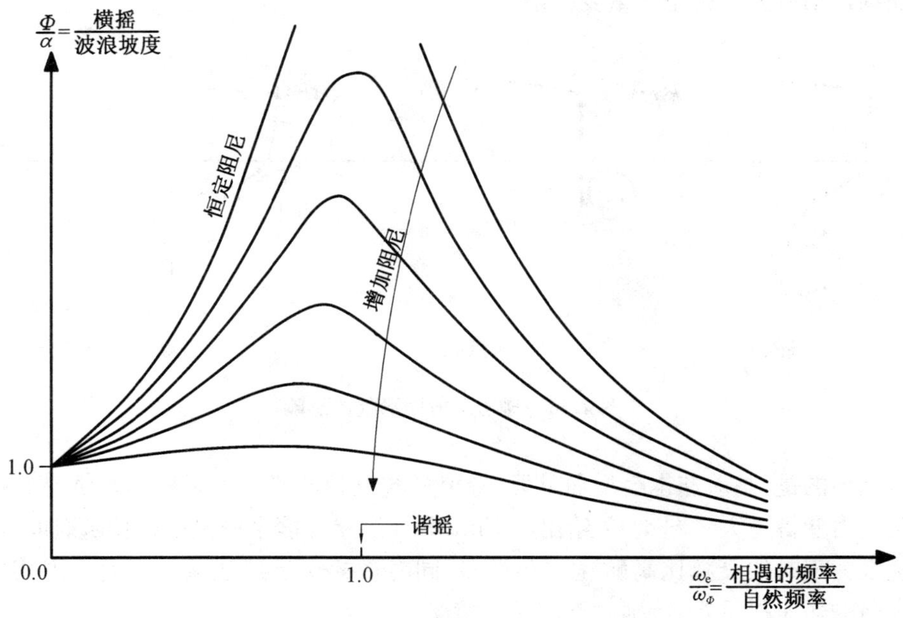

图 4.15　不同频率和碰击的横摇放大

角将会几倍于波浪坡度而游艇将会发生倾覆。我们将会讨论避免这种状况发生的多种方式。

如果游艇接近谐摇,也就是响应频率接近于固有频率,那么必须改变这些频率中的一个,最直接的解决方法就是改变游艇方向。因为固有频率的大小取决于波浪的速度(和波纹长度)以及游艇在波浪扩散方向的速度分量,所以改变游艇的方向就可以改变频率。游艇在上风方向,会比下风方向每分钟会遇到更多的波浪。这种用于避免过度横摇的技术同样在严峻的情况下适用于大船。当然,降低航速也是可行的办法。

从理论性的观点来说,固有频率可以靠增加或者降低稳性或者惯性(更确切地说是绕纵轴的质量惯性矩)的增减来改变。为了避免谐摇的状况,固有频率同样可以增加或者减少。然而,当问题发生的时候,无论是通过增加稳性或者减少惯性来解决,最好就是在图 4.15 中将质量向左移动。如果位于一个较高位置的质量被移动至船体底部(也许它更接近于重心),那么就能达到这两种措施起到的效果。

避免谐摇的技术和游艇的操作紧密相关,同时另一种降低横摇的方法是增加阻尼,这同样是设计者的任务。减幅是由以下三种情况所决定的:

(1)水和游艇之间的摩擦力。

(2)水面的波浪生成。

(3)船体龙骨、船舵、尖舭部和帆生成的漩涡。迄今为止,这个因素对于风帆游艇来说是最重要的。

漩涡的生成部分程度上依赖于船体横剖面形状(见图 4.16),但是主要依赖于侧边的尺寸。伴随着低航速的过度横摇生成大角度的来流攻角接近龙骨和舵,水流在这里造成了过载和延迟。这些现象将在第 6 章中讨论。对于延迟流体表面上的作用力而言,面积比其他几何属性都重要,所以长龙骨游艇比鳍龙骨游艇有着更大的阻尼。这对传统游艇和侧面积小的更加现代的游艇来说是个重要的结论。

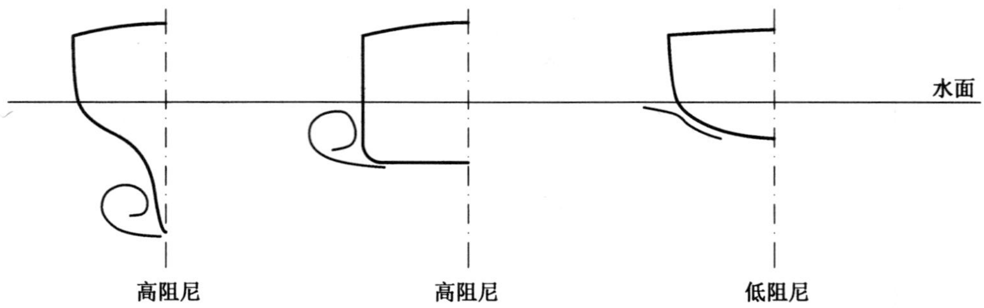

图 4.16 碰击对截面形状的影响

应该指出的是,高航速也会增加阻尼,特别是鳍龙骨游艇。如果航速足够高,龙骨开始工作并且受力变得更大。图 4.17 给出了 Grimalkin 游艇在静水中横摇振幅随时间如何衰减的。在速度为零时的衰减比高航速时小得多,同时横摇也迅速衰减。因此在恶劣海情下,保持一定高的航速很重要,特别对于鳍龙骨游艇。

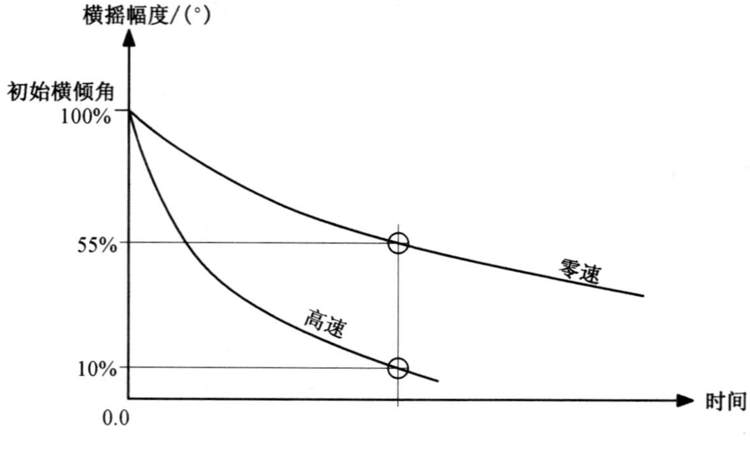

图 4.17 不同速度下的鳍龙骨游艇横摇碰击影响

4.10 波浪对恢复力矩的影响

恢复力矩在两个方面受到波浪的影响:

- 沿船体的波形改变水线面的形状;
- 水分子的离心力改变波浪的压力。

和波形有关,波浪对恢复力矩的影响可以分为两种典型的情况,见 4.18 图。中拱是当波峰位于船中,而中垂是波谷位于船中。对于所有横截面都有外倾的风帆游艇,中拱意味着船体的浸没部分在两端变得瘦削而中间变宽。由于水线面惯性矩和稳心半径取决于宽度的立方(见图 4.8 和图 4.9),这会有增加稳性的效果。在中垂的情况则相反,增加了艏艉端的宽度而降低了船中宽度,这就造成了稳性的下降。(需要指出的是,在船中垂直向上的作用往往对船起到相反的效果。)

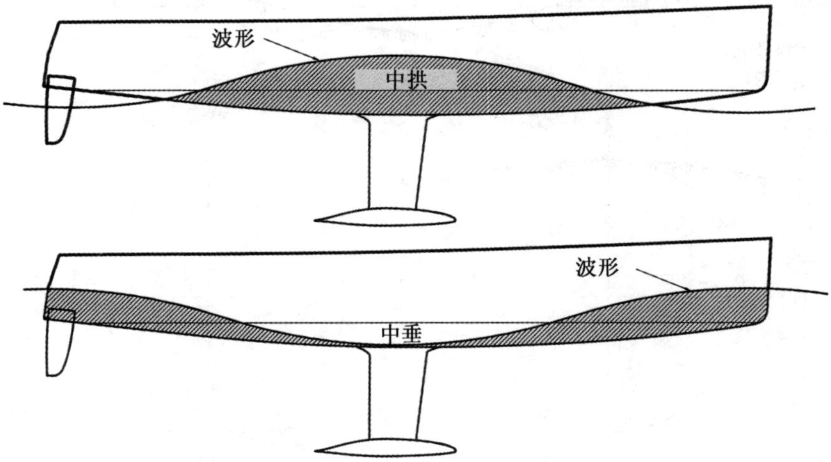

图 4.18 中拱和中垂

为了达到明显的波形效应,波长和船体长度方向要有相同的次序。这种波长很长的情况不是海上的情形,特别不是高海情的情形。另一方面,船体本身生成的波浪通常和船体有着相同的长度(详见第 5 章)。这样船体位于中垂的情况并显著降低船体的稳性,特别是对于船体吃水浅的情况,这种情况在波谷处降低了最大宽度。这个效应将在本章最后一节给出。

为了理解离心力的效应,需要了解一点波浪中水分子运动的知识,如图 4. 19 的解释。当波浪通过水面上的某一点时,水分子做有轨运动。这样,当水分子位于波峰的时候,它随波浪一起运动,位于波谷则相反。因为轨道圆圈的直径等于波高,运行完一个圆圈的时间等于波浪周期,这就容易计算轨道速度。对于海洋波浪,这个速度就是几米每秒。

水分子的离心效应的解释见图 4. 19 下部分。在波峰,离心力是垂直向上的,也就是重力的反方向;在波谷,这两个力的方向则相同。极端的情况是这两个力是相等大小,这一般发生在短小而陡的波浪。在波谷时,波浪的重力消失,然后波浪不再存在,而是破碎成众多的微小水滴。在这个位置,船体将丧失其全部稳性。相关的问题是船体是否依旧漂浮在水上,答案是肯定的(因为船没有倾覆)。事实上船体将漂浮在原始水线上,由于其中的水分子做形运动,船体失去了和波浪一样的质量。

幸运的是,船体彻底丧失稳定是很少见的,但还是存在着显著降低稳性的可能,见图 4. 20。Grimalkin 游船的稳性曲线表明,对于 12 m 的波高,其波浪周期是 9 s。这种极端情况实际上在 1979 年的 Fastnet 海难中被实际测到过。观察到在波峰时稳性只有正常值的一半,这时是游艇最大限度地曝露给大风的情况。

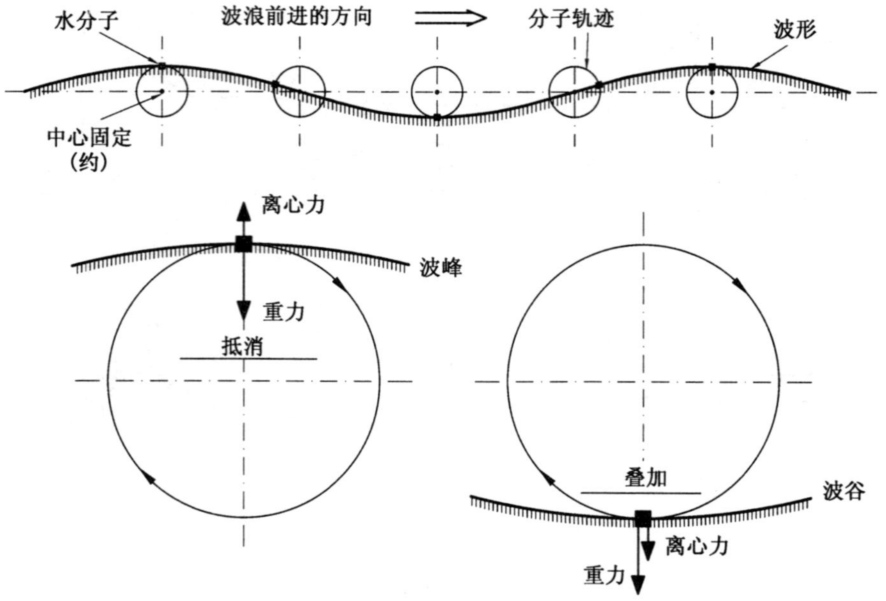

图 4.19 水分子在波浪中的移动

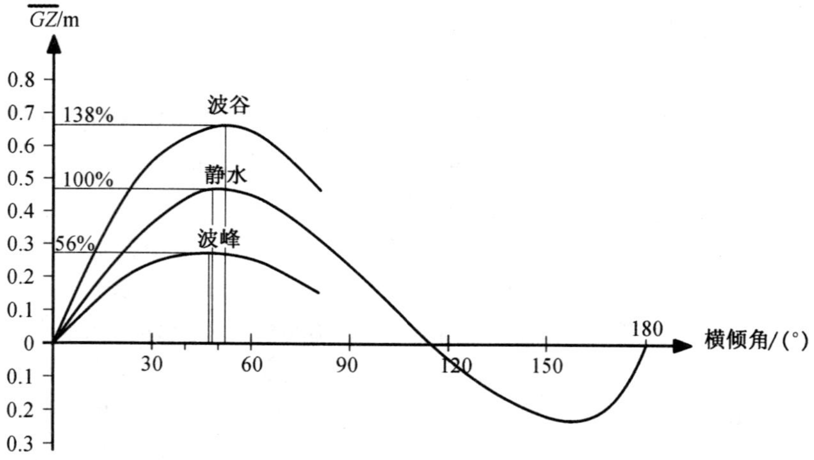

图 4.20 波浪对稳性曲线的影响(Grimalkin 游艇)

4.11 稳性统计

一般而言,现代游艇比传统游艇有着较大的 *GM*,这是因为它们有较大的宽度吃水比。然而数据分散范围是很广泛的。在 1990 年的美国 IMS 游艇的一项调查中,*GM* 最小值为 0.67 m,而最大值为 2.1 m。对于欧洲 2010 年前后设计的游艇的更多的有限统计的结果也是惊人的相似:对于水线长度 8 ~ 15 m 的游艇,*GM* 值也是 0.85 ~ 2.1 m。这些游艇 *GM* 是在 10% ~15% 水线长的范围。

至于稳性范围,IMS 船队的几型游艇的正向恢复力矩达到 180°,而同时其他游艇在横倾 100°时就开始有了负稳性,平均值是 122°。最新的调查表明,稳性范围是 100° ~135°,平均为 118°。

判断游艇稳性最快的方法是去计算所谓的戴伦堡(Dellenbaugh)角度。这个角度可以从一个简单公式计算得到(图 4.21 中给出),参数包含帆面积、横倾力臂、*GM* 和排水量。横倾力臂被定义为风帆的力作用中心和水下船体侧面阻力中心的垂直距离(两者都会在后面章节讨论,特别是在第 8 章里)。大多数现代游艇都在图 4.21 中的带宽范围内,该图给定的坐标是戴伦堡角对水线长。对于所有长度的游艇,稳性大小的不同大概是 6°。对于水线长度 12 m 的游艇,这个角度为 11° ~17°,YD -41 游艇的这个值是 12.7°,这艘游艇具有相当高的稳性也确认了上述事实。注意戴伦堡角没有涉及任何横摇的大倾角。

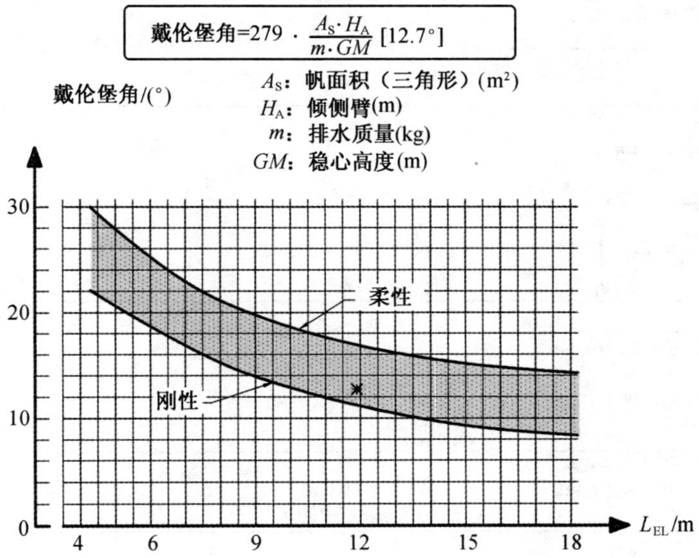

图 4.21 戴伦堡角度

4.12 适航性评估

为海洋游艇的安全性去寻找严格的准则是相当困难的。我们已经在前面几个章节中涉及几个重要的因数,但是一旦涉及在海上航行的动水力效应,就几乎没有什么有价值的信息。不管怎么说,这个问题是相当重要的。国际标准化组织(ISO)批准了一个新的关于 2.5 ~24 m 长的船艇(风帆和动力)标准。接下来我们将介绍 ISO12217 -2 标准,这个标准主要是针对 6 ~24 m 长的风帆游艇。

总体思路是定义一个"稳性指数"(STIX),这可从游艇的主尺度和其恢复力矩曲线获得。从适航性的重要性和安全性观点来看,不同的设计质量被分辨出来并用因子的形式表达出来,它们的乘积最后就可以得到 STIX。这些因子在后面进行了解释。图 4.22 给出了准确的方程。

单船体特性指数的确定 (STIX) :[42]

$$STIX=(7+2.25\cdot L_{BS})\cdot(FDL\ \ FBD\ \ FKR\ \ FIR\ \ FDS\ \ FWM\ \ FDF)^{0.5}$$

L_H = 船体长度(m), 扣除螺栓连接的延伸部分(船首斜桅，船首卷机等)
B_H = 船体宽度(m), 扣除螺栓连接的延伸部分(帽状导轨，并列导轨等)
B_{WL} = 水线宽度(m), 在适当的装载情况下
m = 游艇质量(kg), 考虑一种以上的装载情况
m_{MO} = 游艇质量(kg), 最小操作工况
m_{LA} = 游艇质量(kg), 满载到港情况
h_{CE} = 帆面积中心高于水线面的高度，正浮情况
h_{LP} = 水线以下侧面积中心的高度，正浮情况
GZ_{90} = 90°横倾时的恢复力臂
GZ_D =Φ_D角度横倾时的恢复力臂
Φ_V = 稳性消失角
Φ_D = 第一进水角度(细节参见ISO 12217-2标准)

基准长度因子:[12.26]

$L_{BS}=(L_H+ZL_{WL})/3$

排水量长度因子:[0.905]

$$FDL=\left[0.6+\frac{15\ \ m\cdot F_L}{L_{BS}^{3}\cdot(333A-8\cdot L_{BS})}\right]^{0.5}\qquad 0.75<FDL<1.25$$

$F_L=(L_{BS}/11)^{0.2}$

船宽排水量因子:[0.931]

$$F_B=\frac{3.3\cdot B_H}{(0.03\cdot m)^{1/3}}\qquad 0.75<FBD<1.25$$

$$FBD=\left[\frac{13.31\cdot B_{WL}}{B_H\cdot F_B^{3}}\right]^{0.5}\qquad F_B>2.2$$

$$FBD=\left[\frac{B_{WL}\cdot F_B^{2}}{1.682\cdot B_H}\right]^{0.5}\qquad F_B<1.15$$

$$FBD=1.118\cdot(B_{WL}/B_H)^{0.5}\qquad 1.45\leqslant F_B\leqslant 2.2$$

撞翻恢复因子:[1.216]

$F_R=GZ_{90}\cdot m/(2\cdot A_s\cdot h_{CE})$ $\qquad 0.5<FKR<1.5$

$FKR=0.875+0.088\ 3\cdot F_R$ $\qquad F_R\geqslant 1.5$
$FKR=0.5+0.333\cdot F_R$ $\qquad F_R<1.5$
$FKR=0.5$ $\qquad \Phi_V<90°$

倒转恢复因子:[1.090]

$FIR=\Phi_V/(125-m/1\ 600)$ $\qquad m<40\ 000$ $\qquad 0.4<FIR<1.5$
$FIR=\Phi_V/100$ $\qquad m\geqslant 40\ 000$

动稳性因子:[1.183]

$FDS=(A_{GZ}/(15.81\cdot\sqrt{L_H}))^{0.3}$ $\qquad 0.5<FDS<1.5$

A_{GZ}= 如后情况下GZ曲线下方的正值区域:
合适装载情况下，从正浮到Φ_V

风力矩因子:[1.00]

$FWM=1.0$ $\qquad$ if $\Phi_D>90°$ $\qquad 0.5<FWM<1.0$
$FWM=V_{AW}/17$ $\qquad$ if $\Phi_D<90°$
V_{AW} =当全帆时，稳定的相对风速下，船舶横倾到Φ_D
$=(13\cdot m\cdot GZ_D)/(A_S\cdot(h_{CE}+h_{LP})\cdot\cos\Phi_D^{1.3}))^{0.5}$

翻船/进水因子:[1.25]

$FDF=\Phi_D/90$ $\qquad 0.5<FDF<1.25$

设计类别:	A	B	C	D
STIX最低限制:	32	23	14	5

图 4.22 STIX 稳性系数(Blyth, Moon, Oossanen, Dolto 和 Eliasson 等人)

LBS:基准长度因子

当评价游艇的海上安全性时候,其长度是唯一最重要的参数,因为其长度是衡量波浪的尺度。游艇越大,相对波浪尺寸越小。这种方法中,游艇总长和水线长的尺寸被简单地拿来加权平均求值。不管怎样这是个值得讨论的有效假定。当考虑游艇的风帆特性时,在公式中列出的考虑水线两次长度和并总长一样的重要程度是合理的。本处上下文的游艇经常横摇超过90°或者更大,总长就比水线长更加重要。公式计算表明,它对有着外伸杆的游艇(老式游艇)不利而支持游艇有方尾(现代游艇)。

FDL:排水量长度因子

从操控角度看,具有轻排水量的游艇尺寸被看作是一种缺点也因而 *FDL* 对其不利,如图4.22中给出的数据。公式中对于常规游艇而言,*FDL* 值为1.0,而用于STIX计算的最小值和最大值分别是0.75和1.25,虽然实际值可能在这个范围之外。相似的原理也用于下面其他的因子。

考虑从恶劣海况的竞赛中获得的经验,诸如1979年的Fastnet竞赛和1998年的悉尼-毫巴竞赛(Sydney - Hobart),对轻型游艇扣点好像是不公平的,这些恶劣海情下还是有轻型游艇很好地幸存下来。然而,这些游艇是由全职竞赛船员操纵的。ISO标准中规定的游艇应该能在同样的海况下工作,并且船员人数应该最少,甚至几乎可以不明有经验的船员。这样响应太快、太敏捷的游艇也不是个好的选择。在 *FDL* 因子中,长度因子 F_L 随 L_{BS} 增加而增加,其功用是允许大型游艇比小型游艇有着相对更轻型的排水量而不会对其不利。这其中的原因可以参考图2.1。稳性特性并不和长度成正比。

FBD:船宽排水量因子

在Fastnet海难后,基于在英国(Wolfson研究所,南安普顿)和美国(美国造船师和轮机师协会)的研究,结论是大宽度结合轻排水量加重游艇在波浪中导致倾覆的风险。船体也会变得倒浮时更稳定,这也不是想要的结果。这个特性在几年前被两艘Open-60游艇证明了。它们船体和完整龙骨都露出水面并倒浮了很长时间才被发现。

另一方面,小的船宽排水量比会对形状稳性有负面影响,所以从规则而来的两个方面大的偏差是不利的。狭窄型游艇特别坏的例子就是老的英格兰舷边厚板型独桅纵帆船,几乎没有了形状稳性。它们是从错误的规则开发出来的并且依靠的是较浅位置的重型压载。在普通航海状态下,横摇角过大并且淹水风险很大。

对于狭窄、常规和宽体船体,*FBD* 公式是不同的。控制因子是 *FB*,*FB* 为基于宽度和排水量的三次方根之比。常规的 *FB* 在1.45到2.2之间。

FKR:撞翻恢复因子

这个因子是指游艇翻船后风帆排出水的能力。这里的主要控制因子是 *FKR*,代表恢复力矩和当风帆刚刚接触到水面的横倾力矩之比。如果 *FKR* 大于等于1.5时,就采用图4.22的主要公式计算恢复因子;如果 *FKR* 小于1.5,就用第二个公式。对于稳性消失角小于90°的游艇,*FKR* 采用最小值0.5。

FIR:倒转恢复因子

FIR 代表倒转后,在游艇没有外界帮助的情况下而自己恢复正浮的能力。此处最重要的值是稳性消失角。公式很简单,特别是最后一个公式是针对游艇质量超过 40 t 的。对于这样吨位的游艇,*FIR* 等于消失角除以 100。游艇越小,需求越大。一艘 8 t 的游艇需要 120°的消失角来得到 *FIR* 值为 1。

FDS:动稳性因子

如图 4.13 所示,恢复力矩曲线下方到达某一横倾角的面积代表外力(来自风和浪)横摇船体到达某一角度所做的功。它用于动稳性因子 *FDS*,*FDS* 与整个稳性范围(达到稳性消失角)的恢复力臂(*GZ*)曲线下的面积成比例。没有采用恢复力矩曲线的原因是主尺寸已经在计算 *LBS* 时考虑进去了,应用恢复力臂曲线对大型游艇有好处。小横摇角情况下的 *GZ* 曲线可以用倾斜试验来得到。计算结果是可以接受的,但是接下来还是按照优化预报的计算值进行修正。

FWM:风力矩因子

对于进水角小于 90°的船体,*FWM* 这个因子表示由于阵风使得未收帆游艇横摇进水的风险。*FWM* 不能大于 1。如果游艇进水角大于 90°或者更大,也就是大多数压载型游艇和有着常规的甲板开口的游艇,这个值是可以达到的。如果进水角小于 90°,全帆航行的游艇必须承受表观风速达到 17 m/s 才能满足不进水,而此时 *FWM* 值为 1。

FDF:翻船进水因子

FDF 这个因子表示翻船进水的风险,它和进水角成正比。

进水角的定义是当横摇角度到达开口浸没水中开始进水的角度。开口可以是主升降扶梯舱口到不能及时排水的座舱口,也可以是船体自身的开口。对于带有可以快速排水的座舱口的游艇,最危险的点应该是升降扶梯舱口的顶角,而不是靠近座舱口的下角。所以,如果船体上没有不同寻常的大型通风开口,升降扶梯舱口的顶角就是定义的进水角。对于重型游艇(舱口在中线上),角度通常是 115°,对轻型游艇而言,这个角度通常是 125°。对于偏置的舱口,很显然,应该计算最坏情况的横摇角度。

稳性系数从图 4.22 上面的公式计算获得。注意,应该从两个方面来计算:最小运行工况(m_{MO})和满载到港情况(m_{LA})。采用 *STIX* 值计算后的最小值。基于 *STIX* 数,游艇可分为四个类别,A ~ D。图 4.22 给出各个类别不同限度。分类 A 中的 A 型游艇有着非常好的适航性并同时适合海洋航行,而游艇 D 就只适合遮蔽水域。满足 A 或者 B 资格的游艇必须有着快速排干的座舱和至少 90°的进水角。对于讨论和比较轻型游艇和重型游艇 *STIX* 的计算,读者可以参考文献。这里我们讨论一下游艇 YD - 41 的 *STIX* 的计算。

如图 4.22 中所示,YD - 41 的 *STIX* 值为 4,这样这艘游艇就非常符合分类 A 的标准。只有排水量长度因子 *FDL* 和宽度排水量因子 *FBD* 低于 1.0(分别是 0.905 和 0.831)。最强点和恢复力矩(*FKR* = 1.216;*FIR* = 1.09 和 *FDS* = 1.183)与进水角(*FDF* = 1.0)有关。附录 C 给出 YD - 41 完整的 *STIX* 计算。计算是按照最小运行工况和满载到港情况来计算的,但是仅给出了最小运行工况的结果,这是因为满载到港的情况有着比较高的 *STIX* 值。

最小运行工况的主要要点是轻型船、对应附录 A 的轻型排水量。为了获得两个船员的最小运行工况，需要增加一件救生衣和其他标准设备。附录 A 中对应于这个排水量的船体尺寸可以从两列的插值获得。

稳性系数是由 AG Blyth 领导的 ISO 工作组的 Van Oossanen，Dolto，Eliasson 和 Moon 开发的。在此处列出是受到 ISO 的许可的。注意，这也是欧洲指导文件 94/25/EC 关于 2.5 ~ 24 m 长度的娱乐游艇强度和安全性的一部分。

第5章　船体设计

本章我们说明一下船舶水动力设计背后的理论。我们从介绍作用在风帆游艇上不同的力开始，解释这些力是如何被船体周围的绕流生成的。给出这些分力的公式，并介绍如何在船舶设计过程中交替应用不同的船长。最后，专门有一节介绍船型统计数据，这些数据可以作为新设计游艇主尺度选择的参考。

5.1　风帆游艇所受的力和力矩

图5.1给出了作用在风帆游艇上的各种力。俯视图中给出了力的水平分力。当船体在水中航行时产生阻力。在平衡状态下，当游艇按照给定方向匀速前进时，阻力用来平衡船帆产生的前进推力。不过，如果没有同时获得一个侧向力的话，阻力是不能自己形成的，这个阻力也是依次被侧向水动力来平衡的。后者是当水下船体滑向侧边方向时候产生的，例如，当游艇有个偏航角的时候。由于复原力矩在平衡状态下必须为零，最终的水动力和空气动力（在水平平面上的）必须作用在同一条直线上。

图5.1中下方的视图是沿着游艇运动的方向看去的。可以看到水动力和空气动力的合力都是和桅杆垂直的。这没必要一定要相当准确，但是在风帆游艇理论中总是这样来估计的。来自空气动力的横倾力矩被来自浮力和重力的复原力矩来平衡。

在图5.1中，相对风向用粗箭头标出。这不是真实风向，因为游艇上的感觉风向受到游艇穿过空气的航速的影响。图5.2给出了真实风和相对风的风速与方向的关系，也就是所谓的矢量三角。注意游艇航速产生的风速（用于增加到风矢量三角中的）是与图中游艇速度方向相反的。（译者注：相对风速是游艇航行时候帆实际所受到的风速，是真实风与航行风的矢量合成。航行风就是在游艇上所感觉与航行相反方向的风，其大小与帆船的航行速度相等，方向相反，有时候被叫作船风。）

本章主要讨论阻力及其组成和如何为了优化设计而最小化阻力。侧向力将在下一章和龙骨及舵联系在一起考虑，因为龙骨和舵都是最先对侧向力进行响应的构件。

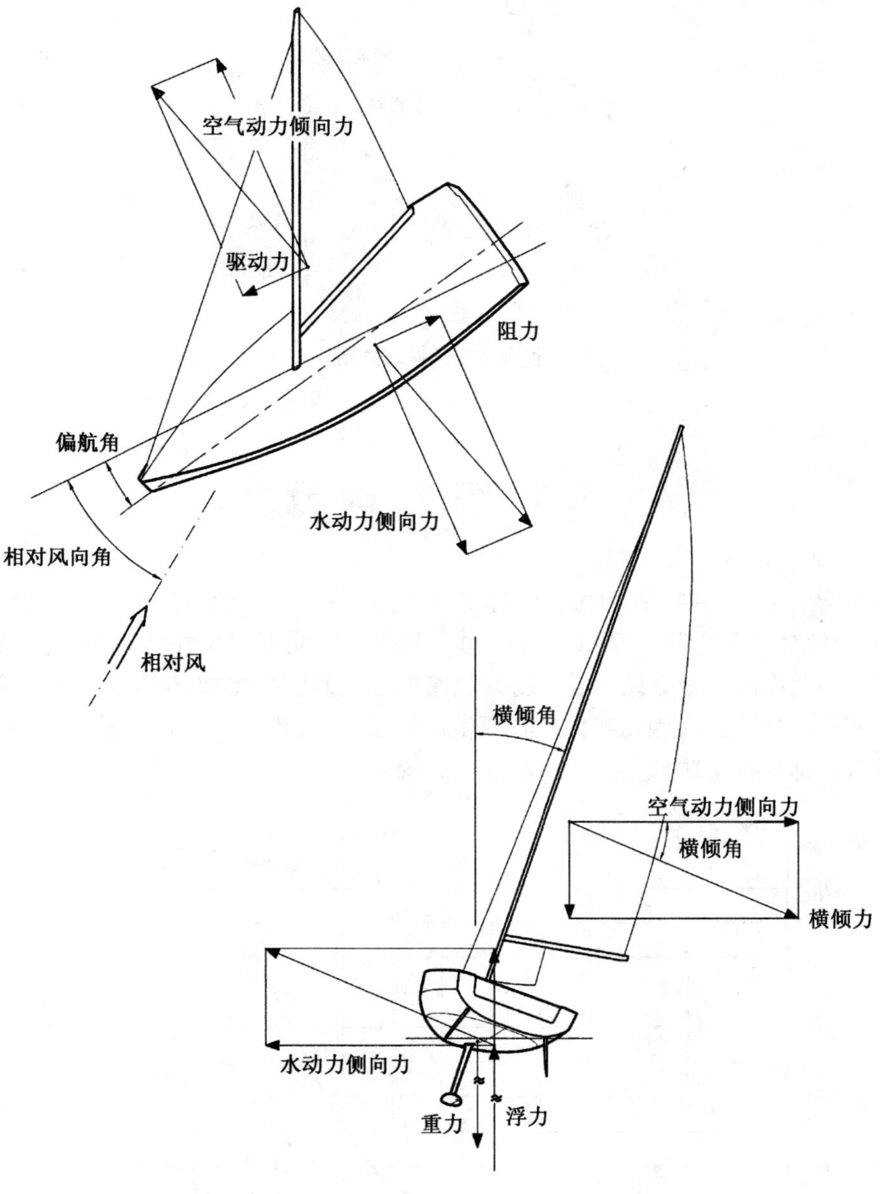

图 5.1　风帆游艇上的作用力

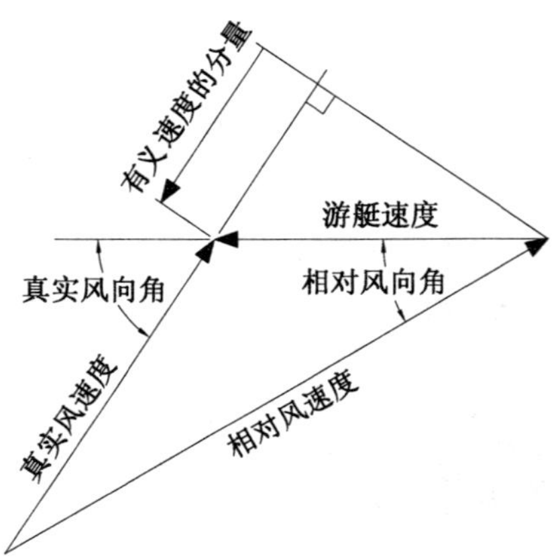

图 5.2　矢量三角图

5.2　阻 力 构 成

图 5.3 给出了 YD－41 在静水正航拖曳时的阻力曲线。低速时,阻力成分主要是黏性阻力,这是由船体和水之间的摩擦力造成的。摩擦力造成不同尺寸的漩涡,这些漩涡含有遗留在船尾伴流中的能量。黏性阻力随着航速的增加而缓慢增加,但是同时对于第二种阻力成分则相反:兴波阻力(因为船体航行而生产的波浪)带走更多能量。黏性阻力和兴波阻力之和通常被称为是正航阻力(Upright Resistance)。

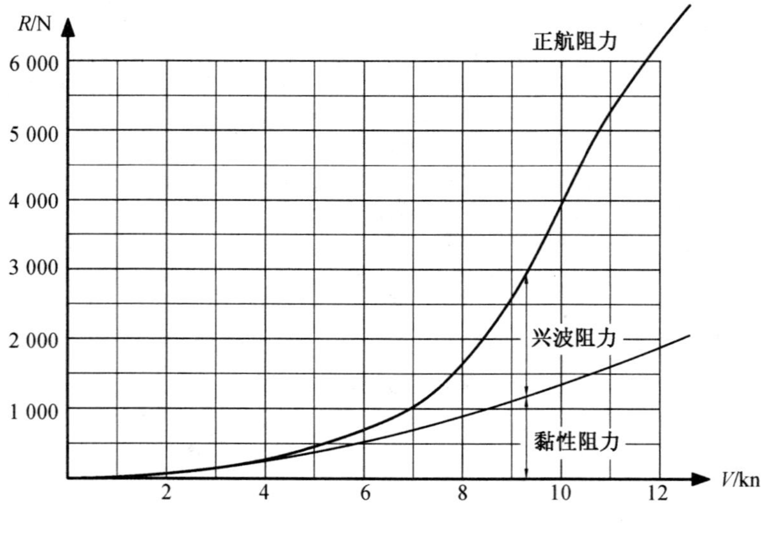

图 5.3　YD－41 正航阻力

在风帆航行时候,这种情况是更加复杂的,特别是在海上正航。图 5.4 给出了 YD－41 在速度为 7.35 kn 的微风下迎风航行时的总阻力的分解。左侧坐标轴给出的阻力成分值是按照本章给出的公式进行计算的。所有阻力成分都给出总阻力的百分比。接下来的讨论里,我们将更多地用到这个图。

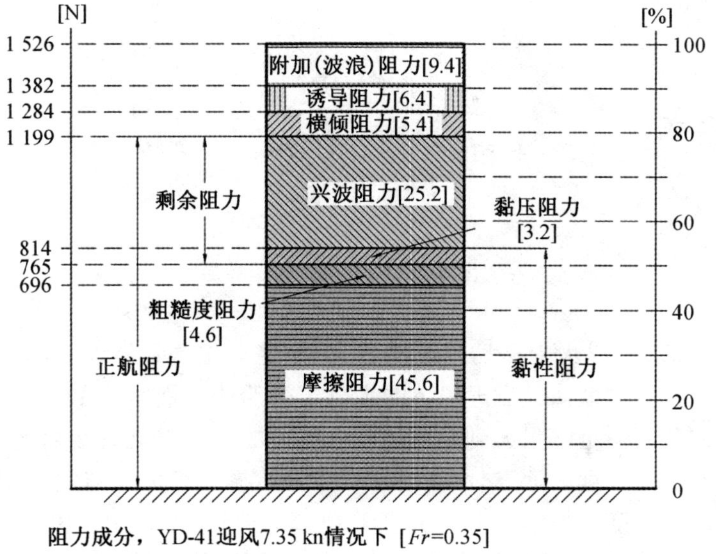

图 5.4 YD-41 总阻力分解图

黏性阻力被细分成几个成分,稍后讨论。同时与黏性阻力和兴波阻力存在的还有另外三个新的阻力:横倾阻力、诱导阻力和(波浪)附加阻力。横倾阻力是当游艇横倾时造成的黏性阻力和兴波阻力的变化之和。这种阻力是为了计算方便而引入到帆船理论中的。对于正立船体,其黏性阻力和兴波阻力仅需要按照水动力学方法计算就能获得,因此,最好分开考虑(横倾带来的阻力)效应。

诱导阻力(Induced Resistance)是由偏航引起的。当游艇船体向侧向逐渐移动时,水流从高压的偏航一侧,从龙骨和舵的下方,从船底下方,流向低压的迎风一侧。这时就生成纵向涡流。大多数水手在大角度横倾角时应该见过从龙骨梢部产出的漩涡。当这些漩涡达到水面时候,空气被吸入漩涡中心,这使得其可见。这些漩涡包含了留在船后的旋转能量。

在海况下,所有静水中的阻力成分都增加了,这是由于游艇的不稳定运动造成的。然而,如果将所有的阻力成分的变化混合在一起考虑成一个成分,称之为波浪附加阻力也是个好方法。这个阻力成分被表示在图 5.4 的最高一层。

总之,这里有五种主要的阻力成分:黏性阻力、兴波阻力、横倾阻力、诱导阻力和波浪附加阻力。我们将依次讨论这些阻力并且给出它们是如何被船体形状影响的。

5.3 黏性阻力的基本概念

黏性阻力的名称来自水的黏性直接或者间接造成的这种阻力成分的事实。水的黏性(热力学的),记作 ν,取决于水的温度。在 20 ℃,其值为 $1.0\times10^{-6}\ m^2/s$。在后面讨论中我们将利用这个值进行计算。其他温度下的黏性值可以在标准表中找到。对于估算黏性阻力,这个值就足够了。

为了了解黏性阻力的性质,必须要知道一些流体力学概念。从这方面来说,最重要的一个是船体绕流的边界层,见图 5.5。

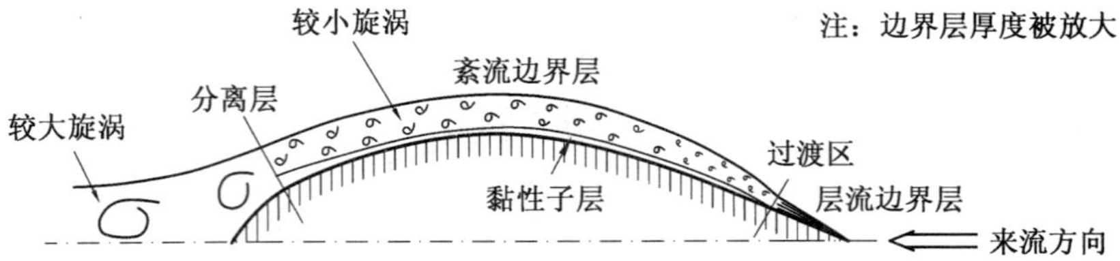

图 5.5　船体绕流的边界层

无论是谁,如果在静水中移动的船侧看,都一定会注意到靠近船体的水流被船体带动一起向前移动。看上去就像最靠近船体的水分子被船体表面困住了。事实上也是这样的。船体和水之间的分子力足够强大到阻止最靠近船体的水层与其有相对运动。从船体上看,从船体表面开始到一定远的地方,水流速度从零开始梯度增加到与船速相等。对于大船而言,在这个层内,该长度一般小于 1 m,这就是所谓的边界层。缩小比例,这个现象也同样发生在风帆游艇上。在船首,边界层非常薄,但是往后则增加,到船尾这个厚度能达到 0.1 m。图 5.5 的边界层总的来说被放大了,以便清楚表述这个概念。

靠近艏部的边界层内的层流是平顺的。外层的流速比相邻的内层稍高。这就是边界层内的层流边界层。从船首开始经过一段距离后开始出现绕流干扰,很快接下来流体结构分解为看上去混乱的状态:紊流。这时候的边界层可以用不同尺寸和频率的漩涡来表征。然而,漩涡引起的起伏变动的速率被看作是小于边界层内所有点的平均速率的,所以流体总向后方流去。

在紊流边界层内部有一个特殊区域能够很明显被区别出来,这个区域相当薄。如果游艇船体外面的总边界层的厚度用厘米来度量的话,这个内部区域,称作黏性子层,值是 0.1 mm 的倍数。不过我们注意到,这个薄层却承担相当重要的角色,特别是与表面粗糙度关联。在黏性子层的流体主要是层流,但是有时候在驻点上,层流会被湍流干扰而随流体向下游流去。

边界层内从层流区到紊流区之间的区域是过渡区并且通常很短。在图 5.5 中它被标记为一个点。

靠近船尾的地方,可能会发生另外一种流体现象:边界层分离。如果船尾非常丰满,水流不会沿着边界层表面而离去,反而会迅速弯向船尾内侧。实际上,非常靠近船体表面的流体停住了,这迫使外层的流体按照沿着指向正后方的方向流去,如图 5.5 那样生成了较大的漩涡。应该强调的是,这些较大的漩涡比边界层内紊流区域的漩涡要强得多。这意味着水流现在可能会向前流去。同时,在实践中,风帆游艇为了避免过渡到紊流边界层,当然也要避免流体的分离,这也是可能的,因为紊流边界层和边界层分离被认为增加阻力。在国际海上游艇大赛(IOR)活动的早期,断级型尾部线型曾用于"欺骗规则",例如降低参赛艇级别,但是所付的价钱却是一艘慢速游艇的价格。经过对竞赛规则的一些修正,拥有这种类型船尾的游艇消失了。

黏性阻力可以被细分成三部分:直接作用在光滑艇体表面的摩擦力、由于边界层而存在的艇体艏艉的不平衡压力和因为艇体表面粗糙度而增加的摩擦力。下面我们将分别讨论这些力。

5.4 摩擦阻力

前面已经介绍了一些关于黏性阻力重要的概念,现在我们可以开始讨论第一个也是最重要的一个黏性阻力的成分:在水和船体之间的摩擦力。尽管水不是沿着船体表面滑动的,但是还是产生了阻力,这是因为非常靠近船体的水层受到其外层向后流动的水流的影响。依次地,外层又受到邻近的更外层的影响,等等。实际上摩擦阻力与随船体表面不同距离的水流速率的增加而成比例关系。

关于摩擦阻力可以得到如下一些结论。首先,因为摩擦力作用在船体表面,最小化湿面积肯定是有好处的。这也是被20世纪60年代增加航速的新设计证明了的,当时引入了鳍龙骨设计,很显著地降低了船体的湿面积。第二,由于在边界层内层流区域的速度分布不同于紊流区域,摩擦力是不同的。层流区域中,薄薄的水层间的相互影响是分子力造成的,因而相当弱。而紊流区域相邻的水层间的相互作用就要强多了,这是由于漩涡的"搅动"效应造成的。两种边界层类型的典型不同速度分布参见图5.6。

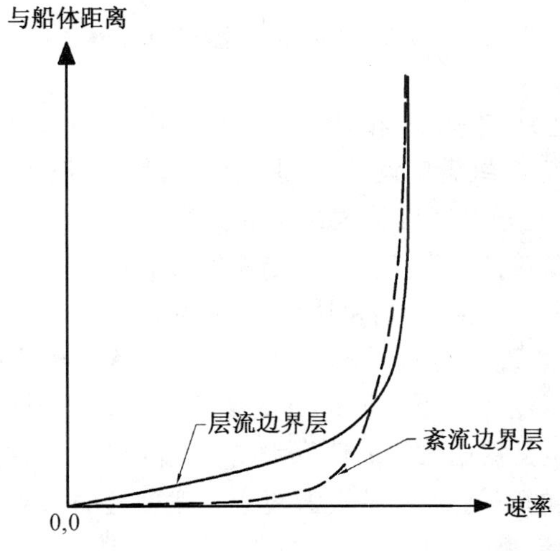

图5.6 层流和紊流边界层的速度分布

对于紊流区域,从船体表面开始的速率增加得非常迅速,摩擦阻力也就更大。这样,就尽可能使得层流边界层越往后越好。当形状可以自由旋转的时候,对于设计龙骨、舵和其他附体,比如球鼻艏的时候,这个影响是非常重要的。然而,对于船体而言,还要考虑很多其他因素,因此关于这些也就只能做这么多了。在附体设计中采用的技术将在下一章进行讨论。这里完全可以说,前体(艇体前部)采用直线设计更能增加层流边界层的长度,其实,任何情况下,被层流边界层覆盖的船体区域仅仅是船体总的湿面积的一小部分。

下面给出示例,图5.7是一艘传统的7.6 m长游艇经流体计算后的边界层和摩擦阻力(常被称作表面摩擦阻力)的分布。给出的数值是沿着一条流线从艇首到艇尾计算得到的。

从图中可见，层流边界层的厚度增加得很缓慢，但是当通过过渡区后，特别是接近船尾的时候，边界层厚度则增加得很快。左侧坐标轴给出以毫米为单位的边界层厚度值。摩擦阻力在层流边界层内迅速地降低为一个较小的值，但是在过渡区又突然增大了。过渡区之后，该阻力又降低到船尾的零值。本例的船体有个相对长的层流边界层，因为其前体为平直的线型。

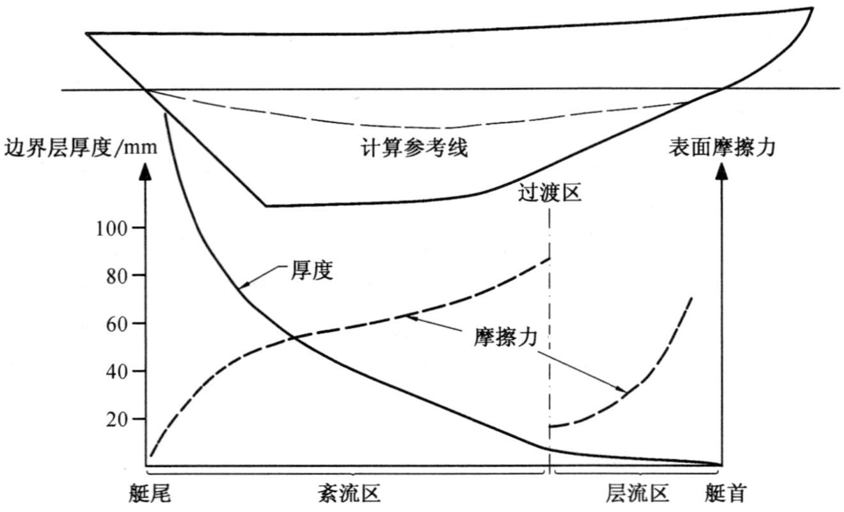

图 5.7 在 7.6 m 长传统游艇上的边界层和表面摩擦力分布

图 5.7 中的数据是针对船体和附体的绕流而用计算机程序经计算得到的(SHIPFLOW)。该程序用于高级游艇设计，特别是用于设计美洲杯比赛使用的游艇，但是这个软件对于业余游艇设计爱好者来说就太昂贵和太复杂了，本书将在第 16 章介绍这个软件。然而，可以用平板的简单公式来估算边界层厚度和表面摩擦力。和所有与黏性阻力有关的数值一样，计算要靠一个无因次数：雷诺数 Re 来完成。也就是用平板的速率 V 与其长度 L 之积除以水的动力学黏度 ν，也就是 $Re = V \cdot L/\nu$。图 5.8 给出摩擦力是如何随雷诺数变化的，还给出了用于估算船体水下不同部分的摩擦力的计算公式。需要注意的是，当计算船体摩擦阻力的时候，定义雷诺数的 L 仅取水线长度的 70%。这是因为水粒子一般不是完全沿着船体从头走到尾的。例如，这些在游艇最大宽度处的水粒子仅跟船体行进一小段距离后就消失在船尾的伴流里了。图 5.8 中的中括号内的数据都是 YD－41 的数值。

图 5.8 中还给出了总的表面摩擦阻力系数 C_F，如果采用方框中的公式，可以用它来计算摩擦阻力 R_F。在流体力学里，这种用给出的系数 C 及其指数去表达力的做法很常见，而且力也总是由系数 C 乘以所谓的动压力 $0.5 \cdot \rho \cdot V^2$ 以及其作用的面积(这里通常是湿表面积 S_W)来获得。

对于 YD－41 用于计算的给定速度是 3.5 m/s 或 6.8 kn，和图 5.4 的速度是一样的。通过综合叠加艇体、龙骨和舵的摩擦阻力，计算得到总摩擦力是 536 N，这个也在图 5.4 中给出。

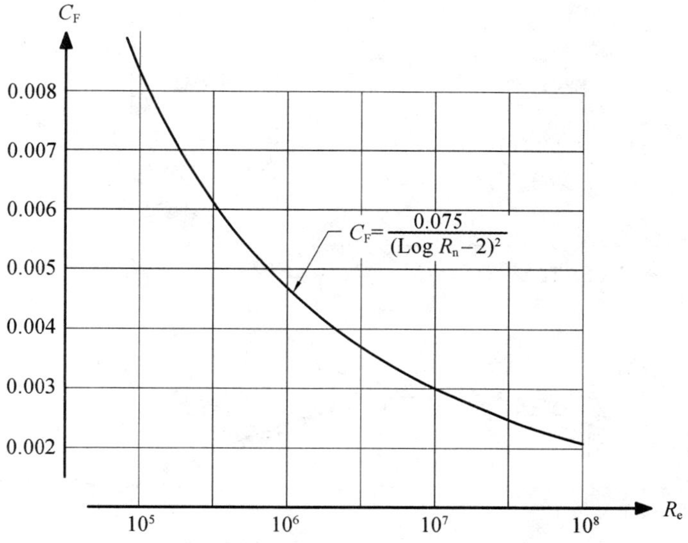

雷诺数 $Re=\frac{V\cdot L}{v}$

V=游艇速率（米/秒） [3.78 m/s]

对于船体船长 $L=0.7\cdot L_{WL}$ [8.3 m/s]

对于龙骨和舵 L=平均弦弧长 [龙骨：0.89 m][舵：0.35 m]

对于有球鼻艏的:L=球鼻长度 [球鼻:2.42 m]

v=动黏性 [20 ℃ 海水≈$1.0\cdot10^{-6}$ m²/s]

摩擦阻力：$R_F=C_F\cdot 0.5\cdot\rho\cdot V^2\cdot S_W$

[船体:512.7 N] [龙骨:80.0 N] [球鼻:53.1 N] [舵:24.9 N]

ρ = 水密度 [20 ℃海水 ≈1 025 kg/m³]

S_W = 湿面积 [船体:28.2 m²] [龙骨:2.98 m²] [球鼻:2.38m²] [舵:0.77 m²]

总摩擦阻力：将船体、龙骨片体、球鼻和舵(正浮情况下，2个舵)的摩擦阻力叠加求和。[695.6 N]

图 5.8 摩擦阻力的计算

5.5 黏压阻力

图 5.9 给出了在某个给定深度也就是沿着某一水线的船体典型压力分布。图中可见，在这个深度上，艏艉压力是高于没有层流分布区域的，同时在船体中部的压力也较低。假如边界层不存在的话，作用在船首的压力将正好用来平衡在船尾的压力而不会产生作用力（忽略波浪产生的力矩效应，该效应也对压力产生影响）。然而，边界层的确会影响船体压力分布，而且因为艉部边界层厚度被认为比船首要厚，对艉部的压力影响也最大。在船尾发现有轻微的低压存在，是因为摩擦力通过边界层间接引起的，这相对增加了阻力的成分。对于风帆游艇，这部分阻力占直接摩擦力造成的阻力的 5% ~10%。

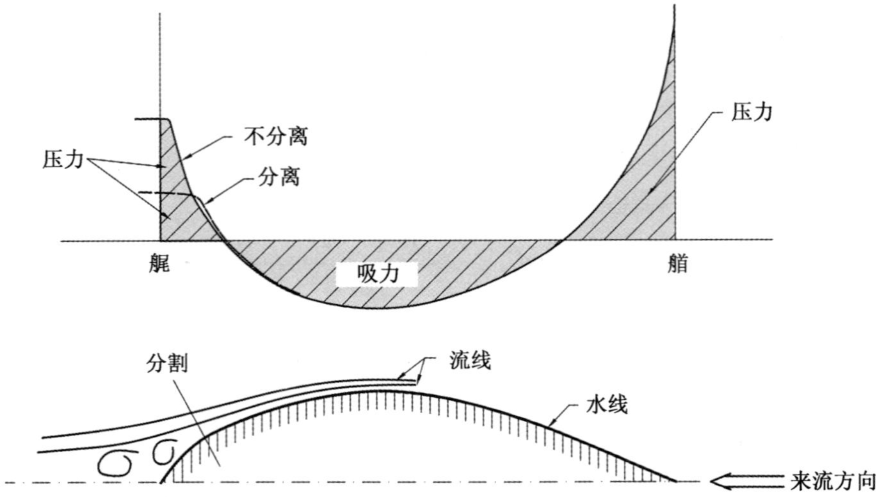

图 5.9 有层流分离和没有分离的边界层压力分布

上面讨论的压阻力是不可避免的,但是可以通过对合适游艇尾部设计而使其最小化。这样,船尾越肥大,压力就越大。只要尽可能长地避免边界层的分离,艉部影响就越小;但是如果层流分离造成大的压力,就认为压阻力比上面提到的5% ~10%要大。当决定艉部的肥大程度时,应该研究斜剖线的形状,因为斜剖线比水线更加接近层流的方向。有些文献给出了斜剖线的最大倾斜度,根据不同的作者,可以考虑的取值范围为22° ~30°。上限看上去太高了,安全考虑,最好不要超过最低值。

应该指出,黏压阻力受棱形系数(C_p)和浮心纵向位置(*LCB*)的影响。C_p 越大,船体尾部越丰满;*LCB* 的位置越靠近船尾,船尾越丰满。为了降低黏压阻力到最小,船体的形状应该像一条鳕鱼,并且是非常纤细的鳕鱼。C_p 应该小于0.5,*LCB* 的位置应该在船体中横剖面之前。如果不考虑兴波阻力,这就是很好的设计。后文将会看到,肥胖的前体会增加兴波,同时,肥胖的后体则倾向于降低兴波。较厚的艉部边界层(在肥胖的后体上)使得船体看上去比实际长度要长,并且如果发生层流分离,这种效应会更加明显。一些设计师因此专门设计带有层流分离的肥大艉部线型,仅仅就是为了降低兴波阻力。然而,从实际费效比来看,除非有更大的收益,否则似乎不值得为这一点而花费。显然,艉部设计,同时包括 C_p 和 *LCB*,必须结合要设计的游艇(优化了风力情况之后的)的航速进行优化考虑。航速越高,兴波阻力和丰满艉部设计越重要。在后面讨论兴波阻力的部分给出了 C_p 和 *LCB* 的最佳值。

像摩擦阻力主要由船体湿面积决定一样,黏压阻力取决于船体的形状。对于兴波阻力也是同样的情况,这两种阻力的出现都因为压力的不平衡,所以很常见的把这二者(黏压阻力和兴波阻力)归并成一个成分:剩余阻力。在这里不给出任何计算公式去计算黏压阻力自身,但是按照一般实践原则,会在后面给出剩余阻力计算公式。在图5.4中,简单假定黏压阻力是摩擦阻力的10%,这也是个合理的数值。

要注意的是,上述讨论也适用于船体的附体。由于边界层排水效应,比没有边界层的地方,接近艉迹线的压力会降低,这就产生了一个向后拖的压力,它也很显著地取决于船体的横剖面形状。这些将在第6章进行更深入讨论。图5.4中的黏压阻力包括船体和附体两部分的贡献。

5.6 粗糙度阻力

从设计的观点讲,黏性阻力的第三个成分:表面粗糙度引起的阻力不是那么重要,但是在实践中,很明显它是游艇人感兴趣的话题,因此应该在这里加以讨论。

根据大量的对流经粗糙船体表面的流场进行的试验,如果粗糙度元素包含在黏性的子层流中,粗糙度效应就会消失,这点前文也提到过。也有一些如下的假定:从阻力观点而言,用流体力学的术语“水力学光滑”来说就是船体表面是被认为光滑的。我们已经注意到黏性子层流的厚度是非常小的,其值通常在0.1 mm的范围内。深入来看,以采用边界层计算7.6 m船体游艇为例:图5.10按照三种不同的航速给出了黏性子层流的厚度,也就是许可粗糙度。曲线的一端代表船体,其他部分代表龙骨。在船体艏部边界层是层流,尽管就像本图中一样,理论上对这部分研究的较少,但是不妨我们安全假定,在该区域的许可粗糙度是与紊流边界层前端的许可粗糙度相同。

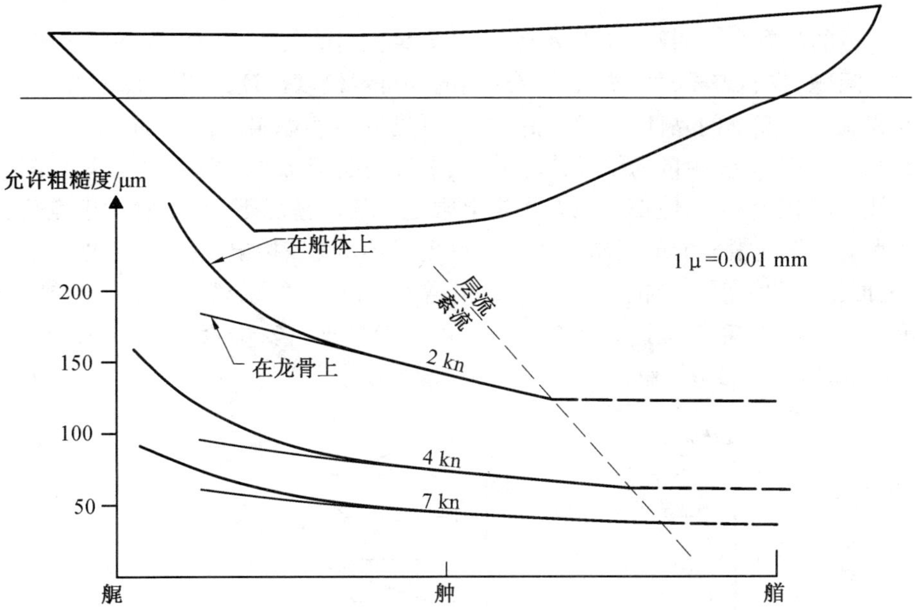

图5.10 许可粗糙度——传统游艇

从图5.10还可以看出如下几项:(1)对航速有很强的依赖;(2)船尾的许可粗糙度是增加的;(3)增加的值既没有像龙骨的粗糙度那么大,也没有像船体靠近艉部的地方那么大。从图5.10可以看到,对于船体首部半体的最大速度的最严格的粗糙度要求是0.03 mm,也就是30 μm。为了对这么小的数值有个概念,以标号400的砂纸为例,其颗粒为25 μm。但这并不表示船体表面一定要用这个砂纸来摩擦。可以考虑比这个砂纸更粗一些的砂纸来得到所需的光滑度,因为砂纸摩擦后留下的痕迹要比砂纸本身的颗粒要浅得多。

可以用很简单的关联方法来估计船体前半部分的许可粗糙度。这种关联用数字和曲线在图5.11中给出。注意到粗糙度是用微米给出的,并且和速度成反比。

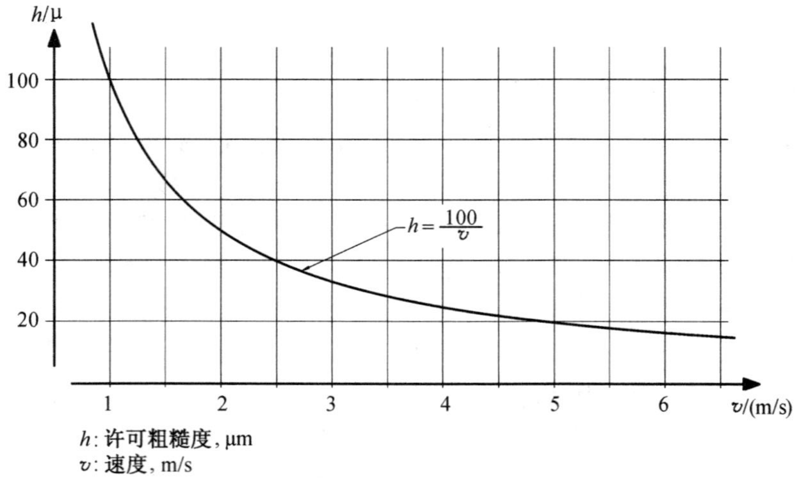

图 5.11　不同速度情况下估算许可粗糙度

一个合适的问题是,如果达不到水动力学光滑表面的要求,黏性阻力会增加多少?为了回答这个问题,我们需要再回头看传统游艇的许可粗糙度计算。图 5.12 给出了对应不同的粗糙度和航速情况下的黏性阻力增加曲线。可见应该考虑阻力的增加,特别是高速情况下。图 5.12 是基于平板测量的结果计算的,该平板表面密布着砂粒。因为这不是风帆游艇的情况,所以该图中给出的值都应该看作是上限值。任何情况下,很显然对于竞赛游艇,粗糙度高于水动力学光滑表面的要求都是不允许出现的。应该指出的是,藤壶增长的结果(污底)比在上面指出的情况要更能导致阻力大幅增加。已经发现,密布的藤壶导致黏性阻力两倍甚至三倍的增加,粗糙度达到几厘米高。可以参见李-安德森(Leer-Andersen)和拉尔森(Larsson)(2003)的参考文献。

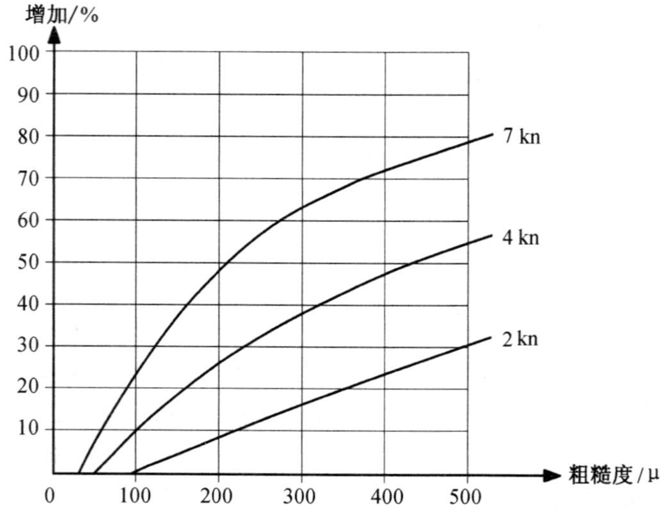

图 5.12　黏性阻力因粗糙度而增加——传统游艇

YD－41 游艇的最大航速大约是 13 kn(约6.5 m/s)。按照图5.11,许可粗糙度应该是 15 μm 左右。通常,用刷子涂装的表面的粗糙度大为 50～100 μm,因此比较水动力学光滑表面会有显著阻力增加。在本书图 5.4 中的粗糙度阻力成分是摩擦阻力的 10%,航速是 7.35 kn,从图 5.12 来判断(航速 7 kn 的曲线,粗糙度值为 50～100 μm,阻力增加范围是 8%～23%)这是合理的。还有指出上面讨论的粗糙度是针对一般类型的粗糙度而言的。事实上,图中的曲线跟不同的船型关系不大,因为其中航速才是最重要的因素。

附体的粗糙度将在第 6 章讨论。很多舵剖面按照层流边界层设计,这可能会被粗糙度引起层流不稳定,因此认为舵表面的光滑度要求要比船体还要严格,使得层流至少应该达到舵叶的最大厚度点。

5.7　兴波阻力:基本概念

现在讨论图 5.4 中的第二种主要阻力因素:兴波阻力。和黏性阻力一样,兴波阻力也可以分成一些子成分,但是只有在某些特定情况下才会考虑他们,例如船首波浪破碎或者转变为喷溅,在此我们忽略这些现象。如前面介绍黏性阻力一样,这里从引入一些基本概念开始。

如果扔一块石子到平静的池塘,环状、同心的波浪就会从石子击中水面那里开始产生。如果沿着一条直线上扔几个石子,那么产生的波浪之间就会互相干涉并生成一系列的波浪系统,这和游艇航行过后留在身后的波浪系统是一样的。这个系统及其完善定义的属性一起,被称作开尔文波系,是由于水面上移动的扰波的点产生的。大船身后也会有同样的波系,事实上所有在水面移动的物体后面都会有。为什么会产生同样波系的原因是如果波浪移动了足够大的距离,并且比水面上面的物体所占据的面积要大得多,那么这个物体总被看成一个点。例如,从飞机上看在静水面上移动的船舶,比较其产生的波浪系统所占据的面积,船舶是非常小的,这个波浪系统就是典型的开尔文结构。图 5.13 是这种现象的说明。图中可见两种类型的波浪存在:向侧边移动的散波和垂直运动方向和船舶一起移动的横波。

局域上的情况有很大不同,波浪系统很大程度上取决于船体的形状。在几个船长的距离内,船体表面所有点上产生的波浪都符合波浪系统理论。然而,有些点比其他的点更加重要,因为该处有较大的干扰产生。对于风帆游艇,其艏艉高压区域是最主要的,通常假定只有两种波系存在(见图 5.14)。对于表面波浪,波长和波速有着非常简单的关系。可以在图 5.15 中看到,波速等于 1.25 倍的波长的平方根。例如 7 m 的波长,其波速为 3.3 m/s。

由于波浪系统和游艇一起前进,波速在纵向上速度是相同的,因此兴波长度取决于游艇的航速。比如,如果航速是 1.25 倍的船体水线长度的平方根,那么波长就和水线长度相同了。一个水线长度为 7 m 长的游艇,如果其航速为 3.3 m/s,则会有一个波峰在船首,下一个波峰在船尾。

航速依靠波浪也给出了另外的一个重要现象:干涉,图 5.15 也对干涉进行了说明。如果船首波浪系统产生的波峰与船尾的波峰相遇,就会产生大浪。另一方面,如果船首波峰与船尾波谷相遇,则会产生衰减的波浪。第一种情况可由图中的(a)和(c)说明,相应的在

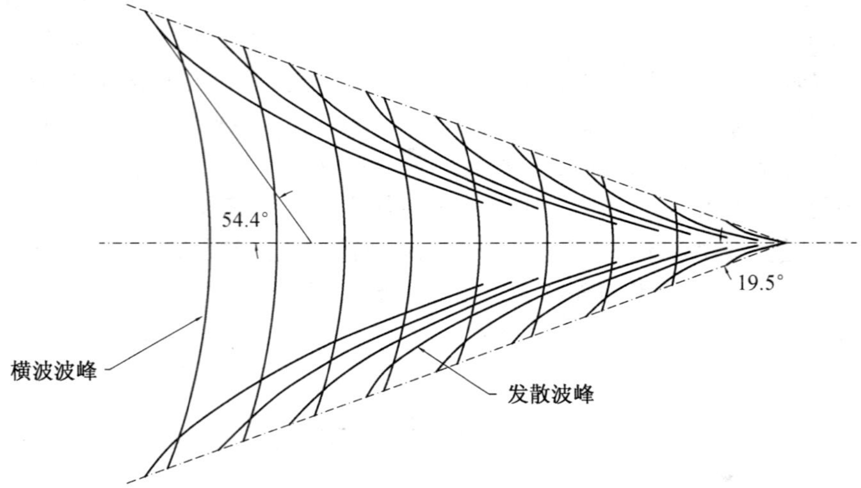

图 5.13 开尔文波系

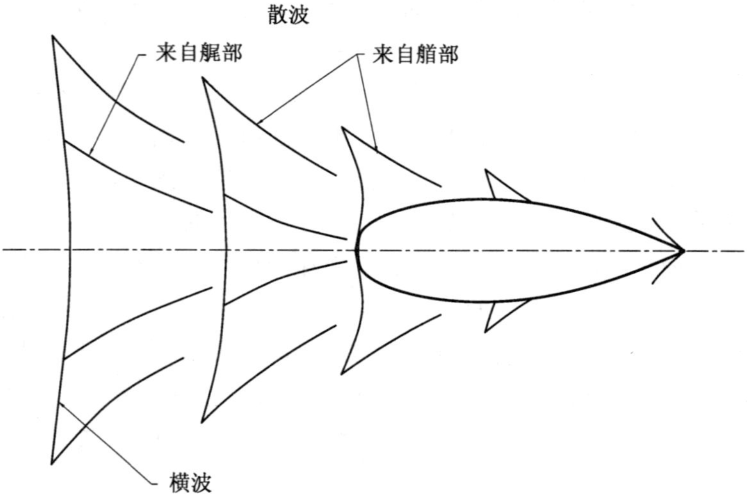

图 5.14 船首尾局域波浪系统

图中列出的波长为水线长度的一半或者相等。图中(b)的波长是水线长度的 2/3,波浪被衰减了。图中(d)的波长大于水线长度,第二个波峰会发生在船尾之后,对此,当速度增加时,船体进入波谷,会带给船体一个大的纵倾角度。

对应上面(a)至(d)的每种情况都给出了一个 Fr 的数值,这就是所谓的弗劳德数。和雷诺数对应黏性阻力一样,弗劳德数对应兴波阻力。弗劳德数是无量纲航速,其等于用米/秒表示的速度除以水线长和重力加速度之积的平方根(见图 5.15)。用弗劳德数来定义沿船体有多少波浪,比如,$Fr=0.40$ 时有一个波,而 $Fr=0.28$ 时有两个波,等等。在下面可以看到,兴波阻力曲线的属性是高度依赖弗劳德数的,因而弗劳德数是一个非常重要的数值,在接下来的讨论中,它会比用节或者米/秒表示的速度使用得更加广泛。通过对其简单定义的应用,弗劳德数总能够较容易地转化为有量纲数值。

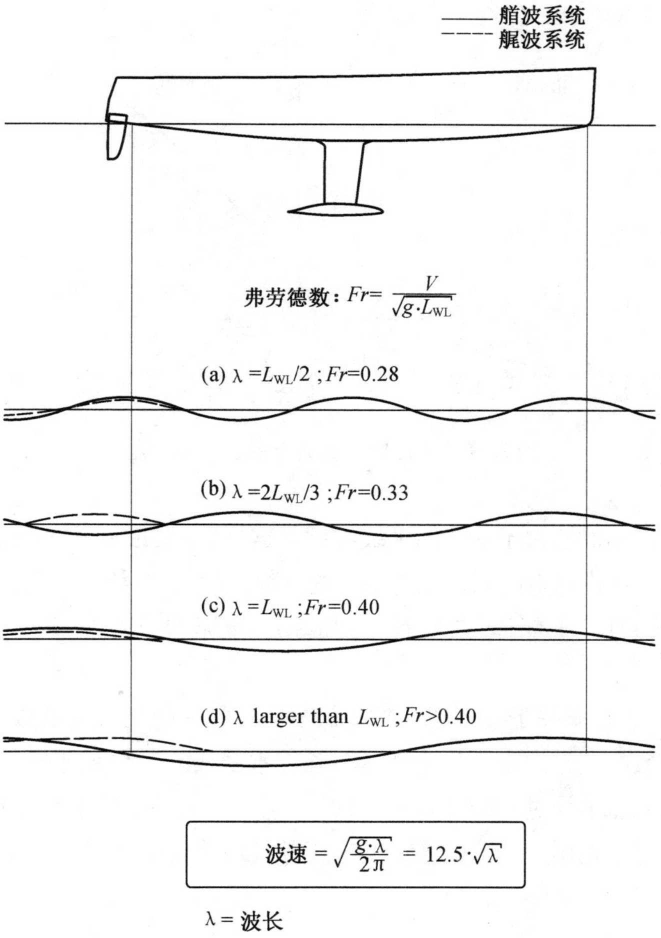

图 5.15　船首和船尾波浪的干扰

由于兴波阻力的发生是因为波浪中能量被转移走的缘故，波浪系统间干扰造成的放大或者衰减肯定会对兴波阻力曲线产生影响。这样，叠加放大的波所在的速度点上，阻力会相应地变大；相反，速度点上的波是消减的也一定是确定的。因此对应到兴波阻力曲线上，通常也称作凸点或者凹点（见图 5.16）。可以假定兴波阻力是随速度的六次方而增加的，此外，干扰而有一定的起伏。

根据船体形状的不同，产生的凸点和凹点可能会或多或少。对很多风帆游艇而言，在低速范围内他们非常小，但是最后一个凸点还是很重要的，该速度点下方的曲线斜率非常大并导致克服凸点很困难。然而，如果能够克服这一点的话，阻力增加就变成逐级线性的了，船体就进入半滑行速度范围。双体船和超轻的独木舟或者小船就算在顶风航行情况下也可能会达到这个范围；最轻型的排水量船舶，如美洲杯比赛游艇，在顺风赛程也能进入到半滑行范围。然而大多数排水型船体是不能越过这个在最后凸点上的障碍的。

按照上面讨论的，阻力曲线上最大的凸点应该发生在当波长等于水线长，$Fr=0.40$ 的时候，但是实践中它发生在更高的弗劳德数，也就是更高的速度的时候。这是因为船首尾突

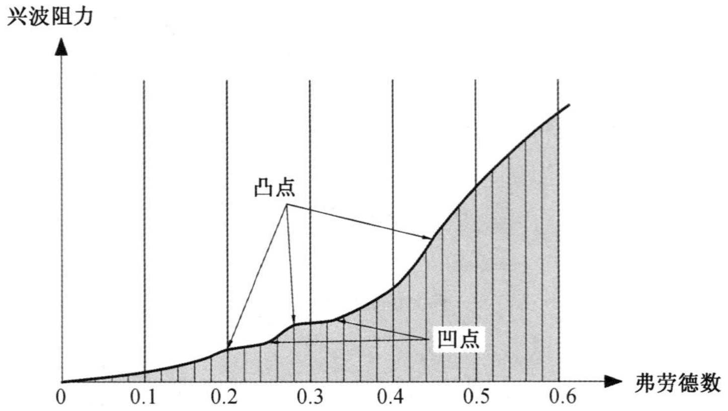

图 5.16　兴波阻力曲线上的凸点和凹点

出的部分造成艏艉之间的波大于一般的水线长度。这样,一般最后一个凸点发生在弗劳德数为 0.5 左右的时候。重排水量的船体是达不到这个数值的,除非特殊情况,例如航行在严重随浪的海况下。然而,YD－41 船体很轻,其达到的傅劳德数是 0.6,对应的速度是 6.5 m/s 或 13 kn。

应该指出的是,在很多关于航海理论的文献中提到的一个比较老的数值:所谓的速长比,是用于代替弗劳德数的。它的定义是速度(节)除以水线长(英尺)的平方根。事实上,速长比也是从弗劳德数的恒量推导过来的,但是其缺点是速长比不是无量纲数并且也不是基于国际单位制的。可以很容易地用一个公式来转换这两者:弗劳德数＝0.30×(速长比)。

5.8　兴波阻力和剩余阻力

在过去的 40 年多里,戴夫理工大学(Delft University of Technology)进行了非常广泛的系列风帆游艇的船模测试工作。第一个系列是哲瑞斯马教授(J Gerritsma)1973 年提出的,之后又进行了另外三个系列的试验。这些年来,有几个科学家参加了试验工作,但是继哲瑞斯马教授之后比较成功的是坤宁博士(Dr J A Keuning)。戴夫系列船模对风帆游艇的特性预报有很大影响并且作为经验参考数据的主要来源来使用,例如国际测量系统(IMS)的风帆游艇的差点计算。坤宁和松那伯格在其论文中给出了所有戴夫系列船型的简要说明,该论文《基于戴夫系统的游艇船型系列的风帆游艇的水动力近似计算》是 1998 年在阿姆斯特丹召开的第 15 届国际 HISWA 游艇设计和建造会议论文集发表的。

第一系列包括 22 个系统变化的五个不同船体参数的船型:L_{WL}/B_{WL},B_{WL}/T_c,C_p,LCB 和 $L_{WL}/(\nabla)^{\frac{1}{3}}_c$。所有船型大多来自佛兰－马斯(Frans Maas)设计的母型船:一个中等排水量的现代海洋竞赛艇,其船体型线参见图 5.17 上图。然而在 20 世纪 80 年代,显然需要扩展这个系列到轻型排水量,于是 1983 年,冯·德·斯塔特设计公司(Van de stadt Design)设计了新的母型船,见图 5.17 中图。这个船模是第二系列船型的第 25 号,这个系列船型还包括第

23～28号。第三系列是第二系列的扩展，基于同一母船型，包括船型第29～40号，但是特别强调非常轻的排水量和高L_{WL}/B_{WL}比。最后，由斯巴克门和斯特芬在1995年设计了一个新的母型（图5.17下图），这个船型是按照IMS平均值设计开发的，特别用于研究目的，船型编号是第44号。第四系列船型包括船型第41～50号。

表5.1中给出了8个不同参数的全部变化范围。定义为$(\nabla)_c^{\frac{2}{3}}/A_W$次方之比在高速时候比较重要，这时会有水动力升力加入到系统（见第10章）。表5.1中公式给出的是在变量范围内相当近似的试验数据。强烈推荐不要将公式用于范围之外，因为外插法可能导致大量错误。

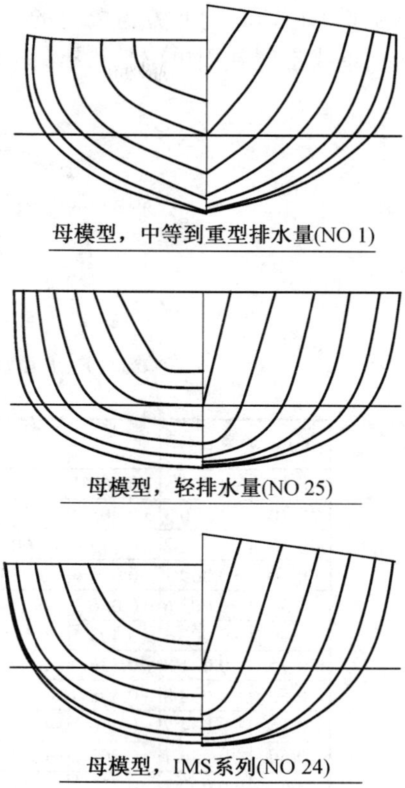

图5.17 戴夫母型船体型线横剖图

从戴夫船模系列推导出了几个重要的经验公式，如图4.2中介绍的湿面积计算公式。然而现在我们关心的是阻力。比起将兴波阻力分离出来，科学家更倾向于给出兴波阻力和黏压阻力之和，即剩余阻力。由于船体光滑时，总的正浮阻力中唯一缺失的成分是摩擦阻力（见图5.4）。如前所述，这就是个很好地将兴波阻力和黏压阻力合并在一起的理由，因为二者都取决于船体的三维形状。当为了某一特定速度而对船体优化的时候，应该考虑兴波阻力和黏压阻力的混合效应。

表5.1 戴夫船型系列的船体形状参数范围

LCB_{fpp}/L_{WL}	0.500～0.582
C_p	0.519～0.599
$Vc^{2/3}/A_W$	0.079～0.265
B_{WL}/L_{WL}	0.170～0.366
LCB_{fpp}/LCF_{fpp}	0.920～1.002
$Vc^{1/3}/L_{WL}$	0.12～0.13
C_M	0.646～0.790
B_{WL}/T_c	2.46～19.38
（LCB_{fpp}和LCF_{fpp}系从艏垂线测量）	

基于对全部50个船体的分析，游艇艇体的剩余阻力R_{RC}可以用图5.18中的公式计算

出来，该公式是在一个给定的弗劳德数下算出的阻力。表中给出了变化的系数 $a_0 \sim a_8$，可以计算从 0.1～0.60 的弗劳德数时的剩余阻力。浮心纵向位置 *LCB* 和漂心纵向位置 *LCF* 应该从艏垂线量起并用单位米给出(图 3.5 的 0 站)。

$Fr = 0.15 \sim 0.75$

$$\frac{R_{\text{Rc}}}{\nabla_c \cdot \rho \cdot g} = a_0 + (a_1 \cdot LCB_{\text{fpp}}/L_{\text{WL}} + a_2 \cdot C_p + a_3 \cdot \nabla_c^{2/3}/A_W + a_4 \cdot B_{\text{WL}}/W_{\text{WL}}) \cdot \nabla_c^{1/3}/L_{\text{WL}} + (a_5 \cdot LCB_{\text{fpp}})/LCF_{\text{fpp}} + a_6 \cdot B_{\text{WL}}/T_c + a_7 \cdot C_m) \cdot \nabla_c^{1/3}/L_{\text{WL}}$$

$$\left[\frac{R_{\text{Rc}}}{\nabla_c \cdot \rho \cdot g} = 0.006\,49,\ Fr = 0.35\right]$$

LCB_{fpp}和LCF_{fpp}从艏垂线向前，m。

Fr	a_0	a_1	a_2	a_3	a_4	a_5	a_6	a_7
0.15	−0.000 5	+0.002 3	−0.008 6	−0.001 5	+0.006 1	+0.001 0	+0.000 1	+0.005 2
0.20	−0.000 3	+0.005 9	−0.006 4	+0.007 0	+0.001 4	+0.001 3	+0.000 5	−0.002 0
0.25	−0.000 2	−0.015 6	+0.003 1	−0.002 1	−0.007 0	+0.014 8	+0.001 0	−0.004 3
0.30	−0.000 9	+0.001 6	+0.033 7	−0.028 5	−0.036 7	+0.021 8	+0.001 5	−0.017 2
0.35	−0.002 6	−0.056 7	+0.044 6	−0.109 1	−0.070 7	+0.091 4	+0.002 1	−0.007 8
0.40	−0.006 4	−0.403 4	−0.125 0	+0.027 3	−0.134 1	+0.357 8	+0.004 5	+0.111 5
0.45	−0.021 8	−0.536 1	−0.295 4	+0.248 5	−0.242 8	+0.629 3	+0.008 1	+0.208 6
0.50	−0.038 8	−0.598 6	−0.303 8	+0.603 3	−0.043 0	+0.833 2	+0.010 6	+0.133 6
0.55	−0.034 7	−0.476 4	−0.236 1	+0.872 6	+0.421 9	+0.899 0	+0.009 6	−0.227 2
0.60	−0.036 1	+0.003 7	−0.296 0	+0.966 1	+0.612 3	+0.753 4	+0.010 0	−0.335 2
0.65	+0.000 8	+0.372 8	−0.366 7	+1.395 7	+1.034 3	+0.323 0	+0.007 2	−0.463 2
0.70	+0.010 8	−0.123 8	−0.202 6	+1.128 2	+1.183 6	+0.493 7	+0.003 8	−0.447 7
0.75	+0.102 3	+0.772 6	+0.504 0	+1.786 7	+2.193 4	−1.547 9	−0.011 5	−0.097 7

[$R_{\text{RC}} = 394$ N，$Fr = 0.35$]

图 5.18　船体的剩余阻力计算

很长一段时间以来，已知龙骨对兴波产生影响，在戴夫理工大学还进行了几个系列的测试以研究龙骨对剩余阻力的影响。图 5.19 的公式就是这样得到的，这个方程的精确度比较低，和船体的类似，都是因为有限次数的试验。但是另外一方面，计算得到的数值是相对较小的，这样对总阻力的影响就非常小。公式中包含有船体的船宽/吃水比，船体体积、龙骨体积和龙骨浮心的垂向位置。与图 5.18 一样，公式用一个弗劳德数及给定的一系列因数。表中给出的因数对应弗劳德数 0.20～0.60。低速时则忽略龙骨的阻力作用。

有兴趣的读者可以将上述公式改编为程序并采用表中的因数去计算不同船型游艇的剩余阻力。通过研究不同的选择来进行精确有效的设计优化。这种方法比设计者依赖经验和经验法则的传统方法更加量化。

接下来我们将根据船体形状对剩余阻力的影响而得出一些基本结论。

$Fr=0.20\sim0.60$

$$\frac{R_{RK}}{\nabla_K \cdot \rho \cdot g}=A_0+A_1 \cdot (T/B_{BL})+A_2 \cdot (T_c+Z_{CBK})/\nabla_K^{1/3}+A_3 \cdot \nabla_c/\nabla_K$$

$$\left[\frac{R_{RK}}{\nabla_K \cdot \rho \cdot g}=0.014\ 06,\ Fr=0.35\right]$$

Fr	A_0	A_1	A_2	A_3
0.20	−0.001 04	+0.001 72	+0.001 17	−0.00008
0.25	−0.005 00	+0.005 97	+0.003 90	−0.00009
0.30	−0.011 10	+0.014 21	+0.000 69	+0.00021
0.35	−0.007 13	+0.026 32	−0.002 32	+0.00039
0.40	−0.035 81	+0.086 49	+0.009 99	+0.00017
0.45	−0.004 70	+0.115 92	−0.000 64	+0.00035
0.50	+0.005 53	+0.073 71	+0.059 91	−0.00114
0.55	+0.048 22	+0.006 60	+0.070 48	−0.00035
0.60	+0.010 21	+0.141 73	+0.064 09	−0.00192

[R_{RK}=39 N , Fr=0.35]

图 5.19 龙骨的剩余阻力

5.8.1 排水量

在图5.18的公式中，剩余阻力表达成船体质量的函数。对于实际意义的船体速度，这个函数在0~10%的范围内。例如，在图5.20中给出了图5.17的第一个母型船模阻力曲线。这些船体是中、高排水量系列（模型1~22）和轻排水量系列（23~39）的典型代表。阻力曲线作为船体质量的函数（图5.20（a））直到 $Fr=0.4$ 左右都是非常相似的，但是之后船模1的曲线上弯而同时船模25表现出斜度降低的弯曲。

图5.20（b）是个相当不同的曲线，假定水线长 L_{WL} 为10 m，该图给出了以牛顿为单位的两个全尺度船模的剩余阻力。船模1的排水量是9.18 t，船模25是4.62 t，所以此重排水量和轻排水量船模在质量上有个近似两倍的关系。该图也反映出在低速范围内阻力上是个大致相等的变化。因为重排水量船体的阻力在超过 $Fr=0.45$ 后陡增，这种船型就不能达到比这更高的弗劳德数；而轻排水量船体的曲线坡度很小，就能达到0.60或者更高的弗劳德数。

从图5.20可以看出对于剩余阻力而言，排水量是非常重要的参数。在排水型船速度范围内，也就是最大到 $Fr=0.45$，阻力大致与排水量成正比。在某些弗劳德数时，被表达为排水量函数的剩余阻力或多或少与游艇形状无关，也就是无论游艇是小还是大，是轻型还是重型，狭窄还是宽大等。例如，$Fr=0.30$ 时，剩余阻力通常为船体重力的0.3%~0.4%；$Fr=0.35$，则为0.7%~0.8%；$Fr=0.40$，则为2.0%~2.5%；$Fr=0.45$，则为4.5%~5.5%。需注意阻力是对应弗劳德数给出的。如果比较不同尺寸的游艇，在本处提到的弗劳德数情况下，较大的游艇将拥有较高的航速。

在排水量或者说船体质量是确定剩余阻力主要因素的同时，在给定排水量下，图5.18中的船型参数可以在上文给定的限度内改变阻力。这些船型参数的变化可以引起剩余阻力10%~20%的改变，并且考虑船型优化时候，至少要考虑三种船型参数，他们是：

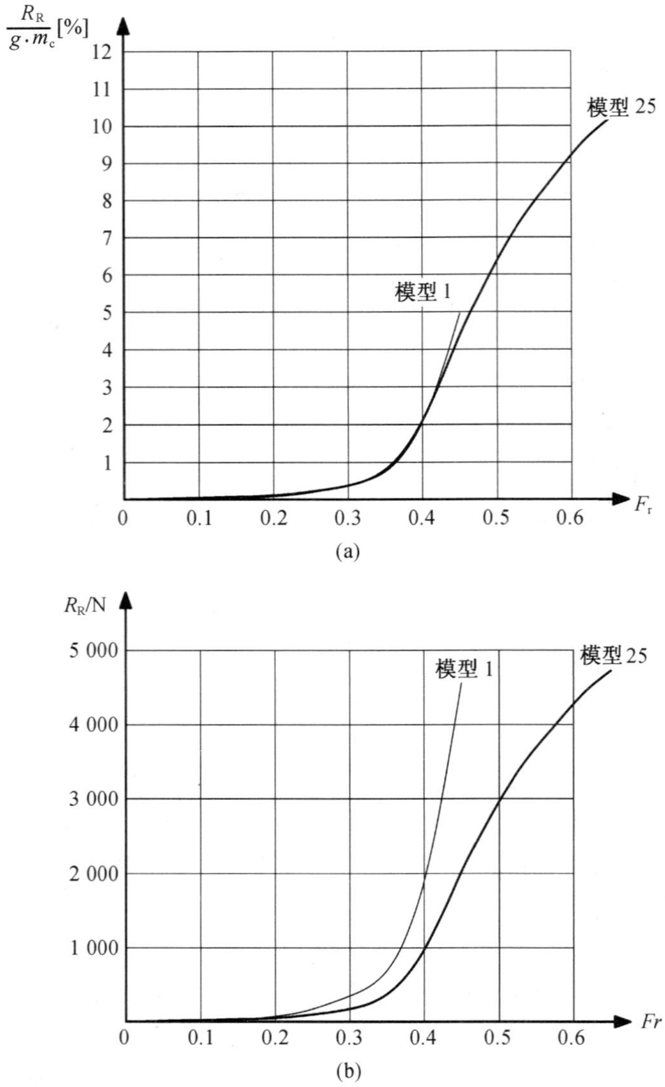

图 5.20 两种戴夫母船船模的剩余阻力

$L_{WL}/(\nabla)_c^{\frac{1}{3}}$，$C_p$ 和 LCB。接下来我们将讨论全部 5 个船型参数，也就是再加上 L_{WL}/B_{WL} 和 B_{WL}/T_c。

5.2.2 长度/排水量比

在低速范围内，高的长度/排水量比值对单位质量的阻力有一定的不利影响。由于分辨率有限的原因，图 5.20(a) 中很难观察到低速范围内有着高长度/排水量比的轻型船体对单位质量排水量阻力有着明显的增大影响。然而，主要影响在高速范围内，这个高速是只有当长度/排水量比值达到足够大才能达到的。因为同时还有其他参数，诸如横剖面形状、稳性等的作用，准确地给出这个比值究竟大到多少很难说。但是一些文献经常提到的值是 5.7 左右。具有较低数值的船体一般在 $Fr=0.45$ 时就好像达到了极点，而同时有着更大比值的船型可能会越过凸点而达到一个更高的航速。比值越大，可能达到的速度就越高。但因为结构问题,建造一艘具有长度/排水量比值超过5.2的标准游艇是非常困难的。然而,极端的竞赛艇,如美洲杯游艇可能高达7.5的比值,而且经常能在竞赛艇上发现这个比值,比如“5-O-5”和“丹麦飞人”。超过“国际单艇”的8.8则更加困难。更多的长度/排水量比值的信息在船型统计部分给出。

5.2.3 棱形系数

设计师要决定在什么速度下其游艇能够达到最优的性能。如果船体是传统的重型或者中型排水量船,轻风下的逆风行驶的棱形系数应是0.5或者更小;多风下的顺风时,系数是0.6或者更高。通常,船体设计成最优的性能满足以轻风下的逆风行驶,这时的弗劳德数是0.35左右,而合适的棱形系数为0.55。YD-41的棱形系数是0.56。

对于高速范围的游艇去优化棱形系数是非常困难的。为了获得较高的顺风航速,艉部船底部分需要平坦并且相对水平。斜剖线是该直线或者是连续曲线以避免生成低压,这会造成艉部下沉。水线也应该尽可能地直,以避免生成漩涡。事实上最好的解决方案是采用浸没在水中的方艉形式,如动力游艇;但是对于风帆游艇,这点非常困难,因为风帆游艇需要在一个比较宽泛的速度范围内航行,而这种方案的低速特型是很难被人接受的。

5.2.4 浮心

在低速时,*LCB* 应为水线长的3%并位于船中之后。在完全顶风航速并且弗劳德数为0.35左右,浮心应该前移到3.5%~4.5%。再次说明的是,对于弗劳德数为0.6的高度情况很难优化浮心,因为这需要大的浸没式方艉,并且 *LCB* 要位于船中后方的6%~8%。需要注意到风帆游艇要求的浸没式艉封板应该大于机动艇,因为风帆游艇有来自风帆的艏部下沉纵倾力矩。对于YD-41游艇,*LCB* 为船中后的水线长的4.5%的位置。

5.8.5 长/宽比和宽度/吃水比

上述这些参数对剩余阻力的影响都很小。通常,船宽变化时,湿面积的影响及其带来的摩擦阻力都和剩余阻力的影响一样大或者比剩余阻力更大。船宽的变化还会带来其他方面的影响,最主要的是船体稳性,它随船宽的三次方而增加。波浪附加阻力的影响也很重要,比较大的船宽或者特别是丰满的艏部区域,认为会增加这种阻力成分。最后,由于横摇而对阻力带来的重要影响见下文。

5.9 横倾阻力

当船体因为从船帆而来的侧力作用下而横倾时,会产生两种阻力成分,这已经在本章的第一节解释过。诱导阻力通常是最重要的,但是在本处不做讨论,因为它主要是由龙骨和舵引起的,它们也是生成水动力侧向力的主要部件。诱导阻力和侧向力将在后面的第6章讨论。

横倾阻力表示因为横倾自身也就是侧向力为零而导致的总阻力的改变。由于浸没部分的船体形状在横倾时发生变化,所有阻力成分在某种程度上也随之同时变化。然后,大多数变化被忽略了,在本处仅考虑和下述项目相关的变化:

- 船体摩擦力；
- 船体兴波；
- 龙骨兴波。

船体摩擦力的变化大多数是因为湿面积的改变造成的。采用图 5. 21 的计算横倾后船体面积的公式可以获得横倾的摩擦阻力(参见图 5. 8)，应注意在该图表中有些系数前面的负号表示新产生的摩擦力比复原力矩产生的要小。因为在合理的横倾范围内，附体一直浸没在水中，故假定它们的摩擦力没有变化。

在横倾位置船体湿面积：

$$S_{Wc\Phi}=S_{Wc}\cdot[1+0.01\cdot(s_0+s_1\cdot(B_{WL}/T_c)+s_2\cdot(B_{WL}/T_c)^2+s_3\cdot C_{Mc}]$$

$[S_{Wc\Phi}=25.2\ \text{m}^2,\quad \Phi=20.0°]$

Φ	s_0	s_1	s_2	s_3
5	−4.112 0	+0.054 0	−0.027 0	+6.329 0
10	−4.522 0	−0.132 0	−0.077 0	+8.738 0
15	−3.291 0	−0.389 0	−0.118 0	+8.949 0
20	+ 1.850 0	−1.200 0	−0.109 0	+5.364 0
25	+6.510 0	−2.305 0	−0.066 0	+3.443 0
30	+12.334	−3.911 0	+0.024 0	+1.767 0
35	+14.648	−5.182 0	+0.102 0	+3.497 0

图 5. 21　对于非零横倾的湿面积和摩擦阻力

采用图 5. 22 的公式考虑到了船体兴波造成的阻力的变化(黏压阻力也可能有变化)，在此处剩余阻力随横倾的变化与前图用相似的计算方法给出。公式是根据 4 个船模系列中船型的横倾试验推导而来的。图 5. 23 给出了龙骨剩余阻力的变化。

在20°横倾时剩余阻力的变化：

$$\frac{\Delta R_{Rc(\Phi=20°)}}{\nabla_c\cdot\rho\cdot g}=u_0+u_1\cdot(L_{WL}/B_{WL})+u_2\cdot(B_{WL}/T_c)+u_3\cdot(B_{WL}/T_c)^2+u_4\cdot LCB+u_5\cdot LCB^2$$

$[\Delta R_{Rc(\Phi=20°)}=33\text{N},\ Fr=0.35]$

Fr	u_0	u_1	u_2	u_3	u_4	u_5
0.25	−0.026 8	−0.001 4	−0.005 7	+0.001 6	−0.007 0	−0.001 7
0.30	+0.662 8	−0.063 2	−0.069 9	+0.006 9	+0.045 9	−0.000 4
0.35	+1.643 3	−0.214 4	−0.164 0	+0.019 9	−0.054 0	−0.026 8
0.40	−0.865 9	−0.035 4	+0.222 6	+0.018 8	−0.580 0	−0.113 3
0.45	−3.271 5	+0.137 2	+0.554 7	+0.026 8	−1.006 4	−0.202 6
0.50	−0.197 6	−0.148 0	−0.653 9	+0.186 2	−0.748 9	−0.164 8
0.55	+1.587 3	−0.374 9	−0.710 5	+0.214 6	−0.481 8	−0.117 4

系数须乘以 1 000

阻力的剩余变化：

$$\Delta R_{Rc\Phi}=R_{Rc(\Phi=20°)}\cdot 6.0\cdot\Phi^{1.7}\qquad [33\ \text{N}]$$

Φ：横倾角 [rad]=$\frac{\pi\cdot\Phi}{180}$(°)　　[20.0°]

图 5. 22　船体剩余阻力变化

龙骨剩余阻力系数的变化：

$$C_H = -3.5837\cdot(T_c/T)\cdot 0.0518\cdot(B_{WL}/T_c) + 0.5958\cdot(T_c/T)(B_{WL}/T_c) + 0.2055(L_{WL}/\nabla_c^{1/3})$$

$[C_H = 1.13]$

龙骨剩余阻力的变化：

$$\Delta R_{RK\Phi} = \nabla_K \cdot \rho \cdot g \cdot C_H \cdot Fr^2 \cdot \Phi \qquad [134\ \mathrm{N},\ Fr = 0.35]$$

∇_K：龙骨的排水体积$[0.275\ \mathrm{m}^3]$

ρ ：水的密度 $[1\,025\ \mathrm{kg/m}^3]$

g ：重力加速度

Φ ：横倾角 $[\mathrm{rad}] = \frac{\pi\cdot\Phi}{180}(^\circ)$ 　　$[20.0^\circ]$

图 5.23　龙骨剩余阻力的变化

在图 5.4 中计算 YD－41 的横倾阻力的时候，这个角度是 20°。从增加的船体剩余阻力（33 N）和龙骨剩余阻力（134 N）中减去船体横倾造成的摩擦阻力（513 N 复原摩擦力和 459 N 横倾摩擦力之差）和一个舵的阻力（25 N）就是因横倾造成的总的阻力增值，即 88 N，如图 5.4 所示。注意到横倾角度用弧度给出。

5.10　波浪附加阻力

第 4 章介绍了一些航行在波浪中的基本安全因素，给出并讨论了横摇运动方程的解决方法，指出了其他运动类型的相似方程，提出了这些船体运动之间的耦合可以忽略。在此，我们将讨论耐波性的一个特别的方面，叫作波浪附加阻力。与在第 4 章指出的一样，耐波性理论是非常复杂的，本书无法将其透彻阐述。我们仅解释部分和附加阻力有关的基本概念并给出一些如何分析附加阻力的指导。

游艇在海上运动的时候，波浪向船体施加各种运动。从阻力的观点来看，最主要的运动是垂荡和纵摇运动，它们通常都是高度耦合的。当船体垂荡和纵摇产生其自己的波系的时候，波系带走能量的方式就和静水中的波浪形式是一样的，因此产生阻力。

对于风帆游艇而言，还有一种比较重要的运动是横摇，就如我们看到的那样，在龙骨和舵叶的端部生成漩涡，这也是一种感应的阻力，与游艇航行于静水中产生漩涡的现象相同（参见第 6 章）。接下来我们将集中讨论垂荡和纵摇。

与横摇的情况类似，游艇的垂荡和纵摇有着固有频率。当遇到的波浪频率和这些运动响应的固有频率相等的时候，对应的运动的振幅就变得更大。如果是纵摇时发生谐摇，附加阻力就特别地严重，因为会考虑阻力增大。通常认为海洋上的波浪的波长要比游艇长度大，遇到的波浪频率也远比固有频率小，故运动谐摇是和近岸不同的。然而在遮蔽水域，这也可能会发生。为了尽可能远离谐摇，当遇到更小的频率时，应该增加固有频率，反之亦然，因此有意地尽可能提高固有频率是有好处的。这意味着船体可以更好地符合波型。

在纵摇中关系到固有频率的一个最重要的数值就是游艇沿穿过重心的横轴的质量惯性矩。如图 5.24 所示，考虑所有船上的质量后，这个值是可以计算的。注意所有游艇的部件都要考虑,包括桅杆、龙骨和船体外板等。为了便于计算,大的部件可以被分成小的部分,每部分都有各自的质量及其距离重心的距离。质量惯性矩的计算可以和附录 2 中的质量计算联系在一起计算,但是很少这样做,原因是目前没有惯性矩最大值的指南。但我们还是详尽地介绍这个数据并用一个例子来给出其最小化的重要性。

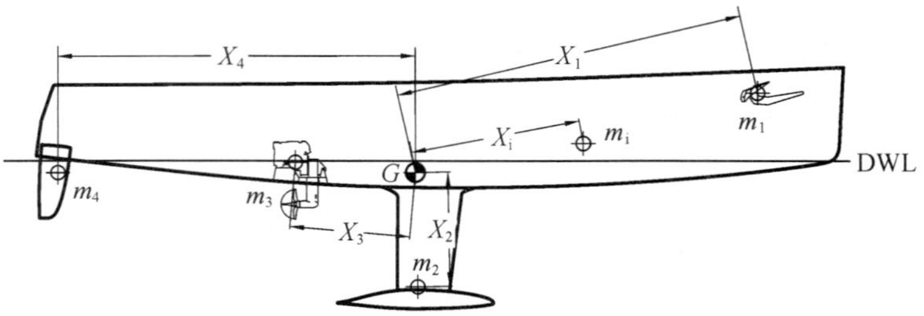

质量惯性矩:

$I_{YY}=m_1x_1^2+m_2x_2^2+m_3x_3^2+\cdots+m_ix_i^2+\cdots$

惯性半径: $k=\sqrt{\frac{I_{YY}}{m}}$; ($I_{YY}=m\cdot k^2$)

图 5.24 质量惯性矩 I_{YY} 的计算

由于每一个物体对于惯性矩的贡献不仅仅取决于其质量,还取决于其与重心距离的平方值,因此距离远的物体就会有较大的影响。例如,这些物体包括位于桅杆顶部的灯具、风表或者天线以及在游艇首尾的液舱、锚和其他储存的锚泊设备等。

为了方便,我们引入另外一个和惯性矩有关的名为惯性半径的数值,已在图 5.24 中进行了定义。惯性半径是个长度单位,它的平方乘以船体质量,得到船舶的惯性矩。对于船舶而言,通常假定惯性半径是船体长度的 1/4,对于一艘风帆游艇而言,这也是个合理的假定。这样。船舶的质量惯性矩也可以近似为对四分之一的总船长进行平方,然后乘以船体质量而得到。

为了获得更精确的惯性半径和研究它的影响,以 20 世纪 80 年代早期建造的 0.75 t 级的游艇 Sunshine 为例进行了认真的计算。表 5.2 中列出了影响质量惯性矩的所有游艇部件。表 5.2(a)给出了巡航版本的相关数据,而表 5.2(b)给出了竞赛版本的对应数据。应该注意到,为了对比方便,给出的质量之和是相同的。还要注意到的是,在两个表中,帆装的影响占了很大比例。对于惯性矩的重要性而言,帆装是船体的 2 倍,是龙骨的 4~5 倍。巡航版本的游艇的惯性半径是 2.22 m,而竞赛艇则只有 1.85 m。

表 5.2(a) 巡航版本的 Sunshine 游艇的质量惯性矩

项目	质量/kg	占总质量的/%	惯性矩/m^4	占总惯性矩的/%
帆具	104	3.2	6 798	42.0
船体	597	18.3	3 631	22.4
甲板	300	9.2	1 867	11.5
龙骨	1 200	36.8	1 296	8.0
舵	30	0.9	471	2.9

表 5.2(a)(续)

项目	质量/kg	占总质量的/%	惯性矩/m^4	占总惯性矩的/%
发动机	230	7.1	345	2.1
其他	800	24.5	1 774	11.0
小计	3 261	100.0	16 182	100.0

表 5.2(b) 竞赛版本的 Sunshine 游艇的质量惯性矩

项目	质量/kg	占总质量的/%	惯性矩/m^4	占总惯性矩的/%
帆具	73	2.2	4 759	43.1
船体	299	9.2	1 816	16.4
甲板	150	4.6	933	8.4
龙骨	1 200	36.8	1 296	11.7
舵	30	0.9	471	4.3
发动机	230	7.1	0	0.0
其他	1 279	39.2	1 774	16.1
小计	3 261	100.0	11 049	100.0

通过应用船舶运动计算机程序来计算运动和附加阻力，据此研究惯性半径变化的影响，并且将阻力引入到速度预报程序(VPP)中(在第 16 章给出了 VPP 的介绍)。图 5.25(a)和 5.25(b)给出了计算结果。第一个图中，针对四种风速，从 6 ~ 8 m/s，给出了迎风实际航速的变化(速度分量与风向相反)，相应的惯性半径变化是从 1.5 ~ 2.5 m。注意到在两个极端，速度有显著的下降。另一方面，我们已经看到惯性半径的范围有些过于广泛。对 Sunshine 游艇，分别引入 2.22 m 和 1.85 m 这两个值进行计算，可以得到巡航游艇的速度大约比竞赛游艇慢 0.1 kn，也就是速度上降低了 2.2%，这导致巡航艇在竞赛中是没有机会胜出的。图 5.25(b)中给出了针对所有风向的平均对应计算结果。应该指出的是，在这些计

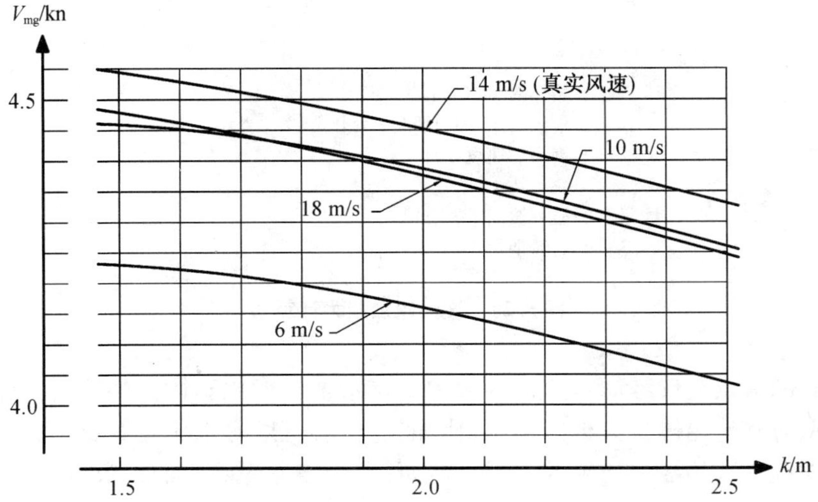

5.25(a) 实际航速的惯性半径的影响 – Sunshine 游艇

算中没有考虑到在船舶运动中风帆的影响。虽然仅考虑了纵摇和垂荡,这个估值也是合理的。在横摇中,风帆当然会有个大的阻尼作用。

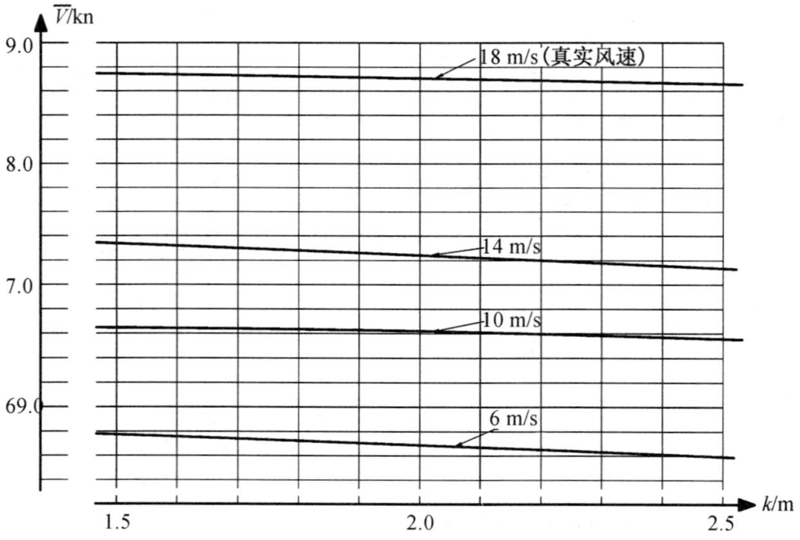

图 5.25(b) 平均航速的惯性半径的影响 – Sunshine 游艇

基于对戴夫系列中的 16 个船模的适航性的计算,斯卡佛提出了波浪附加阻力的简单统计公式(坤明和索纳堡,1998. 参见文献清单)。公式在 5.26 中给出。此处,平均附加阻力是用水线长和有义波高表达的无量纲数。有义波高的含义是最高的 1/3 波浪的平均值,也是通常有经验的海员所估计的波高。方程中右侧的独立变量是从排水量长度比和纵摇惯性半径得来的。方程中的两个系数(a)和(b)是被弗劳德数定义的航向角和平均波浪周期,参见图 5.27 中列表,注意正面迎风对应的是 180°。

波浪中附加阻力:

$$\frac{\overline{R}_{AW}\cdot 10^2}{\rho\ g\ \cdot L_{WL}\cdot H_{1/3}^2}=a\ [10^2\cdot(\nabla_C^{1/3}/L_{WL})\cdot(K_{yy}/L_{WL})]^b$$

[$\overline{R}_{AW}$=144 N]

∇_C : 船体的排水体积 [6.05 m³]
ρ : 水的密度 [1 025 kg/m³]
g : 重力加速度
T_1 : 波周期 [2.8 s]
$H_{1/3}$: 显著波高 [0.4 m]
K_{yy} : 回转半径 [2.685 m]

图 5.26 波浪附加阻力计算

前述公式的缺点是仅考虑了船体参数中的排水量长度比和惯性半径。一般水动力方面的经验建议对其他船体参数也有影响,比如长宽比,宽度吃水比和棱形系数。因此提出了一个包括这些参数的更加详细的方程。然而,由于该方程需要的系数过多,本处就不列出方程了。经过比较,两个方程计算的结果很接近,除了对于短波长的情况,详细方程的结果更好一些。

$$T_1' = T_1\sqrt{g/L_{WL}}$$

		Fr=0.15		Fr=0.25		Fr=0.35		Fr=0.45		Fr=0.60	
T_1'	μ	a	b	a	b	a	b	a	b	a	b
2.0	100	0.006 4	1.801 2	0.009 4	1.607 6	0.013 1	1.426 0	0.017 0	1.270 1	0.000 0	0.000 0
2.0	115	0.070 2	1.235 1	0.125 3	1.066 2	0.202 0	0.710 5	0.295 8	0.475 9	0.000 0	0.000 0
2.0	125	0.177 8	0.970 0	0.292 4	0.719 1	0.469 1	0.436 7	0.698 2	0.158 0	0.000 0	0.000 0
2.0	135	0.336 7	0.752 0	0.479 0	0.535 1	0.796 2	0.229 2	0.000 0	0.000 0	0.000 0	0.000 0
2.0	145	0.534 9	0.587 6	0.738 6	0.386 8	1.141 8	0.063 3	0.000 0	0.000 0	0.000 0	0.000 0
2.5	100	0.002 2	2.144 1	0.003 1	1.974 7	0.004 3	1.798 6	0.005 5	1.656 1	0.007 1	1.476 8
2.5	115	0.021 7	1.683 7	0.038 3	1.465 4	0.060 9	1.260 3	0.087 6	1.075 7	0.128 3	0.844 2
2.5	125	0.053 7	1.467 0	0.088 4	1.292 6	0.140 8	0.078 2	0.205 4	0.871 2	0.308 9	0.598 1
2.5	135	0.099 9	1.309 0	0.151 5	1.173 3	0.240 3	0.946 6	0.354 4	0.715 9	0.545 6	0.400 9
2.5	145	0.136 0	1.287 4	0.219 6	1.079 7	0.344 4	0.844 4	0.511 7	0.593 1	0.804 4	0.240 1
3.0	100	0.001 0	2.304 4	0.001 4	2.127 2	0.001 9	1.971 1	0.002 5	1.796 5	0.003 1	1.644 7
3.0	115	0.009 2	1.881 1	0.016 1	1.687 5	0.025 5	1.503 3	0.036 5	1.338 1	0.052 3	1.140 8
3.0	125	0.022 6	1.690 4	0.036 9	1.551 7	0.058 5	1.368 6	0.084 7	1.192 9	0.123 4	0.974 1
3.0	135	0.041 8	1.556 2	0.063 0	1.465 2	0.099 3	1.280 9	0.145 0	1.091 6	0.214 5	0.848 8
3.0	145	0.064 2	1.459 2	0.090 8	1.401 5	0.142 6	1.214 1	0.208 7	1.013 0	0.312 6	0.748 8
3.5	100	0.000 5	2.380 9	0.000 7	2.214 1	0.001 0	2.025 0	0.001 3	1.895 4	0.001 6	1.700 4
35	115	0.004 6	1.984 6	0.008 2	1.794 8	0.012 9	1.621 5	0.018 4	1.463 4	0.026 1	1.279 3
3.5	125	0.011 5	1.799 5	0.018 6	1.675 7	0.029 4	1.510 5	0.042 2	1.351 4	0.060 9	1.154 6
3.5	135	0.021 0	1.678 2	0.031 7	1.607 8	0.049 7	1.446 7	0.072 4	1.276 1	0.105 0	1.067 6
3.5	145	0.032 4	1.589 1	0.045 6	1.559 8	0.071 2	1.398 9	0.104 0	1.222 2	0.152 2	0.999 5
4.0	100	0.000 3	2.404 6	0.000 4	2.234 5	0.000 6	2.080 8	0.000 7	1.946 6	0.001 0	1.732 6
4.0	115	0.002 6	2.035 7	0.004 6	1.853 2	0.007 3	1.682 4	0.010 3	1.532 5	0.014 8	1.349 3
4.0	125	0.006 5	1.855 0	0.010 5	1.744 5	0.016 6	1.587 0	0.023 8	1.433 6	0.034 1	1.249 5
4.0	135	0.011 9	1.743 4	0.018 0	1.681 0	0.028 1	1.523 8	0.040 8	1.374 3	0.058 8	1.180 3
4.0	145	0.018 3	1.659 6	0.025 8	1.641 8	0.040 1	1.498 1	0.058 6	1.333 6	0.085 0	1.130 9
4.5	100	0.000 2	2.448 2	0.000 3	2.260 4	0.000 4	2.058 4	0.000 5	1.970 8	0.000 6	1.752 5
4.5	115	0.001 7	2.048 7	0.002 8	1.884 8	0.004 4	1.721 6	0.006 4	1.562 1	0.009 0	1.387 4
4.5	125	0.004 0	1.893 9	0.006 4	1.785 6	0.010 1	1.629 4	0.014 7	1.473 6	0.020 9	1.297 1
4.5	135	0.007 3	1.780 5	0.010 9	1.728 3	0.017 1	1.584 8	0.024 9	1.430 5	0.035 9	1.242 5
4.5	145	0.011 2	1.698 9	0.0157	1.691 0	0.024 6	1.552 9	0.035 9	1.396 1	0.051 8	1.203 7
5.0	100	0.000 1	2.046 6	0.000 2	2.351 7	0.000 2	2.127 4	0.000 3	1.923 5	0.000 3	1.873 8
5.0	115	0.001 1	2.059 6	0.001 9	1.899 0	0.002 9	1.738 4	0.004 2	1.585 6	0.005 9	1.410 8
5.0	125	0.002 6	1.905 1	0.004 2	1.802 0	0.006 6	1.655 0	0.009 4	1.509 4	0.013 5	1.330 2
5.0	135	0.004 7	1.800 4	0.007 1	1.754 8	0.011 2	1.610 7	0.016 1	1.464 8	0.023 2	1.279 7
5.0	145	0.007 2	1.727 5	0.010 2	1.721 7	0.015 9	1.587 2	0.023 2	1.436 3	0.033 6	1.246 0
5.5	100	6.0e-5	2.660 9	0.000 1	2.375 3	0.000 2	2.061 1	0.000 2	2.035 8	0.000 2	1.875 6
5.5	115	0.000 7	2.084 4	0.001 2	1.930 6	0.001 9	1.760 0	0.002 8	1.599 4	0.003 9	1.430 1
5.5	125	0.001 8	1.919 7	0.002 8	1.816 1	0.004 4	1.677 3	0.006 4	1.526 7	0.009 1	1.350 6
5.5	135	0.003 2	1.822 5	0.004 8	1.766 4	0.007 5	1.631 5	0.010 9	1.484 1	0.015 7	1.340 6
5.5	145	0.005 0	1.730 7	0.006 9	1.737 2	0.010 7	1.610 2	0.015 8	1.457 9	0.022 9	1.270 3
6.0	100	5.0e-5	2.512 1	6.0e-5	2.457 4	9.0e-5	2.283 1	0.000 1	2.004 2	0.000 2	1.689 3
6.0	115	0.000 5	2.070 0	0.000 9	1.922 0	0.001 4	1.757 8	0.002 0	1.611 2	0.002 8	1.433 2
6.0	125	0.001 2	1.924 6	0.002 0	1.825 9	0.003 1	1.686 7	0.004 6	1.522 4	0.006 4	1.360 0
6.0	135	0.002 2	1.825 8	0.003 4	1.781 4	0.005 3	1.645 7	0.007 7	1.495 0	0.011 1	1.313 6
6.0	145	0.003 4	1.750 6	0.004 9	1.744 6	0.007 6	1.623 2	0.011 1	1.474 6	0.016 1	1.286 7

图 5.27 附加阻力计算系数

游艇 YD－41 的附加阻力是按照浅水、有义波高 0.4 m 和平均波浪周期 2.8 s 进行计算的。计算结果为迎风 135°时的附加阻力是 144 N，从图 5.4 中看出，这对应着 9.4% 的总阻力。

5.11 其他耐波性方面

对于海上风帆游艇的两个重要的要求就是:有足够的稳性而避免在恶劣状况下倾覆和船体可以经受作用在其上面海浪的冲击。这些方面分别在第4章和第12章进行阐述。对于竞赛游艇,附加阻力是接下来比较重要的因素,因此前文用一定长度的篇幅对其进行说明。然后,对于巡航游艇而言,其他设计方面的重要性是等同的。事实上,适航性这个术语对于海员而言更有价值,他们要在长途航渡大洋的游艇上度过几个月。适航性好的游艇即使在相对困难的情况下也容易在上面生活。很自然这种特性很难用数量来表示,但是很清楚地,适航性好的游艇的运动必须足够和缓以满足船员没有问题地工作和休息。

第4章已经解释过,游艇的运动取决于其惯性、稳性和阻尼。由于纵摇、横摇和垂荡是最重要的运动,最重要的惯性量就是绕横向轴和纵向轴(或者说响应惯性半径)的质量惯性矩,同时还有船体质量。稳性取决于水线面的形状和其绕两轴的惯性矩。最后,阻尼取决于龙骨的尺寸。

很多现代的设计者都追求更小的惯性半径、轻的船体、大稳性和小龙骨。所有这些特性都会趋向于增加游艇的横摇加速度,这样使得游艇适航性下降。对于巡航游艇,这看上去不是个优化的解决方案。这种游艇的一个非常严重的问题在第一艘服役的大型矿砂船上也经历过。当矿砂被装载到船体舱底后,船舶的稳性变得很大而产生了过度的加速度。实际上,在高海情下发生了船员被抛撞到舱壁上的致命事故。现代矿砂船将矿砂置于离开舱底的悬空的容器中而获得了更缓和的运动。另外一种缓和运动船型比较重要的就是渔船,渔民在甲板上进行工作,多数是恶劣海况。为了解决这个问题,一些渔船通过在船舱内尽量靠近舷侧布置压铁或者混凝土压载来增加横向惯性半径。

其他影响船体耐波性能力的数据有船舶首尾的外伸部分、干舷高度和船首外飘。比较大的艏部外伸很容易增加纵摇,这是因为当波浪碰击船体这个远离船舶重心的外伸部分造成较大的纵摇力矩。艉部外伸在艉随浪中自然也会有相应问题,但是由于遇到的波浪频率小得多,所以造成的影响比较小。相反,艉部外伸会带来一定的好处,因为其可以阻尼艏部迎浪产生的纵摇运动。艏部较高的干舷,或者特别是外飘的干舷,可以阻止甲板涌浪,可以有效避免海水对舵舱的喷溅。这样船体就能保持干燥。

关于船体运动的最后一点就是船体首半部分和尾半部分的平衡。很多现代游艇都有着比较丰满的艉部线型,而艏部则非常尖削。这可能对船体的冲浪能力有好处,但是当船体横摇时,这种船体形状对于船体的航向稳定性并没有好处。当船体横倾的时候,艉部的浮心比艏部的浮心会更多地移向舷侧。移动这些相应体积的水到舷侧的力是从船体产生的,根据作用力和反作用力的原理,这些体积的水会产生同样大小的作用力,只是方向相反。这样艉部受到的影响要比艏部更大,于是船体沿横向的方向改变了其航向。当然,对于左舷或者右舷,这都可能发生,因而船体变得很难保持其航向。

5.12 船型统计

为了帮助设计者选择游艇的主要比值，本节给出了这些最重要的数值的船体统计汇总。这些数据来自几百艘欧洲和美国设计的游艇。

给出的船体主尺度比值有：总长/最大宽度比，水线长/主船体吃水比和水线长/(排水体积)$^{1/3}$之比。还给出了船体水面以上的两个重要的比值：艏部干舷/水线长之比和艏部干舷/艉部干舷比。最后，还将讨论压载比的统计值。

应该指出的是用于统计估算的数据都是轻载情况，也就是没有船员、备品、淡水和燃油。这种情况很好地对应了游艇的官方数据，用于分级的目的或者船级规范。一艘有着全部船员及装备的满载巡航游艇可以考虑在轻载基础上增加20%的质量。本书计算 YD－41 游艇时，我们假定游艇是有着全部船员但是半载的情况，这和现实更加接近。然而，为了和本节其他游艇进行比较，我们也采用轻载状况。具体区别参见附录一。

5.12.1 总长－最大宽度比(L_{OA}/B_{MAX})

如第2章所见，大多数船体参数比值体现了其对游艇尺度的依赖性。对于 L_{OA}/B_{MAX} 也不例外。游艇越大，比值越高，也就是越大的游艇，相对而言，其宽度越窄。原因是，如果给定的船体仅仅简单放大其尺度到大尺寸，它的稳性增高的要比来自风帆的横倾力矩增加得要快些。这样一来船体就变得没有必要的稳性过高，稍微狭窄型的游艇就可以满足要求了。也可以看出，如果所有参数都比例合适的话，宽度就应该是(长度)$^{2/3}$的比例。这就意味着 L_{OA}/B_{MAX} 是(长度)$^{1/3}$的比例，也就是其比值随长度的增加而缓慢地增加。例如，船长增加到双倍，比值则增加25%。假定所有其他参数都比例合适有点过于简单化，譬如压载比，压载位置、桅杆高度等，但是上述简单化的比例方法很好地满足所有船体长度5～15 m 水线长(L_{WL})的船体统计结果。图5.28 就按照这个范围给出了 L_{OA}/B_{MAX} 的范围。

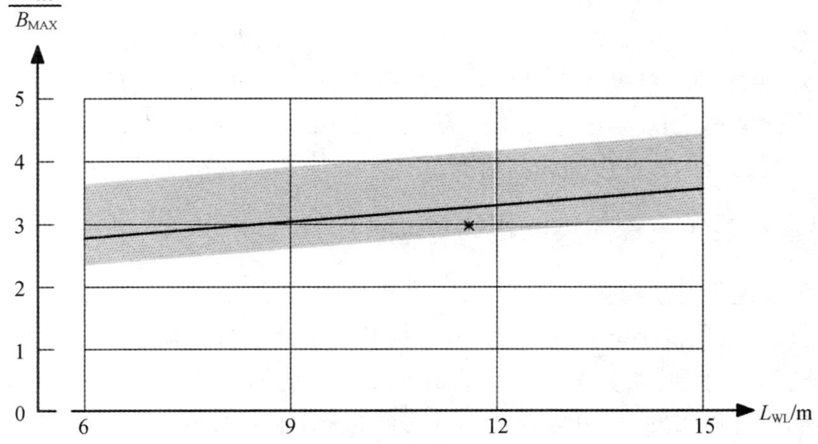

图 5.28 长度/宽度比

图5.28中的斜线代表中间值，也就是在线上方和线下方的游艇数量是大概相同的。在这种情况下，中间值和平均值是不同的，因为此处认为上方的分布面积大于下方，这也可以从图中的阴影面积看出，其代表着数据的分布。正如图中所示，通过调整边界，使得大约有95%的游艇位于阴影区域的界限内。这样看，接近边界的设计就显得有些极端了。中间线的下方的面积大约占15%，而上方的最大值是常数值5.0。

从图中可看出，7 m(L_{WL})水线长的典型游艇的长宽比是3.0左右，当比值为3.75时，水线长增加了两倍(15 m)，也就是此时比值增加了25%。

游艇YD－41的总长为12.50 m，船宽为4.0 m，这样其L_{OA}/B_{MAX}是3.0。其轻载状况下的水线长度L_{WL}为9.85 m，与图5.28中的中间值对应的非常好。

5.12.2　水线长/吃水比(L_{WL}/T)

图5.29给出了L_{WL}/T和L_{WL}的关系，显然，这个比值也随长度增加而增加。游艇越大，比值越大，相对地吃水越小。

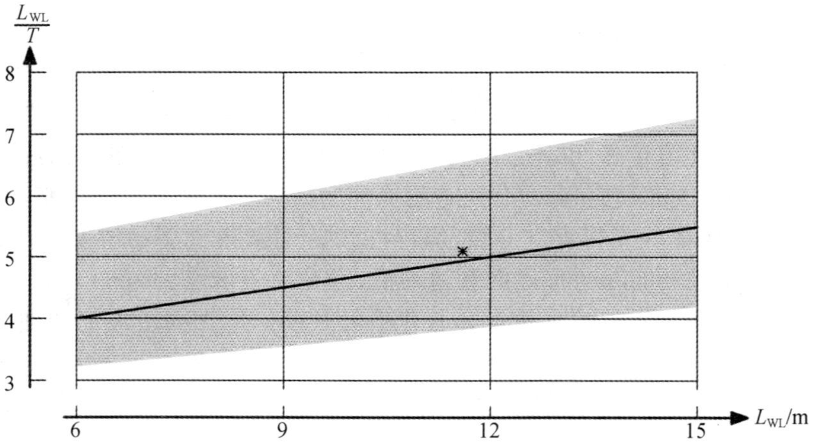

图5.29　长度/吃水比

吃水的选择，对于巡航游艇而言，是个在性能和实际优势之间的权衡过程，诸如进入浅水区域的能力，近岸的容易操作性等。对于竞赛游艇，吃水的选择被认为是应该对降低性能的优势负责。游艇YD－41的水线长L_{WL}为11.62 m，轻载吃水2.28 m。这满足小于L_{WL}/T为5.1，是接近图5.29中间线的情况。

5.12.3　水线长－裸船体吃水比(L_{WL}/T_C)

因为大多数现代游艇都有鳍状龙骨，在大多数情况下，采用裸船体吃水T_C是可行的。从图5.30可见，L_{WL}/T_C随长度逐渐增加，但是这种关系并不是很强烈。与本书先前版本对应的统计比较，这个值更大，其中间值介于21到23之间。老的统计基于20世纪70年代和80年代的游艇设计做出的，其中间值为18。这样看来现代船体吃水更浅。应该注意的是这些统计是从小的样本库、大约30艘现代船型统计而来的。由于船体吃水没有出现在ORC证书中，所以针对这样的数量需要特别的研究。

YD－41是个非常轻型的现代船型的例子，如图5.30。其L_{WL}/T_C值很高，甚至超出了图中的阴影区域。

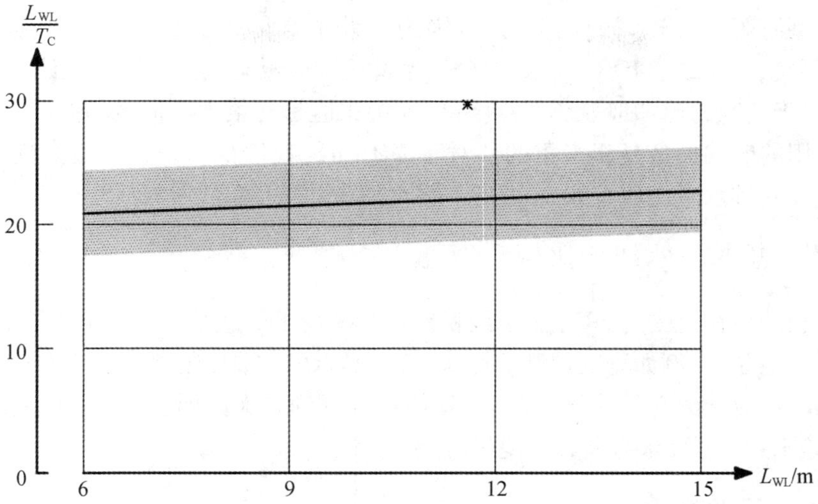

图 5.30 长度 - 裸船体吃水比

5.12.4 长度 - 排水量比($L_{WL}/\nabla^{\frac{1}{3}}$)

前面阐述过长度排水量之比是游艇在高速航行的重要数值。为了使得游艇能够超过弗劳德数0.45,需要这个比值大于5.7。图5.31中给出长度排水量比对应水线长度的函数曲线。

因为船宽和吃水不是随长度而线性增加的,排水量相对长度的立方增加得很缓慢。实际上,按照上面同样的假定,排水量是随(长度)$^{7/3}$而增加的,也就是长度 - 排水量比随(长度)$^{2/9}$而增加。长度增加两倍,比值增加17%。图5.31也可以看到统计数据表明,长度 - 排水量比值增加得不快。

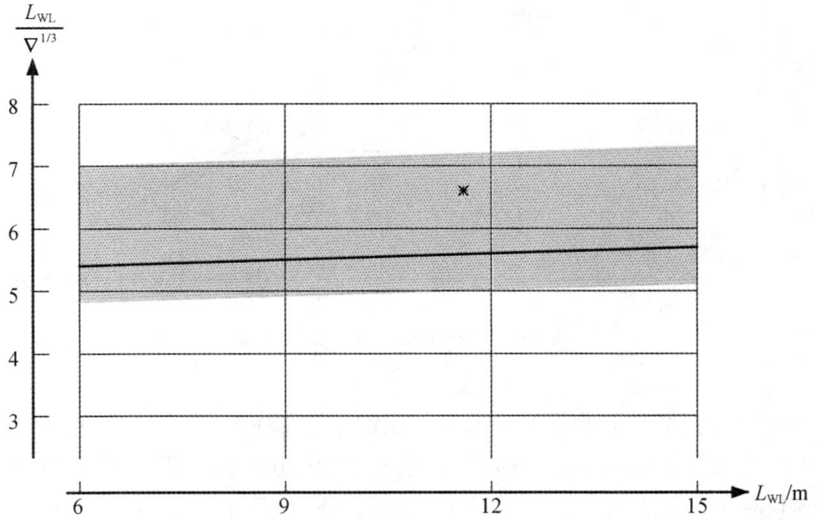

图 5.31 长度 - 排水量比值

与船长－船宽比的曲线相同，这里的统计数据分布也是不对称的。下限是在中间线以下的12%处，上限是中间线以上增加20%处。然而某些类型的船体不在此范围内，这样，一些极度超轻型游艇有着较高的比值，并且因为统计主要是基于一些特定比赛用游艇形式（性能差点系统，IMS 或者 IOR），导致部分重型巡航游艇没有被列入这个统计。

当然，对于竞赛游艇和巡航艇，长度－排水量比值是有很大不同的，这是由于针对居住舒适性而采用的船舶设备是相当重的。对于 YD－41，我们试图设计一艘高性能巡航的游艇。它的长度－排水量比值是 6.5，相当于图 5.31 的中间值。

5.12.5 总长－水线长比（L_{OA}/L_{WL}）

现代船舶外伸在过去的 50 年里已经稳定逐步减少了。从某种程度上说这是一种时尚，但是这也有其他原因，例如竞赛规则的影响，特别是 IOR 规则，在过去的几十年里对船体形状有很大影响。对于给定的总长，较小的外伸可以得到较大的船长，这是个优点。YD－41 的 L_{OA}/L_{WL}是 1.08，可被认为是典型现代游艇。

5.12.6 干舷高

众所周知，相对干舷高随船长增加而降低，显然这是为了居住型的要求。就算非常小的游艇也需要有满足中等高度乘员的头舱。图 5.32 中用艏部干舷高度对应水线长来给出了干舷高的趋势。这里没有给出上限和下限，是因为针对本图的统计数据较少的缘故（只有约 50 艘游艇）。

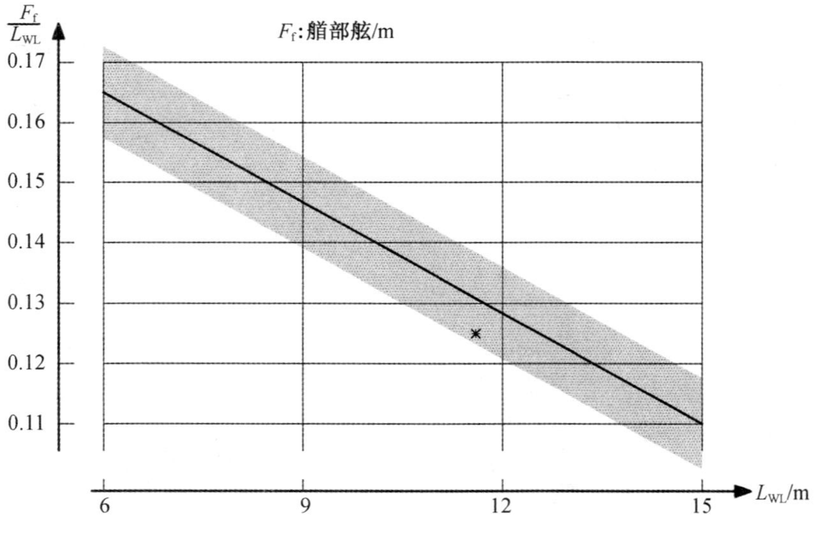

图 5.32 艏部干舷－水线长比值图

典型艏部干舷与艉部干舷的比值是 1.3。相比较老式游艇，这个值偏低，所以现代游艇都有个更加水平的舷弧线。艏艉干舷一般较高，舷弧线的梁供一般较低。YD－41 游艇代表现代的巡航/竞赛艇，有着比统计数据稍微高的干舷，这也是一定程度上受到一些老的设计的影响。艏部干舷－水线长之比是 0.123，而相同尺寸的船体的中间值为 0.130，艏艉干舷比值是 1.23。

5.12.7　压载比

压载比,也就是龙骨质量对游艇总质量的比值在现代游艇上是有较大变化的。大多数游艇则在 0.25 ~0.50 这个范围内(见图 5.33)。压载比由于球鼻龙骨更普遍,而近年被降低了,这样有着相同的稳性而游艇更轻。这些值随船长没有什么特别的变化。我们的 YD -41 压载比为 0.39,更接近中间值。龙骨质量是 2 300 kg,而游艇轻载排水量为 5 900 kg。

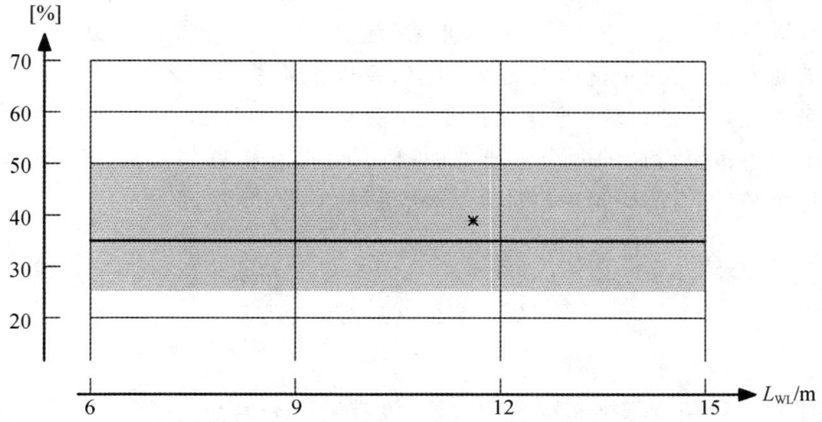

图 5.33　压载比

最后,应该提到的是,用于统计的官方排水量数据可能会更轻,这因为对轻载状态的比较乐观的质量计算的缘故。实际上,长度 - 排水量比值和压载比大概会一定程度上低于官方数据。但是 YD -41 这里给出都是很实际的值。

第 6 章　龙骨和舵的设计

在龙骨和舵的设计中，采用了空气动力学方面建立的比较成熟的理论。可压缩的气体对于大多数今天飞行在某一速度的飞机很重要（超过 100 m/s），部分归功于 50 多年前早期对空气动力的研究，人们对不可压缩的流体的研究也积累了相当多的信息。本章我们将首先对在某个来流攻角下的机翼（龙骨或者舵）绕流基本原理及其受力给出简短介绍。本章后面部分主要讨论机翼设计的两个主要方面：机翼外形和机翼剖面。如同前面章节一样，本章我们也提供统计数据，以帮助设计者选择合适的龙骨和舵的尺寸。

6.1　机翼绕流

正常工作的机翼两侧都会有附着的气流，没有发生分离，并且绕过机翼的流线会再次汇聚，如图 6.1 所示。如果我们暂时假定机翼有无限长（无限翼展），有着恒定的横截面，来流垂直翼展，在机翼导边附近有个驻点，在这里来流被分成两部分，沿着机翼上、下表面分别向后流去。在驻点，沿着表面的任何方向都没有流动，因为流体不能穿透机翼，所以在来流垂直表面交汇的地方的流体流速为零。在机翼随边（尾部）也能发现一个相似的流速为零的点。这就是所谓的二因次机翼，在所有机翼剖面上的属性都是相同的。实践中可以将机翼置于垂直于翼展的两个墙面之间来达到上述效果，比如在风洞里。接下来研究机翼剖面（外形）的属性。风帆游艇设计中采用的机翼剖面都是对称的，这是因为他们要在两个方向都要有同等的作用效果。在零度攻角时，沿着剖面分布的压力原则上就如同沿着船舶的水线面的效果（见图 5.9），也就是说艏部和艉部是高压区，而中间为低压区。然而，非零攻角情况下（如图 6.1 中所示），流体变得非常不对称。特别是在驻点出发流经前端上部的流体和从驻点向后方流动的流体间有很大不同，前者流经的区域有很大曲率，后者多少有些平直地向后流去。两侧的速度也有不同，上面一侧的流速高于无扰动来流，下面的速度更慢些。这样就产生了如图 6.2 所示的相应不同的压力，特别要注意的是，前端有个最大的吸力峰值。从上表面向后面的远方，吸力值逐渐下降。在低速的一侧，压力值为正值，但是其绝对值小于另外一侧。如果将所有作用在机翼剖面上的压力叠加，可以得到一个最终的作

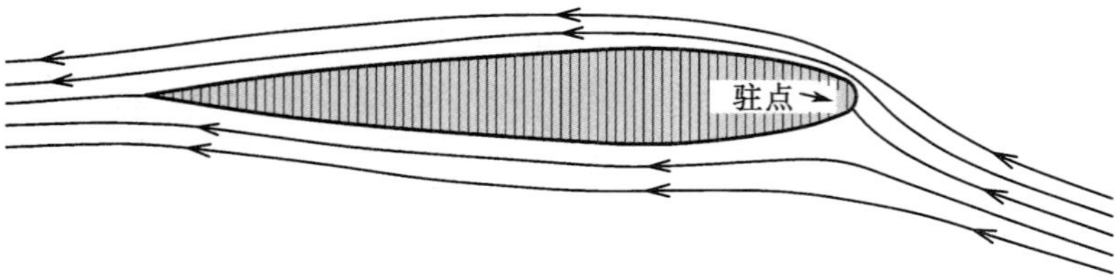

图 6.1　机翼剖面的绕流

用合力(图 6.2 中箭头所示)。无扰动来流和最终作用力之间的角度取决于机翼的效能。对于不考虑摩擦阻力的二因次机翼,这个角度是 90°。实际上这个角度总是小于 90°的(作用的合力更偏向后方),而设计者的任务就是使得这个角度尽量接近 90°,后面我们将讨论如何完成这个任务。

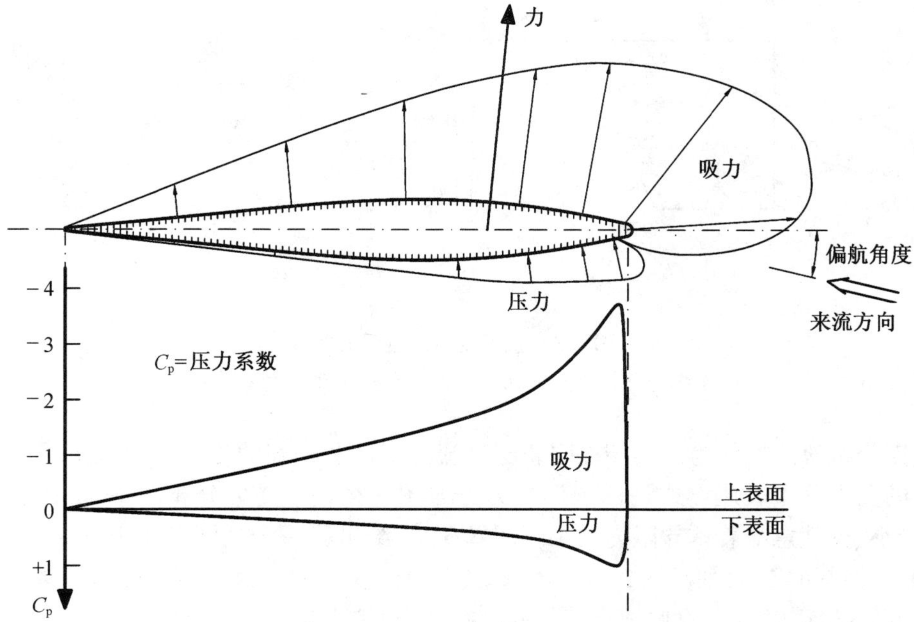

图 6.2 机翼剖面周围的压力分布

由于压力和吸力在机翼的前部是非常大的,因此,合力的作用中心在机翼的前部。实际上,对于在二维无阻力的流体中的对称机翼,理论给出作用力中心点在距离首部 1/4 机翼长度(从首部到尾部)的地方。图 6.2 的下部分给出了更加直观的压力图,纵坐标表示压力,横坐标表示压力对应的位置,但是需要注意到负压力是向上绘制的。这样,机翼上方的一侧对应的是图中横坐标轴的上半部分,反之亦然。上下曲线之间的距离代表着在该点生成的垂向力,总的垂向力与上下曲线围成的面积成比例。

当然,实际机翼既不会无限长,也不会被固定在风洞内的两个墙面之间。因此他们在流体中有着两个自由端,这就引出了一些新的流体现象,也就是三因次情况。

图 6.3 给出了一个龙骨的侧视图(a)和后视图(b)。因为龙骨在偏航一侧的压力大于迎风的一侧,流体趋向于从偏航的一侧沿龙骨端部流向迎风一侧。这导致偏航一侧产生向下运动,从龙骨根部的零开始往龙骨梢部逐渐增加。对应地,在迎风方向产生向上的运动。龙骨两侧的流线因而有着不同的方向,当他们在末端相遇的时候就产生了漩涡。特别在龙骨梢部就是这样,龙骨在那里留下很强的漩涡。有时候当游艇横倾得很严重就可以看见这种漩涡,那是由于接近水面的漩涡的低压中心吸入了空气的原因。如图中所示,所有沿着龙骨梢部生成的漩涡都倾向于汇合成一个漩涡而留在游艇的身后。这种漩涡含有旋转能量,增加了阻力的成分,也就是前面章节讨论的诱导阻力。

在龙骨梢部生成的侧向力必须为零,因为流体在那里的两侧不可能存在着压力降。另一方面在接近龙骨根部的地方,龙骨梢部不能影响这里的流体而在龙骨上产生较大作用

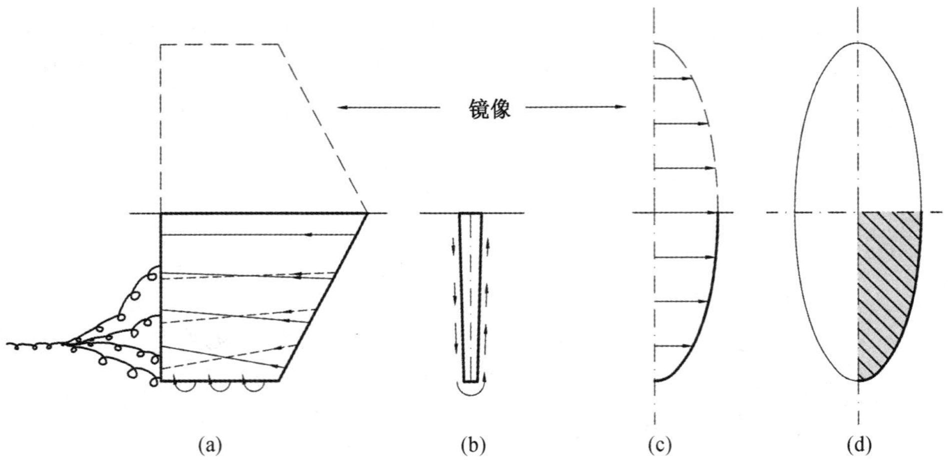

图 6.3　机翼受力及漩涡分布

(a)侧视图;(b)后视图;(c)受力分布;(d)椭圆受力图

力,这也因为游艇船底作为一面墙而阻止了绕流。根部和梢部的受力变化取决于龙骨的形状,最好的受力分布表达方式是椭圆形受力分布图。在这个受力分布图中,留在船后的垂向能量最小,也就意味着诱导阻力最小。图 6.3(c)给出了一个椭圆形受力分布图示,可以把这个看作椭圆的 1/4,如图 6.3(d)所示。最简单的获得侧向力椭圆分布的办法是绘制龙骨轮廓椭圆,然而,这样也有些缺点,我们很快会回到优化龙骨外形上来。

图 6.3 中的(a),(c)指出了一个有趣的现象:假设船底作为一个无限扩展的平板,围绕龙骨的流体现象就和假如用该龙骨的镜像的替换了平板后效果一样;这样,一个平行来流的平面墙就作为其镜像的对称平面。现实中的船底既不是平坦的也不是无限长的,下面将讨论的真实来流更加复杂。

6.2　龙骨外形定义

图 6.4 中给出了梯形龙骨外形的定义。首先应该提到的是,从龙骨前端到尾部的整个水平距离称作弦长。图中给出了两个弦长:根部弦长 C_1 和梢部弦长 C_2,这个可以用来定义平均弦长 C:$C=(C_1+C_2)/2$。对于龙骨的效率最重要的参数是展弦比 AR_e,定义为 $AR=T_k/C$,也就是龙骨高度除以平均弦长。这是个几何外形比。如前所述,如果龙骨附着在宽大平坦表面,有效展弦比 AR_e 是其两倍。第二个重要参数是锥度比 TR,就是简单的梢部弦长和根部弦长的比值:$TR=C_2/C_1$。

龙骨大多不是完全垂直的,而是有一定程度的后掠。然而,如何定义这个后掠角不是很直观。可以用导边或者随边来定义这个角度,或两者的中间线,但是最合适的选择是从导边开始的 25% 弦长处的连线。前面指出,在理想情况下,每个剖面的作用力中心都在这条线上。尽管对于实际情况,这不是绝对准确,但对于有着常规展弦比的鳍状龙骨和舵,这种方法还是个很好的近似方法。我们将在第 8 章继续讨论作用力中心的位置,它是和游艇的平衡联系在一起的。

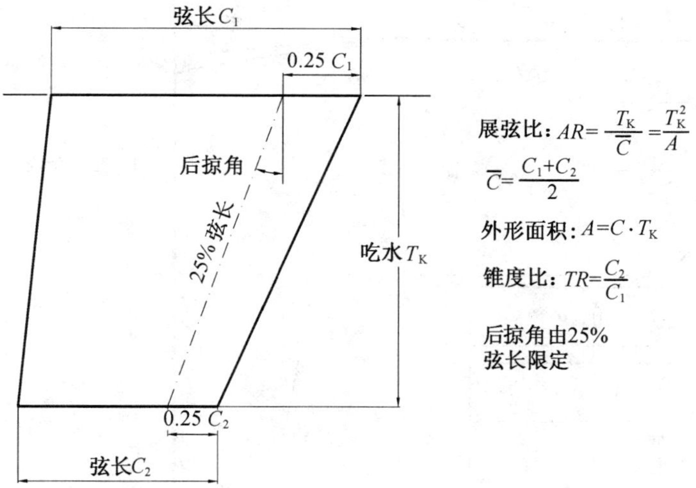

图 6.4 龙骨外形定义

6.3 经典机翼理论

空气动力学方面的一个非常著名的很有用的理论就是所谓的升力线理论，其用于计算机翼的升力和诱导阻力(拉力)。不涉及更深入的力学知识，该理论的基础可以参考图 6.5 进行说明，该图中的机翼有两个自由端，沿中心线对称分布，这也可以被看作是船底的龙骨和它的反射对称图像。机翼在图中用虚线表示，因为在此理论中，机翼被用一整套漩涡所代替。这样，总有一个漩涡沿着机翼表面(从一端到另外一端)，这被称作附着漩涡，因为漩涡是固定在机翼表面上的。然而，如我们所见，这些漩涡从机翼处向后流出，特别是接近端部的地方。这些是自由的漩涡，将其自身按照该处流体的方向排列。理论认为流体中的漩涡不能有自由端，因而，当涡线向后弯曲并离开附着部位的时候，附着涡强度就被涡线强度所削弱。在梢部，所有的漩涡都泄向后方，该处的附着涡为零。机翼后方，每一侧所有的自由涡线都卷入各自一侧一个汇聚在一起的自由漩涡。这两个自由漩涡也相应地和机翼刚开始运动产生的初始漩涡(本图中没有标出)联系在一起。

漩涡系统生成的局部受力与漩涡垂直来流方向的分量成比例。由于自由漩涡平行于来流，他们不生成任何作用力；但是机翼上的附着漩涡生成与漩涡强度成比例的作用力。理论表明，在机翼上最佳的漩涡及作用力分布，都是椭圆形受力分布。在这种情况下，很容易获得机翼诱导阻力系数 C_{DI}、升力系数 C_L 及其对应的作用力，见图 6.5，其中 $C_{L,2D}$ 是二因次状况下的每度升力系数。理论上对称剖面在无摩擦力的流体中，$C_{L,2D}$ 系数是 $\pi^2/90=0.11$。在真实流体中因为黏性的缘故，这个系数有点小，而对于所有对称剖面而言，0.10 是个比较好的近似值。

如果机翼上的分布力图不是椭圆形的，则当升力降低时阻力升高，可以通过引入一个有效展弦比 AR_e 的方程来计算。椭圆形分布的变化总是降低有效展弦比的。如下面见到的，这种影响是相对很小的，但它也是足够大到至少在竞赛游艇设计中需要考虑的因素。

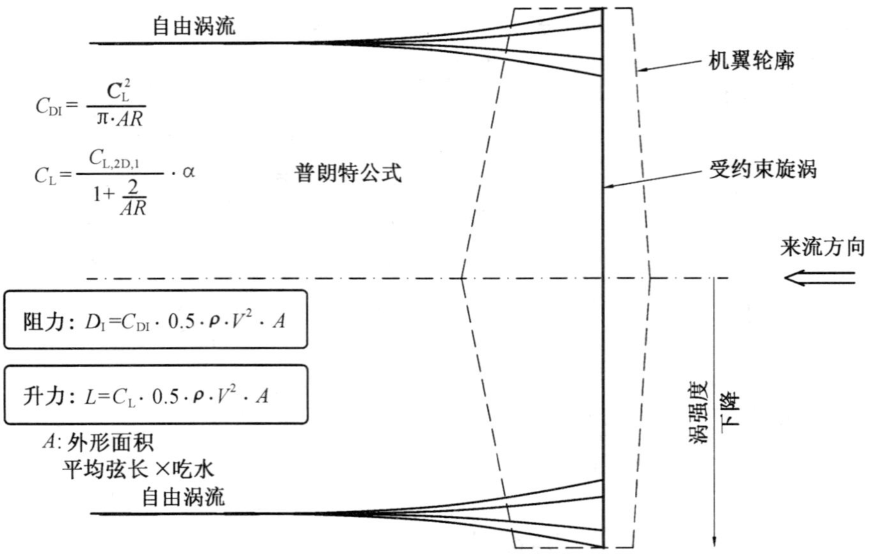

图 6.5　升力线理论

通过有效展弦比，与图 6.3 有联系的镜向效应也被计及。对附着在无限平板上的有椭圆形受力分布的机翼而言，因为这种效应，其有效展弦比是几何展弦比的两倍。然而实践中，龙骨安装在有限、圆整的船底部并且力的分布也不是椭圆的，故此有效展弦比和几何展弦比之间的区别很小。

我们在此简要归纳一下最重要的结论：

- 在大多数情况下，升力系数和诱导阻力系数可由图 6.5 中列出的公式来估算；
- 对于机翼的升力和阻力，展弦比是最重要的参数；
- 椭圆形力分布图是最好的表达方式之一。

展弦比的效应在图 6.6 中给出：这是基于不同展弦比机翼的风洞试验的结果得到的。针对不同攻角给出了升力系数和阻力系数。左图中是根据不同的 AR_e 获得的相当不同的曲线。例如，对于 5°这个典型的偏航角，也是龙骨的攻角，$AR_e=1$ 的方形机翼产生的升力系数比 $AR_e=$ 无穷大的二因次机翼的三分之一还小。对龙骨来说，有效展弦比 $AR_e=3$ 是相对常见的，图中可见其产生比方形机翼大概两倍的升力。

在实践中有效展弦比 AR_e 的范围内，阻力相对没有改变，但是要记住的是，这是在给定攻角的情况下。同时现实中的一个更有趣的问题是，对于给定的侧向力情况下，产生的阻力有多大？如第 5 章中指出的那样，龙骨的任务就是用消耗最小的可能的阻力的方式去平衡风帆带来的侧向力。考虑到这些，就可以用不同的方法来诠释升力图。对于给定的侧向力，相对于有效展弦比 $AR_e=1$ 的龙骨的情况，二因次龙骨的偏航角小于其 1/3，有效展弦比 $AR_e=3$ 的龙骨的偏航角则小于其 1/2。可根据图 6.6 中右图的建议得到相当不同的阻力。注意到该图中 C_D 代表的是总阻力，也就是图 5.4 中介绍的漩涡力分量。这也是为什么当偏航角为零而 C_D 不为零的原因。

传统的长龙骨和现代鳍龙骨的区别现在就很明显了。一般认为传统长龙骨的有效展弦比小于 1，而现代鳍龙骨的 AR_e 通常大于 3，因而这会带来很大的性能上的不同。并且，鳍

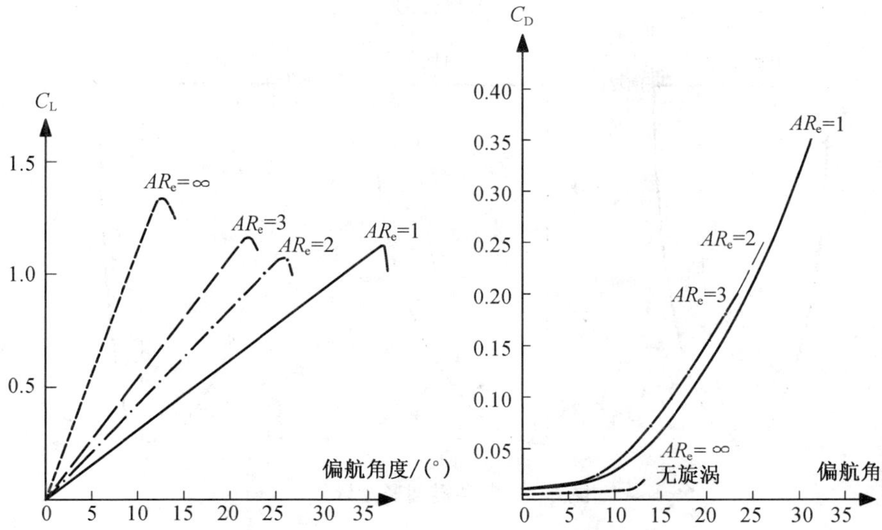

图 6.6 展弦比对升力和阻力的影响

龙骨也还是有其缺点的。第 3 章中在结合横摇阻尼讨论的,通常认为长龙骨在这方面更具有效率;另一个缺点是在低速时候产生的。如图 6.5 的升力方程所示,升力是和升力系数、速度的平方以及龙骨面积成正比的。因为鳍龙骨的面积较小,它们工作的升力系数较高(因为鳍龙骨有着更高的效率,这是很容易达到的)。但是,对于所有的展弦比,最大的升力系数 C_L几乎都是相同的。对于鳍龙骨游艇,当速度降低时,如果还需要侧向力的话,鳍龙骨很快就达到了最大升力系数。这可能发生在锚泊的时候,也可能是竞赛刚开始从风帆带来了侧向力但是速度还很低的时候。这样龙骨效用发挥不上,游艇就会开始向斜向一侧移动。长龙骨和鳍龙骨的不同是很明显的,很多现代游艇的船主在港口操作游艇时候都经历过这些问题。

为了获得侧向力椭圆形分布的优势,可以将龙骨设计成椭圆形,这也意味着弦长从龙骨根部到梢部必须符合椭圆形变化。满足这种要求的两种几何形状是半椭圆和 1/4 椭圆(见图 6.7),但是这两种情况中,最为重要的 1/4 弦线都是弯曲的,因而导致力的分布并不是真正的椭圆形。在第三个选择中,设计开始于垂直的 1/4 弦线并且将弦长按照椭圆形分布在垂直方向,并且总保持弦长 25% 的点是位于椭圆上的。

椭圆外形有某些缺点,特别是从实践的观点来看,所以梯形龙骨就更加普遍。事实上,对于这种龙骨,按照图 6.8 中的锥度比去选择合适的后掠角,得到非常近似的椭圆形力分布也是可行的。图中可见,小的锥度比对应于大的后掠角,反之亦然。在零度角,锥度比应该在 0.45 左右,对于大比例,因为角度是负值,龙骨实际上要指向前方了。大多数龙骨的后掠角是 20° ~30°,也就是锥度比大约为 0.1,但这不是实践中的情况,因为其导致重心过高和稳性变差。较小的锥度比还有另外的缺点。如果龙骨无后掠情况,无论是椭圆形还是有着 0.45 的锥度比,垂直方面上的面积分布都对应着力的分布。如果接近龙骨梢部的较小弦长区域去弥补因龙骨后掠给该区域带来的足够大的外力,这部分将比龙骨其他部分承受更高的载荷。局部升力系数变得更高,而该区域就会提前失效。实践中,不推荐小于 0.2 的较低的锥度比。实际上,因为稳性的原因,大多数设计者都选用更大的比值:在 0.4 ~0.6 之间。

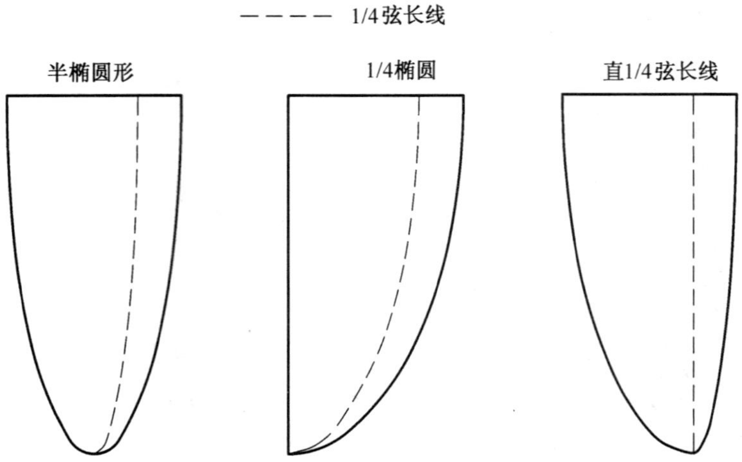

图 6.7　各种椭圆形龙骨

还应注意到,如果采用给定的厚度比,龙骨的横截面积随弦长的平方而增加,这意味着龙骨梢部携带的压载高度取决于该处的弦长。

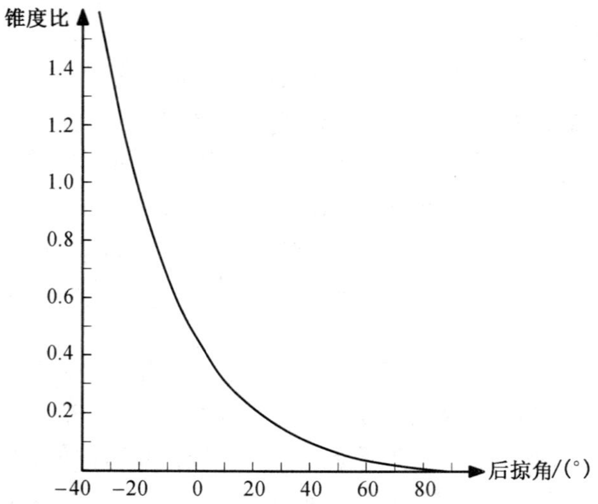

图 6.8　后掠角和锥度关系的优化

图 6.8 是从升力线理论得到的,而图 6.9 也是一样,它给出了如果力的分布不是椭圆形的不利后果并且仅给出了零后掠角的情况。垂向轴给出了梯形龙骨对比椭圆形龙骨的阻力增加的百分比。如同预期的,可见在锥度比为 0.45 的时候,不利的后果最小。在此情况下注意到只有很小的阻力增加,实际展弦比小于 1%。如果锥度偏离优化值太远,则增加可以达到 3% ~4%。还很有趣地注意到,力的分布的准确性很大程度上依靠展弦比。长龙骨的有效展弦比 AR_e 小于 1.0 的实际不利影响可以忽略。

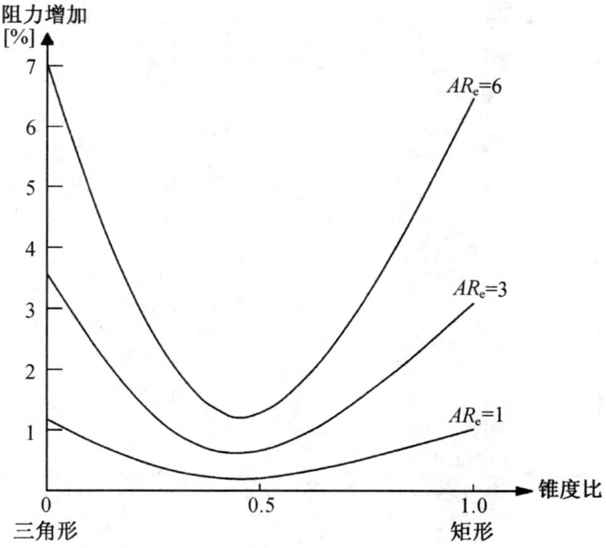

图 6.9 非优化锥度比造成诱导阻力增加

6.4 龙骨梢部形状

在解释龙骨外形设计最重要的特性方面,升力线理论是个很有用的工具。可以得到的最重要的结论是展弦比是最主要的参数,它对力的影响可以采用上文的公式来精确计算出来。后掠角和锥度对龙骨的效率方面会有一定数量的影响,但是一些没有包含在该理论中的其他因素也对龙骨效率有一定影响,我们在此讨论的梢部形状就是其中之一。

在升力线理论中,机翼被一漩涡系统所代替,这对于流体的主要特性而言也是合适的。但是实际上,机翼梢部的具体形状对于漩涡分布是有一些影响的。其中一个影响是龙骨随边的按照局域流体流向的自由漩涡的位置会根据梢部形状而有所不同。这是重要的,因为图 6.5 中的有效翼展是按照机翼后端远方的两个尾漩涡之间的距离来定义的。对于风帆游艇而言,这意味着是用随边漩涡的深度来定义有效展弦比,而不是实际龙骨深度。

图 6.10 给出了系列龙骨梢部的测量结果。图中给出了外形和正视图,并针对每种形状给出了对应于理论的展弦比的变化,还给出了梢部漩涡的位置。可见最佳的设计是最简单的在两个视图方向都有着矩形切面的龙骨。最差的是梢部在两个方向都圆整的龙骨设计。前者的几何展弦比降低了 0.04,同时后者的展弦比的降低是 0.20。

如果首先考虑到外形的话,矩形梢部较好的原因是可以将流体沿着平直的梢部边缘导向后方。如果梢部被圆整的话,来流就不会尽可能向上方(水面方向)移动,故而漩涡就停留在更下方。实际上,倒是可以将龙骨的前半部分的梢部圆整,这样可以使得来流能够光顺地接近梢部,而最重要的是保持龙骨后半部分梢部的平直。

正视图中的矩形剖面优于圆整剖面的原因是偏航一侧向下的流体在龙骨边缘分离并且漩涡向梢部下方移动。而圆整外形允许流体在分离前绕过龙骨梢部流向迎风一侧。因此在迎风一侧能发现漩涡,而不是在最大深度处。图 6.11 表明,对于带有球鼻的龙骨,这种

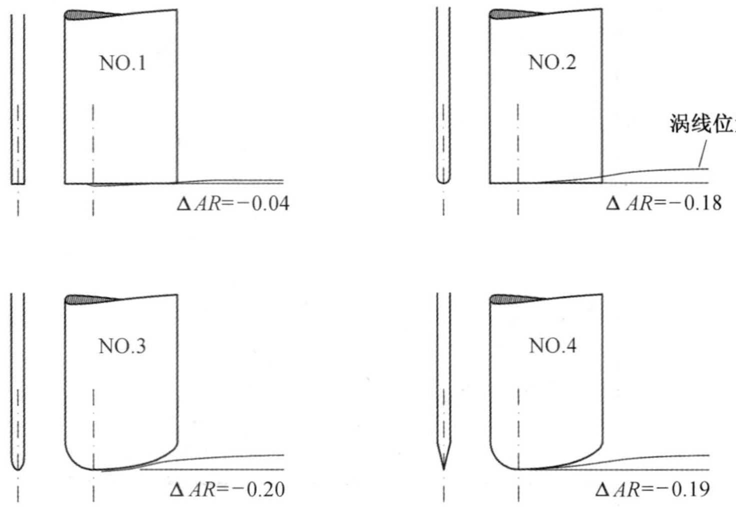

图 6.10 梢部形状对展弦比的影响

效应会更大些。后部龙骨下端为矩形的缺点是当不需要升力的情况下，也会在直角处发生分离。顺风航行时会出现额外的阻力成分。如果龙骨梢部制作成 V 形并且 V 形与龙骨垂直部分交界处被圆整的话，就可以部分避免这个缺点。

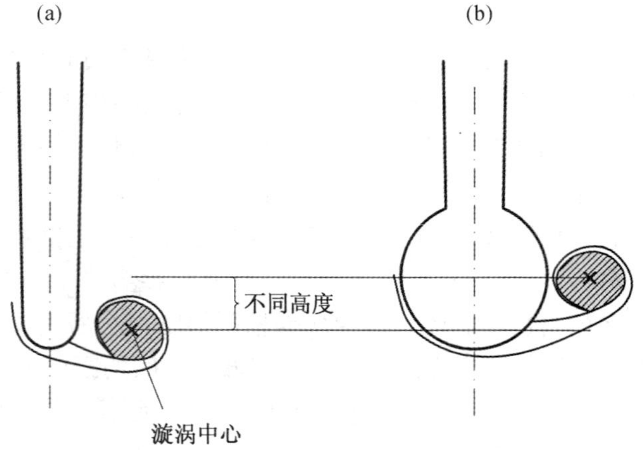

图 6.11 梢部漩涡的位置

对四种不同梢部形状（圆整、矩形、V 形和球鼻型）的水洞试验揭示了最佳形状的综合结果是 V 形，同时圆整的梢部有着最佳的顺风状况。球鼻的效应尚有一些不能确定。如图 6.11 所示，较大的半径可以帮助流体越过梢部并在另外一侧向上运动，但不是所有的球鼻都可以带来这样的效果。为了避免这种没有效果的情况，可以在龙骨最大吃水的地方安装一个小的脊状结构，这样来促进漩涡的分离。球鼻的缺点有：湿面积增加得很大以及在球鼻和龙骨交汇处产生一些切向阻力，但是这些负面因素可以被大幅增加的稳性所补偿，今天，很多风帆游艇都被设计有球鼻龙骨。

6.4.1 球鼻龙骨

为了研究不同球鼻龙骨的特性，2010 年在葛森堡(Gothenburg)的卡尔莫斯理工大学(Chalmers University of Technology)进行了学生项目。2011 年进行了接下来的项目研究，2012 年对项目进行了精炼。这个项目一部分在 Ljungqvist 等人的《帆船球鼻龙骨的调查》中进行了论述。图 6.12 中的四种龙骨都进行了研究。一个平板鳍龙骨用来和三种常见的球鼻龙骨进行了比较，分别记作“一体龙骨”，“L 形龙骨”和“T 形龙骨”。所有的球鼻龙骨都按照相同的恢复力矩进行设计的，但是鳍龙骨的相对小些。进行了风洞试验，也进行了数值计算。为了转换力和力矩到航行速度，应用了速度预报程序(VPP)(见 16 章)。预估是针对 40 尺游艇 YD－40 进行的，这是本书之前版本的范例游艇。注意兴波效应没有计入，但是这对所有球鼻龙骨都是相似的。

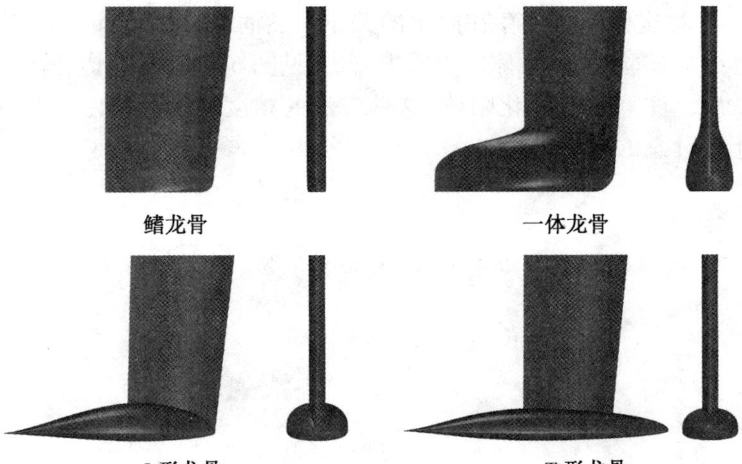

图 6.12 各种龙骨

表 6.1 给出了四种龙骨在两种风速下的每海里的预报时间。给出的时间是针对上风和下风各占 50% 的组合情况。去计算介于鳍龙骨和其他龙骨之间的不同稳性(有些微小不同)，对帆面积进行了调整以获得相同的横摇角 1.36°(戴伦堡角度)，同时考虑到改变帆具质量的影响。

表 6.1 秒每海里(所有龙骨都是铸铁的)

风速	航向	鳍龙骨	一体龙骨	L 形龙骨	T 形龙骨
8 kn	顶风	831	805	801	800
	上风/下风	918	895	893	890
20 kn	顶风	627	615	611	611
	上风/下风	557	546	546	545

因为稳性的不同，可见鳍龙骨和其他龙骨之间的不同。球鼻龙骨之间的不同则相

当小,特别是在高风速的情况下,但是T形龙骨在所有情况下都比其他的龙骨好,除了上风20 kn的情况,这个速度下,与L形龙骨速度相同。

6.5 游艇的升力和诱导阻力

到目前为止,对升力和诱导阻力的讨论都基于升力线理论,并由于龙骨梢部局部绕流而进行了必要的调整。尽管要考虑到有效展弦比镜像效应的引入和椭圆形载荷的变化,对于优化独立的被看成是机翼的附体,这是很有用的方法。然而,如果要计算侧向力和整个游艇的诱导阻力,则需要考虑更多效应。

首先,船体上有三部分会对这些力产生影响:龙骨、舵和船体自身。大多情况下,合成的侧向力分布远不是椭圆分布那么简单。其次,水面效应:水面受这三部分的影响,特别是船体横摇的时候。对这种流体不存在简单的关系。然而,通过Keuning和Verwerft在戴夫大学的系列龙骨变化试验,得到了侧向力预报方法,见图6.13。这个方法考虑到船体、龙骨和舵及水面的效应。注意对于优化附体,这种方法的精度较低。考虑到所有效应的影响,它只不过是用于估计总的侧向力。

升力系数:

$$C_L=5.7\cdot AR_e/(1.8+\cos(\Lambda)\cdot(AR_e^2/\cos^4(\Lambda)+4)^{0.5})\cdot\alpha$$

$$AR_e=2\cdot AR$$

$$\alpha_K=\beta \quad \text{和} \quad \alpha_r=\beta-\varepsilon+\delta_r$$

$$\varepsilon=a0\ (C_{L,K}/AR_{e,K})^{0.5}$$

升力:

$$L_K=C_{L,K}\cdot 0.5\cdot\rho\cdot V^2\cdot A_K \qquad L_r=C_{L,r}\cdot 0.5\cdot\rho\cdot(0.9\cdot V)^2\cdot A_r$$

水动力侧向力:

$$F_{h,k}=L_K\cdot c_{hull}\cdot c_{heel} \qquad F_{h,r}=L_r\cdot c_{hull}\cdot c_{heel}$$

$$c_{hull}=1.8\cdot(T_C/T_K)+1$$

$$c_{hell}=1-0.382\cdot\Phi$$

$$\boxed{F_h=F_{h,k}+F_{h,r}}$$

ρ:水的密度,kg/m^3;
V:船速,m/s;
A:龙骨或舵的外形面积,m^2;
Λ:后掠角,(°);
β:余地角度,(°);
Φ:横倾角,(°);
ε:洗角,(°);
δ_r:舵角,(°)

Φ	$a0$
0	0.136
15	0.137

图6.13 游艇水动力侧向力

为了龙骨和舵应用自Whicker和Fehlner(见参考文献)利用3D机翼进行的风洞测试的结果推导的公式来计算正浮升力系数。这个公式一定程度上比图6.5中的普郎特公式更精确,因为它包括了掠角。采用船体底部镜像的方法来计算展弦比,因此因子 AR_e 是 2。

龙骨的功角就是偏航角,同时对于舵而言,舵角的改变和水流方向的变化都和龙骨有关系。为了获得升力,用升力系数乘以动态压力和关联平台面积。然而,舵上的水流速度被假定为游艇航速的 90% 。为获得横摇游艇的水流侧向力(水平方向的),将升力和两个因子相乘,一个是因为船体效应,一个是因为横摇。无疑这些因子中都包含有自由表面效应因素。

在 Keuning 和 Verwerft 的论文中没有给出相应诱导阻力的方法,但图 6.14 介绍了一个合理的方法。总之,知道升力系数和展弦比,可以用图 6.5 的普朗特公式来计算诱导阻力。在此我们知道龙骨和舵叶的水动力侧向力 F_h。在图 5.1 中可见这个力是水平的。但是我们需要在横摇平面内的力 F_φ,它和中心平面成直角。这个力可以通过横倾角的余弦与对应的升力的除法来计算。为计算升力系数,我们已知侧边面积,这个面积现在被算作龙骨和舵叶的扩展向上到水平面的面积。这个大致估算的方法包括船体的效应,在后面第 8 章还会进一步地解释(见图 8.2)。扩展的展弦比 AR_E 也用来计算扩展的龙骨和舵。考虑到自由表面的镜面效应,几何 AR_E 要乘以 2 以获得有效扩展展弦比 AR_E。然后就可以计算诱导阻力系数,接下来可以用扩展龙骨和舵面积用常规的方法来计算受力。

诱导阻力系数:

$$C_{DI,K}=\frac{C^2_{L\Phi,K}}{\pi\cdot AR_{Ee,K}} \qquad C_{DI,r}=\frac{C^2_{L\Phi,r}}{\pi\cdot AR_{Ee,r}}$$

$$C_{L\Phi,K}=F_{\Phi,K}/0.5\cdot\rho\cdot V^2\cdot A_{E,K} \qquad C_{L\Phi,r}=F_{\Phi,r}/0.5\cdot\rho\cdot(0.9\cdot V)^2\cdot A_{E,r}$$

$$F_{\Phi,K}=F_{h,k}/\cos\Phi \qquad F_{\Phi,r}=F_{h,r}/\cos\Phi$$

诱导阻力:

$$R_{i,k}=C_{DI,K}\cdot 0.5\cdot\rho\cdot V^2\cdot A_{E,K} \quad \text{和} \quad R_{i,r}=C_{DI,r}\cdot 0.5\cdot\rho\cdot(0.9\cdot V)^2\cdot A_{E,r}$$

ρ :水的密度,kg/m³;
V :船速,m/s;
A_E :扩展叶片的侧面积,m²;
AR_{Ee} :扩展叶片的有效展弦比,m;
Φ :横倾角,°。

图 6.14 游艇诱导阻力

6.6 高级龙骨外形设计

本处描述一些近期应用的竞赛游艇的龙骨外形设计方面更高级的概念。大多数情况下,需要船体和龙骨绕流的详细知识,这需要水池测试或者计算流体力学(CFD)的方法,通常这对业余设计者是不可能的。然而,读者若还是应该去理解不同概念背后的原理的话,在和设计有关的部分会有相关的介绍。

6.6.1 带翼龙骨

在龙骨外形设计方面,近年来最为特别的发展是带翼龙骨自 20 世纪 80 年代起在 12 m 的游艇上的应用。这个技术目前正在逐渐应用到巡航游艇中。基本的概念是增加龙骨的展弦比效应,而不是将龙骨设置得更深,这样就可以降低诱导阻力。对给定的阻力,这样龙骨可以设置得浅些,对于航行游艇是个有吸引力的选择。

用设备来改变端部流体的概念并不是新的,早在 20 世纪 40 年代,就在纽约戴维森实验室用平板龙骨进行了试验。在龙骨的底端部,垂直龙骨平面放置一块平板,流体从压力面到吸力面就被诱导,增加了有效展弦比。然而,因为添加平板而增大了漩涡阻力,所以总的效应并不好。直到 20 世纪 60 年代晚期,经过空气动力学家 S O Ridder 在风洞测试了流线型翼之后,这些更有效的设备才应用到竞赛游艇上。真正的突破应该是澳大利亚 12 m Australia II 游艇在 1983 年美洲杯竞赛上的表现。

如果龙骨梢部安装的设备能够降低绕流,很明显设备必须有相对本地流体方向的攻角。与本地流线方向相同的设备不能改变来流的方向。这样想来就很容易理解为什么简单的平板不起作用。有一定攻角的平板会产生较大的阻力,因为来流会在导边分流。因此有必要应用设计优良的有着最小漩涡阻力的片板以获得一个正值结果。由于片板不会和来流方向相同,因而片板会产生升力。龙骨偏航的一边,流体是直接向下方流去的,龙骨翼生成向下的力。在迎风面则正好相反,生成的力指向上方。如果片板足够有效,两个力都会有一个向前的分量。这样龙骨翼就可以拖动游艇。图 6.15 证明了这种情况仅发生在阻力相对升力足够小的情况。如果这种情况不能满足,则龙骨翼会产生一个向后的阻力。现在就很明显地清楚了为什么合适的龙骨翼设计至关重要了。

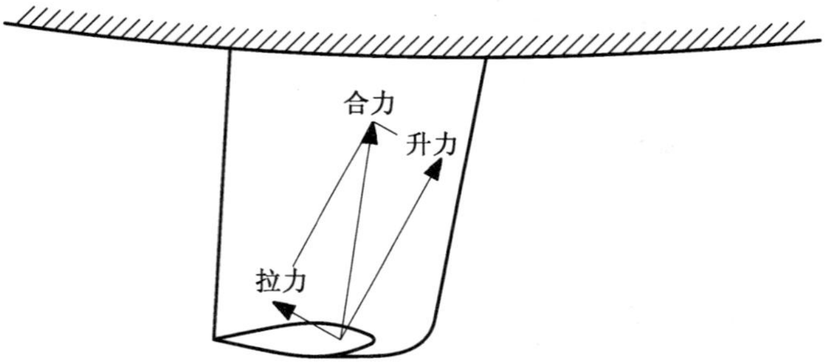

图 6.15 迎风侧的龙骨翼受力

另外一种关于龙骨翼的看法是考虑龙骨后面尾流中的漩涡。没有龙骨翼,因为溢流的原因,就会在龙骨梢部形成强漩涡。龙骨翼接受了漩涡能并将其降低,因此留在伴流中的能量就少了,因此降低了阻力。应该指出的是,新的漩涡(这些能量少的)留在了龙骨翼和龙骨梢部的后面,同时又有新的溢流产生。

考虑和设计龙骨翼的一些要点如下:

- 根部翼弦;
- 螺旋角;
- 翼展;
- 纵向位置;

- 锥度；
- 连接部分光顺性；
- 扭曲度；
- 横截面特性；
- 二面角。

至于根部翼弦，在摩擦力和诱导阻力之间有个权衡取舍。在无摩擦力的流体情况下，龙骨翼的根部应该和龙骨梢部一样的大小以避免从龙骨到龙骨翼的载荷的不连续。这样的不连续意味着分离漩涡并且带来诱导阻力。另一方面，为了最小化湿面积和摩擦阻力，翼弦也要尽可能地短。

对于翼展，也存在同样的情况。理论上，大翼展的龙骨翼梢部的漩涡分散要小，但是湿面积要大。翼展尺寸的另外一个重要方面是沿翼展局部流体方向的变化。翼展越大，变化越强。在龙骨翼内侧，流体更多地受到船舶排水量的控制，同时更外侧的流体方向则由波浪确定。显然，横倾角和航速都将改变这些条件。因而设计大翼展的侧翼更加复杂。横截面的锥度、扭曲度等可定义载荷和顺翼展方向的漩涡分散，这些需要一起优化。

二面角在一些游艇文献中引起一些争论。这是个位于从后方看的龙骨翼和水平面的交角（船体正浮）。在前文的说明中，这些龙骨侧翼由于其绕流从压力面到吸力面而接受龙骨传递的载荷。这貌似是主要的影响，但是当游艇处于横摇、艏摇和偏航的状态，游艇会在这些龙骨侧翼上引起一个攻角，在这种情况下，背风面的侧翼变得更加重载，迎风面的侧翼载荷减少。例如，如果船体横倾 45°并且二面角是 45°，则背风面的侧翼变为垂直并且完全暴露给偏航角。另外一个侧翼变为水平并且上面负载变得更轻。这种情况下，最大的漩涡分散发生在背风面侧翼的叶梢，该处吃水也比普通状态要大。这当然也算是一种优势。另一方面，从两个侧翼的端部能得到相等的漩涡也是一种优势，下面会给出解释，实际上，是尽可能地分离这些漩涡。小的二面角很容易获得这样的效果。

螺旋角的定义是从侧面看翼跟相对于水平面的夹角。这个角度和其他所有截面的角度都需要根据局部来流方向进行调整。通常做法对正浮状态（此时不需要龙骨侧翼）来调整，这种方法时候的侧翼阻力最小。在龙骨翼问世的早期，这个调整是通过测量侧翼上的受力来完成的，并且在拖曳水池来调整其角度以获得最小的侧翼阻力/阻力。这种方法的缺点是翼展方向的变化影响没有计算在内。现在就可以计算本地来流方向并且可以通过适当地扭转来平衡机翼每个剖面的载荷。

Australia II 号成功的可能原因是通过安装在龙骨上的肥大的侧翼带来的恢复力矩所获得较大的稳性。上述观点中，相当明显的是龙骨侧翼与水动力优化还相去甚远。现代设计中，通过给龙骨增加一个重型球鼻和在球鼻上安装经过优化的侧翼，使得龙骨的稳性效应与水动力效应分开。图 6.16 给出的是一个典型的例子。该图中给出的是 Sofia Werner 在她博士项目中（见附录清单）比较数字龙骨来流预报的标准测试结果。

龙骨上额外安装的球鼻破坏了被球鼻覆盖区域的龙骨剖面。这样，龙骨的水动力有效性被减低了（就如我们前面所见，这一点被稳性的增加所超过）。这一点在图 6.17 中被很清楚地证明了，该图给出了四种不同配置的有效吃水的测量和计算结果。数据在波音（Tinoco 等人，1993）的风洞测量获得，计算由 Orych 在他的硕士论文（见参考文献[60]）中给出。可见当龙骨增加球鼻后有效吃水降低了 18%。另一方面，安装了侧翼的球鼻相对于裸龙骨增加了 14% ~16% 的有效吃水。翼展长的侧翼比短的侧翼效果要好些。

图 6.16 IACC 级别典型龙骨/球鼻/龙骨侧翼的配置

因为有效吃水从诱导阻力上来表明一个独特配置特性的好坏,没有计入湿面积和摩擦阻力的影响。如果要考虑摩擦阻力的影响,龙骨/球鼻配置将比裸龙骨配置的性能要差,而球鼻侧翼带来的优势将被降低。优化侧翼尺寸将取决于升力系数的变化。Orych 针对不同升力系数对侧翼的系列变化进行了系统计算。图 6.18 给出一个对应典型前美洲杯级别(IACC)的龙骨的几何形状作为一例的结果。

此处给出的是龙骨/球鼻/侧翼这样配置的总阻力(阻力)对应龙骨根部弦长。可见对于升力系数 0.7 时,优化的弦长约是 0.6 m;而升力系数为 0.4 时,弦长约为 0.4 m。对于升力系数 0.1 时,图中则指出,没有必要安装侧翼。(曲线可以进行一定程度的外插值。)

在龙骨和侧翼的连接处通常会产生漩涡。这些漩涡会增加阻力方向的分量。同样现象也发生在船体和龙骨的连接处。为减轻这种情况,可采用一种特别的光顺方式,也称作倒圆角。倒圆角的经典设计是从导边开始,沿着交点向后到随边逐渐增大半径,随边的光顺半径应该是按照边界层厚度的次序来确定的。龙骨和船体交接处,船体边界层厚度通常是几个厘米,例如对 41 英尺长的游艇 YD-41 大约是 5 cm。龙骨球鼻和侧翼交接处,龙骨边界层厚度较薄,光顺半径大约 1 cm。非常重要的是倒圆角在随边后面的锥度要光滑地延伸。近来对倒圆角设计的方法有些另外的建议,但是它们看上去都不适合在有一定攻角的情况下起作用,因而在游艇设计领域的用处不太大。

考虑到流体的最新知识和二面角的知识,貌似流体动力学以外的其他知识很难设计有效的侧翼。如果没有上述考虑而仅仅简单地增加了侧翼,其带来的负面影响比正面影响的机会要大得多。

6.6.2 艏舵(鸭翼)

1987 年的美洲杯竞赛中,美国游艇的主要特色是其激进的船体水下设计,也就是龙骨通常的两个作用(降低重心和生成侧向力)被分离到不同的设备上。压载靠一个保持在船中船体下方的一个流线型的大型球鼻龙骨,而侧向力则靠前后各一个舵来产生。

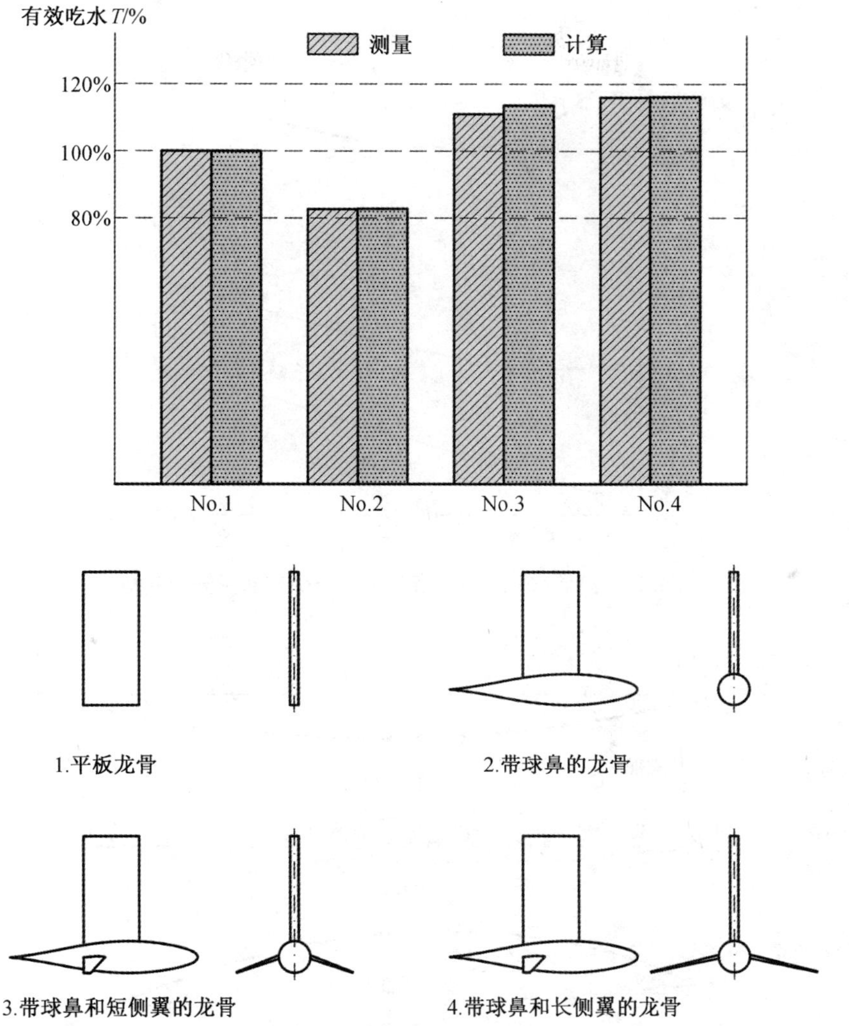

图 6.17 尺寸及有效吃水的计算比较

在两个平面分离侧向力的效应可以用双翼飞机的理论来考量。原理很直接:降低每一个平面的升力,保持翼展不变,诱导阻力的总和小于一个大平面的结果。正如我们在升力线理论中得到的,这是因为诱导阻力和升力的平方成比例。如果两个平面间没有干涉的话,将升力分为两半的结果是每一个平面上只有相当于原始平面的1/4 的升力,也就是总阻力只有原来的一半。不幸的是,两个平面间的干涉效应是不能被忽视的,除非尾流漩涡系统的长度是翼展长度的几倍以上。这样也没有必要将艉翼置于艏翼的伴流中。漩涡系统也就同时生成相同的阻力就如同只有一个机翼(舵)一样。如果机翼或者升力面被并肩放置,就会有收获。例如,航行中的双体船,两个中心板距离几个翼展的长度,这样就可以被考虑为独立的。

粗看上去,艏舵和艉舵的这种方式的配置好像是个无用的主意,因为艉舵在艏舵的后方。然而,因为船体有偏航角,舵之间互相远离,如果漩涡不是很大的话,尾流漩涡系统效益可能变得很显著(见图6.19 的下图部分)。偏航角4°、舵间距15 m,可导致尾流漩涡分离大约 1 m 的距离,这相当于约 40% 的吃水。对于可注意到的阻力下降,这就足够了。

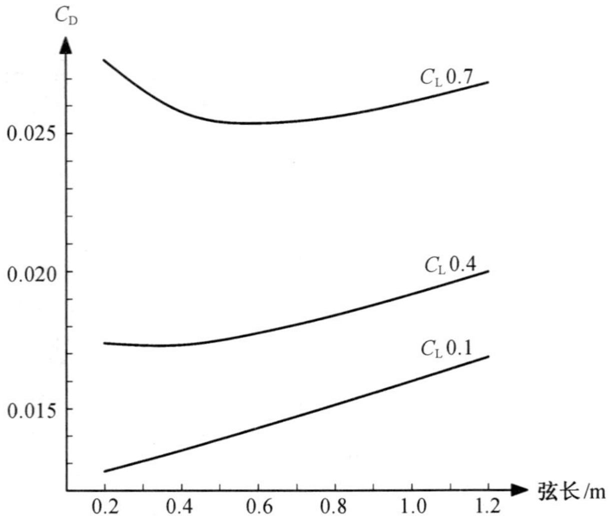

图 6.18　龙骨/球鼻/侧翼配置的总阻力系数－升力系数

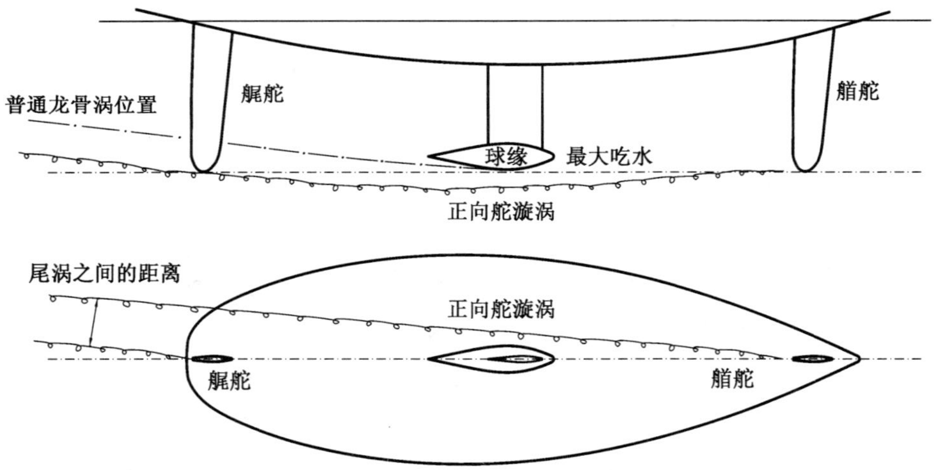

图 6.19　首舵和尾舵的配置图

图 6.19 还说明了另一个很有趣的效应就是舵相对船体深度的位置。尾流漩涡系统受到船体绕流的影响,可以在上图见到。舵在伴流中最佳位置应该是更低于常规龙骨的位置,大约在最大吃水的位置。因为该处是流向后方的定义有效吃水的漩涡的位置,考虑到配置的最大几何吃水,安排布置舵最好。

艏艉舵的第三种可能的优势在于波浪系统的影响。在常规龙骨对波浪有着不利的影响的同时,舵则有着相反的影响。船体上风全速航行的时候,弗劳德数约为 0.35 而波浪长度略小于水线长度,这时波谷在船中。如果船体横摇厉害,龙骨的吸力面会接近水面,这样使得波谷加深。另一方面,舵处于波峰处,舵的局域吸力将降低波峰高度。

艏艉舵的配置还有几个实践方面的困难。理论上,操作性会增加,但是这需要良好的操作系统来使得艏艉舵之间的合作。另外方面是当船体横摇而舵被举升而接触空气的风险。宽体游艇会经常举升舵以变得更有效率。不管哪种情况,艏艉舵的配置都是有趣的并且是可能在未来快速竞赛游艇上经常出现的。

6.6.3 纵列龙骨

像艏艉舵一样,纵列龙骨的侧向力也被分散到两个叶片/片板上,但是这两个片板距离更加靠近。通常它们被一个水平鳍或者一个球鼻连接在一起(见图 6.20,尾片体上还装有平衡调整板)。在两个片板间有很强的交互干扰,就和艏三角帆和主帆之间的干扰是一样的,帆之间的干扰将在下章论述。建议读者参考下章的理论解释。

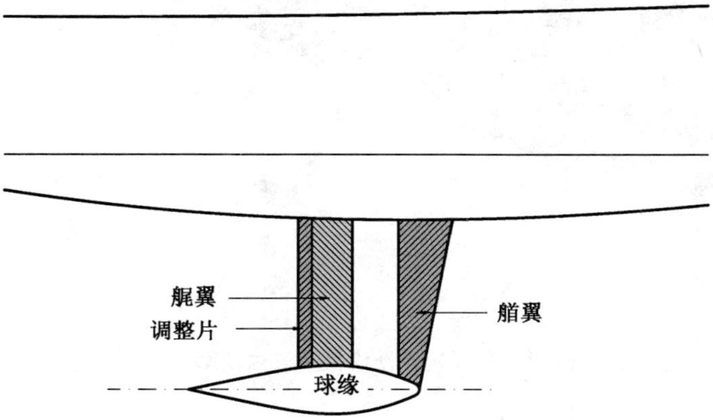

图 6.20 带横向片板的纵列龙骨

纵列龙骨,这种配置的两个主要的积极影响是失速前获得增大的最大升力系数和获得大面积层流的可能性。后者可能会让人惊诧,但根据试验,前片板伴流中的紊流快速地扫向侧边而不会干扰后片板,所以可能会在后片板见到层流。增大最大升力系数意味着仅需要较小的侧面积,所以两种影响都意味着降低摩擦阻力。这种方向的下一步可能是放弃使用舵而采用(在尾片板上安装的)平衡调整板来操纵游艇。

6.7 斜 龙 骨

极端竞赛游艇,例如沃尔沃 Open 70,安装有斜龙骨来提高稳性。图 6.21 中给出了典型的例子。此处的斜龙骨可以向左舷或者右舷每一侧摇摆 45°。顶风航行时,液压系统将摇摆龙骨和球鼻到顺风方向,这可以增加稳性。另一方面,龙骨产生侧向力的能力或多或少会损失一些。因此,侧向力的生成靠活动披水板来完成,活动披水板是置于船体舭部区域的中插板,也就是远离中线面。因为偏航一侧的披水板最低,当船体横倾时候它可能会变得垂直。从其不对称的剖面也可以获得好处,因其可在小偏航角下产生侧向力。龙骨本体的任务是支撑球鼻的质量,所以其设计可以不考虑产生升力的能力。斜龙骨通常都有双舵,同样倾斜的方式,就如披水板一样去增加效率。

图 6.21　带斜龙骨和舭部批水板的沃尔沃 Open 70 的示意图

6.8　一些龙骨外形概念的评估

在 20 世纪 80 年代早期，戴尔夫理工大学对 7 种不同龙骨概念进行了评估。所有龙骨都在同样的船体上进行了测试，一艘 63 英尺快速巡航游艇的 3.2 m 模型。为从稳性分离出水动力效应，不同龙骨会有所不同，所有评估都是在游艇相同的恢复力矩下进行的。

图 6.22 列出了这 7 种龙骨。因为着重于最小化游艇的吃水而不要牺牲太多性能，几乎所有游艇都有个很小的翼展，仅 1.39 m。编号 2,3,4,5,6 就是这样，而 1 和 7 有着更常见的 2.29 m 翼展。比较其他的龙骨，1 号是标准的梯形，而 7 号是椭圆形。浅吃水龙骨中，3 号也是个梯形的情况，其他的龙骨都在端部有某种设备。2 号有中插板，增加了 1.41 m 的吃水；4 号是所谓的谢尔（Scheel）龙骨，5 号和 6 号龙骨都有不同翼展的侧翼。谢尔龙骨靠近其梢部的剖面厚度变大，这点在图中可见。为了降低绕流，靠近龙骨底部的前端设计成圆角。

利用速度预报程序（VPP）进行了试验和评估。这样安排了各种风向和风速下的选定航速，表 6.2 给出两种风速下航行奥林匹克航线所用时间的最后结果。表中可见椭圆形和基本梯形龙骨是最好的，事实上完全相同。实际上它们是最好的并不令人吃惊，因为他们都有最大吃水。更让人感兴趣的大概是 6 号龙骨，吃水更浅，但在强风情况下与其他龙骨一样好。这样可以通过增加龙骨侧翼来降低吃水而不会牺牲太多性能。如果吃水没有太多区别，则翼龙骨性能相同甚至更好。在奥林匹克航线上，小翼展的翼龙骨、谢尔龙骨和浅吃水梯形龙骨分别比最好的龙骨慢 2%，3.5% 和 5%。有些让人失望的是中插板龙骨的特性，包括中插板有着最大的吃水，但是却比最好的慢2%。然而，应该注意的是，试验中的中插板一直在龙骨下方，而现实中它可以在下风时被升起来。

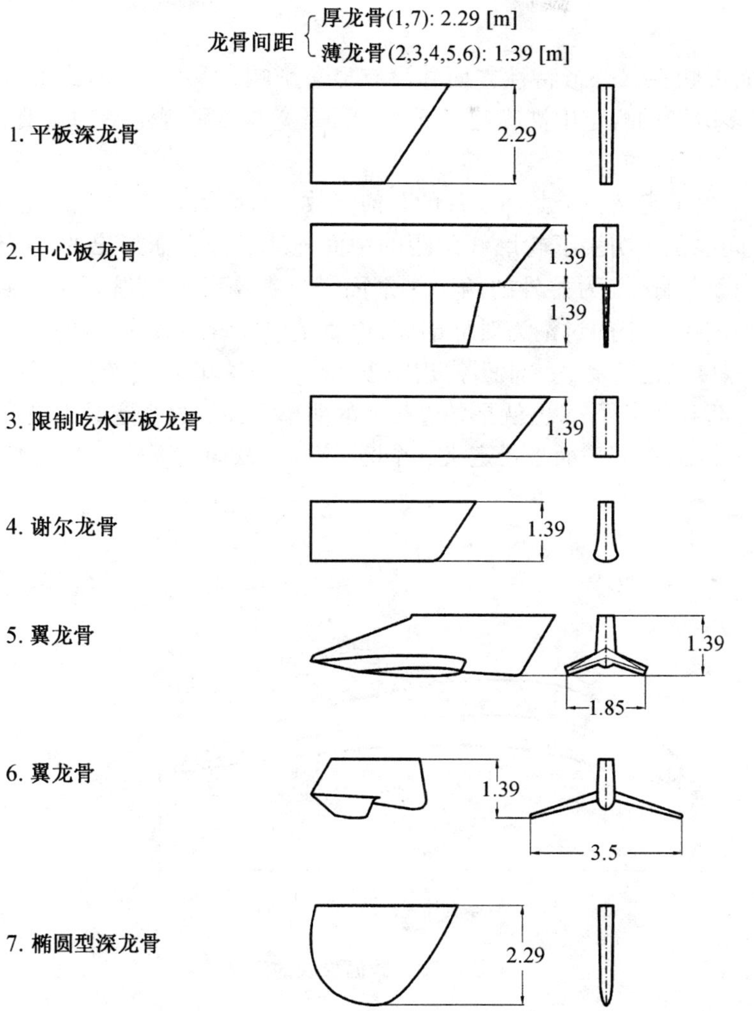

图6.22 被 Gerritsma 和其他人测试的龙骨

表6.2 戴夫龙骨在奥林匹克航线上消耗的时间(小时,十进制)

风速/kn	1	2	3	4	5	6	7
15	3.96	4.06	4.13	4.10	4.04	4.01	3.96
25	3.52	3.60	3.72	3.64	3.6	3.53	3.52

6.9 截面定义

龙骨截面形状在其外形特性方面并没有显著影响，但另一方面最重要的外形参数，如展弦比，在很多级别的规定中被确定了下来并且是竞赛级别规定中的重要权重。研究截面特性的影响也是值得的。

图 6.23 给出了定义一个截面切片的几何参数。截面图是非对称的，也就是中间线是弯曲的，这个中间线是表明上下轮廓线间距的中间连线。如上面指出的，对于风帆游艇很少使用不对称剖面龙骨，因为龙骨的两个主平面需要在两种抢风航行中起到同样良好的作用。我们将限定接下来的讨论为对称剖面，也就是中间线为直线。测量厚度 t 时与中间线成直角，最大厚度则记为 t_{max}。剖面厚度比记为 t_{max}/C，这里 C 是弦长。剖面特性的另一个重要参数是头部截面半径 r_t，也就是导边截面的曲率半径。这个定义不是非常有实践意义，但是作为经验法则，头部截面半径定义一个圆，该圆与截面上下轮廓线成 45°切线。

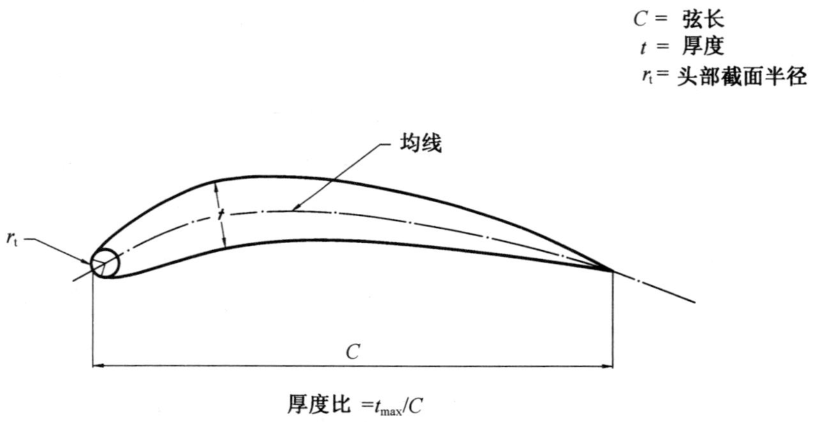

图 6.23 截面形状的定义

6.10 三种常用的 NACA 截面

很多风帆游艇的龙骨采用的截面是没有经过良好设计的。一般而言，设计者不会去尝试设计自己的剖面，除非他是一个有经验的流体动力学家。有些书列出一些有用的截面，这些截面可以用在大多数的情况下。本领域最著名的书是艾伯特(Abbott)和冯－多恩好夫(Von Donenhoff)合著的《机翼截面理论》(Theory of Wing Sections)。该书不仅有机翼和机翼截面理论，还有大量机翼截面的详细几何和特性介绍。

表 6.3 中给出了三个有用截面的几何形状。第一个属于所谓的四位数字机翼系列，后两位数字代表厚度比而前两位数给出中间线信息。对于对称机翼截面，只有后两位数字有用。另外两个截面属于 6 位数字系列，这两个系列被认为更现代一些，虽然它们是 20 世纪 40 年代设计的。6 系列包括 5 个不同的组，被记作 63，64，65，66 和 67，它们的第二个数字

给出沿弦长最小压力的位置。这样63系列截面的最小压力位置在从导边开始的30%弦长处,64系列就是40%处,等等。如我们所见,这些信息非常重要。短线后的第一个数字和中间线有关,同时,后两位给出厚度比的百分数。表6.3中所有的机翼截面厚度比都是10%。四位数字系列可以被按比例放大到任何厚度,通过用想要得到的厚度乘以全部的Y值并除以10%来得到。对于6系列的,这不太准确,但是如果厚度比在10%左右的话,还是近似准确的。

表6.3　三种广泛使用的NACA剖面

x	y 0010	y 63-010	y 65-010
0	0	0	0
0.5	1.018	0.829	0.772
0.75	1.237	1.004	0.932
1.25	1.578	1.275	1.169
2.5	2.178	1.756	1.574
5.0	2.962	2.440	2.177
7.5	3.500	2.950	2.647
10	3.902	3.362	3.040
15	4.455	3.994	3.666
20	4.782	4.445	4.143
25	4.952	4.753	4.503
30	5.002	4.938	4.760
35	4.958	5.000	4.924
40	4.837	4.938	4.996
45	4.651	4.766	4.963
50	4.412	4.496	4.812
55	4.127	4.140	4.530
60	3.803	3.715	4.146
65	3.444	3.234	3.682
70	3.053	2.712	3.156
75	2.634	2.166	2.584
80	2.187	1.618	1.987
85	1.710	1.088	1.385
90	1.207	0.604	0.810
95	0.672	0.214	0.306
100	0.105	0	0

表 6.3 中截面是由一系列的 $x-y$ 值来定义的，x 沿弦长方向，从导边开始测量，y 与 x 成直角。注意，这两个坐标的给出都是弦长的百分数并且定义的是(对称的机翼)截面的一半。为了能够描述截面的最重要的部分，头部区域，需要引入头部截面半径。它随厚度比是二次曲线变化，如图 6.24 给出了半径，不但有两个系列，还有椭圆形龙骨的曲线。图中可见 6 系列相对接近椭圆形系列，还可以见到对于头部截面半径，4 位数字系列最大。

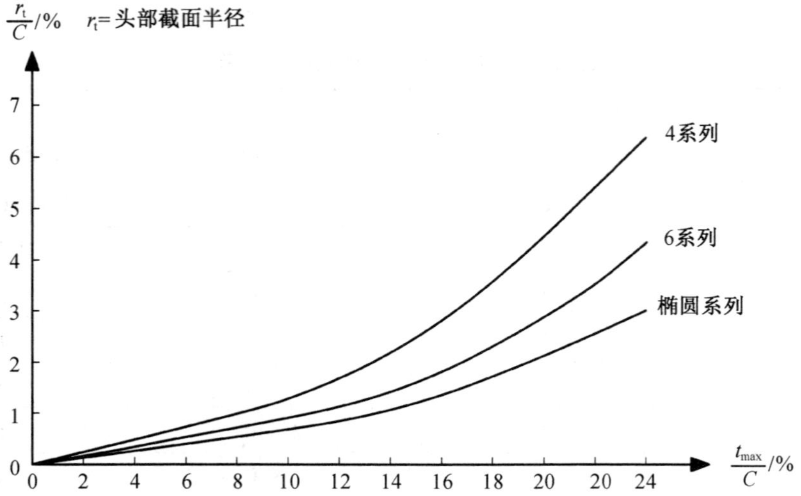

图 6.24 头部截面半径

6.11 形状对剖面特性的影响

为了理解截面形状对其特性方面的影响，可以参考对比图 5.5，该图给出绕船体的边界层。理论上，同样的图可以再用来表示机翼截面的绕流。从导边向后有层流边界层。经过一段距离后，流体变得不再稳定，很快边界层过渡到湍流状态。某些情况下，流体可能会分离并且可能会发生回流。当与图 5.5 比较时，该图是对称的，一个不同的地方就是对于有攻角的机翼，流体的图形在机翼两面是不同的。我们回顾第 5 章，边界层是依靠压力分布来定义的讨论，这里变成了依靠形状。一个减小压力的有利压力分布可以稳定流体，这些流体会被吸向后方。增加压力则效应相反，使得流体不稳定而逆流，并很容易发生分离。

考虑上述因素后，检视前面三个典型机翼截面的压力分布见图 6.25。第一个是常规 4 位数字的 NACA 截面，厚度比是 9%，其他两个属于 65 系列，厚度比分别是 9% 和 21%。与前文一样，负压力在垂直轴的向上方向。可见 4 位数字的机翼截面最小压力点比较靠前，在接近导边 10% 弦长的地方。这意味着有利的压力分布仅在 10% 的弦长处，这也可能发生在更靠前方。其他两个截面的最大厚度靠后，因而最小压力发生在更靠后方，这样可以预见层流区域更大，带来可预料的阻力下降。

对于 65 系列机翼，图中给出了额外两个压力分布。这两个压力曲线分别是截面在其工作最佳状态下的最大角度(也就是最大升力系数)时的上下表面的压力。可见，为维持有利的压力分布，甚至包括吸力面，薄的截面的升力系数可以达到 0.06，厚的截面的升力系数达

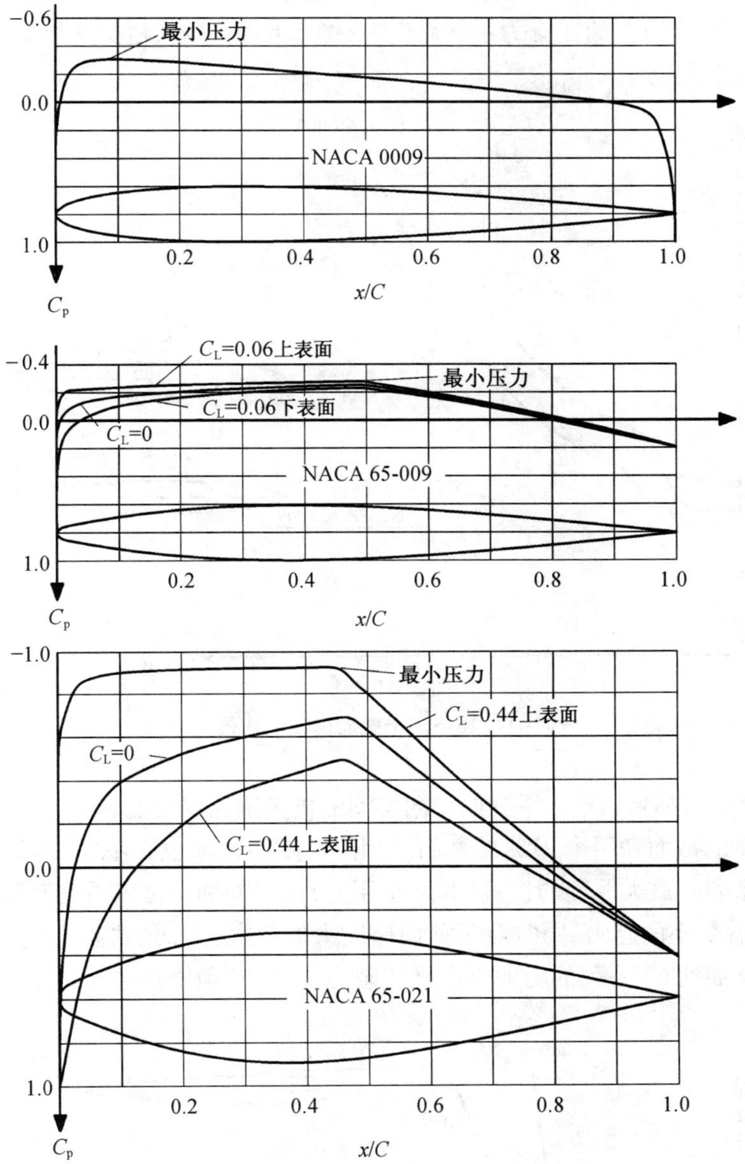

图 6.25　形状对压力分布的影响

到 0.44。高升力情况下，也就是大攻角时，吸力峰值在吸力面移动得非常靠前，过渡区发生在靠近导边的地方，并且增加了阻力。典型的上风航行升力系数是 0.2，下风时则几乎为零。总结这三个截面的不同如下：

- 4 位数字系列有着更加靠前的最小压力和相较 65 系列更小的层流区域；
- 薄机翼截面只有在小攻角范围内工作得很好，同时厚机翼接受大攻角。

我们现在转到关于（对于不同截面）升力或阻力的不同的更加定量的讨论。首先介绍不同系列之间的不同。图 6.26 中两个机翼截面有着相同的厚度（9%），也都有对应的阻力曲线，仅比较了 4 位数字系列和 63 系列，因为图 6.25 中的 65 系列很少用于这么小的厚度。显然攻角小于 2°的时候 63 系列比 4 位数系列少 20% 的阻力，但是当大攻角情况下，4 位数系列更加优良(阻力系数小)。应该指出的是,这里的角度是针对二维机翼的,也就是 AR 无穷大。对于实际中的 AR,给定升力系数后(参见图 6.6),攻角大概是这里的两倍大。

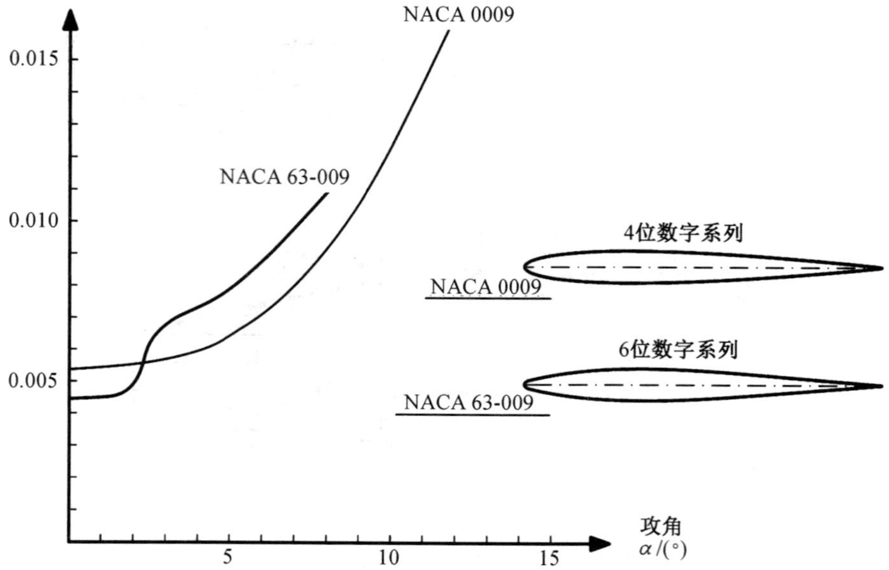

图 6.26　两个截面形状的比较

图 6.27 给出的都是属于 6 系列的相同类型的机翼剖面厚度的影响及其分布的示意图。图中有两个 9% 的截面和两个 21% 的截面。相同厚度的截面也有不同,因为它们分别来自 63 系列和 65 系列。最大厚度的位置(和最小压力)是不同的。可以看到厚度薄的机翼截面在小攻角下有着最小的阻力,同时对于截面厚度大的机翼,所谓的"阻力挖斗"更宽。更进一步,65 系列截面比 63 系列的阻力更小,但"阻力挖斗"却稍窄些。

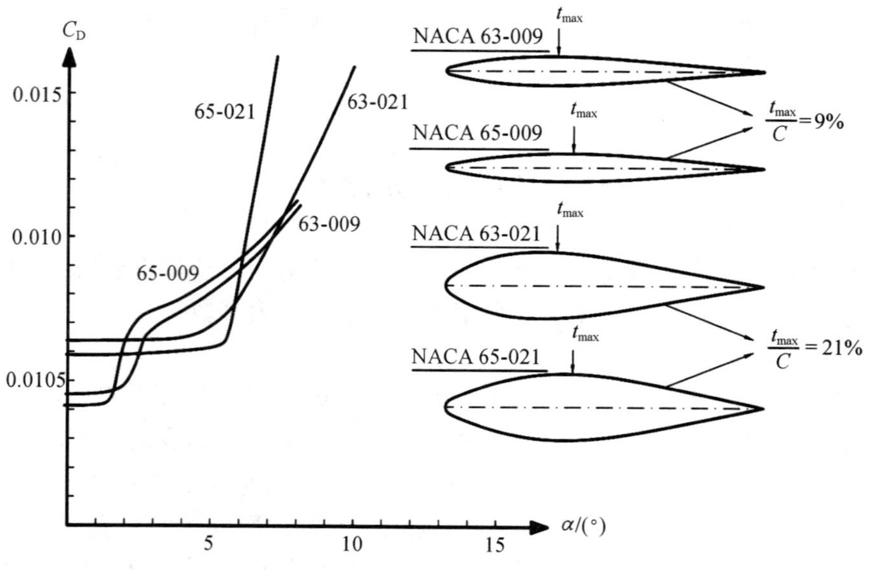

图 6.27　截面形状对阻力的影响

为了简化比较，图 6.28 给出了零攻角的情况。针对 4 位数字系列、63 和 65 系列厚度比的变化而给出了阻力系数。显然有很大的不同，特别是 4 位数字系列和其他系列之间。

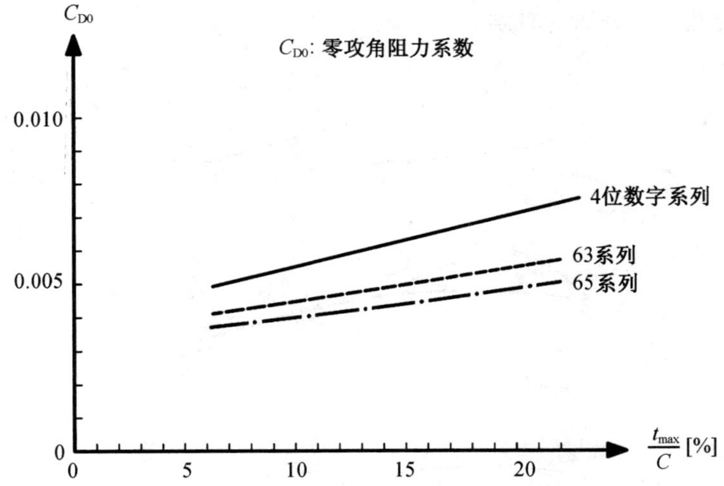

图 6.28　在零度攻角时候厚度对阻力的影响

升力系数之间的差别相当小，如图 6.29 所示。对于选定的角度范围（2°～3°；如 $AR=3$，对应 4°～6°）很难注意到有所不同，此时的二维升力系数每度（$C_{L,2D,1°}$）的值大约是 0.10，看上去也很满足理论数据。然而大角度攻角有很大不同。薄机翼剖面倾向于突然失速，导致升力有较大损失。另一方面，厚剖面是逐级失速，有着几乎恒定的升力。参考图 6.30 给出不同的区分。当厚剖面（图 6.30（a））失速，分离发生在吸力面靠近随边。角度越大，分离区域越大，但是变化是逐渐进行的。相反情形，也就是非常薄的剖面（图 6.30（b）），流体甚至在小角度的攻角下也不能沿着导边的头部外形进行绕流，所以在头部就产生分离的气

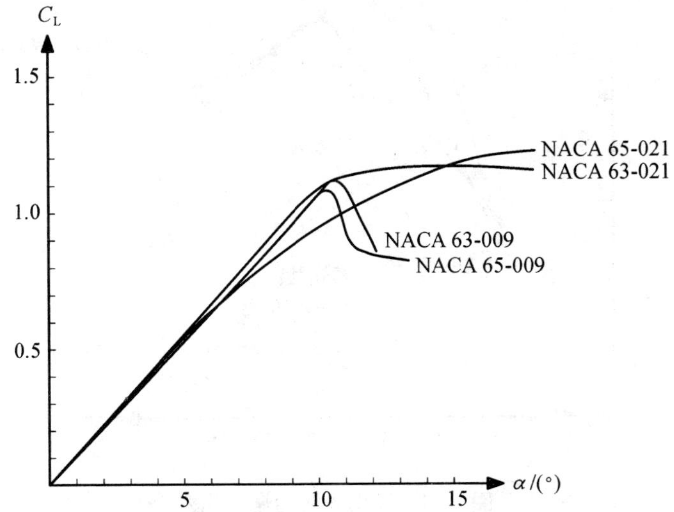

图 6.29　截面形状对升力的影响

泡。当角度增大，气泡逐渐增多，直到他们到达随边并且产生最大升力。升力的产生不是突兀的，但阻力对所有角度都很大。对于中等厚度9%～12%（图6.30（c））的剖面，两种类型的分离都可能发生在相对大的攻角。升力灾难性的下降发生在分离的气泡相遇的时候和整个吸力面突然开始分离的时候。

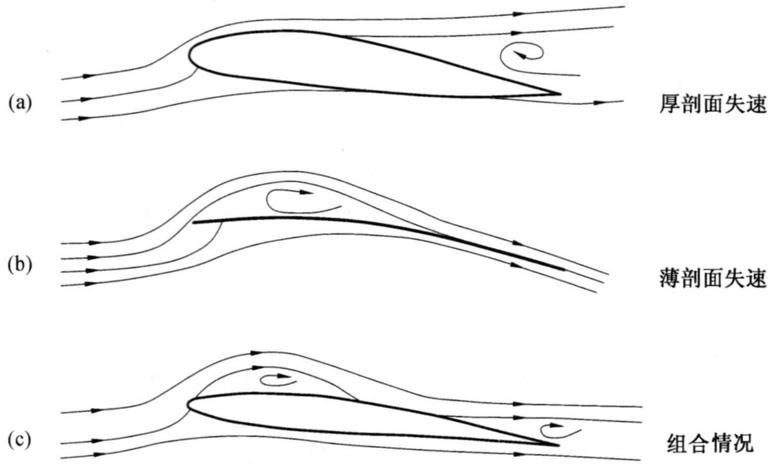

图6.30　不同类型的分离情况

作为厚度比的一个函数，图6.31给出了4位数字系列、63和65系列最大升力系数。图中可见当厚度比为12%～15%时可以达到最大升力，此时四位数字系列是最好的。还给出了最大值发生时候的角度。再次注意此角度大约是有着常规长宽比的龙骨的两倍。

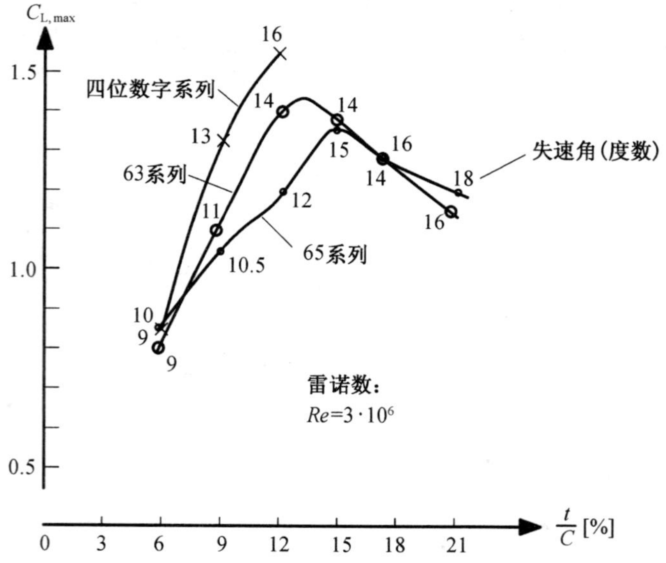

图6.31　不同轮廓的最大升力

早前没有讨论的一个可能性是将截面分成一个固定的部分和一个可动的部分。中心线也不再是直线，而且在转动中心还有个锐角。这个设计有几个优点使得其达到很好的效果。一个这样配置的例子就是在固定龙骨后面配置个平衡调整板。图 6.32 给出的是平衡板偏转的压力分布效果，包括升力和阻力。驻点从其靠近机翼导边不对称的地方移动到靠近截面原始对称线处，因此机翼头部形状弯曲而引起的最大吸力峰值被降低或者干脆消失了。在机翼两面的压力分布变得更加接近 0 度攻角的情况，可以在较大攻角下保持有利的压力降低。该图中下方的子图是通过向右侧偏移“阻力挖斗”而证实了这种效应。另一个重要的影响是升力曲线向左移动，甚至给出了零度攻角的升力值。通过对平衡调整板的适当调整，可以生成足够的侧向力来平衡风帆而不必偏航，这点也是个优点，因为这样船体就可以笔直向前航行而且此时阻力最小。

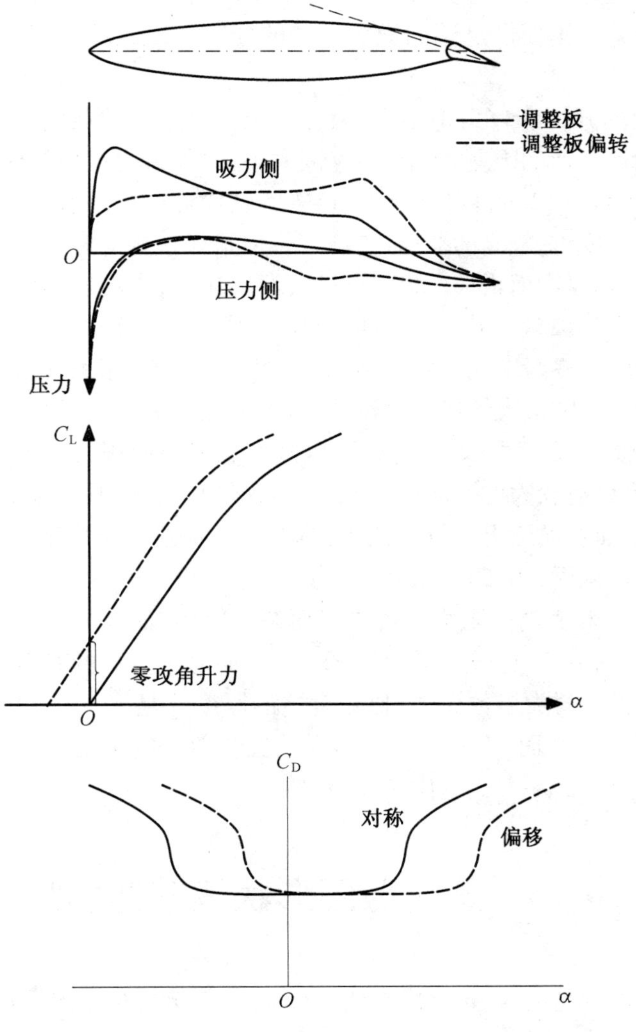

图 6.32　横向平衡调整板的影响

当平衡调整板偏转时，通常在旋转处有个隆起，这会在机翼两面引起压力突增。这会引起阻力增加，也会降低平衡调整板的积极效应。游艇设计者 G Heyman 指出了缓解这个现象的办法。因为吸力面是最敏感的一面，将它设计成与平衡调整板偏转光顺的形式。平衡调整板的吸力面和机翼剖面的主要部分这样就成为一体并且在一个光顺的曲线上,从头部到尾部,都在平衡调整板的给定角度内。自然,这可能没有那么严重,因为该剖面通常没有负载。

6.12 一些关于截面形状的实践结论

从前文的讨论中,我们现在可以得到一些实践上的结论。我们将分别考虑龙骨和舵,因为它们的功能和操作条件是不同的。龙骨通常在小攻角下工作,游艇的航速取决于在这些小角度下产生的阻力。另一方面,舵可以帮助龙骨生成必需的侧向力,但是舵的主要功能是在各种条件下为游艇提供足够的操纵所需的弯矩。因此舵的设计要强调其满足所需的最大侧向力。

由于对于龙骨的升力和攻角都很小,因此 6 位数字系列的截面都可以满足设计要求。可以用 63 系列和 65 系列,但是厚度比不应该太小,以保持上风航行时阻力挖斗有足够宽度。可以考虑 63 系列的 12% 和 65 系列的 15% 的图作为合适的有较低厚度限制的截面图形。当然从压载的角度讲,较厚的截面比较合适,但是保持截面厚度还是有原因的。这样,在零度攻角时,阻力随厚度而增加(如图 6.28),经验表明,当游艇横倾时,厚度大的龙骨会在其根部产生不必要的波浪。比较好的折中是采用相对厚度截面,比如翼梢采用 15% ~ 18%,而到机翼根部,则逐渐增加厚度比到 12%,可同时从 65 系列到 63 系列逐渐改变。

舵应该按照所需要的最大侧向力来设计,这个力和最大升力系数的产生及外形面积成正比。大的 C_{Lmax} 意味着面积可以小,这样可以降低总的湿面积。另一方面,如果有宽阔的层流面积,则可以容许有较大的湿面积。此外,与龙骨相比,舵的操作更多时候是在大角度情况下,特别是当游艇在航道上航行、对航线的更正不断进行的情况。考虑这些,很显然应该避免更极端的层流截面,例如 65 系列,因为在大角度下,65 系列比前面讨论的其他两个系列都有较低的 C_{Lmax} 和更高的阻力。对于轻而快的船体,如双体艇、船载划艇和轻载排水量船体,需要相对小的舵角,比较合适的是 63 系列;而对于重型的有着大舵角的游艇,更偏好 4 位数字系列截面。对大多数游艇,比较合适的厚度比是 12% ~15%,因为在这个范围可以获得最大的 C_{Lmax}。然而,带有穿透水面舵的极快游艇应采用瘦削截面翼形舵,因为舵头部激水喷溅与舵厚度的平方成正比。

6.13 理论截面形状偏差的影响

截面最敏感的部分是前缘(nose),当截面有攻角时,该处是流体从拐点到吸力面所要流经的高曲度区域。因此,应尽可能采用接近图 6.24 中给出的前缘半径。在 Marchaj 的《航海理论和实践》书中列出了两个研究,研究中测试了前缘设计缺陷的影响。首先要注意的是钝头,如在图 6.33 中列出的。图中给出随给定阻力的增加,无论前缘是更钝还是更尖锐,都和理想形状进行了比较。在第二个研究中进行了更加细小的变化,是针对 12% 厚度比截面的前缘半径进行的变化。通过比较正确的前缘半径(见图 6.33 右图),针对大升力属性进行了特别的关注,对较大和较小两个半径都获得了较小的 C_{Lmax}。

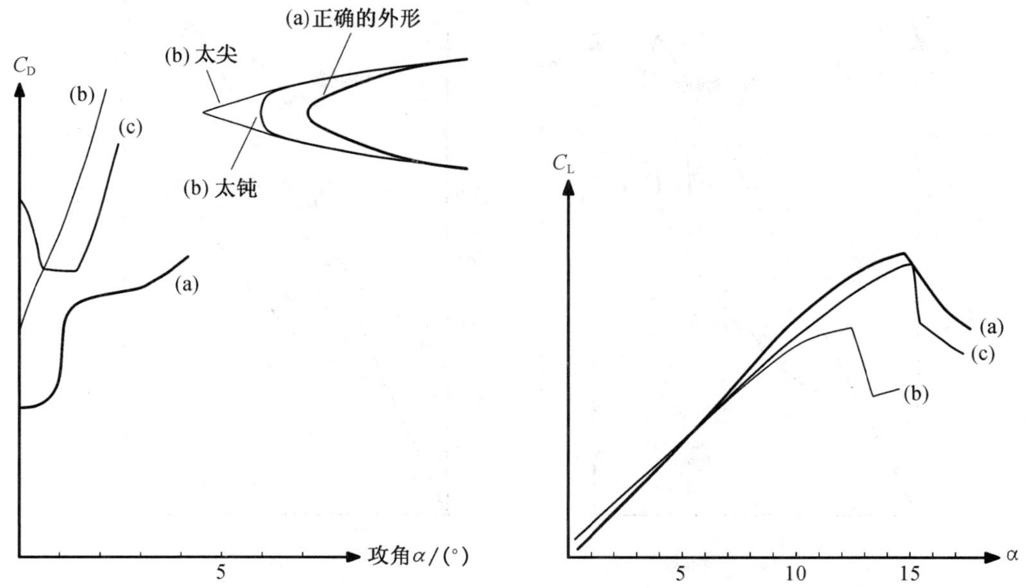

图 6.33 前缘(头部)形状对阻力和升力的影响

本书第 5 章讨论了船体表面粗糙度对黏压阻力影响的一些细节。对龙骨和舵而言,光滑表面的重要性更大,特别是采用层流截面的时候。小的缺陷可以引起层流提前过渡到紊流,更可使得 4 位数字系列的高级截面的优良性能恶化。然而,就算这样的截面,也会有负面的影响。图 6.34(左侧)给出在 NACA 0012 截面上 10 μm 级别的非常小的粗糙度元素的影响。可以见到小角度下阻力没有被显著影响,但是分离会发生得更早。该图中的右侧图示为 NACA 标准粗糙度在同样截面上的影响。这个粗糙度是相对有点大的 0.04% 的弦长,对应的是 1 m 的弦长,粗糙度值有 0.4 mm 了。结果是显著的,有着较大的阻力增加和小攻角下非常早的层流分离。如第 5 章指出,粗糙度影响是随速度而增加的,所以对于滑行艇,要高度关注以保持片体(中插板和舵)避免表面缺陷。对于翼形截面的前部三分之一弦长部分,这也是非常重要的。

出于实践的原因,龙骨和舵的随流边的截面形状不可能是锋利的。因此有必要研究截面端部不同形状的效应。图 6.35 首先给出了参考图,这些图显示了后缘部分被切掉的效应。对于机翼,阻力开始迅速增加,即使是有个非常小的切除。这就和轴对称物体的效应形成对比,比如鱼雷或者龙骨的球鼻,这些轴对称物体允许有相对大的切除而不会增加阻力。因此,机翼切除应该保持尽可能地小,如何切除的方式也很重要。

图 6.36 给出了一些选择。一个有趣的现象是某些形状会发生振动。图中右侧数字给出的是每个尾部不同切除形状的谐摇振幅。从图中 2~5 方案看,如果形状是楔形对称的,楔形角度应该是 30°或者更小。90°和 60°的楔形比方形的尾部发生更大的振动。通常如果龙骨随边或者舵没有给予足够注意的话,它们的圆角尾部也是类似的情况。不对称的切除在某种程度上也是允许的,45°切除也是可以接受的,只要将边角进行光顺。局部振动也不仅仅是学术上关注的。相反,他们可能会在谐摇发生时,引起整个船体的严重振动和噪音。采用图 6.36 中的信息可以解决这些问题。

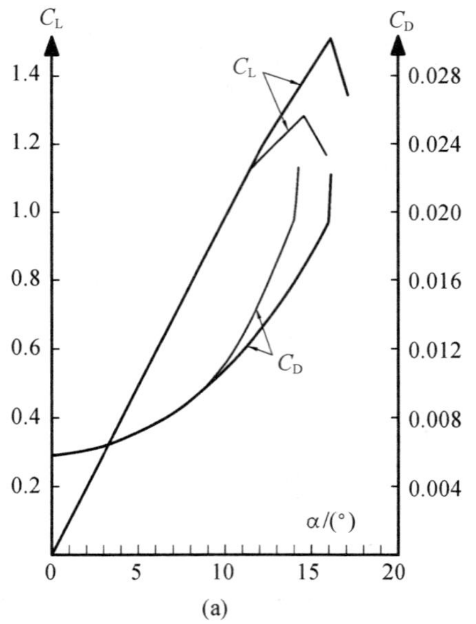

图 6.34　粗糙度对阻力和升力的影响

(a)较小的粗糙度;(b)较大的为粗糙度(NACA 标准)

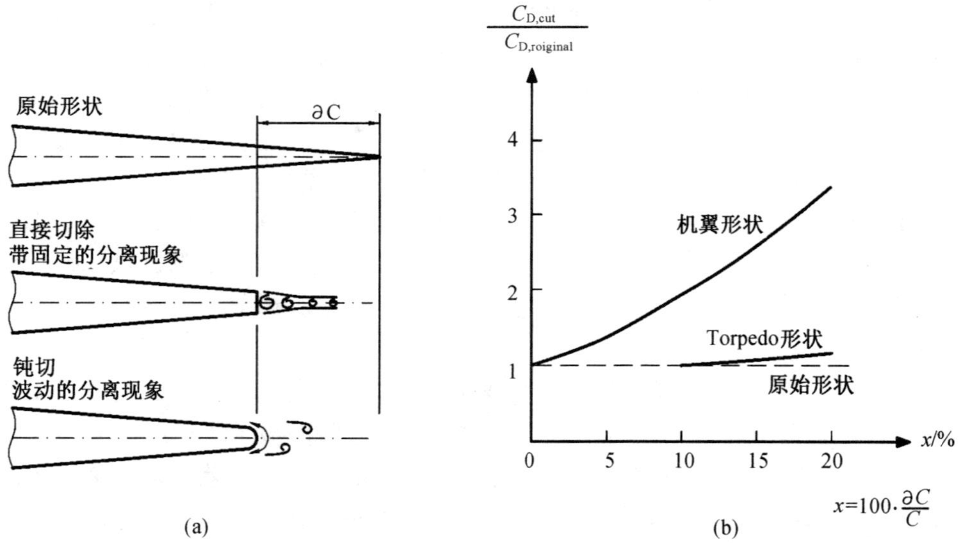

图 6.35　随边边缘形状的影响

(a)随边绕流;(b)对阻力的影响

案例	几何形状	相对振动放大系数
1	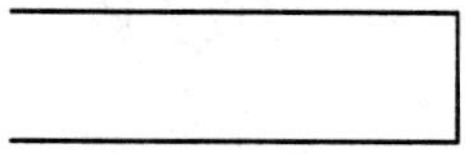	1
2	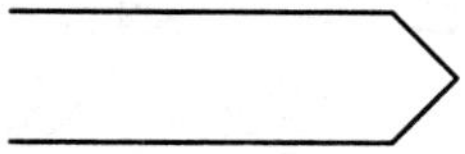	1.9
3	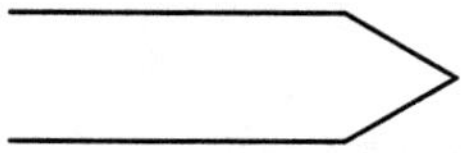	3.8
4	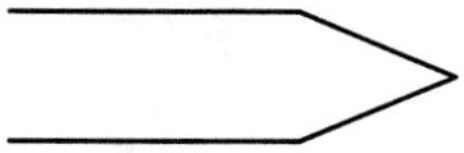	0.43
5	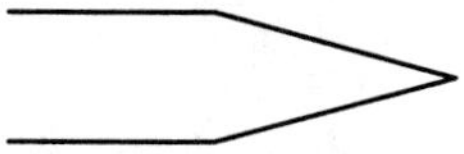	0
6	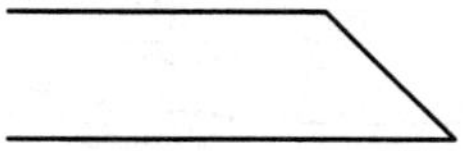	0.38
7	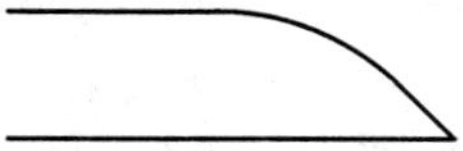	0.03
8	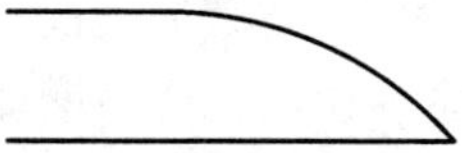	0

图 6.36　随边几何形状对振动级别的影响

6.14　高级截面设计

上面介绍的 NACA 截面都很有效并且广泛用于风帆游艇。然而，在某些特殊情况下要采用更高级的截面。联系到美洲杯和其他的杯赛也是这样的情况，这些比赛都投入了大量的资金哪怕对性能只有一点点的提高。采用计算机软件去获得优化的截面，不仅仅是要考虑升力，还要考虑弗劳德数。本章到目前为止我们还没有考虑到弗劳德数的效应，但是如同在前面章节指出的，这些数字都对边界层的生成有影响并且也影响阻力。

当设计优化截面时，设计师往往根据给定的升力系数（攻角）从吸力面的压力分布开始设计。应力分布被分成三个区域（见图 6.37）。必须降低压力以保证边界层的层流，这就是 *A* 区的情况，这里的机翼截面厚度在增加。在某一位置，因为厚度最终要在随边变成零，这个增加必须停下来。这也意味着压力在沿着弦长方向在某一点处开始增加。*A* 区的压力分布的所需坡度取决于弗劳德数和环绕其的湍流级别。高弗劳德数和高湍流级别带来更加不稳定的流体,因此需要大的压力分布坡度以保持层流边界层。可能的坡度由在峰值时的吸力面大小和 A 区的长度来确定。因为后者应该长且峰值应该高,也就是在其他两个压力又开始增加且不引起区域问题的情况下,最大厚度应该尽可能地大。

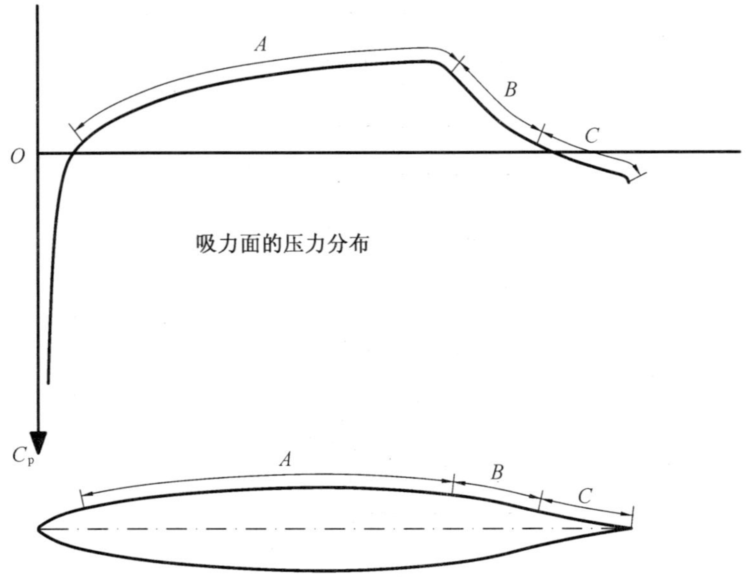

图 6.37 高级截面设计的有趣的三个压力分布区域

压力恢复区域被分成 B 和 C 两部分,因为对于早期和晚期的恢复区域要应用不同的方式。问题是避免分离。理论上,边界层越厚,压力增加越快,分离的风险越大。在吸力面峰值,假定发生过度区,边界层相对薄,并且能承受快速的压力增加。然而,接近尾部,边界层快速变厚,这时需要更缓慢的压力增加。这样,B 区的压力增加得应该较快,这就需要截面的快速变薄。另一方面,在 C 区,压力应增加得缓慢,所以尾部就要采用平滑的锥度方式。

显然,这里描述的截面设计方法应用了一些经验方法,采用精确的计算机程序计算压力分布和边界层形成,包括边界层的过渡和分离。这些情况没有一个适合业余设计者,他们必须依靠标准截面,例如从上面描述的 NACA 系列中选取。

6.15 龙骨和舵面积的统计数据

由于龙骨的任务是生成水动力侧向力的主要部分去平衡来自船帆的空气动力侧向力,因此把龙骨面积看作是船帆面积的一小部分也是合理的。我们将通过参考主帆和首三角帆叠加(记作 SA)的方法来简化计算后者。

图 6.38 给出龙骨面积 A_k 作为随水线长度变化的帆面积的百分数。数据库与图 5.30 和图 5.32 相同。图中给出了中间线,同时还有 95% 数据所在的区域。中间线开始于最小游艇的 3.0% 并结束在较大游艇的 1.9% 。下降的原因是在给定风速时,被龙骨基本平衡的风帆力和帆面积成正比,但同时对于给定偏航角的龙骨升力不仅和帆面积成比例,还和游艇航速的平方成正比,大型的游艇航速也较大。因此对这个游艇的百分比可以降低。(游

艇航速也对相对风速有影响,这会在某种程度上降低效应)。注意到通过延伸龙骨叶片和其端部的球鼻到最大吃水来获得更多龙骨面积。

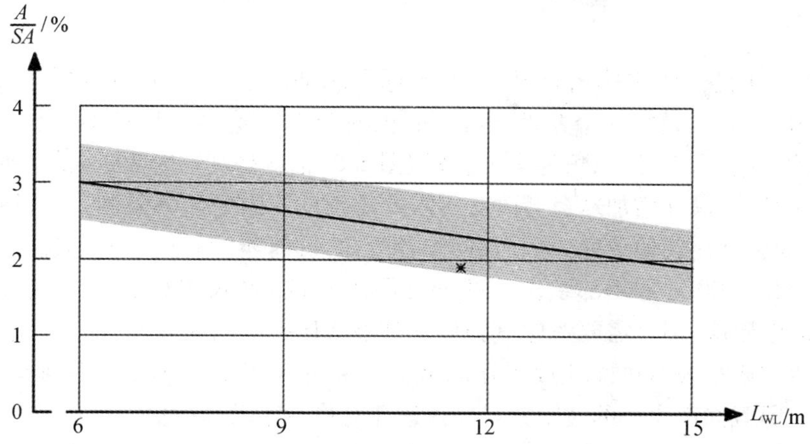

图 6.38 龙骨投影面积/帆面积

图 6.38 中的龙骨面积被认为是比那些早期设计的面积更小。本书之前的版本中推荐龙骨面积是帆面积的 3.5%(不推荐依赖长度变化而变化)。降低的主要原因是球鼻,因为这在早期设计中不常见,但是现在却很常见。球鼻承受了一部分升力的分力。在和表 6.1 联系在一起的球鼻龙骨调查报告中,尽管鳍龙骨比球鼻龙骨的侧面积小 20%,球鼻龙骨和鳍龙骨的升力基本上是相同的。另外一个可能的原因是现代游艇上采用更小的龙骨是因为游艇航速提高了。

图 6.39 中,引入舵面积 A_r 作为帆面积的百分数。在这个情况下,也有随长度增加而带来的百分比下降,从 1.6% 到 0.8%。这也和龙骨的原因类似,尽管舵有着不同的任务。确定舵面积以给出甚至是低速情况下操纵所需要的侧向力。同时比较早前的设计,舵面积也有所降低。本书之前的版本中推荐舵面积为帆面积的 1.4%。此处中间线在长度范围的中间值是 1.2%,所以其降低的幅度更小于龙骨的幅度。

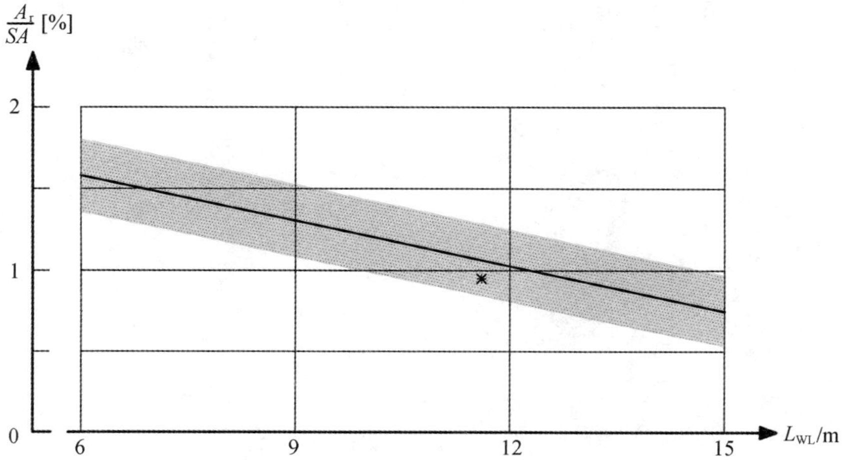

图 6.39 舵投影面积/帆面积

6.16 YD－41 游艇

游艇 YD－41 的龙骨本体侧面积(延伸至球鼻底部)是 1.69 m^2,同时主帆和前三角帆面积之和是 88.1 m^2。这样这个龙骨就占帆面积的 1.9%,这是个相对小的值,需要有经验的船员来保持航速。龙骨后掠角为 5.5°,按照图 6.8,也就是其锥度为 0.4。然而,示意图是针对平板鳍龙骨的,额外增加球鼻会改变所需要的锥度。因为球鼻限制了端部绕流从压力面到吸力面,大锥度比貌似更好。然而,据作者所知,目前还没有这方面的优化研究。我们选择了根部弦长 1.00 m 和梢部弦长 0.78 m。保持顶部的弦长相对小些(给定厚度比)可以降低龙骨的波浪效应,但是需要考虑其强度。注意 YD－41 的龙骨叶片是采用焊接钢板的形式加工而成的质量被尽可能地放置在球鼻上。采用 NACA 的 10.5% 系列作为整个叶片翼展的剖面。薄截面产生小的波阻并且应该避免 6 位数字系列中更加扁薄的截面。

YD－41 游艇还有双舵以保证横倾时的操作安全。其尾部相当宽,因此仅在中线面上设置一个单舵将冒着大横倾角度时舵叶出水的风险。当横倾 20°时,偏斜的双舵的被置于船体的最深点处,也倾向于在这个横倾角变得垂直,双舵也可以被做得比常规单舵更小。另外,这样的设计使得顺风时横倾 20°的话,可使得舵被举升到完全出水,因此上风状态,双舵可以比单舵要降低湿面积。

舵轴与船体底部呈正直角的话是有优势的,因为其开口造成的船体和舵轴之间的缝隙,对于所有的舵角都可以被密封。这也是 YD－41 游艇的情况,并且由于 25% 的线与轴线一致,这个线大概也成为直角。在舵的上部分,流体和底部一样,其后掠角为零。更下方的流体方向基本水平,因而有更小的后掠。我们否定这个情况而选择锥度比为 0.46 的情况,这是按照图 6.8 来优化的零度后掠角。这样根部弦长为 0.48 m 而梢部弦长为 0.22 m。舵翼展为 1.15 m,给定了一个高几何长宽比 3.3,面积为 0.40 m^2。后者是帆面积的 0.45%,这比单舵就显得很小了。图 6.39 中总的侧面积是帆面积的 0.9%,这是 YD－41 的情况。它稍微低于中间线。可以选择 NACA 0012 系列截面以尽可能地使得舵设计得稳健。

第 7 章 帆装设计

船帆也可以看作是一种机翼,在某些重要的方面,它与前面章节的机翼不同。船帆实际没有厚度,但是其拱起来的弧度却相当大。船帆经常工作在被桅杆扰乱的流体中。不管怎样,前面讲到的很多原理在此也同样适用,本章中我们结合船帆的设计和帆图来讨论。

7.1 船帆的绕流

图 7.1 给出的是没有桅杆的单帆绕流,一起还包括两侧的压力分布。图中可见吸力面的负压力(向上的,参考图 6.2)比压力面的正压力大很多。因为两个压力面之间的差值(也就是两个曲线之间的垂直距离)而产生了力,显然对于船帆力的主要贡献是来自船帆偏航一侧的吸力面。

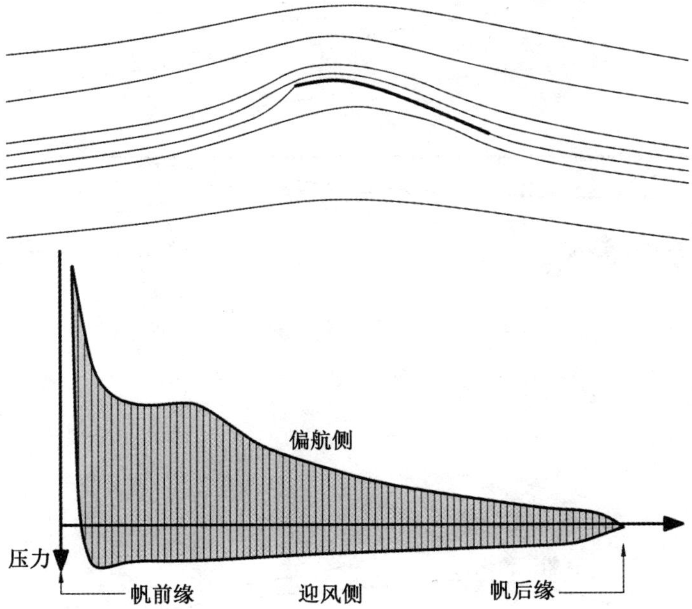

图 7.1 帆的绕流

图 7.2 给出了两个靠近的船帆的绕流示意图。两个船帆组合的流线用粗线表示,而单帆的流线用细线表示。

后者在理论上和前图是一样的。桅杆的干扰被忽略了。两种情况下有趣的不同是上流线。靠近船帆,粗线比细线弯曲部分离得更远。这意味着双帆情况下,相比较单帆,接近主帆的气流的角度更小,同时对于艏三角帆,情况就相反。这在图中压力图的下面部分反映了出来。主帆的艏半部分大多数吸力消失,而两侧压力曲线之间的面积所代表的总作用力也相应下降。另一方面,艏三角帆偏航一侧的吸力从导边到随边都在增加,并且受力更大。

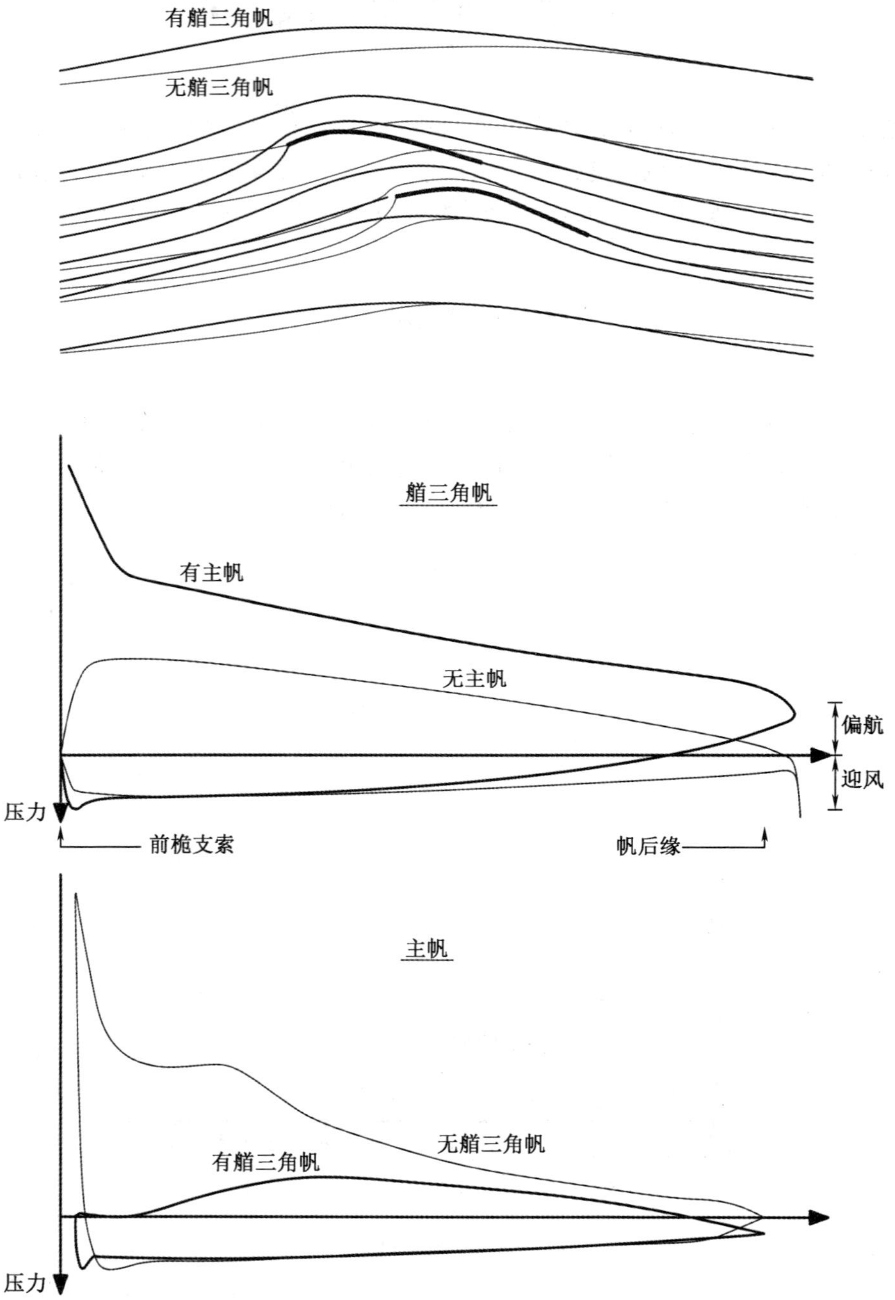

图 7.2 主帆和艏三角帆组合的绕流

上面就是槽道效应的解释,由美国空气动力学家 A E Gentry 在 20 世纪 70 年代提出的。因为有艏三角帆,主帆后面的吸力增加。这种观点起源于对细腰管道效应的不正确的解释。当管道中的流体流经限制区域,比如截面降低的地方,速度增加,压力下降。这是不容争辩的事实，但是两个船帆之间的情况是很不同的。不像在管道中的流体，空气流经船帆时是自由的并且可以绕过限制。比起通过船帆之间的槽道，一些空气会向侧面弯曲而经过艏三角帆/主帆组合的外侧，也就是三角帆的偏航侧和主帆的迎风侧。如我们已经注意到的，这就是实际发生的情况。如果游艇前面安装了艏三角帆，则很少的空气经过靠近主帆的偏航一侧。

Gentry 的解释是基于理想流体的情况，忽略了气体的黏性。这并不影响主要的结论，但是如果考虑气体黏性的话，可以得到进一步的结论。这样，主帆吸力面边界层就比单帆情况有着更光顺的压力分布。边界层内的流体不需要针对快速增加的压力做出反应，所以降低了边界层分离的风险。这意味着船帆可与主要流体成大角度展开，或者船中正面，甚至某种程度的迎风展开。

7.2 轮廓外形

在风帆的顶部和底部，诱导阻力增加，升力变为零并且漩涡分离。风帆的高度越大，漩涡效应越小。与龙骨相同，风帆的最重要的有效参数就是其展弦比。此处我们定义展弦比为：纵帆前缘长度（*P* 或者 *I*）除以帆底边的一半（IOR 中记为 *E* 或者 *J*），忽略横帆边凹弧，展弦比和前面章节都是对应的。应该提到的是一些文献中，帆底边长度的定义中没有被除以2，所以展弦比是一半大小。

麻省理工学院（MIT）的 J H Milgram 教授对不同外形的风帆进行的计算研究非常有趣。对于桅顶帆装（译者注：艏三角帆能自桅杆顶部展开的帆装形式），Milgram 教授通过改变帆底边长度的方法来系统地变化主帆和艏三角帆的展弦比。计算是针对上风状况，计算力被分解为驱动力 *R* 和侧向力 *S*。如图 7.3 和 7.4 中这些力相应给出其对应的系数：C_R 和 C_S。

通过保持艏三角帆的展弦比恒定（$AR=6$）来获得主帆的数据图，反之亦然。图 7.3 中可见到侧向力随主帆和前三角帆 *AR* 的增加而显著增加。图 7.4 的侧向力与展弦比相对独立（注意其较大的垂向数值范围）。

Milgram 教授的另外一个有趣的计算研究系列是变化前桅支索在主桅杆上的位置。他计算了四种帆具形式，支索在桅杆上的位置分别是桅杆高度的 3/4，7/8，15/16 和 1 的地方。图 7.5 可以见到其计算结果：当前三角帆高度增加时，驱动力得到了显著的增加，而侧向力则基本保持一个常数。

图示结果看上去清楚地表明了船帆的展弦比应该尽可能地大。但是在真实环境中这不是正确的结论。应该要考虑的实际情况还包括：

- 除了上风以外其他的风帆要素；
- 主帆上流体要考虑桅杆的效应；
- 桅杆弯曲并截断主帆的可能性；
- 随展弦比而增加的横倾力矩。

后者的缺点相当明显，它的重要性取决于风的强度和游艇的稳性。在此我们不进行更多的讨论，但是会考虑更多某些其他因素的细节。

C A Marchaj 报告了不同展弦比帆面的风洞试验结果。考虑到了风帆的所有要点。针对不同的展弦比：6，3 和 1，图 7.6 给出了展弦比对驱动力的影响曲线，图 7.7 是侧向力的影

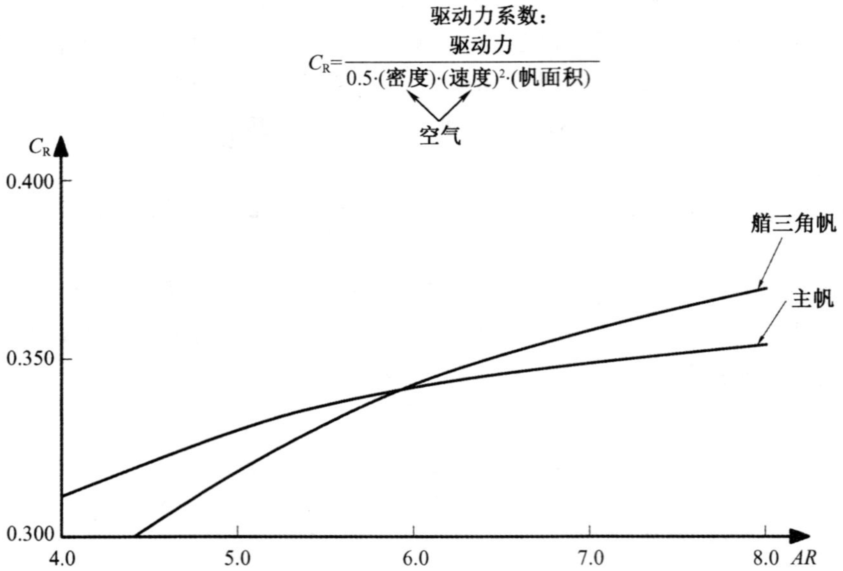

图 7.3　展弦比对驱动力的影响计算结果曲线

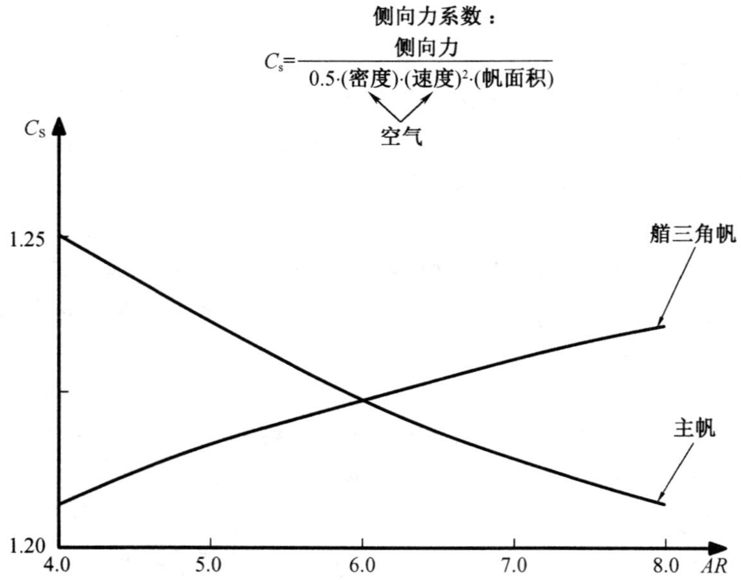

图 7.4　展弦比对侧向力的影响计算结果曲线

响曲线。展弦比为 1 的帆面是几乎为方形的斜桁帆。图中可见，对于小的相对风角度，例如上风，Milgram 的结论是符合的。而当相对风角度约为 30°时，大展弦比的帆面比方形的帆面会产生两倍的驱动力。然而，在大角度的情况下，情况就变得不同了。方形帆面在 120°的风向角时最佳，比窄帆面多生成 50% 的推力。在 70°时，两种帆面推力几乎相等。图 7.7 的侧向力在 30°时随展弦比的增加有一定的增加，但过了 45°就相反。一般的结论是，如果考虑所有帆面的重要因素，则大展弦比的正面效应就会下降。

桅杆甚至会更多地降低大展弦比的正面效应。对于给定的帆面积,展弦比越大,需要的桅杆越厚,主帆的平均弦长越小。这两种结果都趋向于增加帆面的面积,但是因为桅杆的干扰,这种趋势是无效的。Marchaj 发现,经过风洞测试,甚至上风情况,相较展弦比 4.6 的情况,展弦比 6.0 的帆面是最没有效果的,这也归结于桅杆的干扰。

试验中采用的桅杆直径是 8% 大展弦比帆面的平均弦长。这看上去比今天使用的要大一点,所以其效应可能被夸大一些,但是其表明了主帆展弦比正面效应是有限度的。

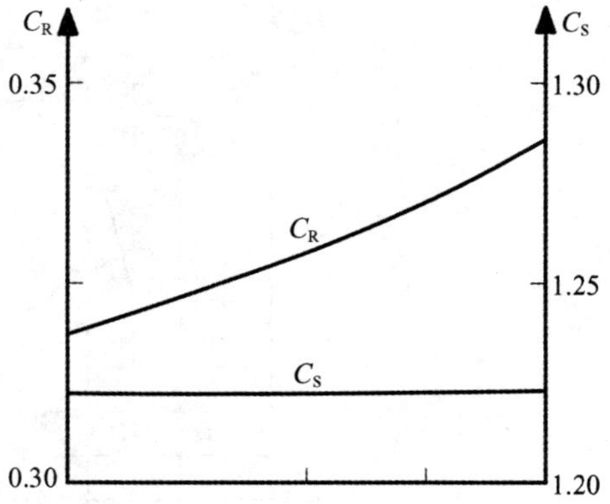

图 7.5　前三角帆高度对驱动力和侧向力影响计算结果曲线

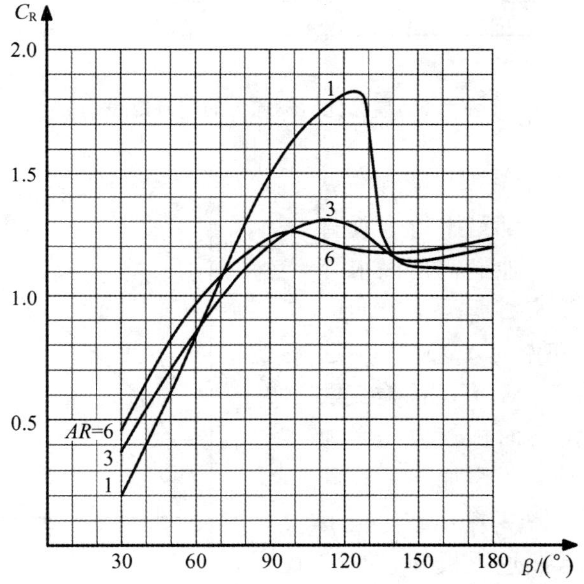

图 7.6　展弦比对驱动力的影响曲线

现代游艇没有偏好桅顶三角帆的可能的重要原因是对主帆拱度削减的需求。正如下文将看到的,特别是当风速增加而更有效的做法已经通过弯曲桅杆而做过的时候,就有降低拱度的需求。对于部分帆装,前桅支索已经安装在距离桅顶一定的位置,通过收紧后桅索很容易达到这个要求。对于桅顶帆装,可通过某些方法来达到弯曲,例如通过降低侧支索或者通过装置于前甲板与距离桅顶一定距离的牵索来实现。无论哪种方法,削减拱度都是有限的,因为桅杆通常不能做成有锥度的。

大展弦比不是降低帆面诱导阻力的唯一的方法。一个有效的办法是封闭船帆和甲板之间的间隙。图 7.8 中是 Bergstron 和 Ranzen 在斯德哥尔摩皇家理工学院进行的风洞测试结果。作为间隙尺寸占桅杆高度百分比的函数,图中给出了船帆升力和阻力系数的改变。可以见到,随着间隙的增加,升力下降而阻力增加。例如,间隙为 0.1 m、桅杆高 10 m 时,比较间隙完全密封的情况,阻力增加了 7%,而升力下降了 4%。当然,不可能完全密封张帆杆

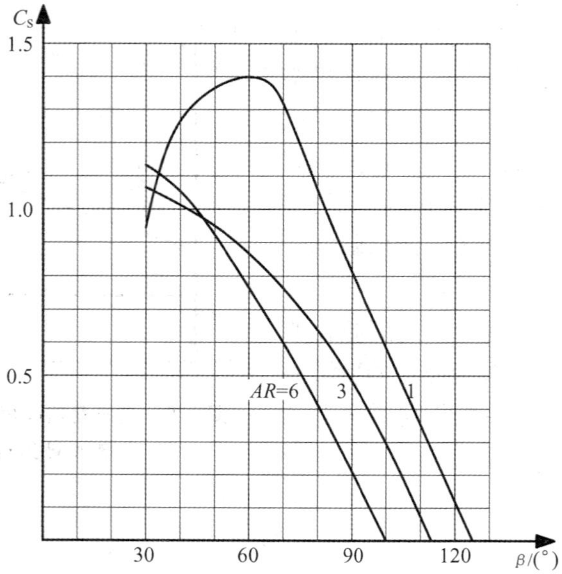

图 7.7　展弦比对侧向力的影响曲线

和船体间的空隙，因此图中数据主要和前纵帆有关。注意升力和阻力都是平行和垂直相对风方向的力的分力。他们都可以很容易被转换为平行或者垂直游艇运动方向的驱动力（见图 7.21）。在游艇 YD－41 中选择的是部分帆装，并有着相对高的前桅支索（见图 11.15）。艏三角帆面积较大是因为有着较大的底座。这是为了增加不重叠部分的帆面积，底座是卷帆机并隐藏在甲板下方。这样帆底边就非常接近甲板并且间隙基本都封闭了。为了增强性能，还包括了一个桅顶不对称大三角帆和代号 0 帆（Code 0 sail）。主帆的展弦比为 6.0，考虑桅杆的干扰，已经接近上限了。艏三角帆的展弦比是 6.4，由于有着较大的艏三角帆基座，这个值是最佳的。

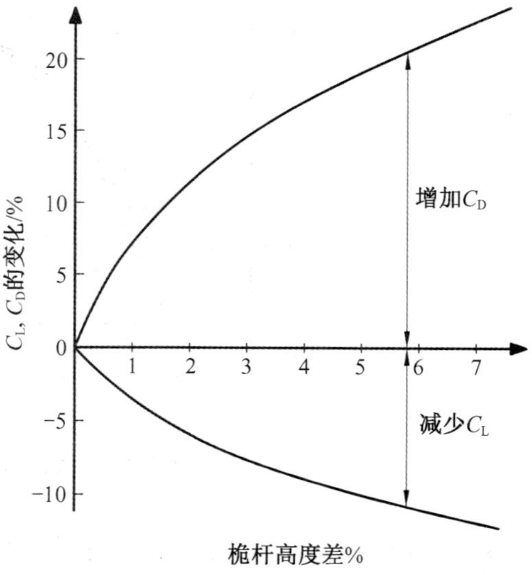

图 7.8　风帆和甲板间的空隙效应

7.3 船帆的拱度

由于船帆可以被看作零厚度的机翼,截面唯一的重要特性就是拱度。现在我们看一下拱度尺寸和位置的效果。图7.9和7.10来自Marchaj的无桅杆扁平帆面的测量研究报告。研究了三种不同的拱度:弦长为1/7,1/10和1/20的拱度。可以很迅速地看出,帆的拱度越大,其在两个方向上获得的力越大。这也是1/7,1/10和1/20之间比较大的区别。实际上,后者也很极端,扁平的帆在实践中很少见到,但是为了使研究趋势变得更加明确,就很有必要地包括了进来。

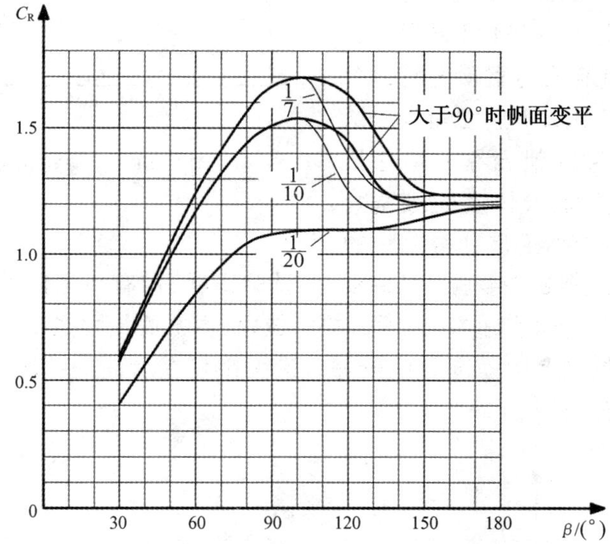

图7.9 拱度对驱动力的影响

对于30°及以下的上风情况,在两个拱度最深的风帆获得的驱动力之间只有很小的区别,但是有一个拱度最深的帆有些轻微的优势。侧向力的不同有些大,大约有10%。很难说哪个帆是最好的,因为这取决于船体水下部分平衡侧向力而不产生诱导阻力的能力。对于游艇的这个问题可以通过完全的平衡计算来解决,例如VPP程序(见16章),但是就算没有这个计算,结果也不是很明显,除非横摇是个问题。强风情况下,通过收帆,拱度1/10的帆面比1/7的帆面小10%的侧向力需要补偿。考虑到帆面力作用中心的下移,面积降低了约7%,这也降低了等值的驱动力值。这个力就小于1/10拱度帆面的力。为了降低横摇,将帆面弄平比收帆更好,这是大多数航海者都知道的事实。

从图7.9和图7.10可以见到,显然对于大角度相对风,满帆是最好的。大约100°时是最大驱动力,拱度1/7和1/10的区别约10%,同时侧向力为零。测量结果的一个有趣的特性是其优势在于产生负的侧向力,也就是顺风情况,角度在100°~150°。这样在给定的足够小的入射角情况下,为避免偏航一侧的流体分离,帆面应该在大于90°的角度上压薄。这样生成的总压力很大,尽管它一定程度上指向迎风向,驱动力分量也大于常规压薄后的帆面所产生的力。因为有侧支索,这种可能性在实践中不存在,但对船载划艇(dinghy)这是有意义的。

在图 7.11 和图 7.12 中给出了最大拱度位置的结果。这些图是基于有桅杆风帆的风洞测试结果，都适用于主帆，可见到这些结果比其他拱度的尺寸更小。然而注意到图中的一些有趣的不同，这些是 1/3，1/2 和 2/3 弦长的最大拱度的三个帆面的测试结果。在小角度时，1/2 弦长拱度的帆面生成了最大的驱动力，接下来是 1/3 和 2/3 的帆面。在 55°时候，他们都是相同的，而最大的驱动力发生在大约 100°时，这时候 2/3 帆面是最佳的，其次是 1/3 和 1/2 帆面。在角度合理范围内直到最大的驱动力时，1/2 拱度的帆面侧向力最小，2/3 拱度最大。结果表明，有着最大拱度的帆面在一半弦长处是最佳迎风面，同时最大拱度的最宽处还在后方。注意到这个结论是针对单一的主帆的，没有计及艏三角帆的影响。Marchaj 的试验表明，带有与主帆重叠的迎风艏三角帆（热那亚帆）的游艇，对于大的重叠，或者重叠区域内，主帆的最大拱度应该考虑更向前。对于艏帆自身，拱度的位置在中前部分比较好。最大拱度在后面的情况一定要避免，因为流体接近主帆可能会被干扰。

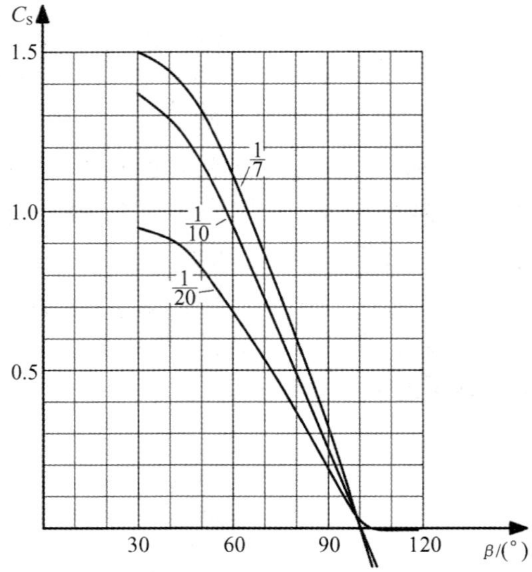

图 7.10　拱度对侧向力的影响

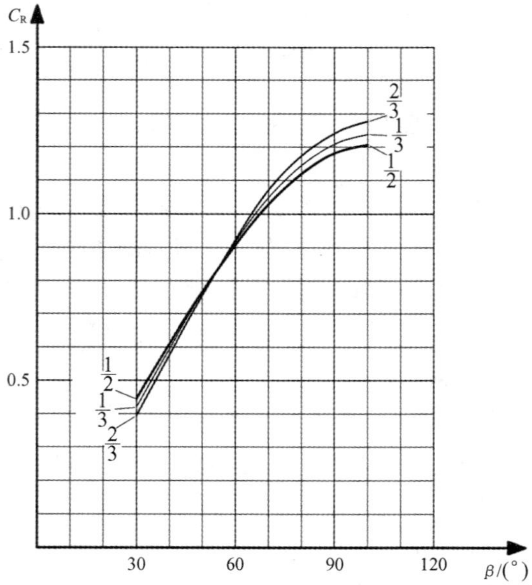

图 7.11　最大拱度位置对驱动力的影响

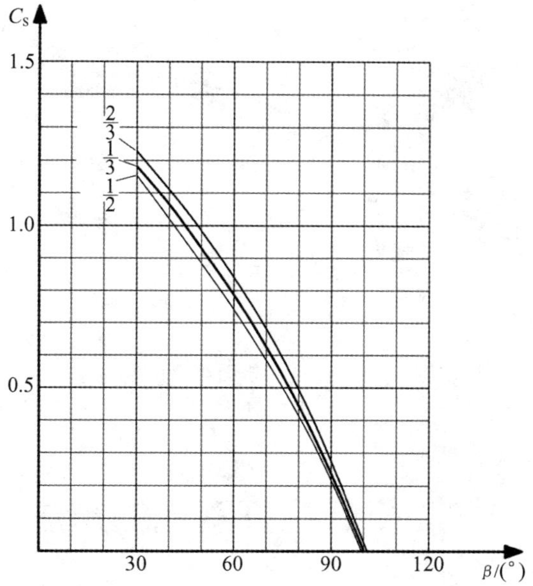

图 7.12　最大拱度位置对侧向力的影响

7.4　桅杆的干扰

图 7.13 给出了逆风时桅杆后面帆面的流体绕流。如图中所见的那样,流体全程都没有接触到帆面。通常可以区分出三个分离区。两个分离区就在桅杆之后,相应地分别在向风侧和偏航侧,同时第三个区域在偏航侧的后部分。通过使用涡流仿真器来选择合适的桅杆截面的形状,桅杆后面的分离可以被最小化。实际上后部的分离取决于前部分的延伸,因为前部大量的分离会造成流体接触部分生成较厚的边界层。这个边界层比薄的边界层更容易产生分离。对于大的延伸段,后部的边界层分离也依赖于船帆上的载荷。通过合适的压扁帆面和良好的桅杆设计,这个边界层可以很薄甚至可以消失。

有两个原因来说明为什么要避免边界层分离。首先,帆面上分布的压力被干扰了,也就是在帆面的两侧的不同压力被降低了。这也引起升力和侧向力的降低。其次,边界层分离本身引起阻力的增加。把一个桅杆和帆面的组合在南安普敦大学做的试验表明了桅杆干扰的巨大影响。比较没有桅杆的情况,当将一个直径是 7.5% 的帆面弦长的圆形桅杆置于船帆之前,逆风时驱动力降低了约 20% 。也测试了直径更大的 12.5% 的桅杆,驱动力降低了一半。然而,也可通过将桅杆转向偏航侧使得桅杆 - 帆面变得光顺。

游艇 YD - 41 有一个轻质碳纤维桅杆。作为一艘以性能为主的游艇,应该有个简单的帆具,可以供一队艇员或者少量艇员来管理。因此,要避免后支索和内前桅支索的操作,取而代之的是采用带扫尾横撑的部分帆装。桅杆截面外形尺寸(从第 11 章帆具计算处获得的)是229 mm × 119 mm。平均直径是 174 mm,考虑到横帆边凹弧,这是 5% 的帆面的平均弦长。这不算大,所以帆面的主要部分应该可以合适地工作,特别是在我们将采用下一章节描述的技术来降低桅杆干扰的情况下。但是无疑帆具顶端部分将会显著扰流。

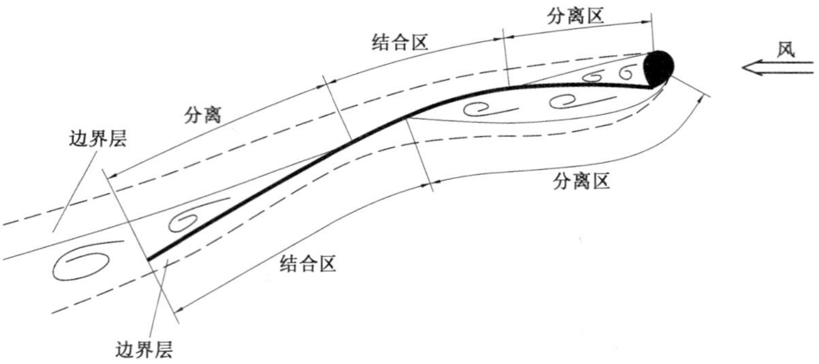

图 7.13　桅杆－帆面组合的绕流

7.5　降低桅杆紊流的方法

流体动力学中一个众所周知却看上去似是而非的现象是：当船体表面从光滑变得粗糙，这时肥大型船体的阻力下降。如我们在第 5 章所见，游艇粗糙的船底会引起足够的阻力增加。引起这些不同现象的原因是船体的漩涡阻力，瘦削船体的阻力基本上来源于直接的摩擦力（见图 5.4），同时肥大型的船体有长的层流，这是因为伴流（黏压阻力）中的压力的消失。

让我们回到图 5.5，给出了船体不同区域的绕流。艏部可见到层流的边界层，但是很快就进入到过渡区。接下来是湍流区，很少见的情况下，也有可能会在船尾的某点产生分离。同样的流体区域也可能存在于主体的周围，但也不总是这样。如果雷诺数（即速度与直径的乘积除以黏度，参见图 5.8）小的话，边界层永远不会被干扰，分离就直接发生在层流里。事实上这也是发生在达到最大厚度之前（见图 7.14）。伴流就变得更宽而且阻力很高。另一方面，如果边界层在分离前被扰动，后者分离点就会被延迟到最大厚度之后（见图 7.14）。这样伴流变得更窄，阻力变得更小。干扰为什么延迟分离的原因是它在流体中有个搅拌效应。来自边界层外面的高速流体转变为内驱，赋予流体能量，并将于到达水面前停止运动。

有着这样的解释的想法去理解为什么粗糙的圆柱体可能会比光滑的圆柱体的阻力更小就不会困难。如果雷诺数在次临界区域并且发生层流分离，引入粗糙度会引起边界层更早变成湍流，可能会发生在分离前。就如刚才解释的，这会延迟并且阻力变小。现在桅杆通常位于次临界区并且阻力很高，但是足够接近低阻力区域并使得粗糙度起作用。图 7.15 给出了圆形直径为 0.1 m 的柱体在不同粗糙度高度情况下的阻力系数。高度是按照桅杆直径的百分比给出的。图中可见，如果粗糙度高度是桅杆直径的 0.5%、相对风速 11 m/s 时，阻力降低 50%。狭窄的伴流对风帆的干扰更少，因此这是一个双赢。不幸的是，优化的粗糙度高度随风速的变化，但是 1% 的粗糙度高度很好地包括了全部有意义的速率。注意这里的速率是相对风的。

图 7.16 给出了作者及其学生的测量结果。平板帆面与不同的桅杆，带和不带粗糙度的情况，都在风洞中进行了测试，并测量了后分离点的位置。桅杆截面都是很常见的：椭圆形、梨子形和三角形。实际上，对于三种类型的光滑的桅杆，没有发现分离的位置不同，而

同时对于椭圆形和梨子形的桅杆,粗糙度正面效应最大。

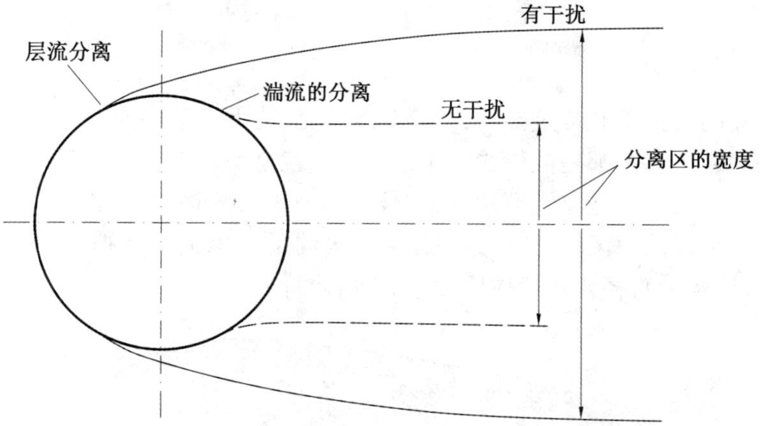

图 7.14 圆柱体绕流干扰效果

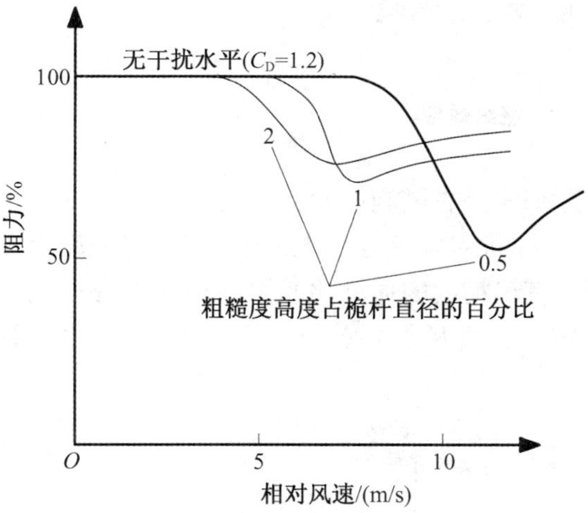

图 7.15 有着粗糙度的圆柱体阻力

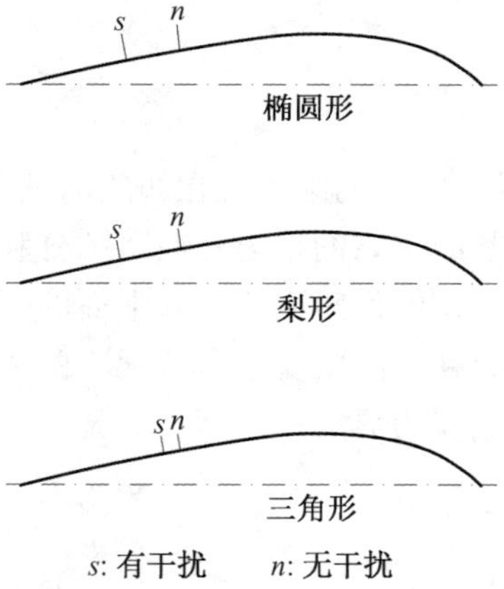

图 7.16 三种不同形状桅杆随边层流分离的位置

图 7.16 中可见在所有的情况下,风帆的有效长度都获得了相当大的增加。测试中的粗糙度高度是桅杆直径的 1%,这个粗糙度是通过将相同尺寸的砂纸粘贴在桅杆前半部分获得的。后面的测试表明需要很少的干扰。实际上,在桅杆前部导边加装一个同样高度的板条可以产生同样的效果。注意当帆面工作时,桅杆上的驻点总在迎风面,所以流体进入帆面的偏航侧并流经板条,甚至是平面对称的桅杆。然而,在迎风面的来流就没有效果,因而最好的方式是在桅杆的两侧夹角 45°安装板条,或者说在对称平面的每一侧。

7.6 流 线 型

桅杆和帆具的修正是非常重要的,如第 9 章所见,为此将各种配件,如横撑和侧支索等流线型化并采取各种方法都是值得的。比较突出的就是图 7.17,该图给出了有着相同阻力的两个二维体。上面一个是流线型片体,其最大阻力来自摩擦力;下面一个是圆棒,其以压阻力为主。基于桅杆前面区域,圆棒的阻力系数大约是 1.0,而片体则只有 0.03。因此要获得相同的阻力,圆棒的直径要比片体厚度小 30 倍才行。

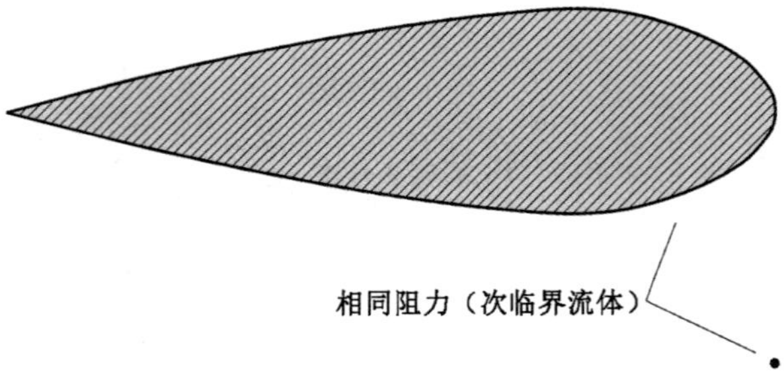

图 7.17 流线效应

图 7.18 的结果是在纽约的戴维森实验室进行的风洞试验获得的。测量了三种不同截面形状的支索的阻力:线状、圆杆和椭圆杆。线状支索有着最大的阻力,一定程度上大于杆状。最初的设想应该是和上面的正好相反(有粗糙度的桅杆比光滑的桅杆阻力小),但是不同之处在于线状支索有着很小的雷诺数(因为其直径小),就算表面是粗糙的,也一直没有发生湍流边界层。

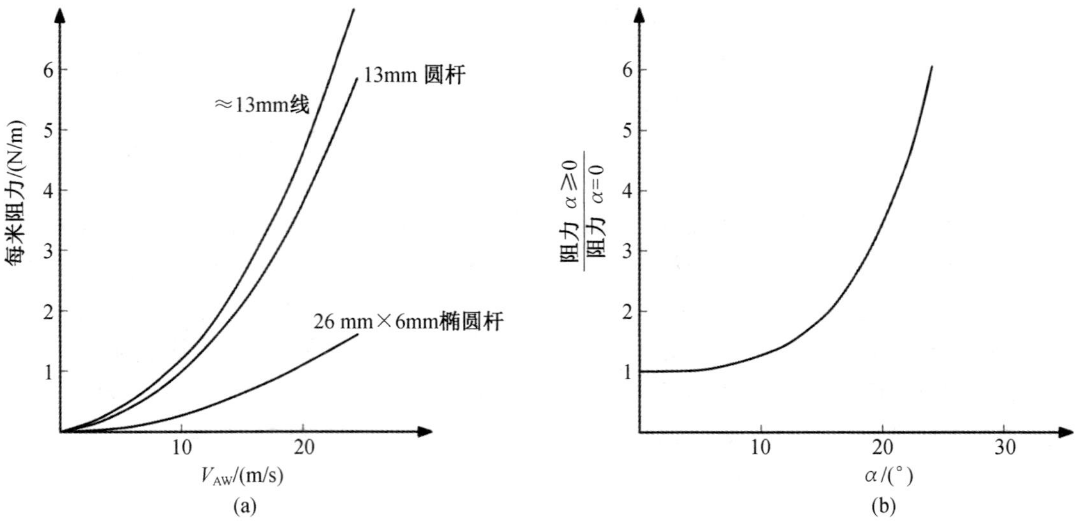

图 7.18 牵索和支索的阻力

(a)线状、圆杆、椭圆杆支索阻力;(b)攻角的重要性

椭圆形侧支索杆最显著的是其阻力仅为线状支索的1/4,尽管这个结果是椭圆形在攻角19°下测试的。这种阻力小的情况似乎要考虑的事实是,在逆风情况下,比较相对风,帆面更侧重于沿长度方向导流。相当重要的是攻角对于椭圆形侧支索不太大,见图7.18(b)。该图给出了随攻角从零开始增加的阻力的相对增长。到达10°时附加阻力最小,但是到了20°时,阻力比最小时候大了三倍,之后的增加也很快。

7.7 帆装空气动力学的实践模型

1980年,哈赞(G Hazen)介绍了一种风帆游艇的空气动力学模型(见参考文献)。这个模型就是大多数VPP空气动力模型的基础,参见第16章的解释。例如,现代最重要的国际差别积分制系统和海洋竞赛协会(ORC)的VPP,都是采用这个基本模型开发的。我们首先说明这个原始的模型,然后再介绍其之后的发展。

在哈赞的模型中,介绍了每个帆面的升力和黏性阻力,以此作为相对风角度的函数。表7.1分别给出了对应的系数。原始模型中,仅列出了五种角度:27°,50°,80°,100°和180°。可以采用样条函数的方法在这些角度中进行内插值。如果采用物理样条,当然人工光顺也是可能的,但是线性内插法就过于近似了。

表7.1(a) 风帆升力系数

角度/(°)	主帆	前三角帆	大三角帆	后帆	后支索帆
27	1.5	1.5	0.0	1.3	0.0
50	1.5	0.5	1.5	1.4	0.75
80	0.95	0.3	1.0	1.0	1.0
100	0.85	0.0	0.85	0.8	0.8
180	0.0	0.0	0.0	0.0	0.0

表7.1(b) 风帆黏性阻力系数

角度/(°)	主帆	前三角帆	大三角帆	后帆	后支索帆
27	0.02	0.02	0.0	0.02	0.0
50	0.15	0.25	0.25	0.15	0.1
80	0.8	0.15	0.9	0.75	0.75
100	1.0	0.0	1.2	1.0	1.0
180	0.9	0.0	0.66	0.8	0.0

针对五种帆给出的系数:主帆、艏三角帆、大三角帆、后帆和后支索帆。为获得总的升力或者黏性阻力(有时候被称作伴生阻力,这就是用P来表示的原因),求得每个帆面和其对应的系数之乘积,并全部相加。最后的系数可通过将上面的相加结果除以名义帆面积得到,名义帆面积是艏三角帆、主帆和后帆面积之和。所有面积都按照三角形计算,也就是忽略帆边凹弧。图7.19给出了相应的方程。帆面之间没有明显的互相干扰,但是主帆被后帆遮掩的部分计入

后帆系数。参考前文的相互干扰的讨论,方法相当原始,但是不管怎样还是被证明是有效的。

帆面和受力中心距离舷弧的高度

	面积	受力中心
主帆	$A_M=0.5\cdot P\cdot E$	$CE_M=0.39\cdot P\cdot+BAD$
前三角帆	$A_J=0.5\cdot\sqrt{I^2+J^2}\cdot LPG$	$CE_J=0.39\cdot I$
大三角帆	$A_S=1.15\cdot SLJ\cdot J$	$CE_S=0.59\cdot I$
桅杆	$A_Y=0.5\cdot PY\cdot EY$	$CE_Y=0.39\cdot PY+BADY$
后支索帆	$A_{YS}=0.5\cdot YSD\cdot(YSMG+YSF)$	$CE_{YS}=0.39\cdot PY+BADY$
艏三角帆	$A_F=0.5\cdot I\cdot J$	

标称面积 $A_N=A_F+A_M+A_Y$

升力 $C_L=\dfrac{C_{LM}\cdot A_M+C_{LJ}\cdot A_J+C_{LS}\cdot A_S+C_{LY}\cdot A_Y+C_{LYS}\cdot A_{YS}}{A_N}$

黏性/附加阻力 $C_{DP}=\dfrac{C_{DPM}\cdot A_M+C_{DPJ}\cdot A_J+C_{DPS}\cdot A_S+C_{DPY}\cdot A_Y+C_{DPYS}\cdot A_{YS}}{A_N}$

诱导阻力 $C_{DI}=C_L^2\cdot(\dfrac{1}{\pi\cdot AR}+0.05)$　接近航向：$AR=\dfrac{[1.1\cdot(EHM+FA)]^2}{A_N}$

其他航向：$AR=\dfrac{(1.1\cdot EHM)^2}{A_N}$

桅杆和桅顶的阻力 $C_{DO}=1.13\cdot\dfrac{(BMAX\cdot FA)+(EHM\cdot EMDC)}{A_N}$

总阻力 $C_D=C_{DP}+C_{DI}+C_{DO}$

压扁情形：按压扁系数$F\times C_L$

收帆情形：用收帆因子平方R乘以C_L和C_{DP}
用R乘以CE高度

标准IOR符号：

P：主帆升高
E：主帆底边
I：艏三角帆高度
J：艏三角帆基边
LPG：最长艏三角帆垂边
SL：大三角帆后缘长度
PY：后帆升高
EY：后帆底边长
YSD：后支索帆深度
$YSMG$：后支索帆中围度
YSF：后支索帆底边长度
$BMAX$：游艇最大宽度
FA：平均干弦
FHM：桅杆在舷弧以上高度
$EMDC$：桅杆平均直径
BAD：主帆张帆杆在舷弧以上高度
$BADY$：后帆张帆杆在舷弧以上高度

图 7.19　哈赞的帆具和风帆的空气动力学模型

对诱导阻力(当逆风航行时,其比黏性阻力更加重要)采用第 6 章,特别是图 6.5 中介绍的简单机翼理论进行了计算。这样诱导阻力系数就和升力系数的平方成正比例,和展弦比成反比。在目前的方法中,当计算展弦比时,要考虑整个名义帆平面面积,诱导阻力也是按全部船帆来计算的。

机翼的展弦比在第6章进行了定义,也就是翼展除以平均弦长。这可以用另外一种方式表达。因为投影面积相当于翼展乘以平均弦长,展弦比也可以定义为翼展的平方除以面积。在当前的模型中采用的是这种定义。然而,因为一些水面的镜面效应,如果游艇是抢风行驶的,则有效翼展被记为110%的高出水面的桅杆顶部高度。当艏三角帆不使用并且到甲板的空隙开大,应仅考虑桅杆高于甲板的部分,这部分高度的110%则用于定义展弦比(见图7.19)。

哈赞讨论了部分黏压阻力来源于风帆偏航侧的边界层分离与升力的平方成正比,因此他为诱导阻力引入了附加成分来平衡这种效应。在诱导阻力的表达式中,这个常数是0.005。

这个模型中,同时包括了桅杆和游艇顶部的阻力。顶部的前面区域的阻力是以平均干弦乘以最大宽度来计及的,同时桅杆的阻力是用平均桅杆直径乘以桅杆高于甲板部分的高度来计算的。假定阻力系数为1.13。第9章我们将更详细讨论这个阻力成分。将黏性阻力、诱导阻力和桅杆阻力、上层建筑阻力相加就是总的阻力。

每个独立帆面的作用力中心高度都在图7.19中给出。对于主帆、后帆和后支索帆,按照纵帆前缘高于张帆杆部分长度的39%计算。对于艏三角帆和大三角帆,是39%和59%的艏三角帆高度,分别对应的是高于弦弧线的部分高度。

图7.20是YD-41风帆系数的计算,相对风的角度为0~180°。上述结果制表后获得了曲线,所以每个曲线只计算了5个点。因此采用样条曲线去发现中间的插值。按照通常的经验,曲线被画成小于27°的水平线。没有列出小于20°的角度,因为驱动力那时候变得非常小了。

这个风帆模型的一个有趣的特性是考虑到收帆和展帆的可能性。这两个动作的效果是截然不同的。收帆是通过定义一个降低风帆高度的因子 R 来定义的。对于没有收帆的游艇来说,R_v 为1。这样当 R 乘以原始高度就是新的作用力中心的高度,同时,如果乘以 R^2 就可以获得新的面积。这意味着升力和阻力(不含桅杆和舱顶)被 R^2 降低了,同时主要的横倾力臂被 R 降低了。

展帆因子 F 特指因为风帆变扁平而造成的升力降低。对于常规风帆情况,F 的值为1,它不能直接和风帆的几何中心关联,但是拱度越小,因子越小。注意到 F 对横倾力臂没有什么影响,但对升力和阻力有着不同的影响。因为升力和 F 成正比,诱导阻力和 F^2 成正比。这意味着平坦的帆比升力更加降低阻力,也就是最后的作用力轮流向前。因此最好在收帆前先平帆,就如上文指出的一样。在大多数VPP程序里面,在各种条件下优化 R 和 F 的值,最终会为最好的风帆设置而提供有关信息。

模型提供的风帆力主要是升力和阻力分量。为了使得平行的和直角的力的成分预报效果有用,需要定义运动的方向。图7.21解释了升力和阻力如何被转化为驱动力和侧向力的。做了另外一个几何变形来获得横摇情况的力。如上所见,没有计算横摇的影响。横摇的影响需要用不寻常的方法单独完成。

宁可计算随游艇横倾的图中的相对风速和方向,也不愿调整所有的系数。这可以用简单方法快速完成,如图7.22所示。相对速率的沿船体方向的分量横摇时候是不变的,同时直角方向的分离和横倾角的余弦成正比。为了简化,这个计算中忽略了偏航,所以就只需考虑沿运动方向和垂直运动方向的两个方向。

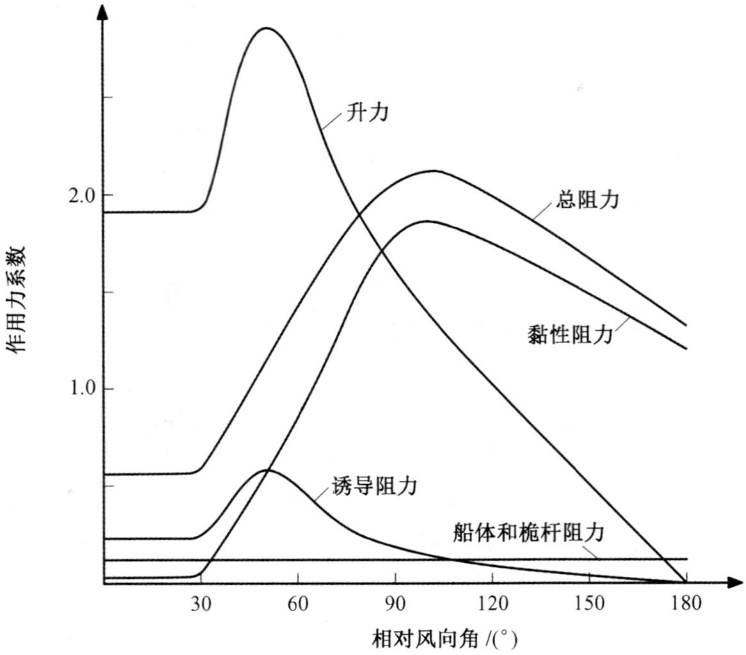

主帆：$A_M=0.5\cdot16.7\cdot5.6=46.8$

艏三角帆：$A_J=\sqrt{0.5\cdot16.2^2+5.1^2}\cdot5.40=45.8$

大三角帆：$A_S=1.15\cdot18.0\cdot5.1=115.6$

前三角帆：$A_Y=0.5\cdot16.2\cdot5.1=41.3$

额定帆面积：$A_N=41.3+46.8=88.1$

宽度比，靠近航向：$AR=\frac{[1.1\cdot(18.5+1.30)]^2}{88.1}=5.38$

宽度比，其他航向：$AR=\frac{(1.1\cdot18.5)^2}{88.1}=4.70$

船体和桅杆的阻力：$C_{DO}=1.13\cdot\frac{(4.20\cdot1.30)+(18.5\cdot0.159)}{88.1}$

图 7.20　游艇 YD-41 的风帆系数

由于已经介绍了大量的空气动力学模型的原始情况，此处可以对他们进行更深入的解释，下面列出了最重要的改变。想看更详细的说明，参见 ORC VPP 文件。更好的综述可以在佛萨蒂(Fossati)等人的阿姆斯特丹 2008 第 20 届 HISWA 年会的论文中找到。主要的改进是：

- 如果喜好不对称的大三角帆和 Code 0 帆的时候不采用后帆和后牵索帆。
- 系数都是新的，并且是在小风角情况下给出的。而且根据游艇可能的纵倾，分别针对主帆和艏帆而给出。
- 考虑到帆边凹弧和主帆上部凸出，对帆面积的计算会更加精确。
- 对大三角帆考虑了空篮效应。
- 减少阻力成分，可对有效翼展进行更精确的计算。
- 引入了挠度函数的计算。
- 对船体、桅杆和帆具采用了不同的阻力系数，甚至考虑了船员的质量。

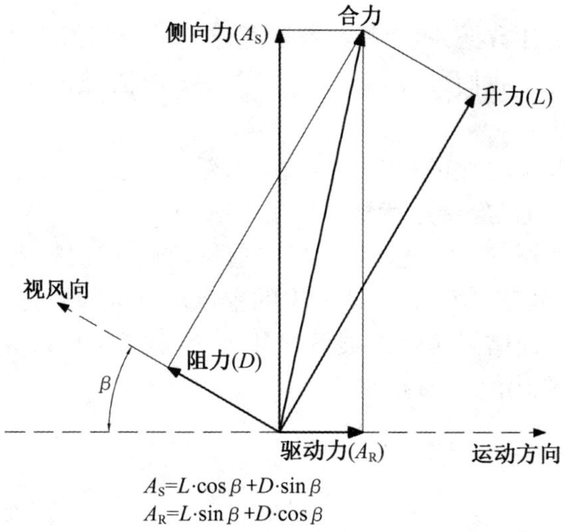

图 7.21　空气动力学受力成分之间的关系

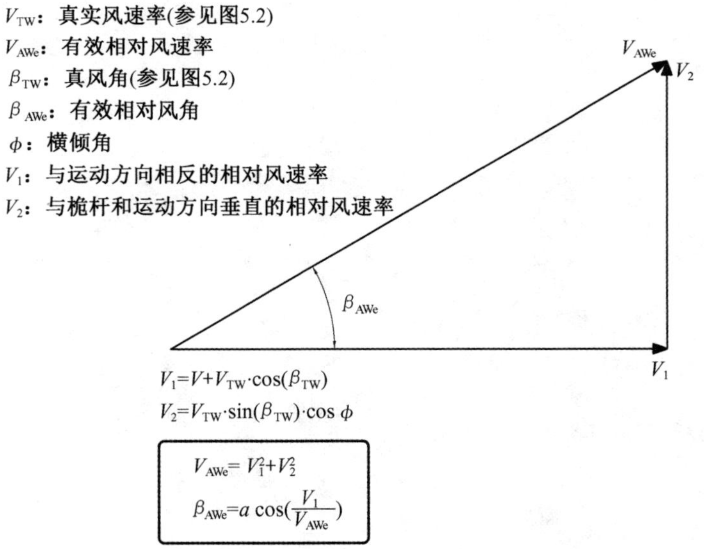

图 7.22　非零横倾角的有效相对风

7.8　帆具统计数据

显然对于风帆游艇，帆面积是获得驱动力的主要量度。为判断面积是否足够大，必须在某种程度上比较游艇产生阻力的特性。如我们第 5 章所见的，有湿面积和排水量。同时船体外形曲线确定摩擦力，这是低速时的主要阻力成分，后者更重要的是兴波阻力，高速时的主要阻力成分。因此适当的无因次量纲是：帆面积/湿面积（之比）和帆面积/（排水体积)$^{2/3}$(之比)。

基于 ORC 船队的统计数据,帆面积与湿面积之比的中间值为 2.4。长度方向有逐渐增加的趋势,但是很小以至于我们可以忽略之。YD－41 的值是 2.6。这样在轻风的情况下,阻力为主时,游艇可以快些。

帆面积/(排水体积)$^{2/3}$之比的平均值是 20.0,没有见到和长度有关。对于 YD－41 这个值很高,是 27.4,这个值已经接近竞赛游艇了,比如 Class40。这样,其高速性能应该很好。

从 ORC 船队来的另外有趣的统计是主帆和前三角帆,同时还有他们的面积分布。主帆展弦比平均是 5.8,艏三角帆是 7.1。YD－41 的主帆是正常的展弦比 6.0;因为尽量有个大的不被重叠的艏三角帆,而艏三角帆的展弦比相当小,仅 6.4。YD－41 的主帆面积占总帆面积的 53%,比一般的平均值 54% 略小。

第8章　平　　衡

设计帆艇时比较困难的问题之一是找出风帆相对水下船体的最佳纵向布置位置。如果帆布置得太靠后,就需要考虑上风舵(译者注:舵在中央位置时,船首顶风)去保持直线航向,同时,帆太靠前,就需要下风舵(译者注:舵在中央位置时,船首顺风)。这个问题基于下面的原因会变得复杂:既不知道空气动力的作用力中心,也不知道水动力的作用中心,再加上游艇应该在所有横倾角度下保持合理的良好状态。虽然针对这个问题,还从没有完整的理论解决方案,但是人们提出了一些半经验的方法。然后大多数这些半经验的方法都有着没有获得良好验证的缺点,故本章我们将描述一些设计师用于寻找游艇平衡的简单经验方法。这些方法对大多数与游艇发展不太偏离的船体都是适用的,但是通常还需要在游艇首次航行测试结束后进行一些修正。

本章以对平衡状态下横倾效应的解释开始,接着讨论了作用力中心的位置,先说明了水下船体的情况,再说明了船帆。然后描述了选择帆导距(编者注:帆面积中心与船体水下侧面积中心间的纵距,以水线长度计)经验方法。最后,给出了舵平衡的一些指南。

8.1　横倾效应

第5章我们给出了作用在帆艇上的力和力矩的说明。从图5.1可以看出,在平衡条件下,水动力和空气动力必须作用在同一条直线上。图8.1(a)也说明了这个情况,图中船体仅横倾了一个小角度。如果游艇横倾角度加大(如图8.1(b)),帆上的作用力中心就会向下风方向移动,同时船体水下部分的作用力中心会向相反方向移动。由于船体的旋转基本是围绕艏艉纵向连线而进行的,该条线不和水动力或者空气动力的作用线成直角,这两个中心的移动就会引起这些力作用在不同的直线上。空气动力的作用力将作用在水动力作用力的后方,此时游艇倾向于船侧受风航行。为纠正船侧受风航行,舵手将使用一些上风舵,上风舵可以增加向船尾的水动力,直到水动力和空气动力的作用力重合到同一条直线上。

当然,如果横倾甚至比图8.1(a)中的角度还小,会发生相反的情况,例如游艇有改变航向的趋势。这些效应是纯粹由船体旋转所引起,该旋转改变作用力的中心。然而,还有一种因为作用在船体水下部分上的水动力而产生的横倾效应。由于横倾时候水下部分船体的不对称外形,水动力中心会有少量的向前移动,这就增加了船舶的不平衡。这种效应很大程度上取决于船体的形状,对于艏艉对称纤细型船体的游艇,这种效应不明显。相反,对于宽体游艇和扁平艉部的游艇,横倾效应就变得非常重要。

对于设计游艇平衡,这个论点是主要的难点。采用游艇在所有横倾角度下都平衡这样的一种方法去定位帆的布置是可行的。通常,强调在小的横倾角度上去寻求一个良好的平衡。在大多数横倾中包括了大的上风舵这种情况。

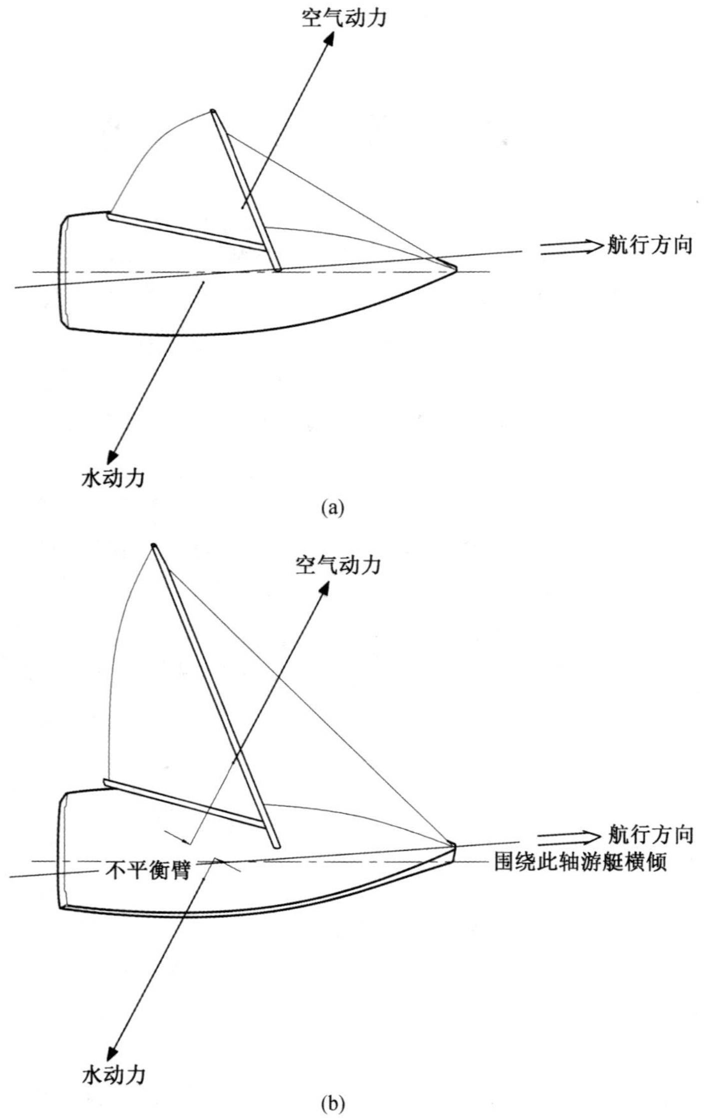

图 8.1 水动力和气动力的合力不在一条线上导致的不平衡

(a)小横倾角;(b)大横倾角

8.2 良好的平衡

到目前为止还没有定义所谓的良好平衡的游艇。一些理由是:就算直线航行,所有游艇也都需要舵。就如我们在第 6 章见到的,通常舵产生侧向力,使得其在某种程度上卸载作用在龙骨上的水动力。上风舵越大,由舵产生的侧向力越大。然而,经验表明,满足综合效果是正值的角度是有限制的。对于某个角度,游艇的总阻力是最小的,但是如果超过了那个角度,则游艇的阻力就又增大了。

从对第 6 章的鸭式水翼的讨论,我们知道可以使用双翼飞机理论来分析龙骨和舵的组合。这也表明,由于偏航的原因,龙骨和舵的伴流被分离,这也成为在两个升力面上分布载荷的一个优势(见图6.14)。然后,因为吃水很浅的原因(通常情况),舵的效率会降低,因此舵也产生较小的载荷。理论优化是可行的,但是比较复杂。对一些极端的竞赛游艇而言,常采用传统的拖曳水池测试的方法去优化舵角。对绝大多数游艇而言,简单的经验是假定5°为上风舵的最佳舵角。

除了考虑降低可能的阻力外,还有些原因去采用上风舵。从安全观点的角度来说,游艇在阵风中如果自动转向船侧受风航行是有优势的,这样可以卸载风帆受力从而降低横倾过度的风险。也可以从操艇的角度而言,感觉到阵风的效应而在舵柄或者舵轮上相应增加力也是有好处的。这些帮助舵手及时做出反应并使得游艇航行得更灵活。由于真实风夹角(真实风与船中剖面)在阵风中持续增加,其原因是在真实风中的游艇航速的相对变小的结果,游艇应该侧风航行以从阵风获得前进动力。对于有着良好平衡的游艇,这也或多或少是自动的。

8.3 水下船体的力作用中心

图8.2中给出了野本(K Nomoto)教授及其合作者在大阪大学(Osaka University)的试验水池用三条游艇的艇体对游艇的水下船体的作用力中心的测试结果。用游艇学的术语,这个点(作用力的中心)通常被称作侧向阻力中心(CLR),或侧阻中心,在图中被缩写为"水动力CLR"。三个艇体是非常不同的,第一个艇体是传统的长龙骨型救援艇,第二个是带重型鳍龙骨的巡航游艇的艇体,第三个是20世纪70年代典型的IOR(International Offshore Rule)竞赛游艇。可以看到,水动力CLR远离水面以下舷侧船体(含船体、龙骨和舵)的几何重力中心,即"几何CLR"。从事实上看,这也不令人惊奇,大展弦比的机翼的作用力中心就在从机鼻开始的25%处,而不是在50%的重力中心处。当然,水下船体是个特别形状和厚度分布的机翼,而且展弦比很小,但是机翼理论表明,没有什么原因可以降低水动力CLR就应该和几何CLR重合在一起。

可以采用不同的方法去发现近似的水动力CLR。格立马(J Gerritsma)教授针对带鳍龙骨的游艇提出了一种方法,但是该方法只考虑了带龙骨和舵的游艇的情形。对于一些船体效应的扩展,可以考虑采用延伸龙骨和舵至水线的方法,如图8.2所示(这些情况中,仅龙骨需要被延伸)。为了找出侧面作用力和CLR,采用第6章描述的机翼理论。该理论可以很好地估算侧面作用力,但是如果单独考虑龙骨和舵的情况,得到的CLR就非常靠后。比较好的估算方法(格立马教授提出的)是将作用在舵上的力乘以0.4的系数。其物理意义是被龙骨引起的舵的进流角的改变能降低零舵的40%的升力。即使按照这个修正,格立马教授的方法求得的CLR仍然趋向于太靠后,其原因是即使其所受的作用力很小,船体的前体会一定程度上影响这个CLR的位置。这也是所谓的因为船体的压力中心非常靠前。

野本教授和他的合作者提出了对格立马教授的方法的一种改进:作用在船舶前体上的力可以采用瘦削型船体理论进行计算。采用格立马的方法,利用舵的降低因子0.4,可以获得很好的结果。这两种方法都不是非常复杂,但是他们的缺点是几乎没有现成的经验数据去将CLR的计算和帆的作用力中心计算结合在一起。因此我们不再详述野本教授的方法。取而代之的,我们推荐一个简化的利用经验数据的方法。

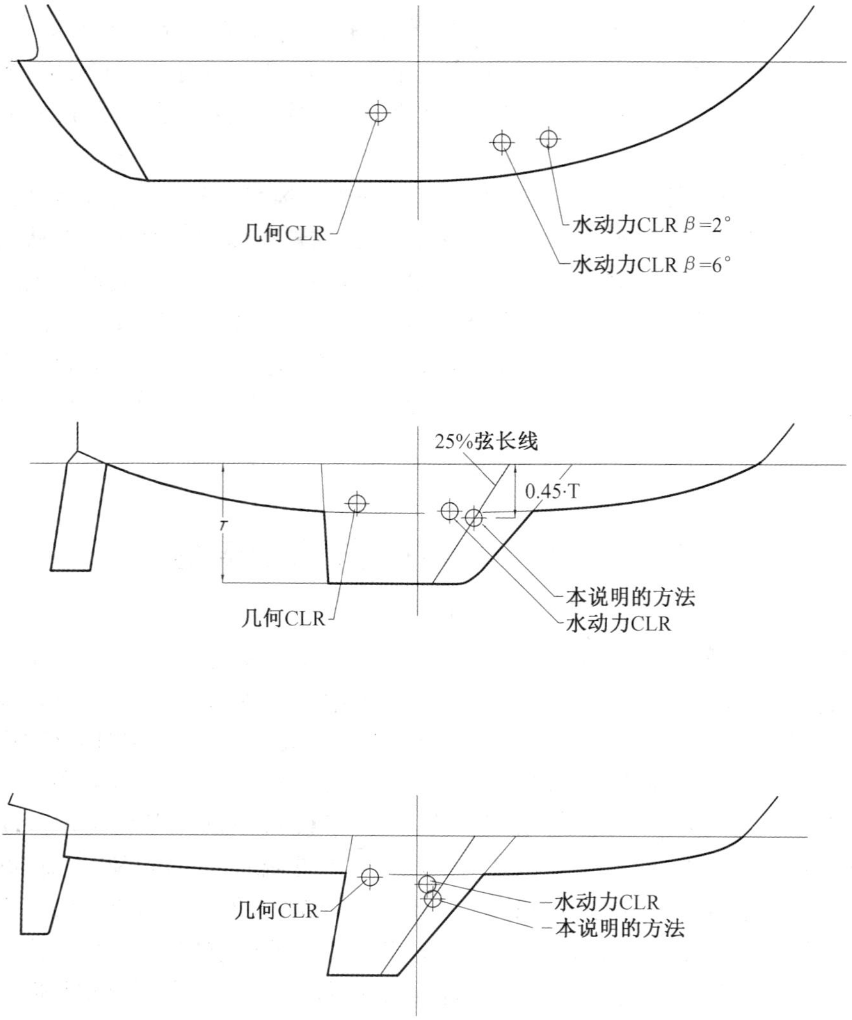

图 8.2　三种船体的水动力作用中心

据发现，对于大多数鳍龙骨游艇，舵效应和船体前体作用互相抵消，所以在初步预估 CLR 时，它们可以忽略。这样，我们仅采用扩展龙骨并计算作用在其上面的压力中心位置，假定压力中心在 45% 的吃水时，位于 25% 的弦边。接下来，我们假定龙骨是大展弦比，并且载荷是接近椭圆的，当然这些假定在本段不是最重要的。采用这种方法，通过连接在水线上的 25% 的弦边的点和龙骨尖端的直线，在这条直线上找出吃水 45% 的点，我们就得到了 CLR。这个过程见图 8.2。

显然我们介绍的这个方法的缺点是仅适用于鳍龙骨游艇。理论上，将游艇整个侧面考虑为一个机翼，也可以将该方法用于长龙骨游艇，但是因为我们缺乏将这种方法获得的 CLR 与帆的力作用中心相关联的经验，因此对于长龙骨游艇不推荐用这个方法。对于长龙骨游艇，唯一可行的方法是利用几何 CLR 和将这种经验方法和帆的布置相关联。这也是用了几百年的标准经验方法并且考虑了可能的经验。

8.4 帆的力作用中心

当风以 90°直角吹向风帆的时候,帆背后的气流是完全分离的。力的作用中心(通常缩写为 CE)则通常位于风帆的几何中心,这就是游艇航行的原因。对于其他情况,通常认为风力攻角小于这种情况而且 CE 更加偏前。如前面指出的,对于大展弦比机翼,力的中心在距弦边 25% 处。现在风帆不是机翼,所以就算在小角度攻角下其作用方式类似机翼的工作方式,帆的 CE 通常也不像机翼的没有那么靠前。

图 8.3 给出了不同帆型的 CE 随攻角变化的移动。这些帆型的展弦比都是 5.0。可以看到厚度弦长比为 1:27 的最扁平的帆,其在小角度攻角下的 CE 大概是 30% 的弦长,而当全帆厚度弦长比为 1:7 时,CE 向后移动至 37% 的弦长。其实际意义就是帆从扁平到全帆会改变游艇的平衡。后者需要更多上风舵。

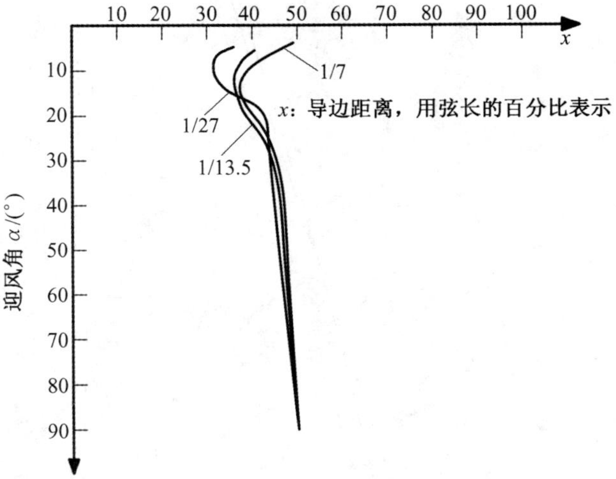

图 8.3 不同迎风角时帆上作用力的中心

另外的实际意义就是通常考虑的几何 CE(对应 50% 的弦长)和空气动力的 CE 的距离。理论上,根据诸如 35% 的弦长去定义总的帆平面中心是可能的,但是通常不用这种方法。一般用几何中心来代替这种方法。图 8.4 给出如何在单桅船上找到帆平面中心。对每个帆都首先找到这个中心:从帆的两个底角引直线到对边中点的直线的交点。艏帆和主三角帆可采用这种方法。找到这些独立的中心点后,将他们用直线连接,合成后的 CE 可以在该直线上获得,参见图中的位置。如果游艇有后桅,则仅计算 50% 的后桅帆的面积。按图找到通常的主帆和艏帆的中心,然后用该中心的主帆和艏帆面积之和再加上折减后的后桅帆的面积作为主面积后,按图进行计算。

8.5 帆 导 距

从上面的讨论看出,很明显,艇帆的布置和船体水下的关系理论上处理起来是非常复杂的。如果游艇需要尽量获得良好的平衡并满足所有条件的话,无论用哪种方法去找出 CE 还是 CLR 他们相关的位置都是根据经验。在所有方法中,CE 都在 CLR 的前面,他们之间的水平距离称作“帆导距”(图 8.4)。帆导距的数值首先取决于用哪种方法计算 CLR,其次是准备考虑的游艇的类型。原则上,下述因素将增加帆导距:

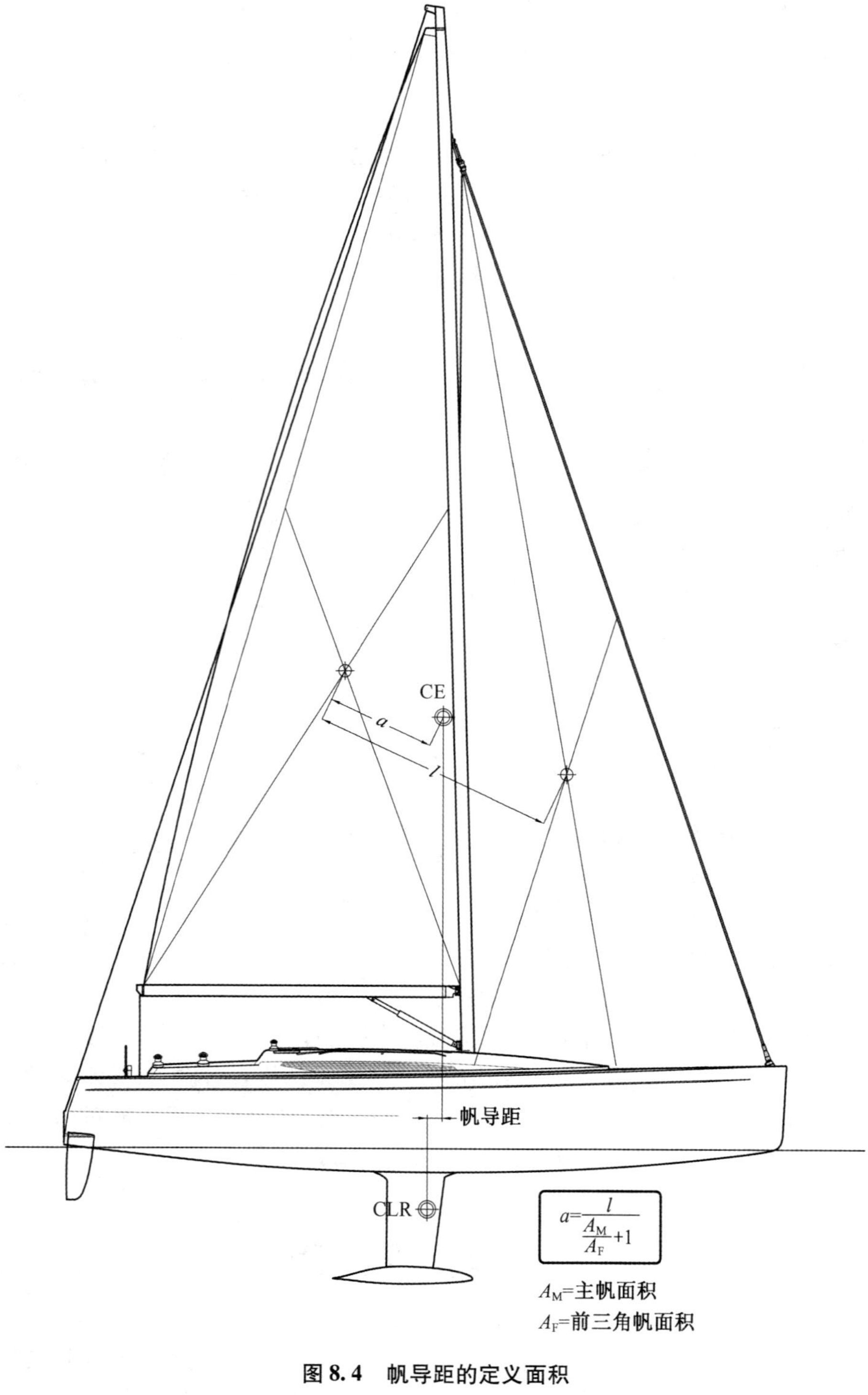

图 8.4　帆导距的定义面积

- 大宽度:较宽船体在横倾时候有着更多的水下不对称,因此而生成抵抗力矩。
- 长龙骨:真正的 CLR 在弦边或前面的 25%,而且随着龙骨的加长而越来越向前面移动。
- 大展弦比的帆:对于高帆,有着横倾角的 CE 的下风向增量更大。

• 低稳性：有着低稳性的船体明显会横倾更多，并且引起 CE 的下风向大的增量。

我们推荐采用几何方法去找出长龙骨游艇的 CLR。帆导距应该按如下方法计算（水线长的百分比）：

• 桅顶式双前帆单桅游艇：12% ~16%；
• 分段式双前帆单桅游艇：10% ~14%；
• 双桅帆游艇：11% ~15%。

对于鳍龙骨游艇，可以应用本章介绍的扩展龙骨的方法（图 8.2）。推荐采用如下的帆导距数值：

• 桅顶式双前帆单桅游艇：5% ~9%；
• 分段式双前帆单桅游艇：2% ~6%；

游艇 YD－41 的帆导距为 2.2%。

8.6 舵 平 衡

因为游艇都应该有一定的上风舵，如果舵没有做到适当的平衡，则操舵时间长了是一件非常疲劳的事情。作用在舵轴上的力矩等于舵侧所受到的压力及该压力的中心到舵轴中心线的距离的乘积（图 8.5）。按照实际的展弦比，舵的压力中心的位置可以从图 8.6 得到，但是需要注意到对于悬挂在船体下面的舵，有效的展弦比是几何展弦比的两倍（见第 6 章的解释）。我们也可以从图中见到，随着展弦比趋向零，压力中心向舵的导边移动。

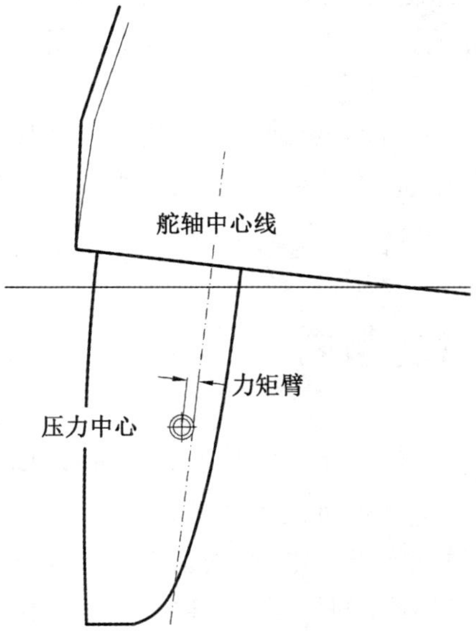

图 8.5 舵的平衡

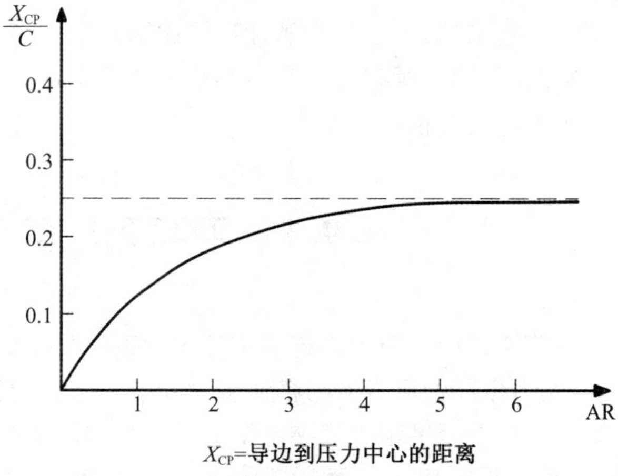

图 8.6 不同展弦比的机翼压力中心位置

相当重要的是不能使得舵过于平衡（比如其压力中心在舵轴中心线的前方），因为这会让舵变得不稳定。比较合适的位置是使得舵压力中心在舵轴中心线的后方 50 mm 处。这个位置有着较好的舵压力，而且不会使得操舵手疲劳。

第9章　推进和主机

由于大多数游艇配备有辅助动力,因此对不同情况下的螺旋桨设计和所需动力的考虑是很重要的。风帆游艇配备主机有三个原因。第一,游艇的内部空间非常拥挤,航行时,在有限空间内的人工操作非常困难。有些处所因为安全考虑甚至不允许进入。第二,在航行条件不理想或者时间紧急的情况下,很多航行者会选择使用主机推进。第三,在恶劣的天气下,主机可能会担任挽救生命的角色。

对于游艇的主机和螺旋桨来说,第一重要的是螺旋桨在行进时能够合理运转,而不是动力需求,因为所需的动力很小。第二重要的因素是速度。第三重要的因素是具备足够的推力,以便在恶劣海况下能够逃生。后面的两个因素对于螺旋桨有着相反的要求,因此,找到一个良好的契合点使螺旋桨在两种情况下都能具备良好的性能是非常重要的。另外,在各种天气条件下,螺旋桨都能使主机在接近最佳运行点的工况下运行也是非常重要的。

在这一章的第一部分,我们先来讨论游艇的总阻力。来自水下部分的水阻力的推算,在第5章已经介绍,空气阻力的计算公式在第7章中进行了描述。本章考虑平静天气和恶劣天气两种情况下的阻力。在平静天气下,只需要考虑静水阻力;在恶劣天气下,还会有附加阻力以及来自侧面和桅杆的风阻力。了解两种情况下的阻力之后,我们来讲解在两种情况下螺旋桨的最优工况以及所需功率是如何获得的。螺旋桨的最终选型需要在两种需求下进行折中,并考虑螺旋桨和主机的可操纵性。在选择了合适的匹配之后,我们来研究螺旋桨的性能。最后,我们讨论航行中的附加阻力。

需要指出的是,本章中的计算要比第5章和第6章中的计算更加粗略。为了获得最佳的机桨匹配,第5章和第6章中的精度是不需要的,而且也很难获得这种精度,因为很多的计算因子不具备很高的精度。

9.1　平静和恶劣天气的阻力

在第5章中对阻力进行了广泛的讨论(见图5.4)。既然我们现在感兴趣的是更高层次的性能,所以我们可以忽略横倾阻力和诱导阻力,甚至粗糙度也可以不去考虑。于是,静水中剩下的只有摩擦阻力和剩余阻力了。摩擦阻力的推算在图5.8中,而剩余阻力的计算在图5.18和图5.19中。而后者图片中的公式非常烦琐,在现在的讨论中可以做出一些粗略的估算。在第5章中已指出,剩余阻力是与排水量相关的,对于相同速度的不同游艇,剩余阻力基本是一样的,在图9.1中给出了这种近似的联系。于是,从图5.8和图9.1中,读者可以获得静水阻力的估算方法。

在波浪中,会有波浪带来的附加阻力(第5章中提到),以及风阻力(第7章中提到)。我们从后者开始讨论。

图9.2中分别给出了船体、桅杆和帆的风阻力的估算公式。这个计算方法在第7章中

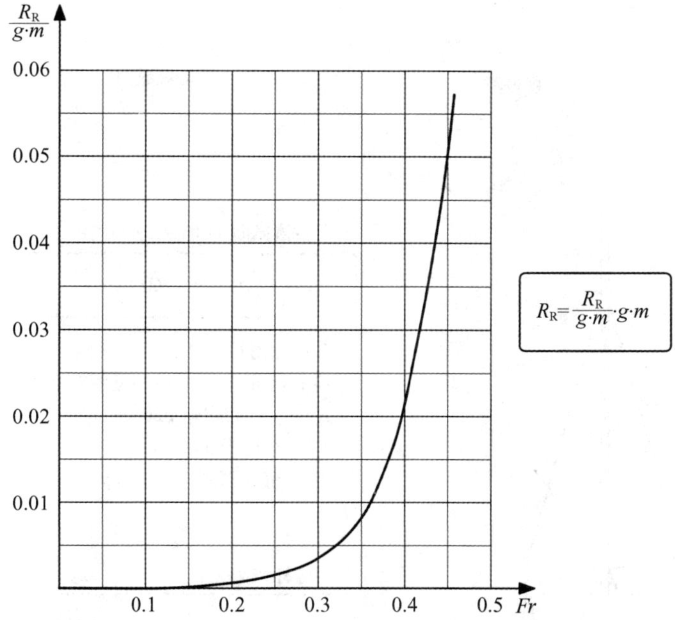

图 9.1 剩余阻力的估算

已经讲述过，在这里重复是为了明晰条理。船体结构的最大截面积可视为最大横梁乘以平均干舷，阻力系数设为 1.13（根据图 7.19）。根据图 7.19，桅杆的最大截面积等于平均直径乘以甲板以上的桅杆高度，阻力系数与船体计算公式相同。这个系数同样适用于帆及其附属物的计算。这样计算的风阻力看起来有些被过高地估计，但这种计算是与第 7 章中的航行阻力计算步骤是一致的。这种阻力计算的方法在有些情况下会比实际值要大，因为，大多数游艇的船体结构、桅杆和帆及绳索面对的风力要比在 10 m 高度处测量的计算风力要小。请注意，完全顶风的情况是非常有趣的。YD－41 的数值在方括号中已给出，但是没有阻力的数值，因为在以上的案例中风速是变化的。

在图 5.4 中，波浪带来的附加阻力的计算依据是 0.4 m 波高和 2.8 s 波浪周期。这相当于在良好的天气条件下航行，在这种条件下，附加阻力非常小。现在，我们来讨论在恶劣天气条件和海况下的附加阻力。我们假设波高为 4 m，波浪周期为 6 s。这相当于开阔环境下的 15 m/s 的风速，与瑞典和丹麦之间的 Skagerack 环境相似。即便在海洋中，波浪周期会更大，浪高也会更高，附加阻力反而会更小。当然，更坏的外部条件不难想象，尤其是在迎风的浅水海岸，但是在这样的环境很难发挥出最优化的配置，除非大大地牺牲正常的条件下的性能。所有的公式在第 5 章中已作介绍，读者有兴趣的话可以对其他条件下的阻力进行推导。

图 5.32 中的系数不适用于完全顶风的情况（比如 180°风），因此计算公式采用 145°风浪的计算推导，等同于 35°顶风的情况。这样可能会使附加阻力的计算值偏小，但这个误差比实际情况下波浪不均匀引起的误差要小得多。

图 9.3 给出了在静水和波浪条件下的阻力计算。两个表格中的三个阻力数值相加，分别是静水中的 7 kn，8 kn，8.5 kn 和波浪中的 6 kn，6.5 kn，7 kn 航速。静水中的风阻力是在静止空气中穿行所引起的。表格中的计算结果在图表中列出。

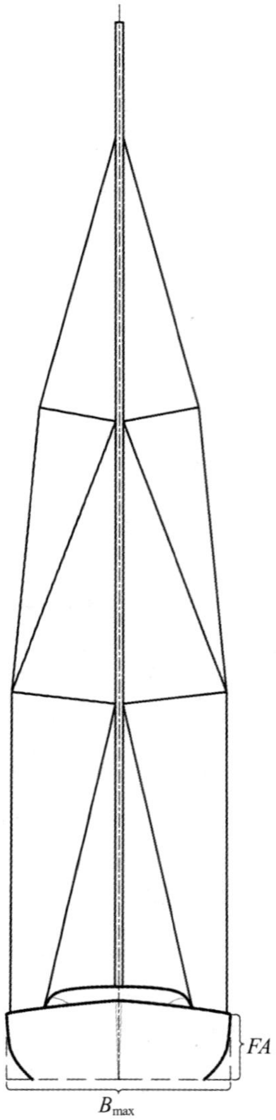

船体风阻力(参见图7.19)：

$$R_{AH}=\frac{1}{2}\rho_A\cdot V_a^2\cdot C_D\cdot BMAX\cdot FA$$

V_a：相对风速

C_D：风阻系数(1.13参见图7.19)

B_{max}：最大船宽(4.20 m)

FA：平均干弦(1.31 m)

ρ_A：空气密度(≈1.23 kg/m^3)

桅杆风阻力：

$$R_{AM}=\frac{1}{2}\rho_A\cdot V_a^2\cdot C_D\cdot EMDC\cdot EHM$$

$EMDC$：桅杆平均直径(0.12 m)

EHM：甲板以上桅杆高度(18.0 m)

帆具风阻力：

$$R_{AR}=\frac{1}{2}\rho\cdot V_a^2\cdot C_D\cdot t_R\cdot L_R$$

t_R：支索和侧支索的厚度(0.008~0.01 m)

L_R：支索和侧支索的长度(52.0~40.0 m)

(叠加R_{AR}：对于不同长度和厚度)

$$R_A=R_{AH}+R_{AM}+R_{AR}$$

图 9.2　风力修正量估算

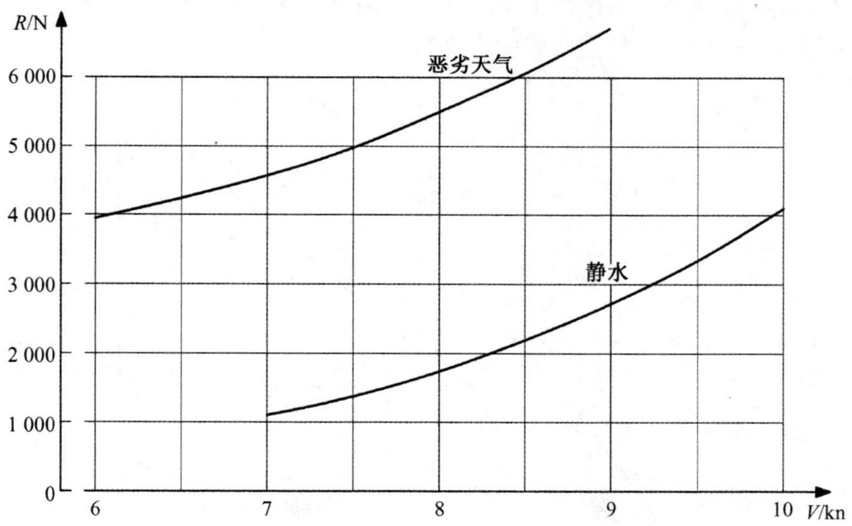

		航速/kn 8	9	10
阻力/N	正浮(图5.3)	1 640	2 590	3 937
	风(图9.2)	100	126	156
	浪(图5.26)	0	0	0
	合计	1 740	2 716	4 093 静水

		航速/kn 6	6.5	7
阻力/N	正浮(图5.3)	701	845	1 027
	风(图9.2)	1 927	1 983	2 038
	浪(图5.26)	1 317	1 409	1 501
	合计	3 945	4 237	4 566 恶劣天气

图 9.3 游艇 YD－41 在静水和恶劣天气的阻力

9.2 推进特性

在水中旋转和推进时,螺旋桨的叶片与机翼相似。图 9.4 给出了某一半径处的叶片切面图。叶片的速度可分解为轴向速度(由向前推进引起)和周向速度(由旋转引起)。前者要略低于游艇的航速,因为螺旋桨是在游艇的尾波里转动。这两者的差值对于比较宽的船舶来说是非常明显的,但是对于游艇来说,这个差值小于 10%,因此在接下来的讨论中,我们可以忽略这个差值。周向分速度与桨径和转速相关。它会随着桨径的增大而增大,这意味着来流与螺旋桨末端的角度会越来越小,因此,叶片会变得越来越扭曲。事实上,螺旋桨通常会设计成在任何半径的截面上旋转一周会向前推进一个固定的距离,这个距离就是螺距。螺距和直径是螺旋桨最重要的两个参数。

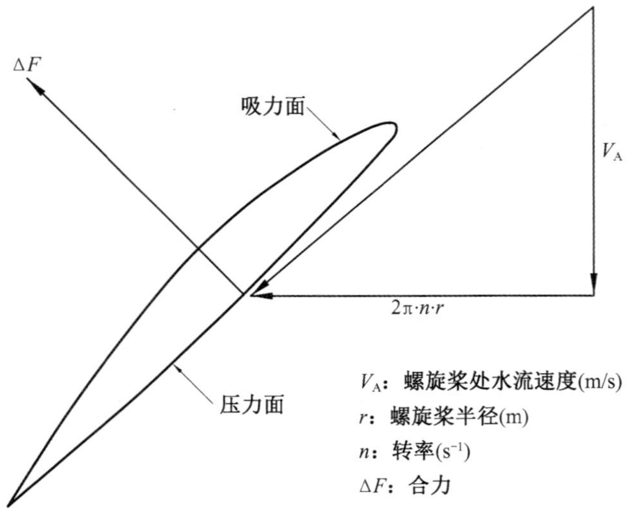

图 9.4　叶片切面图

螺距需要足够大,使叶片以合适的角度击打水流(如果 9.4 所示),并产生一个与水流几乎垂直的合力。如果没有阻力的话,这个角度会是精确的 90°,但是由于诱导阻力和黏性阻力的存在,合力的方向会向后偏(参考第 6 章)。合力有一个轴向的分量,是推进力,还有一个切向的分量,会增加多余的扭矩。就像之前讲解过的阻力和升力一样,这些分量的无因次过程是一样的。在这个例子里,速度量纲是直径乘以转速,面积量纲是直径的平方。用这些量纲替代速度和面积,可以得到一个系数的定义,如图 9.5 所示。这个系数里的分母有另外一个直径,使量纲一致。图 9.5 中定义的推进比 J 是与水流方向的夹角。将传递力(扭矩乘以角频率)除以有效动力(推力乘以分量),就得到了螺旋桨系数,最后结果如图 9.5 所示。

推力系数、扭矩系数和螺旋桨效率被称为螺旋桨特性,它们都以推进比 J 的组成形式给出(如图 9.5 所示)。为获得特性曲线,螺旋桨与连接长轴系在敞水中运转,并有测量设备。有规律地连续改变推进比 J,要么固定转速改变水流速度,要么固定水流速度改变转速。速度为零时,推力系数和扭矩系数都很大,但螺旋桨效率为零,因为螺旋桨没有向前行进。速度较高时,推力系数和扭矩系数都趋近于零,因为此时叶片的击水角度为零。速度更高时,推力系数和扭矩系数都为负值。当推力系数为零时,螺旋桨效率也为零。在中间的某个速度时,螺旋桨效率达到最大值,就是螺旋桨的设计依据。

根据图 9.4 可以得出结论。在第 6 章的讲述中,螺旋桨的特性与诱导阻力关系不同于我们在以上讨论的,叶片末端的诱导分量也参与了特性曲线。如果将这些考虑在内,图 9.4 会变得更加复杂。然而,上面讲述的求解方法同样是适用的。

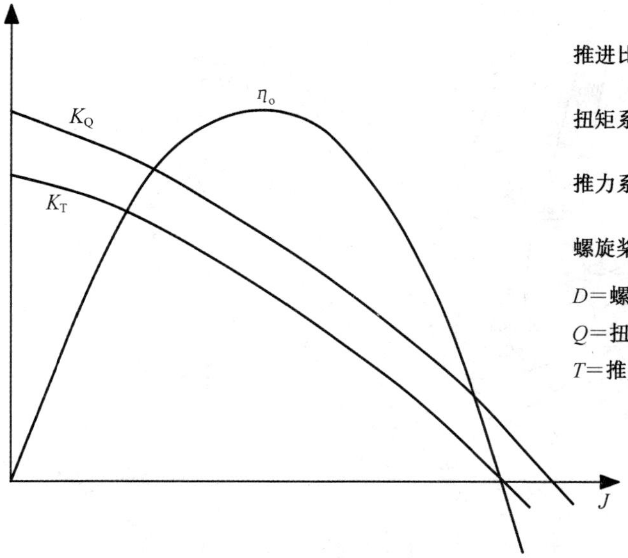

推进比：$J=\frac{V_A}{D\cdot n}$

扭矩系数：$K_Q=\frac{Q}{\rho\cdot D^5\cdot n^2}$

推力系数：$K_T=\frac{T}{\rho\cdot D^4\cdot n^2}$

螺旋桨效率 $\eta_o=\frac{J}{2\pi}\cdot\frac{K_T}{K_Q}$

D=螺旋桨直径 /m

Q=扭矩 /(N·m)

T=推力 /N

图 9.5 螺旋桨特性

9.3 螺旋桨的优化设计

了解螺旋桨的推进速度、推力(动力)和转速,才能设计出最优化的螺旋桨。我们已经知道,推进速度通常比游艇的航速要小,因为螺旋桨是在尾波里运行的。考虑到其他的不确定因素引起的误差,我们可以忽略这个微乎其微的速度上的差异。另一个假设是,螺旋桨推力等于游艇的总阻力。这不符合实际,因为螺旋桨运转减小了艉部压力,因此增加了阻力,但这个效应对于螺旋桨布置在艉部和船体以下的游艇来说是非常小的。

有记载的螺旋桨很多,但是其中两叶桨是很少的。有一种两叶桨叫作 Troost 螺旋桨系列,由 Netherlands Ship Model Basin 发明和测试。测试结果是一种 $B_u-\delta$ 曲线,其中,B_u 是推力系数,δ 是一种转化过的推进比。图 9.6 给出了两者的公式,并阐述了图 9.7(两叶桨)和图 9.8(三叶桨)的解读方法。(如果动力已知,可以采用相类似的 Bp $-\delta$ 曲线)

在制造商的产品目录中选用合适的主机。据粗略估算,3 ~4 kW/t 的主机适用于帆船,5 ~6 kW/t 的主机适用于摩托艇。以 YD-41 为例,主机重 8.12 t,应该具备 24 ~32 kW 的功率。几乎不可能有主机完全符合这个要求,假设我们选择的主机传递的轴功率为 30 kW,主机的额定功率会更大。设定额定转速为 3 000 r/min,传动比为 2.5:1,螺旋桨的转速为 20 r/s。

通过对不同航速下的最优化螺旋桨的计算,可以得出不同推进功率下的转速。图 9.9 以 YD-41 为例给出了这种计算。航速与图 9.3 中所示的静水和波浪中的航速相同。图 9.10 给出了计算结果,图(a)是功率-航速曲线,图(b)是螺距和桨径-航速曲线。由于两叶桨很难消除空泡现象,因此图 9.8 中采用的是三叶桨的计算。从图表中可以看到,静水和波浪中的航速分别是 8.6 kn 和 6.6 kn,对应的最佳桨径分别是 0.55 m 和 0.53 m,最佳螺距分别是 0.32 m 和 0.29 m。两种情况下的数据差别并不大,因此,应该可以找到一种螺旋桨能够在两种情况下都能良好运转。

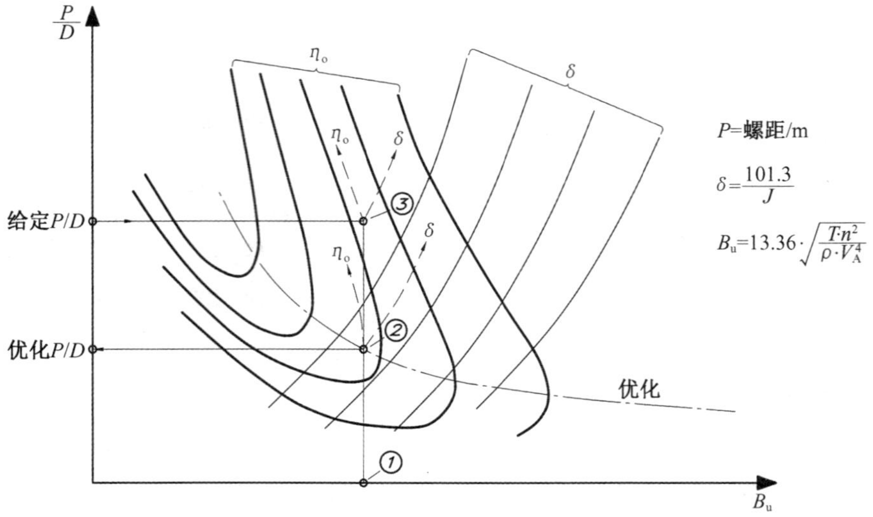

图 9.6　应用 $B_u-\delta$ 曲线的原理

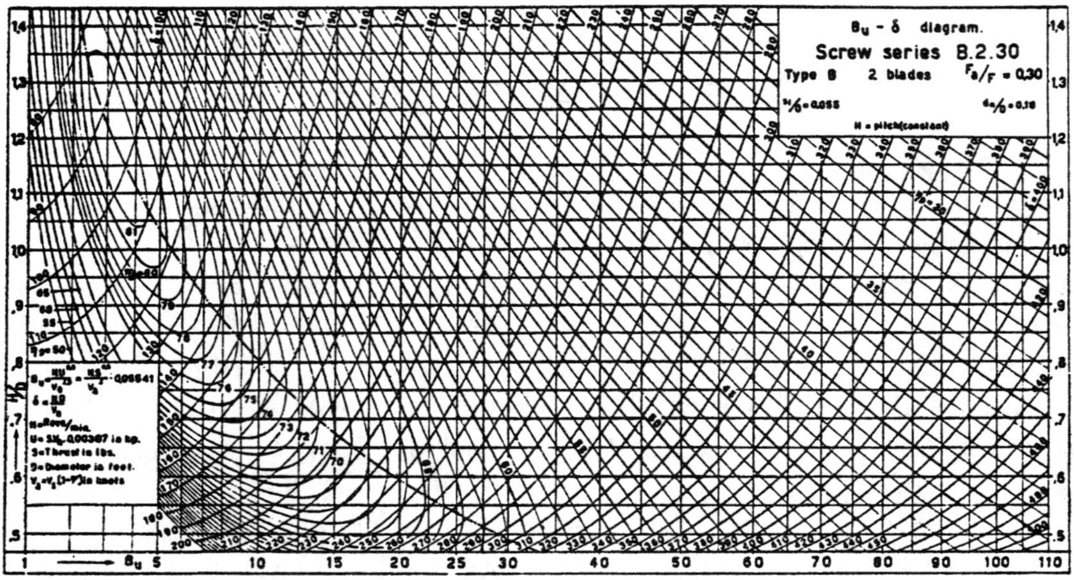

图 9.7　Troost 系列两叶桨的 $B_u-\delta$ 图谱(MARIN 版权所有)

(1)通过计算 B_u 来获得图 9.6 中的点 1。

(2)通过最佳效率曲线找到对应的点 2。

(3)在点 2 的正上方,找出已知螺距比 P/D 对应的点 3。

(4)通过点 2 对应的纵轴读数,得到最佳螺距比。

(5)在点 2,3 之间插入 η_0(效率)曲线。

(6)在点 2,3 之间插入 δ 曲线。

(7)2,3 连线与 δ 曲线的交点对应 δ 的数值,通过 δ 计算出进速系数 J,从而可以算出桨径。

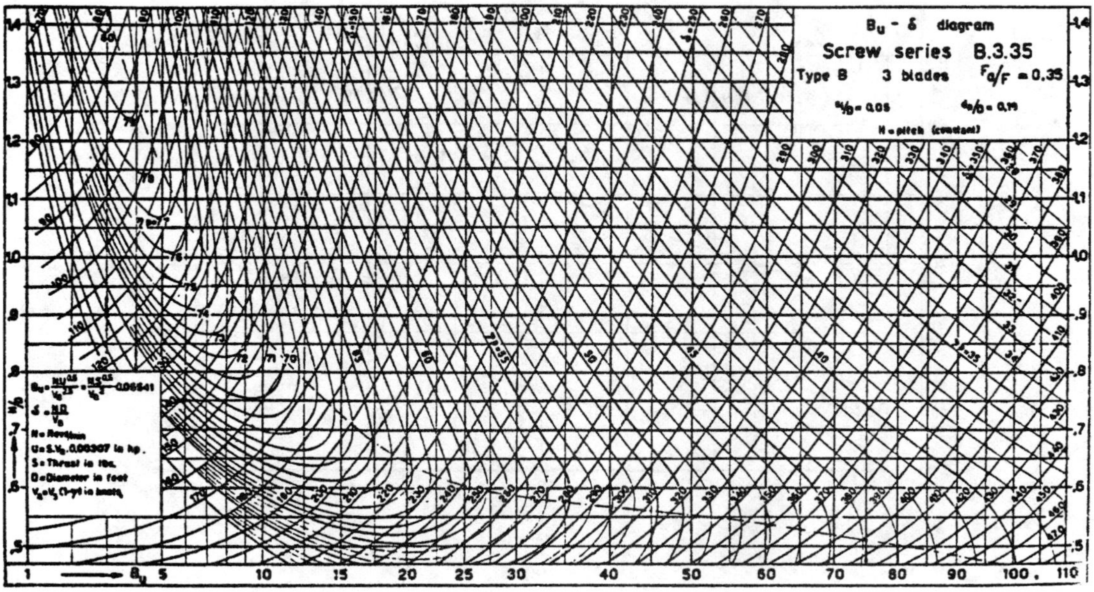

图 9.8　Troost 系列三叶桨的 $B_u-\delta$ 图谱(MARIN 版权所有)

	平静天气			恶劣天气		
V_A=kn	8	9	10	6	6.5	7
V_A=m/s	4.11	4.63	5.14	3.09	3.34	3.60
T=N	1 740	2 716	4 093	3 945	4 237	4 566
B_u	20.5	20.3	20.2	55.0	48.6	43.5
δ 图谱	218	216	215	343	324	308
D/m	0.44	0.49	0.54	0.52	0.53	0.55
P/D(图谱)	0.638	0.642	0.644	0.548	0.555	0.562
P/m	0.28	0.32	0.32	0.28	0.29	0.31
η_o(图谱)	0.630	0.632	0.633	0.484	0.502	0.518
P_D/kW	11.4	19.9	33.2	25.1	28.2	31.7

主机最大功率：P_D=30 kW , n=3 000 r/min

减速比：2.5:1

$$B_u=13.36\cdot\frac{T\cdot n^2}{\rho\cdot V_A^4}$$

$$D=\frac{\delta\cdot V_A}{101.3\cdot n}$$

$$P_D=\frac{T\cdot V_A}{\eta_o}$$

图 9.9　YD－41 螺旋桨最优化的设计

(8)最后,通过有效功率(阻力与航速乘积)与推进效率可以得到传递功率。需要注意的是,这是螺旋桨处的功率,由于传递能量的损失,传递功率比主机的额定功率要小 10%。

现在我们重新看一看设备商提供的螺旋桨,哪种能够满足要求。帆船主要有三种类型的螺旋桨:定距桨、折叠桨和变距桨。在后面可以看到,折叠桨能够在不用时折叠起来,有良好的阻力性能,是现在最流行的配置。然而,螺旋桨的设计曲线只适用于定距桨,即使我们选用的是折叠桨,我们也必须研究这个曲线。通过计算,YD－41 的最佳桨径在 0.5 m 左

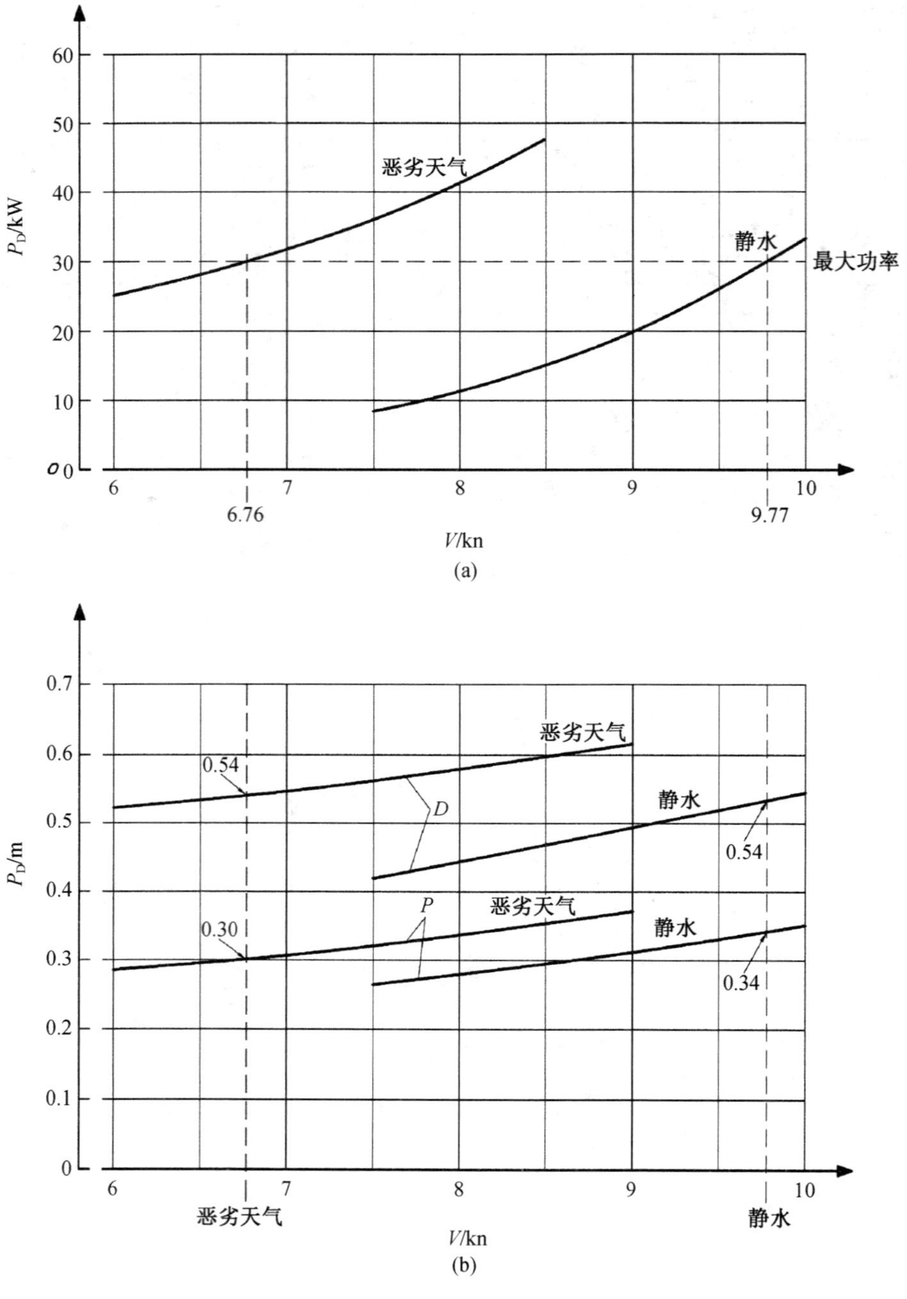

图 9.10　YD－41 的最优化螺旋桨

(a)功率;(b)螺旋桨螺距和直径

右,对于这个型号的船来说,这是一个合理的尺寸,而且在大多数设备商中没有 0.5 m 以外的更佳选择。通常,最好的折中方法是,在最佳效率点附近,选用螺距与桨径乘积与优化螺旋桨最接近的螺旋桨,因为这样的螺旋桨才能以最接近计算结果的状态与主机匹配。对于这个案例,我们假设选用的螺旋桨桨径为 0.56 m(22 英寸),螺距为 0.31 m(12 英寸),螺距比是 0.55。现在我们来了解这个非最优桨的性能。

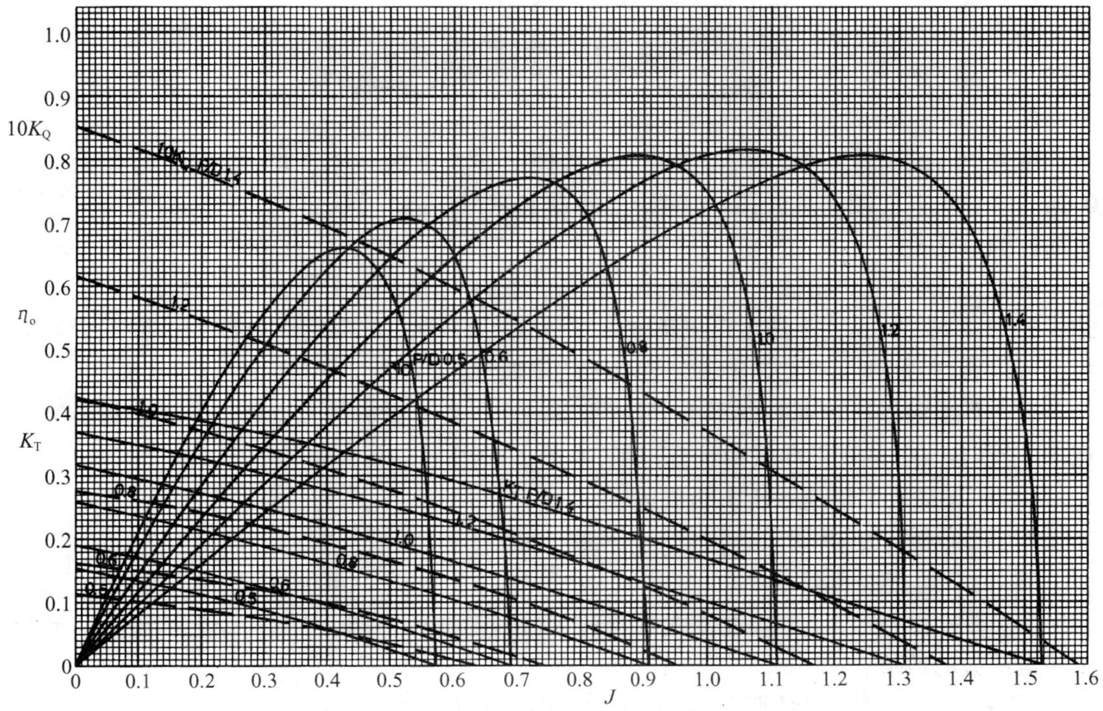

图 9.11　双叶 Troost 螺旋桨特性

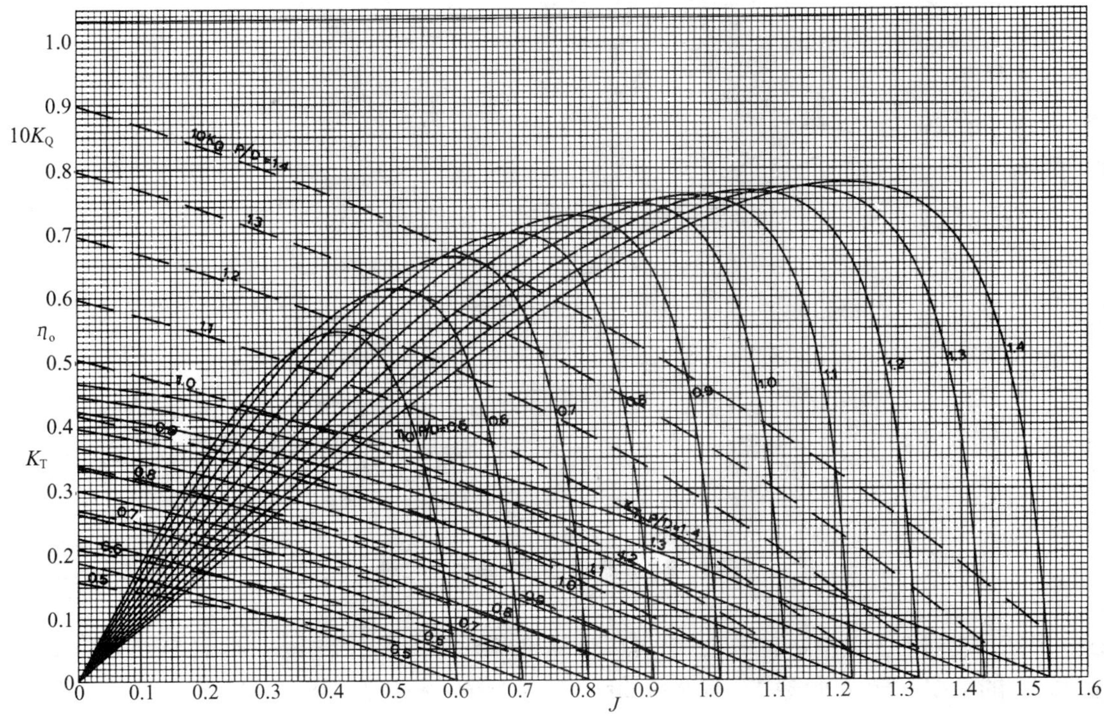

图 9.12　三叶 Troost 螺旋桨特性

9.4 非优化的螺旋桨特性

图 9.12 给出了 Troost 系列三叶桨的特性曲线。跟图 9.8 一样，螺旋桨的盘面比为 0.35。叶片展开面积的总和，除以螺旋桨的盘面积，就得到了盘面比。后面我们再来讲述盘面比的重要性。

图 9.12 的曲线之间插入一些曲线，可以得到螺距比为 0.55 的选用桨的特性。获得的结果如图 9.13 所示，这个图表可以用来计算游艇在不同航速下所需的螺旋桨功率和转速。我们可以看到，这两个指标必须满足主机的输出曲线。

推力系数除以进速系数的平方，可以得到一个与转速无关的参数 K_T/J^2，称为螺旋桨负载，这个参数可以从特性曲线中计算得来，如图 9.13 所示。计算步骤如下：

(1) 假设螺旋桨进速等于游艇航速；

(2) 计算总阻力，并假设总阻力等于推进力；

(3) 计算螺旋桨负载，K_T/J^2；

(4) 图 9.13 中，在负载曲线上找到与计算数值对应的一点，在垂直线上读出进速系数和转矩系数的数值；

(5) 由进速系数可以计算出转速，由转矩系数可以计算出功率。

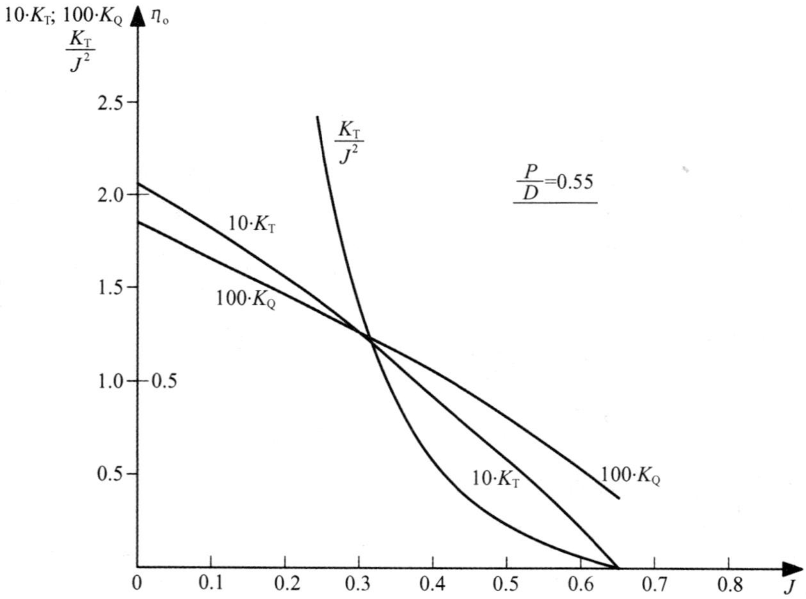

图 9.13 内插值法三叶螺旋桨特性

图 9.14 列出了所有的计算公式，可以计算出 YD－41 的各项参数。将计算结果显示在图 9.15 的功率－转速曲线中。有两条曲线，对应于静水和波浪环境。主机的限制曲线分别给出了主机的最大输出功率和最大转速。限制曲线的交点就是螺旋桨设计的最优点，这一点代表主机输出功率为 30 kW，输出转速为 20 r/s。

选用的螺旋桨在静水中非常接近最优化设计，桨径与螺距的乘积对应的航速是 8.5 kn。在

	静水			恶劣天气		
V_A=kn	8	9	10	6	6.5	7
V_A=V/(m/s)	4.11	4.63	5.14	3.09	3.34	3.60
T=R/N	1 740	2 716	4 093	3 945	4 237	4 566
R(已知)/m	20.5	20.3	20.2	55.0	48.6	43.5
系数	0.319	0.394	0.481	1.288	1.179	1.109
J/(图谱)	0.466	0.454	0.420	0.310	0.320	0.328
K_Q/D(图谱)	0.009 0	0.009 3	0.010 1	0.012 4	0.012 2	0.012 1
h/(r/s)	15.8	18.2	21.9	17.8	18.7	19.6
P_D/kW	12.5	19.9	37.6	24.8	28.3	32.3

$$系数=\frac{K_T}{J^2}=\frac{T}{\rho\cdot D^2\cdot V_A^2}$$

$$n=\frac{V_A}{D\cdot V}$$

$$P_D=2\cdot K_Q\cdot\rho\cdot D^5\cdot n^3$$

图 9.14 游艇 YD－41 的非优化螺旋桨动力需求计算

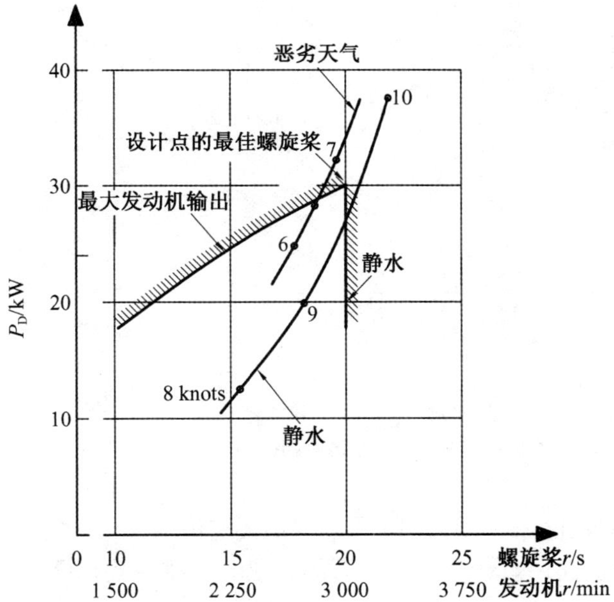

图 9.15 发动机和螺旋桨功率

这个航速下，螺旋桨和主机匹配良好。在恶劣天气下，螺旋桨有轻微的过载，最大航速为 6.5 kn。由于输出功率的下降，转速会降到最大转速以下。这对于选用的螺旋桨来说是个不好的效应，但是危害很小。

总的来说，恶劣天气对应的曲线如果在主机限制曲线的右边会更加安全，这意味着输出功率受到最大转速的限制。如果阻力增大，曲线会向上移动与主机限制曲线交点靠近，更大的功率范围可供选择。在我们这个实例中，有效功率会随着阻力的增加而微微下降。

9.5 叶片区域的校核

如果螺旋桨严重过载，在螺旋桨的吸力面，水的压力过低引起水蒸发，产生气泡。随着气泡的增多，推力效率会受到影响，并且螺旋桨会产生振动和噪声。这种现象叫作“空泡”。为了避免空泡现象的发生，螺旋桨的叶片面积需要足够大。Burrill 提出的方法可以做出简单校核，我们在下面的内容中讲述。

图 9.16 给出了相关的公式。首先，定义了“空泡数”。这是以无因次的形式对螺旋桨空泡做出的界定。因此，空泡数的分子是静压力与被讨论的温度下的汽化压力之差，而分母是 70% 桨径处的动压力。螺旋桨处的静压力是大气压力与水压力之和，如图 9.16 所示。

螺旋桨轴压力：

$P_P = P_P + \rho \cdot g \cdot h_P$

P_P：气压

h_P：螺旋桨轴处深度

空泡数：

$$\sigma = \frac{P_P - P_V}{\frac{1}{2}\rho \cdot V_A^2 \cdot [1 + (\frac{0.7\pi}{J})^2]}$$

P_V：汽化压力

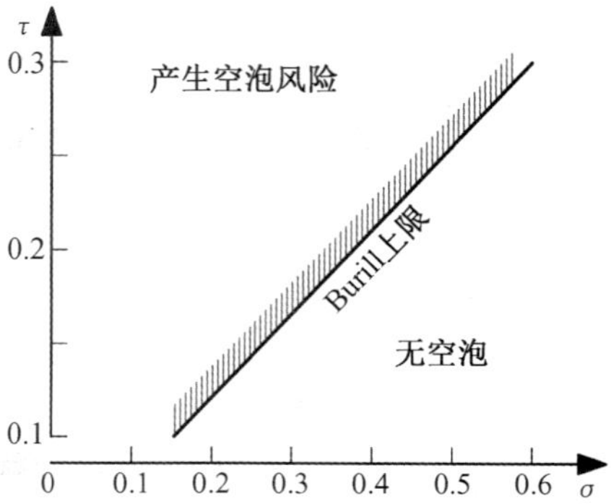

叶片面积：

$$\frac{A_D}{A_O} = \frac{T}{\tau \cdot \frac{1}{2}\rho \cdot V_A^2 \cdot [1 + (\frac{0.7\pi}{J})^2] \cdot (1.067 - 0.229\frac{P}{D})\frac{\pi}{4}D^2}$$

A_D：叶片展开面积

A_O：螺旋桨盘片面积

图 9.16 Burrill 图

计算出空泡数的数值之后，图 9.16 可以得出无空泡条件下 τ 的最大值。这个数值可以直接从图表中读出，进而用来计算最小盘面比。把叶片摊平放在平面上就成了叶片的展开面积，叶片展开面积的总和除以盘面积，就得到了盘面比。

在图 9.17 中是 YD－41 的盘面积的校核。当螺旋桨负载 K_T/J^2 最大时是最坏的情况。在图 9.17 的计算中，这是在恶劣天气下航速为 6.5 kn 时的状况。我们可以看出，这种情况下的航速达不到 7 kn。

采用图 9.14 里表格中的数值，当螺旋桨吃水为 0.48 m 时，最小盘面比变为 0.33。我们之前已经介绍过，Troost 系列三叶桨的盘面比为 0.35，所以满足要求。如果盘面积较小，增大桨径可以改善这一情况。

根据图9.16计算

h_P=0.67 m

P_{atm}=101 300 Pa

P_P=101 300+1 025·9.81·0.67=108 037 Pa

P_V=2 300 Pa, at 20 ℃

$\frac{P}{D}$=0.55

D=0.56 m

最差情况：恶劣天气，6.5 kn(参见图9.14)

V_A=3.34(m/s)

J=0.32

T=4 237 N

$$\sigma=\frac{108\,037-2\,300}{0.5\cdot 1\,025\cdot 3.34[1+(\frac{0.7\pi}{0.32})^2]}=0.383$$

τ=0.20(见图9.16)

$$\frac{A_D}{A_O}=\frac{4\,237}{0.20\cdot 0.5\cdot 1\,025\cdot 3.34^2\cdot[1+(\frac{0.7\pi}{0.32})^2]\cdot(1.067-0.229\cdot 0.55)\cdot 0.25\cdot\pi\cdot 0.56^2}$$

图 9.17 游艇 YD－41 所需盘面积的计算

9.6 推进器阻力

通过螺旋桨最大截面积和一些阻力系数,可以估算出航行中的螺旋桨阻力。通过图9.18中的近似关系,将安装在龙骨之后的固定螺旋桨锁定不旋转时的阻力系数设为1.2,可以算出最大截面积。从而可以根据图中的公式,简单地算出阻力值。如果螺旋桨自由旋转,其阻力则下降为固定不旋转时的四分之一。然而,这只是理想化的想法。事实上,离合器和摩擦力的作用会使转速慢下来。从阻力曲线可以看出,折叠桨的阻力性能非常优异,通常小于固定桨的5%。

图9.18是游艇YD－41的螺旋桨阻力和航速变化曲线。如果采用桨叶和螺距固定的螺旋桨,那么按照图5.4中的典型上风7.35节航速,游艇阻力700 N。这几乎是没有螺旋桨的总阻力的一半。如果螺旋桨是绝对自由旋转,那么阻力增加约180 N。大多数帆船驾驶员喜欢使用能够大大减小螺旋桨阻力的可折叠式桨,这种折叠式桨的阻力增加约为35 N,其对应的可接受的航速损失大约是0.07 kn。

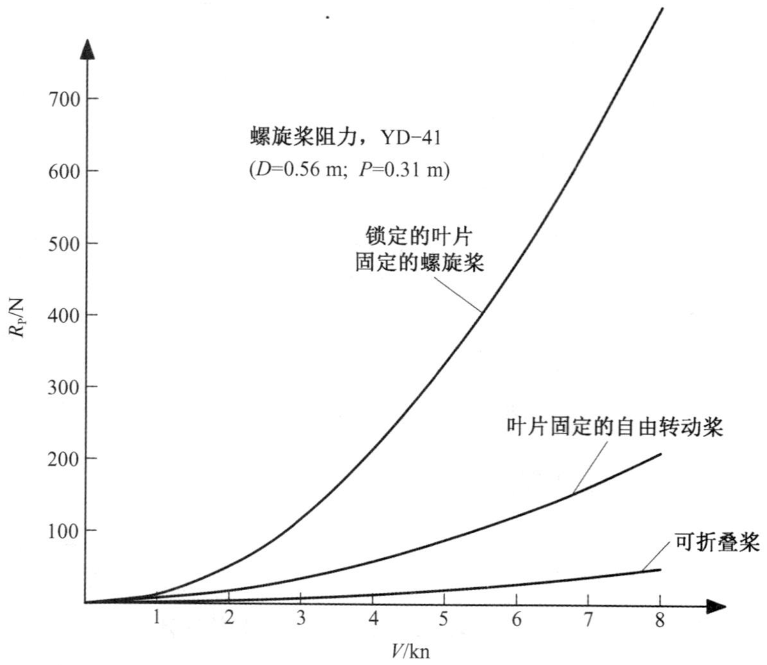

螺旋桨正面面积：

$A_P=\frac{A_D}{A_O}\cdot(1.067-0.229\frac{P}{D})\cdot\frac{\pi}{4}\cdot D^2$

阻力：

$R_P=0.5\cdot\rho\cdot V^2\cdot C_D\cdot A_P$

C_D=1.2对于锁定的固定叶片桨

C_D=0.3对于可自由转动的固定叶片桨

C_D=0.06折叠桨

图 9.18　航行中的螺旋桨阻力

第 10 章　高速水动力学

尽管本书讲述的是风帆游艇，但是本书介绍的大多数理论也适用于动力游艇。在船体几何定义方面或者制图方面，无论是手工还是利用 CAD（计算机辅助设计）系统，这都没有区别。游艇的排水量，同时游艇的静水和动态稳性属性，对于风帆游艇来说，也都是完全相同的计算过程。不论是任何基本的船体绕流的不同，还是附加的黏性和兴波阻力成分。弗劳德数小于 0.7 的情况，扶正阻力可以从第 5 章介绍的公式来计算，波浪附加阻力也一样。横摇阻力显然没有联系，但是诱导阻力和升力在设计动力游艇的有效舵的时候很重要。截面形状和外形都需要考虑。仅对动力游艇设计感兴趣的读者可以完全略过风帆和平衡这两个章节，但是他需要更多地注意在接下去的螺旋桨和主机章节。

前面没有涉及的一个领域是高速艇特殊的水动力学部分，也就是滑行模式下工作的船艇。极少的风帆游艇能够达到这个速度范畴，尽管一些非常特殊的帆艇，诸如帆板或者超轻的船载划艇可能速度很高。然而，滑行动力艇变得越来越流行，为满足对动力艇有兴趣的爱好者的要求，本章讨论了高速水动力学的内容。

10.1　滑　　行

按照阿基米德的观点，全部或者部分浸没在液体中的物体的浮力等于物体排开水的体积。浮力，这种液体中静水压力而引起的力，已经在第 4 章讨论过。然而，一旦物体开始运动，船体通过向每个水分子粒子施加了力而推动水分子粒子开始运动。单位面积上的这种力被称为水动力压力。尽管不是用这样的方式来区别他们，在图 5.4 可以见到这种压力，在第 5 章我们已经发现它是黏压阻力和兴波阻力的主要原因。这两种阻力成分是由沿船体表面纵向的压力分力成分引起的。水动力压力在垂直方向上的分力引起船体的沉降和纵倾。高速时，这种垂向上压力可能会很显著地大于浮力，将船体举升甚至完全出水。当船体主要被水动力压力所支撑时，被看作是滑行。注意不是所有的船体都可以达到足够高的速度以产生滑行。图 10.1 给出在不同的弗劳德数时的典型高速船体的动水力和静水力升力组分。

滑行的基本原理可参考图 10.2 的解释，图 10.2 给出了沿水面滑行的平板下方的流体图示。图示的速度矢量表明了和平板有关系的流体的流向。可以见到平板上有个点处的流体是以直角来冲击该处的。这个点就是驻点，该点处的流体被分成两部分，一部分向后，一部分向前。驻点处的压力（水动力）最高，因为该点处所有的流体动能被转化为压力。该位置处也相对没有流体。驻点两侧的压力是下降的并最终下降为零。这个现象发生在整个平板的随边和驻点前部的流体速度开始和平板平行的位置。更前方薄层流体破碎飞溅后，落到水面上。

高压所生成的作用力与平板成直角，也就是该力与垂线成的夹角是滑行的平板的螺距

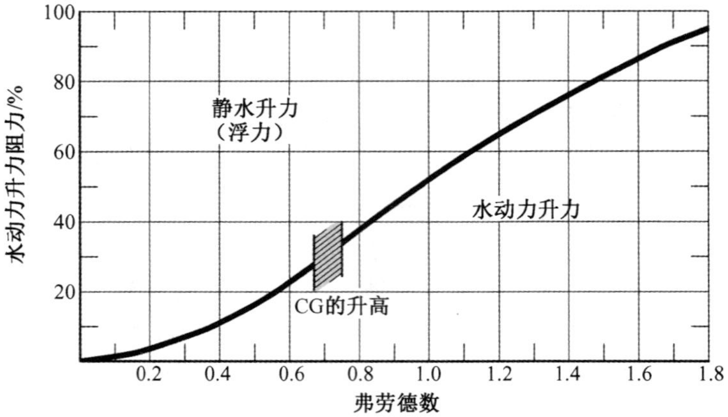

图 10.1　不同弗劳德数时静水力和动水力升力成分的分布

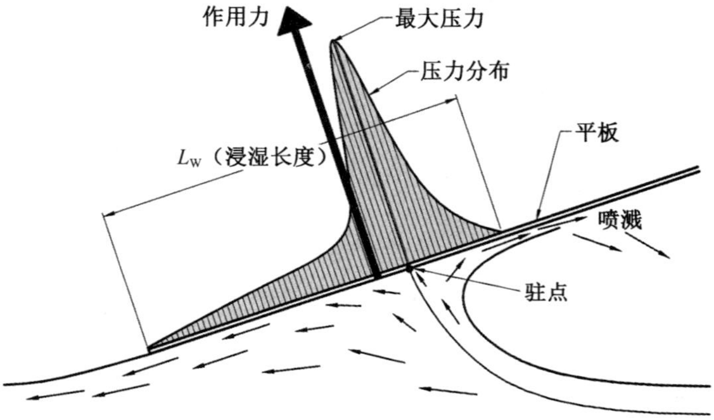

图 10.2　滑行平板下方的压力和速度分布(原理图)

角。该力的垂直分量就是升力,用以平衡船艇的重力,同时其水平分量是总的压阻力,基本是兴波阻力。

现实中某种程度上要比上面的理想图更加复杂。首先,一直会有静水压力的作用。显然这个成分总是垂直平板并且应计入图 10.2 的压力中。如图 10.3 中列出的,这意味着在升力和阻力两方面的增加。这也是由静水压力引起的阻力成分。对于排水量型船舶,静水压力作用在船舶前体向后的被作用在后体向前的力或多或少地平衡掉。后者的力在滑行船体上几乎整体都消失了,因为其艉封板是干燥的。

第二个复杂的因素是摩擦力,它们是与平板平行的。尽管在驻点前方有些向前的分力,摩擦力作用的结果基本上还是指向后方并增加了阻力。升力也有小幅度的降低。有趣的是,如果不考虑摩擦力,则平板阻力主要将被其自身总量(等于总升力)和纵倾角度来定义。

如果平板的质量发生了变化,升力也要相应跟着改变。平板质量的增加,会被纵倾的增加或者湿面积的增加所补偿。后者的情况就是平板浸没水中更深些并且增加了摩擦阻力。为了增加纵倾角度,中心必须向后移动。

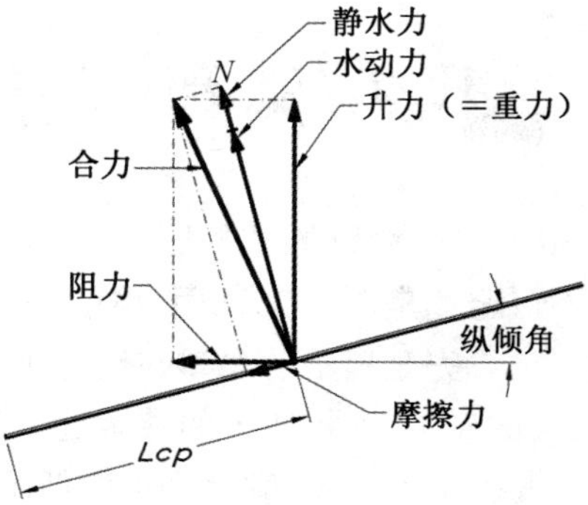

Savitsky的升力理论（忽略摩擦力）

λ：浸湿长度和宽度的比率 $\frac{L_W}{b}$

τ：纵倾角

C_V：速度系数 $\frac{V}{\sqrt{g \cdot b}}$（梁的傅汝德数）

V：速度/(m/s)

C_{L_O}：升力中心 $= \frac{m \cdot g}{0.5 \cdot \rho \cdot V^2 \cdot b^2}$

$$C_{L_O} = \tau^{1.1} \cdot (0.012 \cdot \lambda^{0.5} + 0.005\,5 \cdot \frac{\lambda^{2.5}}{C_V^2})$$

压力中心：

L_{CP}：从压力中心至随边的距离 /m

$$\frac{L_{CP}}{L_W} = 0.75 - \frac{1}{\frac{5.21 \cdot C_V^2}{\lambda^2} + 2.39}$$

图 10.3　作用在滑行平板上的力

戴维森实验室(Davidson Laboratory)的萨维斯基(Savitsky)进行了大量系统的滑行表面的试验,并提出几个通用的常被高速船体设计师采用的原则。图 10.3 中有个公式是用来计算升力的,需给出湿面积的长宽比和纵倾角度。注意宽度是在速度系数和升力系数中被用作参考长度的(对应弗劳德数)。升力公式中的第一项是来自静水力的作用结果,而第二项是动水力压力。

第一眼看上去貌似这两个影响升力的因素会随着长宽比增加而增加,然而,这仅适用于升力系数是通过除以宽度的平方根方法获得的情况。如果升力系数是通过湿面积的常规方法来定义的,则第一项会随长宽比的增加而降低。这样,为生成动力的升力,短宽的滑行平面就比细长的更有效。从第 6 章得知,机翼是同样的情况。然而,宽船体在波浪中生成大量的附加阻力,实际上,这会对游艇宽度造成限制。

图 10.3 还给出了萨维斯基的关于滑行平面的压力中心位置的公式。当定义动力游艇的纵倾角时,详见下文,这个位置是重要的。

10.2 舭部升高

掠过水面的平板可以用来解释滑行的基本原理，对于冲浪板和滑水也有一定的意义，但是动力游艇的船体几乎不可避免是深V形截面，也就是所谓的舭部升高。采用这个形状的原因是船体适航质量的要求。完全扁平的船体在航海上是不可能的，因为垂直加速度非常之大，而且航行时有相当大的碰击，使得船上的乘客处于危险状态。V形剖面显著降低了前述问题，V形越深，则加速度越小。然而，舭部升高降低了升力，这需要更大的湿面积或者纵倾角，而这两方面都增加阻力。

舭部升高降低升力的原因是当水碰击船体时，V形船体将水反射到两侧去了。实际上，对常规的舭部升高，大部分水都按照这个形式被喷溅出去。如上面解释过的，举升船体的水动力压力是来自水分子的反作用力引起的，这些水分子在接近船体时被迫改变其方向。对于平板，在驻点前方的流体的这个方向的改变接近180°(图10.2)，这就带来了高压力。然而，如果喷溅都到了侧面，方向的改变就小多了，反作用力也小了。更进一步，这个力现在指向内侧，所以生成了没用的横向分力。图10.4给出了升力因为舭部升高而改变的公式。

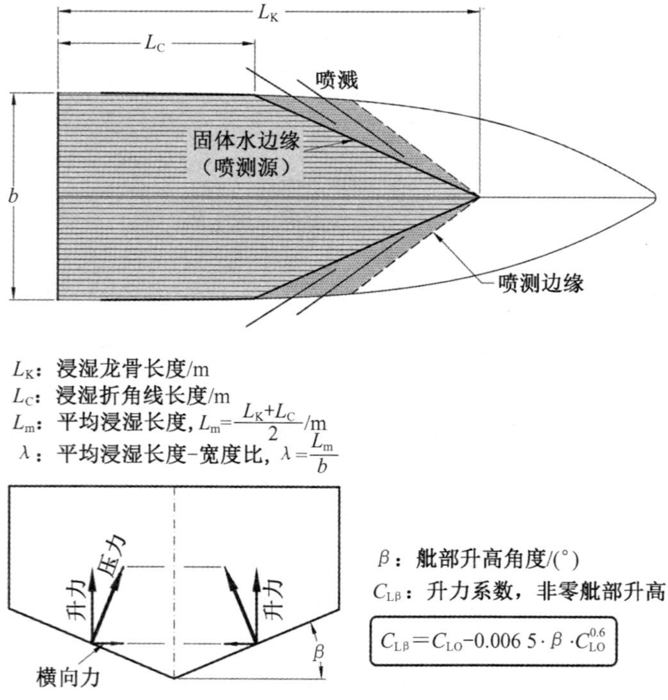

图10.4 舭部升高对喷溅和压力的影响

为了理解舭部升高在试航加速性能上优势的影响，图10.4中比较了平板中插板撞击到自由液面的冲击。后者的情况中，整块板的表面同时撞击到水面，中插板的表面逐渐浸没，这样就在中插板上逐渐地生成了反作用力。

舭部升高的船底的喷溅通常会增加摩擦阻力，这是因为大多数喷溅都会向后进行。萨维斯基测量了这种效应针对湿面积长宽比的喷溅纠正公式。图 10.5 用图形给出了不同的舭部升高和纵倾角的纠正，也给出了适当的公式用于计算摩擦阻力。

摩擦阻力：

R_f：摩擦力/N

S_W：水和喷溅引起的浸湿面积/m²

C_F：表面摩擦系数(见图5.8)

Δλ：由于喷溅造成的浸湿长宽比增量

$$R_F = C_F \cdot 0.5 \cdot \rho \cdot V^2 \cdot S_W$$

$$S_W = \frac{L_m}{b} \cdot b \frac{b}{\cos\beta} = (\lambda + \Delta\lambda) \cdot \frac{b^2}{\cos\beta}$$

$$R_F = C_F \cdot 0.5 \cdot \rho \cdot V^2 \cdot (\lambda + \Delta\lambda) \cdot \frac{b^2}{\cos\beta}$$

Δλ是从下图中获得

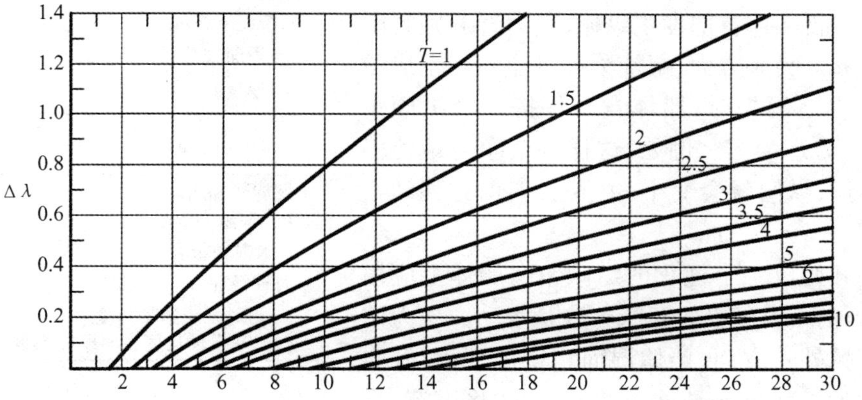

R_f的力臂(ff 和VCG，见图10.6)

$$ff = VCG - \frac{b}{4} \tan\beta \, [m]$$

图 10.5 船体摩擦阻力的计算

10.3 滑行船体的受力

图 10.6 给出了作用在显示滑行船体上各种最重要的受力。N 对应的是图 10.3 中的压力(静水力和动水力的合力)，同时 R_f则是摩擦力。螺旋桨推进力是 T，其推进阻力为 R_a，其中下角标 a 表示是附体。对于有传动轴螺旋桨的船体，来自传动轴、轴瓦和舵的阻力必须要考虑。图 10.7 中给出了有用的流线型和倾斜的圆柱形的有用公式。附体受力的方向会有些许变化，但是通常按照平行龙骨线来考虑也不会有太大的损失。附体可能会产生某些升力，特别是传动轴，但是这在后文都会被忽略。

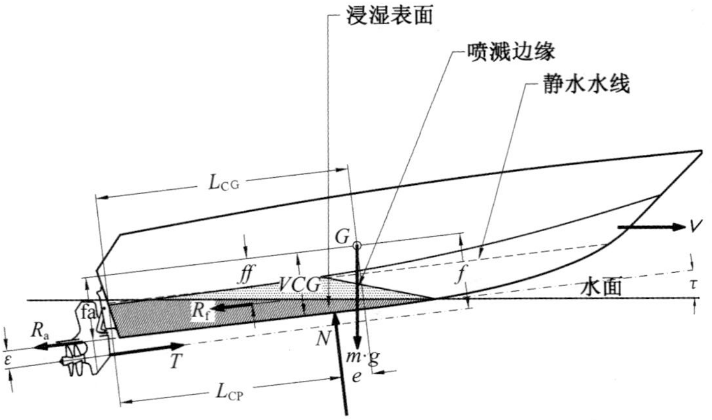

图 10.6 滑行船体上的各种受力

舵和支架的阻力:

R_r:方向舵或舵架阻力/N

S_r:浸湿表面/m²

C_{Fr}:表面摩擦系数(见图5.8)

$\frac{f}{c}$:厚度弦长比

$$R_r=0.5\cdot\rho\cdot V^2\cdot S_r\cdot C_{Fr}\cdot\left[1+2\cdot\frac{f}{c}\,60\cdot\left(\frac{f}{c}\right)^4\right]$$

螺旋桨轴的阻力:

R_{sh}:轴阻力/N

I:水中轴长/m

d:轴径/m

ε:相对来流的轴角度/(°)

C_{Fsh}:基于轴长度表面摩擦系数

$$R_{sh}=0.5\cdot\rho\cdot V^2\cdot I\cdot d\cdot(1.1\cdot\sin^3\varepsilon+\pi\cdot C_{Fsh})$$

图 10.7 附体阻力

图上的质量作为力 $m\cdot g$ 垂直作用并通过重心 G。为计算力矩,该点可以作为原点。可以见到,N,R_f 和 R_a 生成力矩使得船体首部发生纵倾,其力臂分别是图中的 e,ff 和 fa。另一方面,螺旋桨推进器和其生成抬艏力矩。当力矩消失时,船体自动保持一个纵倾角度,也就是净力矩为零。例如,这样一个净力矩使得船体艏部纵倾,纵倾就会变小,力 N 会向前方移动直到达到平衡。

如果一开始以一个优化的纵倾角在船体上应用埋艏力矩,新的小角度纵倾意味着这是水动力压力诱导产生的。另外一方面,船体湿面积增加了,而升力还是足够大的。如果不是这种情况,船体将下沉,直到增加的水动力浮力平衡了损失的水动力升力。这两种情况下,附体质量导致的摩擦力都会增加,使得力 N 的方向少许指向后方。这种情况只发生在重心离艏部太远的情况。

如果重心太靠后的话,一个净力矩会使得游艇尾倾而增加纵倾,因为增加压力和降低湿面积。船体滑行的更高就更好,因为降低了摩擦力,但是力 N 产生了更大的阻力分量而使得总阻力变大。当重心更加靠后,通常也会发生不稳定。纵倾增加,力 N 移动向更后方,引起埋艏力矩。艏部下降后,整个过程再重复一次。这样会出现前后振动的船,这种现象不常见。设计一艘有一定的纵倾角度达到平衡的游艇就变得非常重要,下面描述了计算纵倾和阻力的过程。该过程是由海德拉 (Hadler) 基于萨维斯基前面做的工作而提出来的。海德拉的原始论文(SNAME 文献,74 卷,1966)包括了螺旋桨在船体压力下的影响和对相对来流而倾斜的螺旋桨轴的螺旋桨特性的更正。同样包括了一些附体的升力。此处忽略了这些影响和空气阻力的影响。尽管海德拉的理论已经很老了,但是对于滑行艇预报,还是可以被接受的过程。

埋艏力矩(*M*)：

$$M_{\mathrm{h}}=g\cdot m\cdot\left[\frac{e\cdot\cos(\tau+\varepsilon)}{\cos\varepsilon}-f\cdot\frac{\cos\tau}{\cos\varepsilon}\right]$$

$$M_{\mathrm{h}}=R_{\mathrm{f}}\cdot\left[\mathrm{ff}-e\cdot\tan\varepsilon-\frac{f}{\cos\varepsilon}\right]$$

$$M_{\mathrm{a}}=R_{\mathrm{a}}\cdot\left[f_{\mathrm{a}}-e\cdot\tan\varepsilon-\frac{f}{\cos\varepsilon}\right]$$

$$M=M_{\mathrm{h}}+M_{\mathrm{f}}+M_{\mathrm{a}}[\mathrm{N\cdot m}]$$

$$\tau_0=\tau_1-\frac{M_1\cdot(\tau_2-\tau_1)}{M_2-M_1}$$

对两个计算摩擦阻力R_{f1}和R_{f2}之间通过线性的插值，找到对应倾零度角τ_0时的R_{f0}：

$$R_{\mathrm{f0}}=R_{\mathrm{f1}}+\frac{R_{\mathrm{f2}}-R_{\mathrm{f1}}}{\tau_2-\tau_1}\cdot(\tau_0-\tau_1)$$

阻力：

$$R=[g\cdot m\cdot\sin\tau_0+R_{\mathrm{f}}]\cdot\frac{\cos(\tau_0+\varepsilon)}{\cos\varepsilon}[\mathrm{N}]$$

有效功率：

$$P_{\mathrm{E}}=V\cdot R[\mathrm{W}]$$

图 10.8 力矩、纵倾和阻力

找出平衡的纵倾角和其对应的阻力和动力的过程：

(1)首先确定下面的参数：

m:排水质量；

LCG:艉封板到重心的距离；

VCG: 基线(龙骨)到重心的距离；

b:折角线之间的最大宽度(或者防溅条之间;见下一节)；

ε:螺旋桨轴相对基线的倾斜度；

β:舭部升高角度(艉封板处和重心处的平均值)；

f:轴线和重心之间的距离；

V:航速。

(2)计算速度因素 C_{v}(图 10.3)。

(3)按照图 10.3 的定义来计算升力系数(也就是应用包括 m 和 g 的公式)。图 10.3 中给出的主要是用于平板计算的,所以用的是 C_{L0},对于有舭部升高的船体,则采用 $C_{\mathrm{L\beta}}$。

(4)用计算 $C_{\mathrm{L\beta}}$的公式通过试算和估算来计算对应的 C_{L0}(图 10.4),也就是试着用第三步给出的 $C_{\mathrm{L\beta}}$来试着找到 C_{L0}。

(5)假定纵倾角度为 τ,比如为 4°。

(6)利用图 10.3 中计算 C_{L0}公式的框架通过试算和估算来计算湿长度 - 宽度比 λ,也就是通过第 4 步获得 C_{L0}去寻找 λ。

(7)从 λ 来计算平均湿长度 L_{m}和雷诺数。

(8)采用 ITTC 公式(图 5.8)计算表明摩擦力系数 C_F。

(9)计算因为喷溅导致的 λ 的变化:$\Delta\lambda$ 并计算 R_f(图 10.5)。

(10)计算 R_f相对重心的力臂 ff(图 10.5)。

(11)按照图 10.7 中公式计算所有附体阻力 R_a。

(12)计算相对船体重心的力臂 fa。假定力都作用在每个附体的湿面积重心并且都是平行基线的。

(13)利用图 10.3 中的公式,计算从艉封板到压力中心的距离 Lc_p(对于底部有舭部升高的情况,L_w等于 L_m)。

(14)针对不同的 LCG 和 L_{cp}分别计算压力的力臂 e。

(15)计算图 10.8 中埋艏弯矩 M。这个方程是从海德拉的论文中关于水平和垂向力平衡部分推导来的。

(16)大多数的弯矩计算肯定是从零开始的,因此纵倾角就会有变化以获得平衡。回到第 5 步重复计算另一个纵倾角度。(如果计算的埋艏弯矩是正值,降低纵倾角计算,反之亦然。)

(17)通过线性内插值(外插值)计算介于两个计算弯矩之间的零弯矩的纵倾角。采用图 10.8 的公式来计算。

(18)通过线性插值法在两个计算结果之间来求得这个纵倾角度的摩擦阻力(图 10.8)。

(19)从图 10.8 的公式来计算总阻力。

(20)从图 10.8 的公式来计算有效功率。

有效功率 P_E是驱动游艇前进的有用功率。为了计算真正驱动螺旋桨转动的功率(输出功率 P_D),P_E必须除以推进效率。第 9 章中,总的推进效率被假定与螺旋桨效率相同,后者可以从图 9.8 和图 9.9 中读取。相似的假定也可以在本处使用。然而,图 10.9 给出的图谱更适合此种情况的,该图是针对盘面比为 0.70 的四叶螺旋桨建立的。此处依旧采用第 9 章中描述的螺旋桨优化设计过程,假定在上面获得的阻力等于螺旋桨推力。注意我们已经忽略了恶劣海情的阻力增加,这也是可行的,因为毕竟游艇通常不会全速行驶在恶劣海情下。

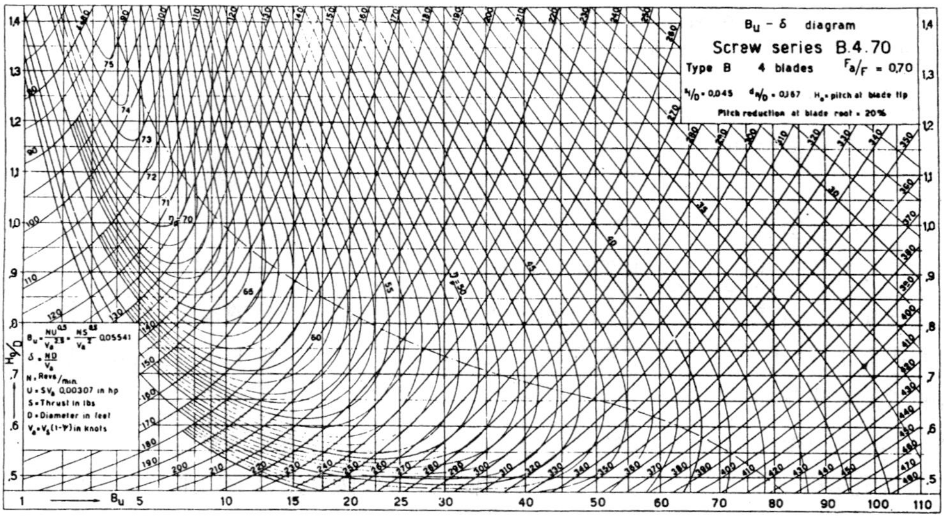

图 10.9 $B_u-\beta$ 图谱:盘面比 0.70 的四叶螺旋桨(MARIN 供图)

尽管本节描述的计算过程包括几处简化,但如果优化纵倾角和对应的重心位置并估算所需的功率也会很有用。通常比较好的目标是纵倾为4°。有兴趣的读者可以参考海德拉的原始论文。

10.4 防溅条、断级型船底和艉压板

如上文所见,深V形船体适航性很好,但在生成升力方面不是很有效。去提高升力的一种方法是沿船体安装喷溅条/防溅条。图10.10给出典型的这种防溅条的截面。当水流沿船体侧面往上流动的时候,防溅条强迫水流改变为向下的方向。这就生成了升力。防溅条在水离开船体的 A 点处越尖锐越好,但是需要其光滑地弯曲到船体的 B 点处以降低阻力。同时为了不必要地在一定航速时生成较大阻力,此时防溅条还没有起到作用,在 C 点推荐采用一个光顺的连接头。为了增加更多的升力,A 点和 B 点之间的表面会向下方倾斜。

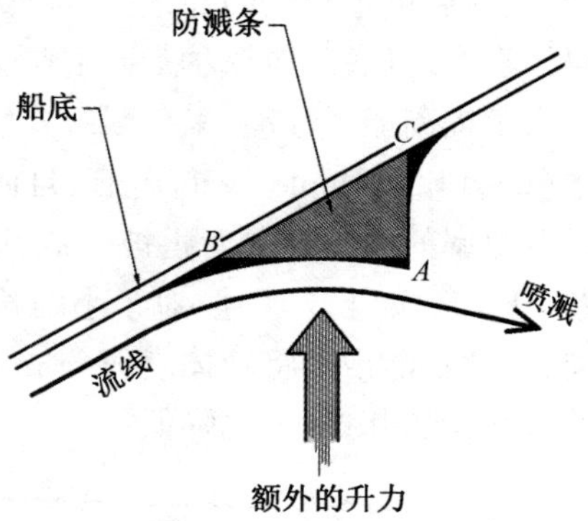

图10.10 防溅条的横截面图

因为水流主要在船体的前体向侧面上方流动,防溅条最有效的部分也就是在这个区域。更后面一些水流很小或者平行龙骨,可以将防溅条切断取消了。如果在这些区域保持防溅条将会增加阻力,但是防溅条可以被调整为提供防横摇的效果。

图10.11显示了滑行艇体的防溅条,同时指出了两种航速下的湿表面范围。如果航速不超过25 kn,比较明智的做法就是在 D 点将防溅条切除,因为其对船体后面部分无用。然而,如果船体保持40 kn的航速,则湿面积肯定被减小。将外侧的防溅条切掉后,水流就可以继续流到折角线处,并且压力中心会向远后方移动。这可能会导致艏部跌回而引起大的

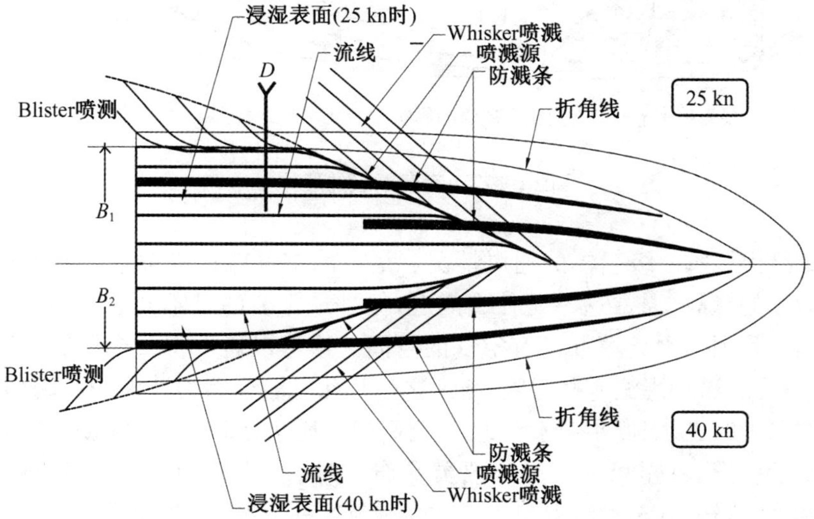

图10.11 滑行船体上的防溅条

阻力并且也可能引起操舵问题。如果防溅条一直保持到艉部,湿面积变小(防溅条之间的),这也意味着当速度增加时湿面积长度没有显著降低。这样力作用中心就不会向后方移动那么多,船体则保持比较好的纵倾。需要注意的是,上面用于计算的船宽是防溅条之间的宽度。没有更准确的程序去计算防溅条的升力,但是他们的作用可能是粗略包括在艄部升高角(龙骨到外侧起作用的防溅条处)的测量中了。这个角度小于沿着船体表面常规测量的结果,这就是考虑了更高的升力。

防溅条在船舶前体部分也不能特别地有效。如果船舶前体击浪时,防溅条产生较大的升力,这就会产生较大的加速度,降低 V 形的形状效应。因此,在这个区域的防溅条应该制作得较小,并且底部应该尽量向上倾斜而不是向下。

为了提高船体性能,采用断级式船底已经有很长时间了。最著名的设计是 1912 年建造的木质“枫叶”(Maple Leaf)游艇,自此很多成功的竞赛游艇都有此类型的船底。断级式船体更有效率的原因是湿面积被分成几个小的区域,每个区域都有着比长度更大的宽度,参见图 10.12。如上文所述,对于小的长宽比表面,升力的生成更加有效。(滑行船体和机翼不同,通常不能帮助将液体表面分成两个纵列的机翼)增加的升力生成能力意味着降低了总的湿面积,同时阻力也降低了。

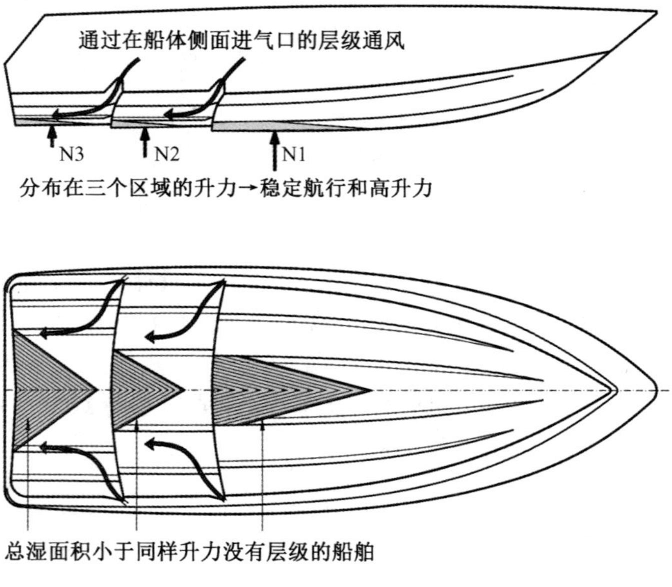

图 10.12 有着断级的船体

图 10.12 给出了每一级船体的通风情况。足量的空气就这样被抽吸到船体的断级区域。因为压力小的缘故,通常这不是什么问题,但是最重要的是不要切断空气的来源。不断需要新的空气是因为水会填补没有空气的空间。这可以通过将每个层级旁边船体侧面开孔而达到。然而,这种想法有些危险,因为这些开孔可能会因为波浪的原因而临时关闭。当空气的来源消失时,层级断层处就发生回流而引起阻力激增。这样航速就会临时下降,这是比较危险的状况,甚至可能会导致船员受伤。如果空气仅从一侧被阻断进入层级的话,船体会被突然扭转,甚至可能引起倾覆。为避免这种情况,空气通常是通过船体内高于水线面的竖井开口进入断级的,通常这些空气是从甲板层的通风管而来的。另外一种可能

性是将废气排放到断级内。这样废气就可以被吸出去，从而提高主机效率。

因为现在升力分不到沿船体不同的部位，见图 10.12，纵向稳性就变得很大。改变纵倾就变得很困难。在平顺的水里，这没有什么，但是航海时候，船体倾向于随波浪前进。大型船体可能会有跌入下一个波浪波峰的趋势，使得航行非常不舒服。小船则倾向于跌落于波谷之间而基本不受这个问题影响。

另外一个将升力分散到几处有效的表面的影响是横稳性可能是有危险的。船体航行在系列非常狭窄的湿面积上。在非常高速的情况下，一些设计师倾向于利用船体以上部分的空气动力学的优势，可以采用像机翼一样的设备来保持船体正浮。

可以为船体安装艉封板襟翼来控制纵倾。这样就可以很容易地临时调整纠正重心的改变。当船体在设计航速之外工作时，襟翼可以用来调整纵倾。这可以降低燃油的消耗，甚至更重要的，船体生成的波浪都可以超过其航速。也可以用襟翼来调整在海上航行的游艇的碰击。

10.5　动　稳　性

对于高速船体而言，有两种重要的动稳性现象。一种是因为船体高速转弯时生成的大向心力引起的；一种是因为船体弧度变化产生的漩涡而在近折角线的地方生成的吸力所引起的。接下来讨论这两种情况。

当对舵给出一个攻角的时候，会向侧面生成一个力。这引起船体向这个方向开始移动，因为这个力在重心后方，船体也开始旋转。短暂的时间之后，船体获得来流一个攻角，这就生成一个与舵力相反的侧向力，这个力大多都作用在前体。现在运动的方向开始改变了，航线弯曲了。向心力指向外侧，也就是与舵力相同的方向，并逐渐增加（见图 10.13）。

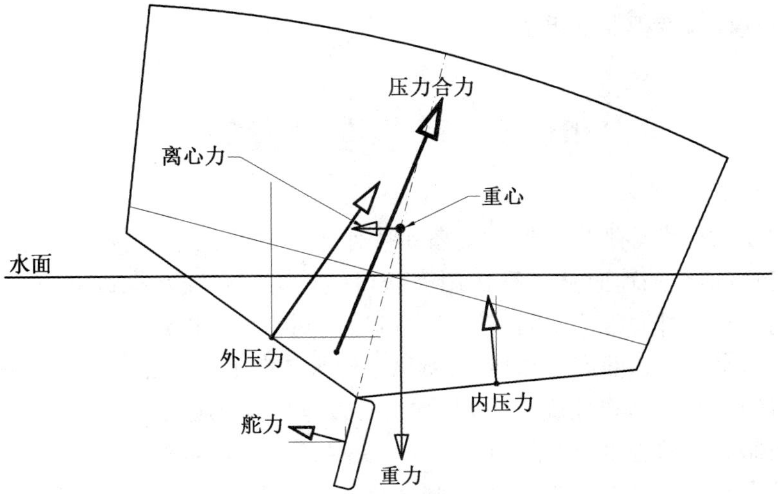

图 10.13　作用在转弯船体上的力

可以见到外侧的压力比内侧的压力大。在他们水平方向的分力的差别就是上面提到的侧向力。然而，外侧力的垂向分量更大，导致压力生成弯矩（绕重心的）并有着使得船体向内侧横摇的趋势。这个弯矩被舵力放大。现在船体则不再横摇。对于任何高于重心的位置,船体向外横摇。

这样,是否船体向外或者向内横摇就取决于船体重心的高度。大多数滑行艇体的重心都足够低来满足向内横摇,但是一些有着较高飞桥的休闲艇的重心很高以至于向外横摇,这甚至更加危险。对于排水型船体,其两侧的压力仅仅因为浮力而产生,并且是相同的力作用在船体两侧,这样反而就没有了力矩。因为船体旋转而引起的或多或少的压力水平分量的变化,这些力都指向重心的下方。即使这样,响应力矩在某种程度上被舵所补偿,最终结果是船体向外侧横摇。

另外一种动态不稳定类型,通常被称作"折角线偏移",发生的原因是由于舭部的凸出。当流体流经凸出的表面,压力下降,曲度越大,压力降低得越多。如果舭部接近折角线地方太过弯曲,就会产生吸力。当然,只要船体完全正浮,两侧的效应就会被抵消。一旦船体有个很小的横倾角,船体浸没多的一侧就会生成最大的吸力,浸没的越多,获得的吸力就越大。这样,情况就变得不稳定,横倾就会有一直增大的趋势,直到静水恢复力矩变得足够大以补偿横倾力矩。任何的干扰都会降低吸力,这也意味着大的恢复力矩将船体横摇回去,因为惯性的原因,会越过中线而到了另外一侧,然后这个过程再不断重复。这样,船体从一侧横摇到另一侧并可能最终倾覆。进一步说,当船体以这种方式横摇的时候,操纵游艇变得非常困难。

通常,舭部在船体浸湿部分都尽量保持相对笔直,但是游艇前体部分很难避免凸出的舭部。因为问题通常发生在纵倾角度变小的时候,也就是游艇前体在高速时入水的情况。这种情况可能发生在如下情况时:

- 游艇过载了;
- 载荷被放置在远离前部的情况;
- 主机动力增加而没有将重心向后移动的情况;
- 纵倾平面生成太大的埋首弯矩。

纵倾控制这样就变得非常重要了。

10.6 其他推进设备

当今最重要的替代常规推进器的设备是喷水推进器。这个设备工作起来就像飞机喷射器的引擎,当流体被加速时从其反作用力获得推进力。在喷水推进器中,加速器是通过叶轮来实现的。水通过通常位于船底的进水口进入到喷水推进器,然后通过位于艉部的喷口喷出。注意是水的加速而产生的推力,所以不论水是在水面还是水下喷出来的。

推力获得的基本原理和螺旋桨是相同的,对效率的需求也是相同的。为了优化推力,要尽可能地加速更多的进水,但是速度的增加要尽量地小。对螺旋桨而言,也就是偏好较大的直径和较小的转速。不幸的是,对于喷水推进,这很难达到,因为进流要通过位于船体内部的槽道,而船体内部空间有限。喷水推进器在过去不太流行,虽然其基本原理已经知道了很长时间。实际上,最早喷水推进的专利是1661年在英格兰被授予的。

对于高速推进而大量采用喷水推进的原因是其不需要外部附体/附件的实际情况。滑行艇的速度越高,其升起的湿面积越小。诸如肘板和裸露的轴等附体,显然有着恒定的湿面积,这样在速度增加时就会有着阻力比例相对增加。尽管很难确定在进水时候会有对应的损失,并且进水槽道通常也很小,特别是舵也需要布置空间的情况。从摩擦力的观点看这也有一定的优势,随速度的增加,优势也越大。下文将会给出一个喷水推进船体的实例。想了解更多喷水推进效率内容,请参考本书末附录的参考文献:戴恩(Dyne)和维德马克(Widmark)的论文。

第9章介绍了空泡的概念。当流体任何一点的压力低于蒸汽压力时,水就会汽化。水气的气泡和空气在水中分解,并且在流体和固体表面汇集生成气泡。独特的问题发生在当这些气泡达到高压区域,在那里气泡会爆破而引起脉冲压力。这样脉冲压力引起振动并且引起表面腐蚀,比如螺旋桨的表面腐蚀。进一步说,发生空泡的螺旋桨的推力通常会下降。

当速度增加时,螺旋桨转速增加,这两种效应都会发生在高速率选装的螺旋桨叶片上。高速率意味着低压,因而随着速度的增加,发生空泡的风险就越来越大。为避免空泡,如图10.9给出的,对于高速船需要大盘面比。然而对于航速40 kn以上的船这没有什么帮助,问题会随着推力的降低、振动和腐蚀变得非常大而避免采用常规螺旋桨。一种可能的选择是采用所谓的超空泡螺旋桨。这样的螺旋桨设计成在整个抽吸面有稳定的空泡转换率,这就有效地避免了空泡造成的问题。

超空泡螺旋桨的缺点是降低了推力和效率。一旦叶片的速度足够高并在叶片的整个背面生成足够的气泡,那么吸力就不能再增加了。高速只能生成高侧向压力的结果,所以推力的增加比通常的慢。另一方面,在吸力侧没有摩擦力,这在某种程度上降低了扭矩。

因为叶片的背面不再和水接触,因此其可以设计成不按照通常的形状限制。然而,重要的事情就是确保导边的水分离,因此与常规的叶片截面相反,有着超空泡特性的截面应该有个较尖的首部形状。这样就要求截面是一个楔形,这种设计可以承受高速时候生成的较大的力。超空泡螺旋桨的设计可以参考开尔文(Kerwin)和汉德勒(Hadler)(2010)的文献。

另外一种典型的高速推进设备是穿水式螺旋桨。该桨通常置于艉封板的后方,水中仅有部分螺旋桨盘片。他的主要优点和喷水推进相同:不需要浸没的附体。其螺旋桨轴可以直接由艉封板伸出。这种情况,螺旋桨直径的限制通常比船体后面的螺旋桨要宽松很多,这样也增加了螺旋桨的效率。超空泡和常规桨叶都有采用,因为大量的空气被每个叶片压在了水里,所以空泡的碰撞就少多了。

穿水式螺旋桨的最大缺点是叶片负载时的巨大振动。在顶部位置,当叶片在空气中时,载荷是零,当叶片点向下时,载荷最大。这种脉冲载荷从振动中分离出来,可以引起疲劳,这需要在设计中加以考虑。对于这个问题的详细调查,可以参见奥利奥佛迅(Olofsson)的毕业论文(见参考文献有关部分)。

10.7 实 例

现在介绍一艘由作者之一 Eliasson 设计的现代高速艇,一艘用于瑞典救援协会的救助艇。图10.14是这艘12 m艇在4 m高的波浪中跌回波谷的情景。图10.15给出了船体轮廓图以及其主要尺度。该艇设计成适合静水航速为40 kn的游艇,但也有良好的应对恶劣海况的能力。

图 10.14　在高海情下的营救快艇

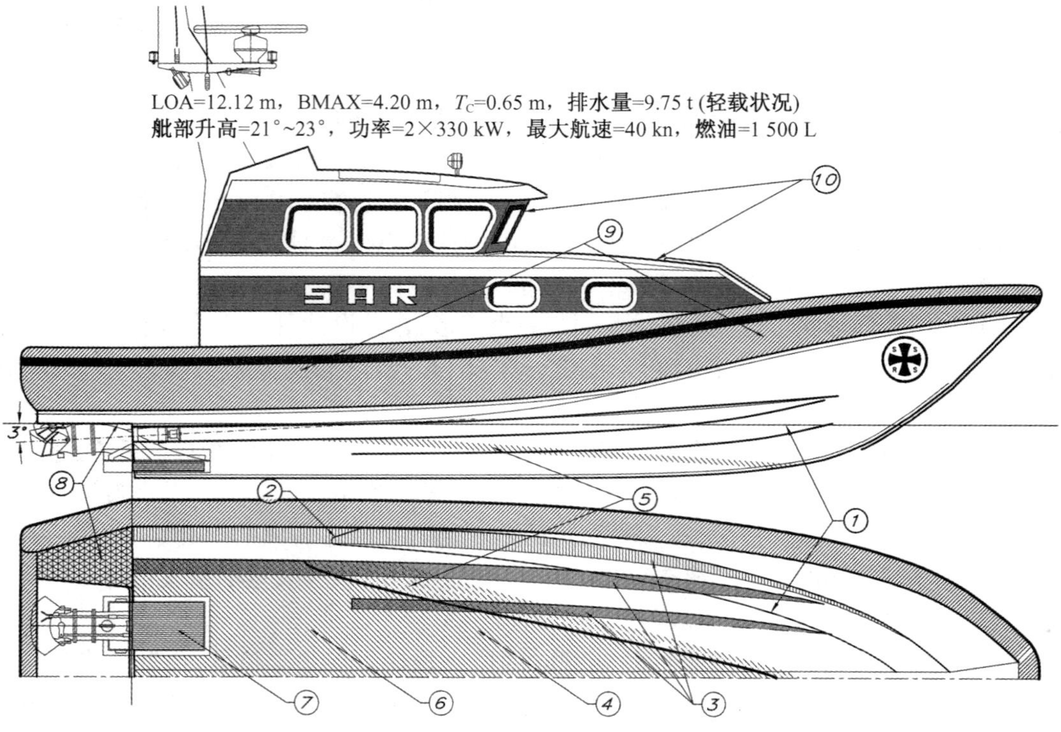

图 10.15　营救快艇的主要参数

为了平衡在这样高速下运行的船体，重心必须相对靠后。纵倾更加靠前，这就有着比较小的船体折角线区域平移或者来回移动的风险。总之，快艇在海上操纵还是更加困难的。对于休闲艇而言，将质量移动得这样靠后会比较困难，因为居住区域和大多数的设备都是布置在船体中前部分的。

重心这样靠后的缺点是在高海情下、快速航行时会发生碰击。船体在跌落时候是后体碰击水面而不是艏部碰击下一个波浪。采用纵倾襟翼可以对船体纵倾艏部进行轻微的补偿。另外一个缺点是非优化的低速特性。在低速时，需要大的湿面积，这也意味着船体承受的压力更加靠前并且船舶尾倾。这会生成较大的波浪和阻力，而倾襟翼又会被用来降低这个效应。

设计的主要要点和关键都在图 10.15 中列出。这艘营救快艇可以作为上面的特性预报的一个实例。图 10.16 给出了计算结果，按照程序用数字列出了每一步舭部升高的角度变化从 21°～23°，但是如前文解释，用于计算的角度是指测量到喷溅条边缘的角度，并且是艉封板处和重心处角度的平均值。计算是根据两个纵倾角度来进行的。引起埋艏弯矩的最小角度是 4.16 kN，同样方向的最大弯矩是 104.9 kN。很清楚对于零弯矩的纵倾角必须是略低于 4°的，线性外插值后得到该角度是 3.96°。这时候游艇所受到的阻力是 14.1 kN，对应的有效功率是 291 kW。

图 10.15 的主要要点：

(1)这是静水状态。如照片中所见，在全速航行时和水线没有关系，但是这给出了一种关于前体形状的方法。艏部不是特别的光顺，需要某种丰满度来避免在海上来回横移的问题。另一方面，也不能太丰满，因为这会妨碍在迎浪时候的特性并且如果艏部舭部肥大会导致折角线平移。

(2)图中可见，底部接近折角线的地方有着负数的舭部升高，水线在这里向艏部弯曲。这可以生成升力并且将喷溅转向下方。船体工作时候是干燥的，如图中所见。

(3)防溅条也如上文提到的有负数的舭部升高。内侧的防溅条在到达艉封板前被切断了。

(4)在 40 kn 时能达到湿面积(喷溅根部)的边界层。没必要去向远处延伸防溅条到这个区域。然而需要某种重叠区域，因为喷溅根部在航海时候不会来回移动。

(5)该区域的喷溅应该被防溅条转向。

(6)和速度为零时的水线面比较，在 40 kn 时湿面积并不大。

(7)推进采用的是现代的喷水推进器。进水口足够大以满足巨大的进水率。由于进水应该尽可能干净，在进水口前方没有防溅条、龙骨或者其他的可能导致空气进入推进器的附体。

(8)船底最靠后面的部分较全船船底升高很多。这样可以包容两套喷水推进器并且能满足对应的推进操作。注意到这部分船底在高速时候会高出水面。纵倾襟翼被铰接在艉封板下方。

(9)防撞条是一种改良的 RIB 材料，其中没有填充空气，而填充的是塑性聚氨酯泡沫，外层包裹一层结实的聚氨酯和凯夫拉尔蒙皮。艏部防撞条形状非常重要，否则当船体航行在迎浪时会带来太多的浮力而使得船向后倾覆。

(10)因为稳性原因，甲板室相对较大。

现在，问题就是引擎的功率需要达到这个功率。由于船舶安装了喷水推进器，所以不必采用螺旋桨图谱。针对该船而优化设计的螺旋桨最高可以达到的效率至少是 65%，优化的喷水推进器也是类似的。由于在这么高的弗劳德数下，推进器是轻载状况，因而效率是非常高效的。在小弗劳德数情况时，喷水推进器的效率比常规螺旋桨更加恶化，但是另一方面阻力比较小，因为没有船体以外的附体，在低速下也算是一种选择。

该营救快艇的喷水推进也被设计成在极低航速时生成较大推力(所谓的系柱托力)，因为该快艇必须有拖曳大型船舶的能力。因此，全速的效率被降低了，本例有差不多 50% 的合理消耗。注意对于其他的情况，优化的偏差也很重要。为了获得优化的效率，需要设计

步骤序号	变量	计算值	计算值	计算值
1	m	9 750 kg		
	LCG	3.550 m		
	VCG	1.145 m		
	b	2.740 m		
	ε	3°		
	β	17.9°		
	f	0.490 m		
	V	20.6 m/s		
2	C_V	3.970		
3	$C_{L\beta}$	0.059		
4	C_{LO}	0.081		
5	τ	4.0°	5.0°	
6	λ	1.79	1.20	
7	L_m	4.908 m	3.305 m	
	R_n	$101 \cdot 10^6$	$68 \cdot 10^6$	
8	C_F	2.0810^{-3}	$2.20 \cdot 10^{-3}$	
9	$\Delta\lambda$	2.32	0.24	
	R_F	7.53 kN	5.47 kN	
10	ff	0.920 m	0.920 m	
11	—	—	—	
12	—	—	—	
13	L_{CP}	3.510 m	2.420 m	
14	e	0.044 m	1.127 m	
15	M	4.16 kNm	104.9 kNm	
16	—	—	—	
17	τ_O	—	—	3.96°
18	R_{FO}	—	—	7.6 kN
19	R	—	—	14.1 kN
20	R_E	—	—	291 kW
21	R_D	—	—	528 kW

图 10.16 营救快艇的计算要点

特别的喷水推进装置。

假定效率为 50%，则传递功率必须是 582 kW。这是在叶轮轴上的功率。由于齿轮箱和轴承系的机械损失，需要额外增加 5% 的效率，这样就是大约 610 kW 的效率需求。针对该艇最合适的引擎就是能提供 2 × 330 kW 动力，所以此处需要的话应该再增加些额外的功率。

第 11 章　帆装建造

本章讨论帆装的主尺度和建造。过去的这些年开发了不同的方法，范围从传统的实心圆木加工的经验方法到高科技的计算机成型的矿物复合材料。我们将折中而取，采用可接受的工程实践标准，这些标准也用于北欧小船标准（NBS）。之所以采用 NBS 标准而不是 ABS 或者劳氏船级社的标准，一个简单的事实就是 NBS 是极少数游艇结构标准中考虑了帆装内容的标准。本章最后我们将给出游艇 YD－41 的帆装主尺寸。

11.1　标准的定义和范围

标准是对于有着一副或者两副横撑的常规桅顶帆装和部分帆装有效的。图 11.1 中定义了计算所需的数据。其他对于这个标准使用的限制条件是：首先，前三角帆面积不得大于主帆面积的 1.6 倍（$I \cdot J/(E \cdot P) < 1.6$）；第二，帆面积应该大于恢复力矩除以恢复力臂的 128 倍。如果这些都不是问题，则小艇被分类为有着稳定帆具的机动艇。

确定帆具尺寸的出发点是计算恢复力矩。一般认为横摇 30°是一个较好的设计角度。这对应着一个合理的高风强度，并且帆面依旧能产生较高的力和游艇在水里也有着良好的航速。假定游艇横摇得更多（也就是采用更高的恢复力矩），实际上，这意味着因为阻力的增加而使得游艇变慢，同时对应一个较小的动水力的作用力。

如在图 11.1 中的方框内见到的，有两种基本方法用来计算恢复力矩。可以从计算横摇 30°的力矩（RM_{30}）开始，也可以从计算横摇 1°的弯矩（RM_1）开始。计算 RM_{30} 意味着要计算船体横摇后的浮心和重心的位置以估算恢复力臂。而计算 RM_1，可以从船体正浮静水特性曲线得到（见第 4 章），仅需要估算游艇重心。无论哪种方法，获得的都是空船的弯矩，之后再调整成满载情况，包括迎风时候载满全部的船员（如图中所见）。

图 11.2 给出了本标准覆盖的不同形式的帆具。桅杆横稳性取决于横撑的数量和桅杆脚的位置，在甲板上还是和龙骨连接在一起。

桅杆纵稳性取决于下侧支索的伸展、活动后支索、内前桅支索和桅杆脚的位置。通常的做法是分别研究横稳性和纵稳性和具有单一的横撑、甲板固定式桅杆的情况比较，可以通过增加横撑的数量和/或将桅杆下降至龙骨处的方法来增加桅杆总稳性，同时将获得如下的优缺点：

增加横撑数量：

＋：更细的桅杆有着更好的主帆特性；

＋：较小的外观尺寸/壁厚可以使得桅杆更轻；

＋：更小的前帆角度成为可能；

－：纵倾更加困难；

－：通常需要更加特殊的考量以考虑纵稳性，例如活动后支索、内侧前桅支索、高纵向

G 船空载重量/kg

Δ 船满载重量/kg

g 压载重量/kg

B 最大宽度/m

L_{OA} 总长/m

A_S 帆面积/m²

RM 主要复原力矩/(N·m)

RM_{30} 空船质量在30°横倾扶正力矩/(N·m)

RM_1 空船质量在1°横倾扶正力矩/(N·m)

n 船上人员数量

F_S 桅杆处的干舷/m

δ_{RM} 从船员到迎风状态的额外力矩/(N·m)

HA 横倾力臂/m

$A_M=E\cdot P/2$

$A_F=J\cdot I/2$

$A_S=A_M+A_F$

如果$A_S > RM/(128\cdot HA)$，船就被认为是风帆游艇，帆具也可以被相应地确定。

$\delta_{RM}=75\cdot n\cdot(3.4B-4.9F_S)$

$RM=RM_{30}\cdot \Delta/G+\delta_{RM}$

或

$RM=29\cdot RM_1/G+\delta_{RM}$

$RM=29\cdot RM_1$

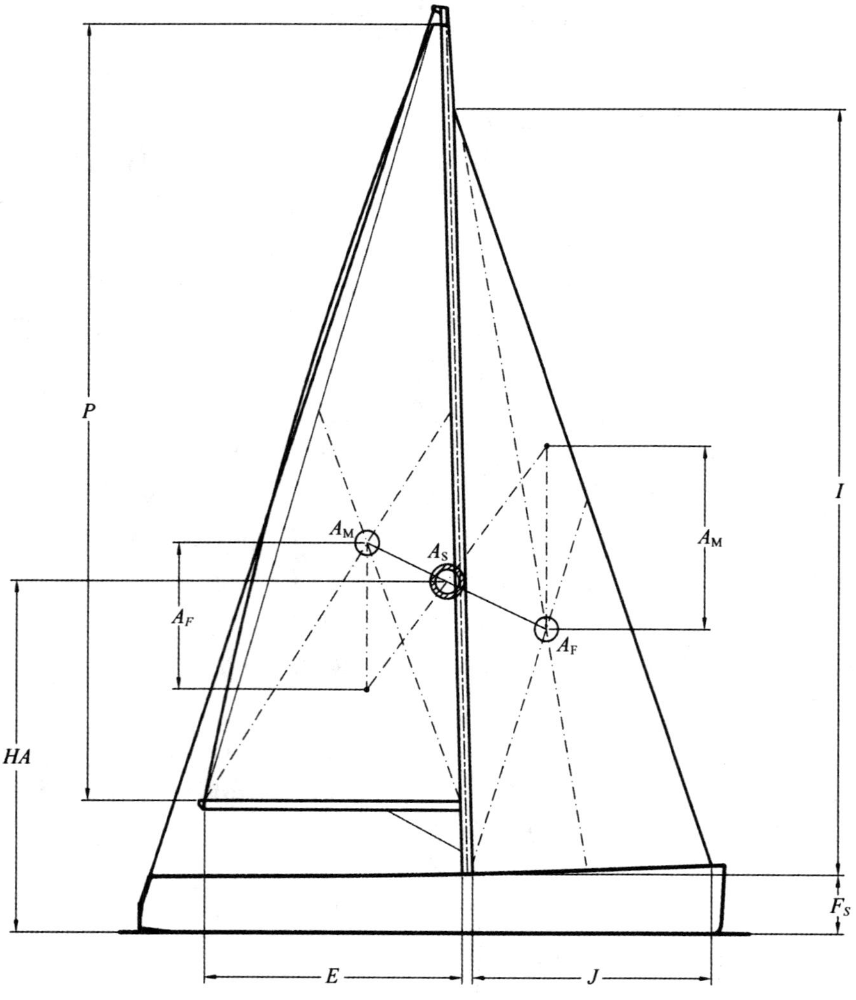

图 11.1 帆具定义和恢复力矩

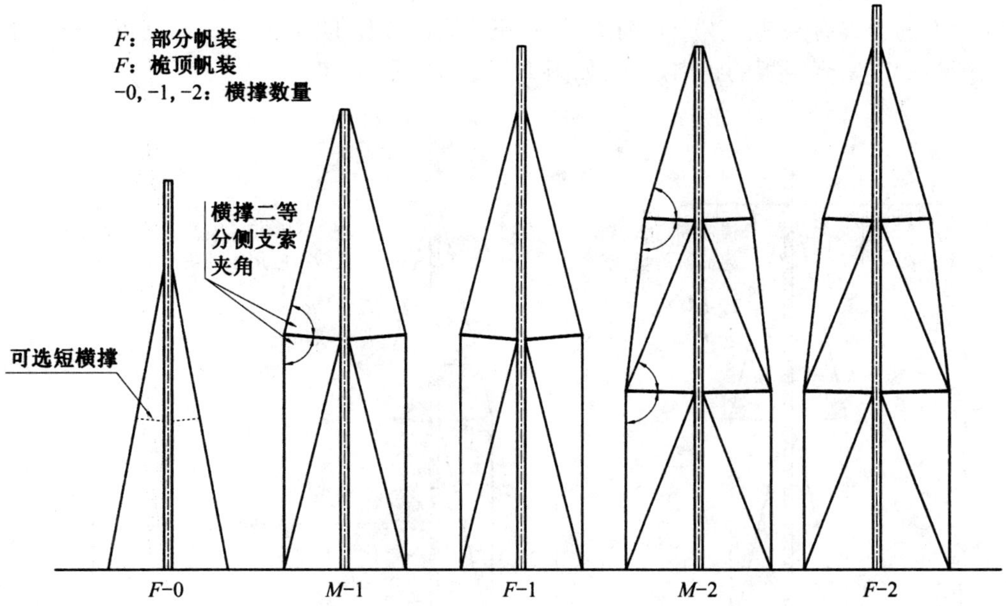

图 11.2 帆装的不同类型

惯性矩；

-：更高的造价。

桅杆穿透甲板：

+：更细的桅杆有着更好的主帆特性；

+：较小的外观尺寸/壁厚可以使得桅杆更轻；

+：更小的前帆角度成为可能；

-：纵倾更加困难，特别是纵向方向；

-：甲板层的高水平方向的力；

-：热量和水渗漏的风险。

11.2 侧支索受力

来自风的力作用在帆面上并且有来自风和海上的动态增量。图 11.3 考虑了两种载荷情况：情况 1 是仅升起了艏帆的帆装，情况 2 是升起了缩帆到最低处的主帆。情况 1 中横向力 T_1 就简单地等于恢复力矩除以水线到上侧支索顶端的距离，见图 11.3 (a)的说明。这和采用什么形式的艏帆无关，因为主要的力来自恢复力矩。

情况 2 中是缩帆后的主帆，横向力 T_2 是用恢复力矩除以从水线到主帆几何重心的距离，也就是从张帆杆到纵帆前缘大约 1/3 的地方的距离。如图 11.3(b)所示，这个力分布在帆前上角处横向力 T_{head} 和张帆杆处横向力 T_{boom} 之间。

当 T_{head} 位于两个侧支索之间时，力应该介于两个侧支索之间距离成比例的地方，该距离就是侧支索联结点处到力作用位置处的距离，见图 11.3(c)，最终的作用力是作用在上侧

支索处的 T_{hu} 和下侧支索处的 T_{hl}。张帆杆力作用在甲板上和下侧支索上，此处我们对作用在侧支索上的力很有兴趣。这个负荷 T_{bu} 是张帆杆力的成比例的分数，比例是张帆杆高于甲板的高度与侧支索到甲板的距离之比，如图 11.3(d)所示。

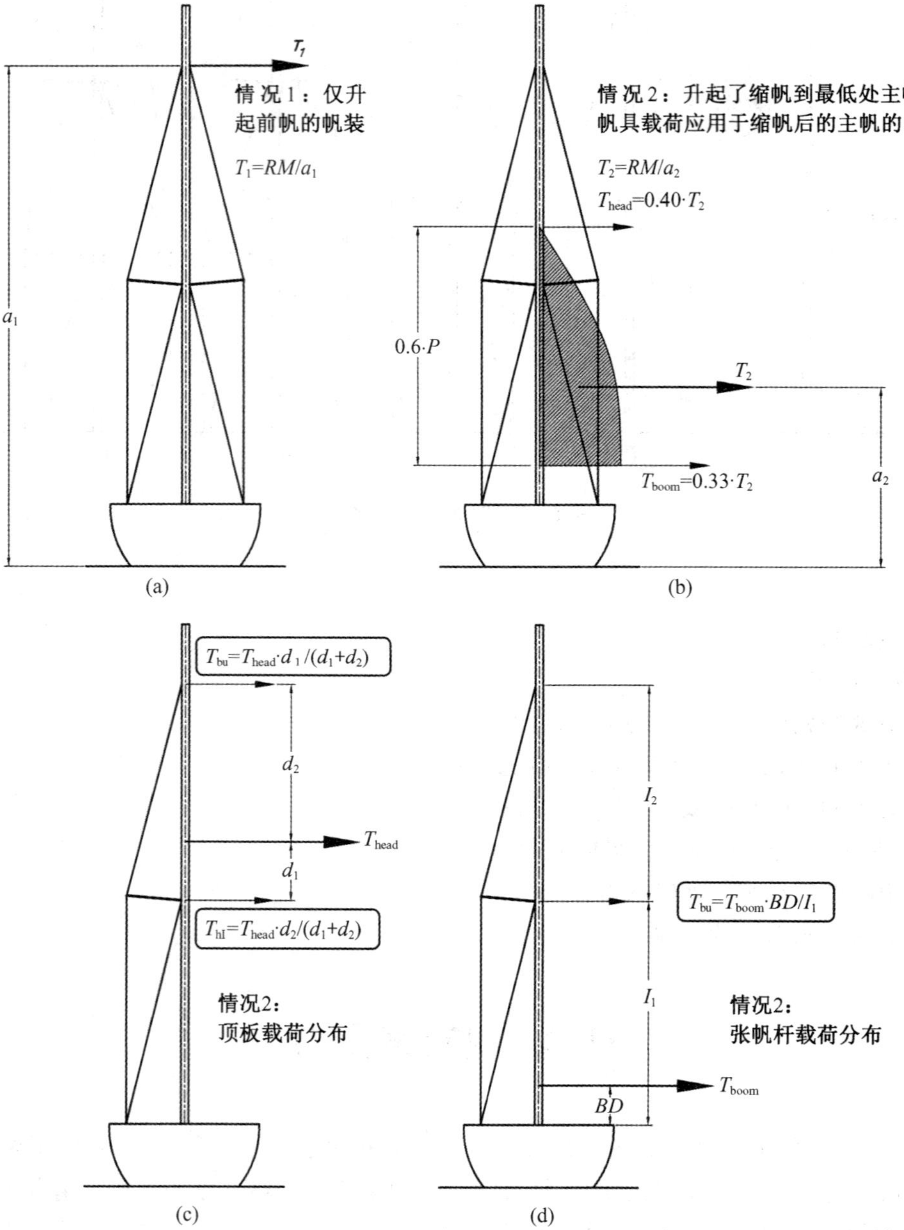

图 11.3　横向受力

我们现在知道了所有的横向分力在帆装上形成了横向受力。无论帆装是什么类型，情况 1 的时候计算受力就是 T_1。情况 2 的时候则是 T_{hu}，T_{hl} 和 T_{bu} 的组合，取决于按照图 11.4 中的帆装类型。帆装类型为 $F-0$ 时则仅有 F_1 作为计算受力，类型 $M-1$ 和 $F-1$ 则有 F_1 和 F_2 两个横向力，而类型 $M-2$ 和 $F-2$ 则又同时包括了 F_3。对于计算侧支索的尺寸，情况 1 或者情况 2，我们都用最大受力 F_1，F_2 或者 F_3。注意到在情况 2 中，当主帆的缩帆没有达到上横撑时的双横撑帆装是没有 F_3 的（见图 11.4 中的载荷情况 1 和载荷情况 2）。

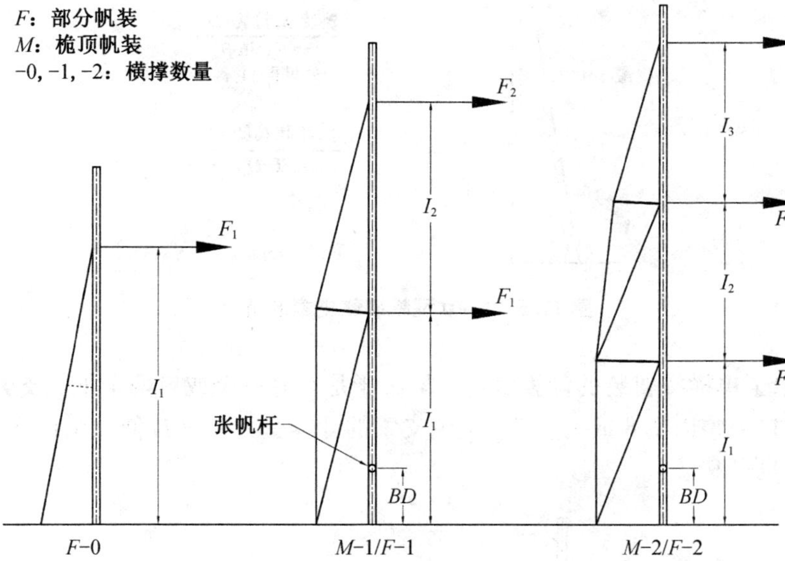

设计受力 F_1 F_2 F_3							
帆装类型	载荷情况1（图11.3(a)）				载荷情况 2（图 11.3(b)）		
	F_1	F_2	F_3		F_1	F_2	F_3
$F-0$	T_1	0	0		$T_{hu}+T_{bu}$	0	0
$M-1/F-1$	0	T_1	0		$T_{hl}+T_{bu}$	T_{hu}	0
$M-2/F-2$ 1)	0	0	T_1		T_{bu}	T_{hl}	T_{hu}
$M-2/F-2$ 2)	0	0	T_1		$T_{hl}+T_{hu}$	T_{hu}	0

(1) $BD+0.6P>I_1+I_2$
(2) $BD+0.6P<I_1+I_2$

图 11.4　侧支索的计算受力

当计算在接下来的图 11.5 到图 11.8 的侧支索受力时，基本就是分别计算上面提到的两种情况，然后比较结果并选择最坏的情况，也就是对每一根侧支索最高的载荷。

图 11.5 给出了一个 F－0 型帆装的计算载荷。就如我们看到的，侧支索拉力需乘以 3，其最小许可角度为 9°。

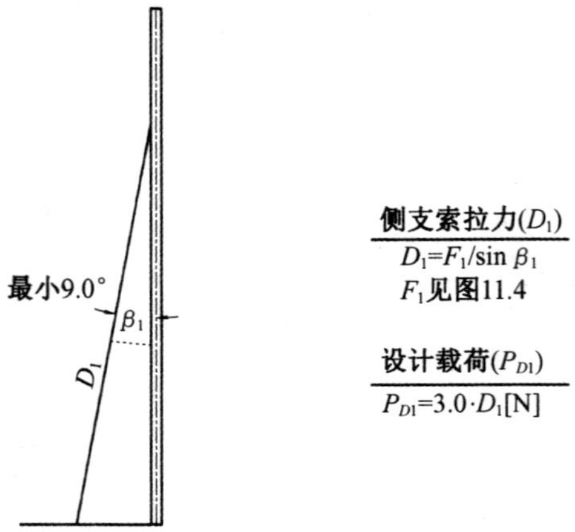

图 11.5　F－0 型帆装侧支索的负荷

图 11.6 给了单横撑帆装的计算负荷。取决于是否有一个或者两个下侧支索，计算受力就是侧支索的拉力乘以 2.8 或者 2.5。上侧支索的计算受力是其拉伸力乘以 3 并且其最小横向许可角度也是 9°。

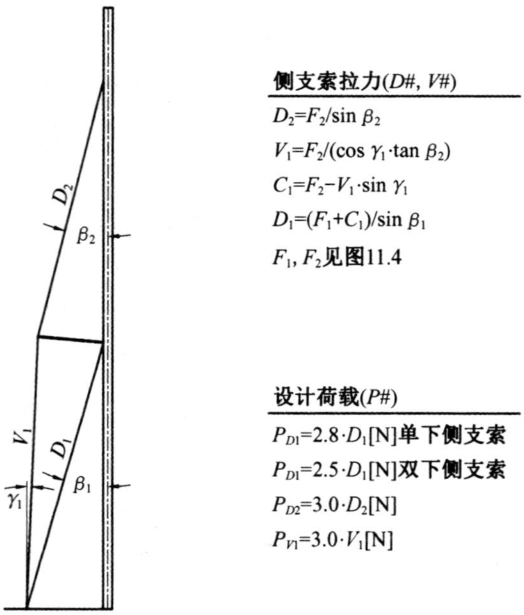

图 11.6　M－1 和 F－1 型帆装侧支索受力

图 11.7 给出了双横撑型帆装。计算方法按照前面介绍的不同形式的帆装做相似处理。按照公式计算了侧支索之后，我们给不同的部分应用安全系数来得到侧支索负荷。基本

上，安全系数分布按照单一横撑型帆具的情况，除了 V_1 位置的侧支索之外，安全系数都是 3.2。如果我们单独将中侧支索和上侧支索合并到通常的下侧支索，这个下侧支索就要接受来自中、上侧支索的组合拉力，这就是要增加安全系数的原因。另一方面，如果中、上侧支索直接连接到甲板上，他们的组合强度至少等于 V_1。

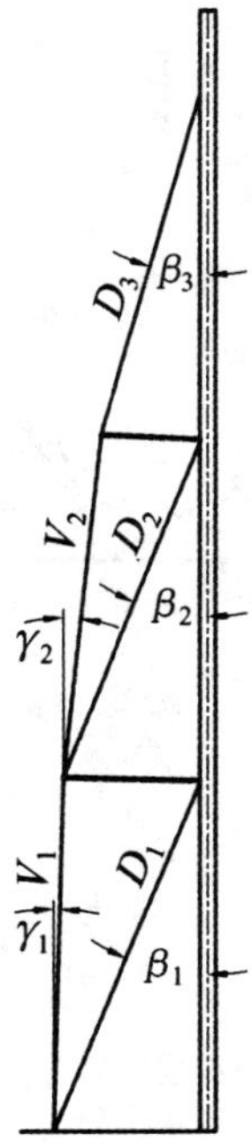

侧支索拉力(D#, V#)

$D_3=F_3/\sin\beta_3$

$V_2=F_3/(\cos\gamma_2\cdot\tan\beta_3)$

$C_2=F_3-V_2\cdot\sin\gamma_2$

$D_2=(F_2+C_2)/\sin\beta_2$

$V_1=(F_2+C_2)/(\cos\gamma_1\cdot\tan\beta_2)+V_2\cdot\cos\gamma_1$

$C_1=F_2+C_2+V_2\cdot\sin\gamma_2-V_1\cdot\sin\gamma_1$

$D_1=(F_1+C_1)/\sin\beta_1$

F_1, F_2, F_3见图11.4

设计荷载(P#)

$P_{D1}=2.8\cdot D_1$[N]单下侧支索

$P_{D1}=2.5\cdot D_1$[N]双下侧支索

$P_{D2}=2.3\cdot D_2$[N]

$P_{D3}=3.0\cdot D_3$[N]

$P_{V2}=3.2\cdot V_1$[N]

$P_{V1}=3.0\cdot V_2$[N]

图 11.7 *M*-2 和 *F*-2 型帆装侧支索受力

11.3 支索的各种受力

纵向载荷主要取决于游艇上的张紧装置：绞车、索车、液压卷车等。NBS 标准承认 6 种不同类型的帆装。每种基本帆装，桅顶帆装和部分帆装，又都被分成 3 个小组，见图 11.8。对于桅顶帆装，他们是：(1)双下侧支索型；(2)单一侧支索及内侧前桅支索；(3)活动后支索和内侧前桅支索。部分帆装被分为：(4)活动后支索及固定后支索；(5)单一下侧支索和掠尾式横撑；(6)没有横撑或者短横撑的简单帆装。不同的索具类型在桅杆上引入不同的负荷，是当计算桅杆尺寸时需要计入的。后面将会讨论这些。

对于侧支索，支索的计算受力来自横摇 30°的恢复力矩。牵扯主要帆面的支索需要有个破断强度(P_{fo})，即恢复力矩乘以 15 再除以支索在甲板以上的距离和桅杆处的干舷高度之和。内侧前桅支索的负荷(P_{fi})也照此计算，但是采用 12 乘以恢复力矩。

桅顶帆装和部分帆装的后支索强度(P_a)需求是不同的。对于桅顶帆装，后支索和前支索有着相同的强度，并通过一个因数来修正，因数取决于后支索与前支索和桅杆所成的角度。对于部分帆装的后支索破断强度的计算是通过恢复力矩乘以 2.8 再除以桅杆高于水面的高度与后支索与桅杆夹角的正弦之积。部分帆装上的活动后支索的计算与桅顶帆装的后支索相同方法进行。

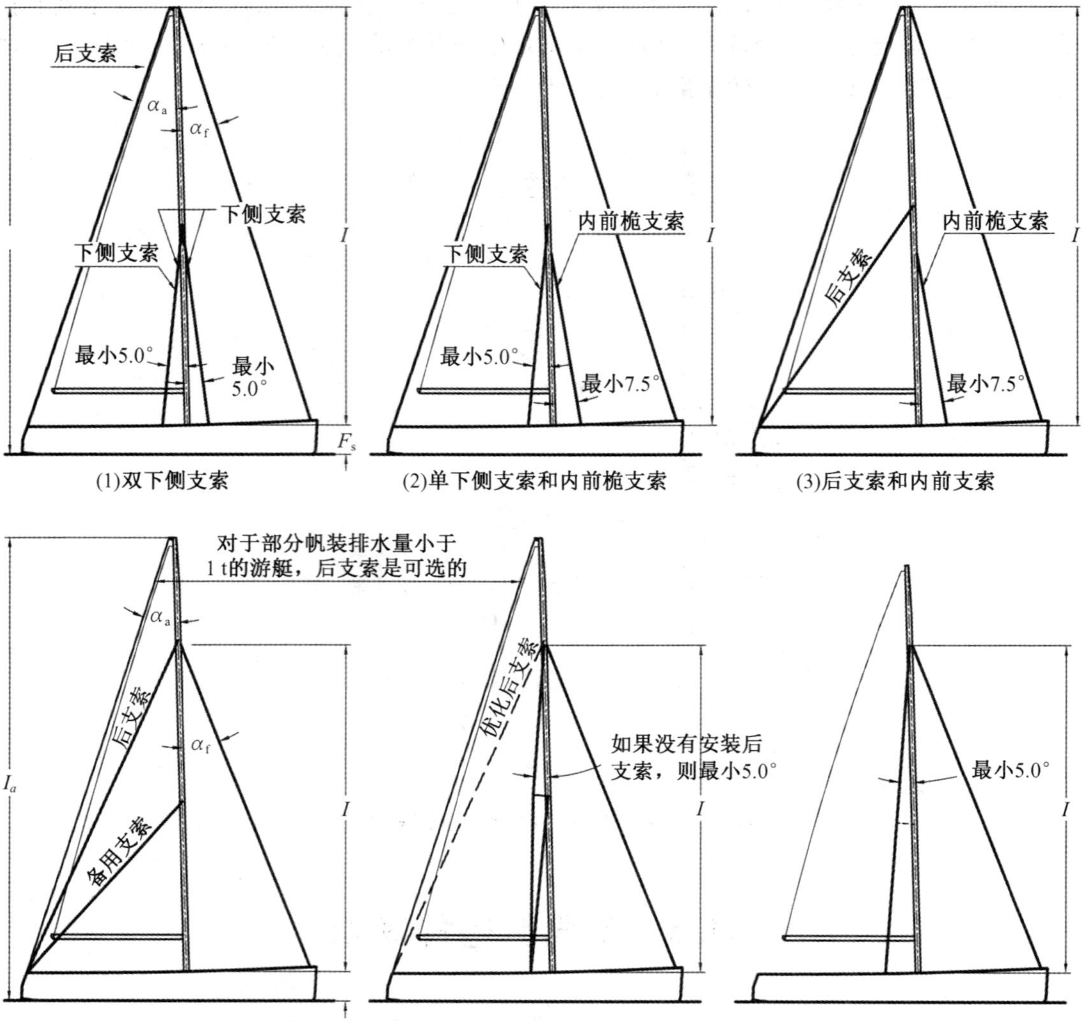

(1)双下侧支索　(2)单下侧支索和内前桅支索　(3)后支索和内前支索

(4)后支索和备用支索（仅部分帆装）　(5)单下侧支索和掠尾式横撑（仅部分帆装）　(6)有或无短横撑的简单帆装

前桅帆的前桅支索的破断强度P_{fo}不小于：

$$P_{fo}=15\cdot RM/(1+F_s)[\mathrm{N}]$$

内前桅支索的破断强度P_{fi}不小于：

$$P_{fi}=12\cdot RM/(1+F_s)[\mathrm{N}]$$

后支索的破断强度P_a不小于：

$$P_a=P_{fo}\cdot\sin\alpha_f/\sin\alpha_a[\mathrm{N}]\text{桅顶帆装}$$
$$P_a=2.8\cdot RM/(I_a\sin\alpha_a)[\mathrm{N}]\text{部分帆装}$$

图 11.8　纵向支索上的受力

上面许用强度的计算已经包括了安全因子,并且最终钢索的破断强度是可以采用的。但是当考虑螺丝扣时,明智的做法就是增加 25% 的计算受力以确保就算什么东西破断了,那也是固定索具而不是索具附件。同样的原因,对于眼板载荷给予相同的增加也是明智的做法。

11.4　钢索和连接钢杆的比较

接下来我们比较两种常见类型的固定索具,也就是19芯钢丝绳和实心不锈钢连接杆。当选择钢丝绳还是连接杆时,首先进行如下比较:

- 破断强度;
- 疲劳;
- 防腐蚀性;
- 延伸率;
- 质量;
- 风阻;
- 操作性;
- 造价。

1. 破断强度

破断强度是钢索和连接杆不破断而最大能够承受的拉力。需要计算每个侧支索和支索的破断拉力来选择他们合适的尺寸以吸收实际载荷。取决于可能的尺寸,钢索和连接杆的不同破断强度形成不同的分段曲线。因此,对于每个侧支索或者支索,钢索和连接杆的尺寸之间很少有相同的关系。对于某个特定的支索,钢丝绳很适合的地方,可能连接杆就过强了。通常,如果直径相同的话,杆比索的强度大20%。

2. 疲劳

疲劳通常被认作是钢索和连接杆在破坏前能承受的载荷的大小。关于19芯钢索和钢杆的疲劳强度的研究很少。

一般而言,对于侧支索/支索改变角度的附件连接处可能会发生疲劳,钢索显然更容易发生疲劳,因为钢索内的每一股钢丝会互相摩擦。而另一方面,钢杆对表面损害损伤更敏感,还可能导致疲劳断裂。钢索的优点是当疲劳时,钢丝一次只会断一组。当钢索需要更换时这就相当于给出了警告(当然,我们需要经常检查固定索具)。对于钢杆,疲劳断裂发生时没有警告,通过外观检查也很难看到断裂的开始。

3. 防腐蚀性

对于钢索和钢杆的防腐蚀性能几乎是相似的(AISI 316)。合金可以是无色金属,特别是钢索内的每股钢丝绳都有保护套的情况,但是这不会影响强度。

4. 延伸率

有着负荷的钢索/钢杆的延伸率的增加与其载荷(P)和长度(L)成正比,与其横截面积(A)和弹性模量(E)成反比,也就是:$(E):a=(PL)/(AE)$。

只要是载荷在极限破断载荷的70%之内(钢杆略多些),当释放载荷的时候,钢索和钢杆就会恢复到原来的长度。适当尺寸帆装的工作载荷从来都不应该超过破断强度的50%,也就是帆装上没有塑性变形(永久性的)。来自附件连接点的第一次变形和船体横梁的变形等永久变形都是可以测量的。后者将在下章的船体建造中深入讲述。

在这段比较当中,假定钢索和钢杆的制作材料都是相同的。因为钢索都是由经过压缩和拉直的钢丝制造的，对于钢索而言，其实际塑性模量比实心的钢杆要少约 20%。当有着相同直径时，比较他们的横截面，钢杆的面积要比钢索约大 30%，这是因为钢索内有中空。

当有着恒定的长度和作用力时，下面的关系是有效的：

- 同样质量：钢杆的延伸率 = 80% 的钢索；
- 同样尺寸：钢杆的延伸率 = 60% 的钢索。

当用于侧支索时，采用有着最小延伸率的钢杆的两个好处是：

- 当受力时，桅杆向偏航侧倾倒，这样和横摇一起，使得帆面力的作用中心偏离侧面的阻力中心，这样就有使得游艇有迎风的趋势（上风舵）。有着更坚硬帆装的桅杆不怎么会偏向偏航侧，上风舵弯矩的增加也不会太多，为 2% ~3%。
- 桅杆顶向偏航一侧降低的越小，桅杆越直，这就使得桅杆能有更大的阻力抗弯并且能够吸收更大的载荷。

较硬的钢杆帆装也有一个缺点。变形的船体使得侧支索或者支索的末端更加接近彼此，并且还因为在同样的预拉力下，杆的延伸比钢索要小，比较更容易弯曲的钢索，钢杆比钢索更容易失去预拉力。

为获得更好的指向能力，前桅支索应该尽可能地笔直。这可以通过张紧后支索或者活动后支索来实现。当受到风力载荷时，前桅支索会变弯，弯曲度越小，支索或者船体就越硬。风力载荷增加 60% 时，钢索的前桅支索的曲线深度增加 55%，而钢杆的前桅支索的曲线深度增加 50%。钢杆让前支索变得更直，但是不会增加船体梁的刚度。船体的弯曲性使得这种变化更小，或者换种方式说，真正采用钢杆帆装，对于船体梁刚度有着更高的要求。

5. 质量

游艇的总排水量、刚度和质量惯性矩受到不同帆装质量的影响。正如我们前面看见的，后者在航海时是非常重要的。

仅考虑破断强度，钢索和钢杆的质量形成两种不同的“层级功能”，就算评估时采用相同的基座，功能也会随不同帆装的比较结果而变化。

6. 风阻

侧支索和支索的风阻随其直径的增加而增加。

由于同样强度的钢杆比钢索要细，阻力就小，并且由于钢杆表面对于风阻更加光滑，特别是在弱风强度下，其阻力也小于钢索。后者的影响（表面光滑度）随着风力增强而消失。

7. 操作性

比较钢杆，钢索的操纵性更好。钢索可以被卷成直径 0.5 ~0.8 m 的钢圈。钢杆就不能被卷成小于其直径 200 倍的钢圈。

8. 造价

钢杆的造价比同样强度的钢索要高出 50% ~100%。

11.5　桅杆的横向刚度

侧支索和支索的拉力以及桅杆内的压力，为了不弯曲和破断就必须要有足够的刚度，也就是有足够的横向惯性矩 I_x。所需要的刚度取决于问题中的桅杆段(panel)的载荷和长度。图 11.9 中给出了 I_x的计算公式。该公式对于所有的帆装类型都是通用的，结果的不同

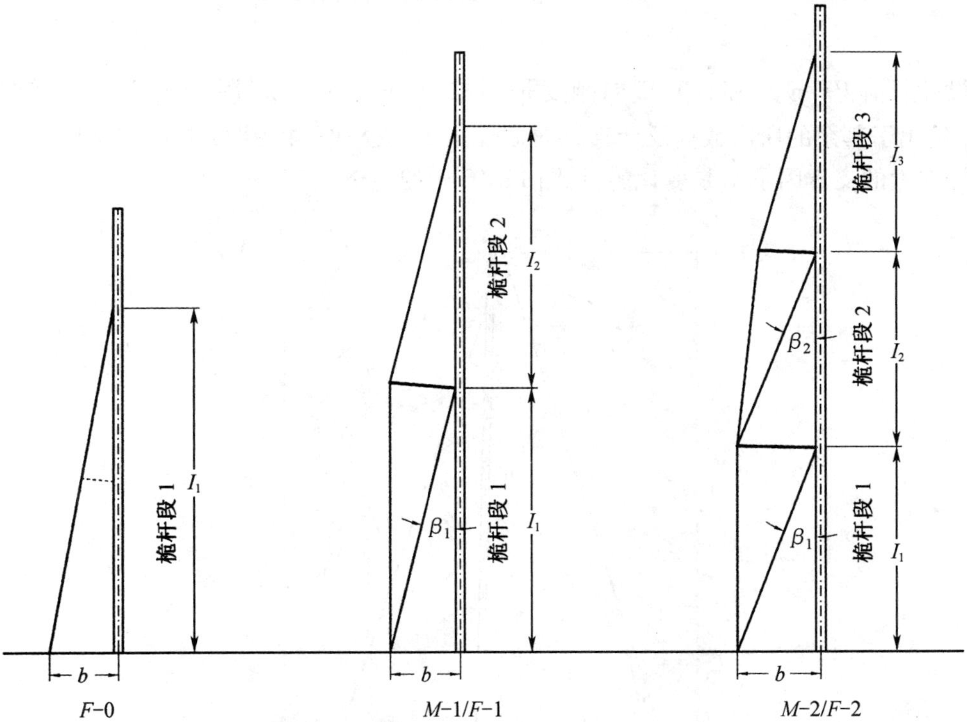

对于桅杆所需的横向惯性矩I_x

$$I_x=K_1\cdot m\cdot PT\cdot l(n)^2[\text{mm}^4]$$

$PT=1.5\cdot RM/b$[N]

K_1= 桅杆段因子（见下表）

m= 铝

7.25 木料（云杉）

70500/E 其他材料

$l(n)$= 实际桅杆段长度

K_3=1.35 甲板固定式桅杆

1.00 龙骨固定式桅杆

当计算桅杆 2 的 I_x 时，PT 需减少：

$D_1\cdot\cos\beta_1$

当计算桅杆 3 的 I_x 时，PT 需减少：

$D_1\cdot\cos\beta_1+D_2\cdot\cos\beta_2$

D_1 来自图 11.6 中的单一横撑帆装：

D_1 和 D_2 来自图 11.7 中的双横撑帆装。

帆装类型	桅杆段因子 K_1	
	桅杆段 1	桅杆段 2 和 3
F−0	$2.4\cdot K_3$	−
F−0矩横撑	$1.6\cdot K_3$	−
M−1	$2.5\cdot K_3$	3.50
F−1	$2.4\cdot K_3$	3.35
M−2	$2.7\cdot K_3$	3.80
F−2	$2.6\cdot K_3$	3.60

图 11.9　横向桅杆尺寸计算

来自于桅杆段长度变化的实际情况。另外一个不同因素是不同类型的帆装的桅杆段因子 k_1 和“桅杆脚”因子 k_3。通过让桅杆穿过甲板的方式可以使得惯性矩降低 35%。PT 是设计载荷，再一次的计算它，来用于恢复力矩，但这次要除以桅杆中心和要计算的侧支索的眼板中心的水平距离。这样获得的载荷再乘以 1.5 以满足动态安全系数。

11.6 桅杆的纵向刚度

设计载荷 PT 显然和计算横向刚度是一样的，而“桅杆脚”因子 k_3 也是一样的。图 11.10 给出了其余的所需数据及计算纵向惯性矩 I_y 的公式。在图 11.8 中定义的不同帆装和桅杆支索的支索因子 k_2 是变化的，见图 11.10 中的表格。

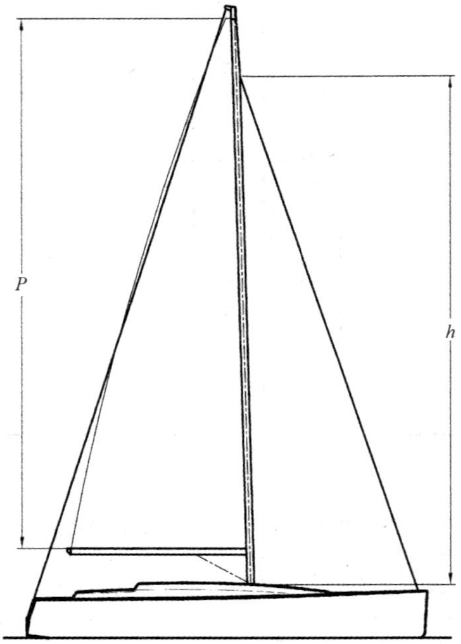

对于桅杆所需的纵向惯性矩 I_y：

$I_y = k_2 \cdot k_3 \cdot m \cdot PT \cdot h^2$[mm⁴]

$PT = 1.5 \cdot RM/b$[N]

k_2=支索因子(见右表)

m=1铝

7.25木头(云杉)

70 500/E其他材料

k_3=1.35甲板固定式桅杆

1.00龙骨固定式桅杆

h=有前桅支索的风帆最高点到甲板或上层建筑的高度

支索类型	支索因子 k_2				
	$F-0$	$M-1$	$F-1$	$M-2$	$F-1$
(1)双下侧型	–	0.85	0.80	0.90	0.85
(2)单下侧型	–	0.80	0.75	0.85	0.80
(3)活动后支索和内前桅支索	–	–	0.85	–	0.80
(4)活动后支索和固定后支索	–	1.00	0.95	0.95	0.90
(5)掠尾式横撑	–	–	1.00	–	0.95
(6a)短横撑型	1.05	–	–	–	–
(6b)无横撑型	2.00	–	–	–	–

图 11.10 纵向桅杆尺寸计算

11.7 部分帆装的桅杆顶部

图 11.11 中给出了部分帆装桅杆顶部的特别考虑。因为桅顶没有来自艏帆的作用力，这允许我们按照图中的公式来降低桅杆剖面模数。从图中我们也可以看到，如果从主帆顶部到上侧支索的距离小于桅杆高度（图 11.10 中的 h）的 6%，则帆装被考虑为桅顶帆装。

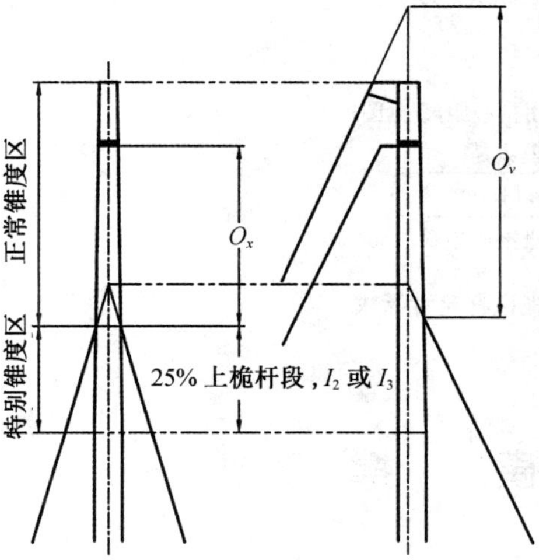

部分帆装的桅顶剖面模数，应在前桅支索或上侧支索与桅杆交界处：

SM_x=1 680·SM·O_v($\sigma_{0.2}$·P)[mm³]

SM_y=2 100·RM·O_y($\sigma_{0.2}$·(O_y+h))[mm³]

$\sigma_{0.2}$= 桅杆屈服度

在桅杆所需的剖面模数是上述计算的一半。

带锥度的SM_x和SM_y应该按下降25%的桅杆段长度来计算。

如果O_x小于6%的桅杆长度(h)(见图11.10)那么帆具被以为是桅顶帆装。

图 11.11 部分帆装的桅杆顶部

11.8 张 帆 杆

张帆杆受到来自主帆上的风压的弯曲力，这些力被帆脚索和捆扎带所抵消。这同时带给了鹅颈钩水平和垂直力来承受作用力 F_v 和 F_h，这些作用力是从图 11.12 中的张帆杆剖面图中的公式所得到的。再一次，最基础的尺寸计算受力是恢复力矩，这两种情况下的力都不超过 1 000 N。

张帆杆需要承受的弯曲力的结果要求最小的剖面模量 SM 在图 11.12 中给出。该剖面模量是垂直模数的，水平模数被允许是垂直模数的一半。如果是滚柱型缩帆张帆杆，剖面模数必须是所有张帆杆能够锁定位置的垂直模数。为了上述公式的有效性，帆脚索在张帆杆上的点距离帆末端不允许超过 10% 的帆脚长度。帆脚索的附件应该能够承受最小的恢复力矩 RM 除以横摇力臂 HA，并且最小许可值为 2 000 N。

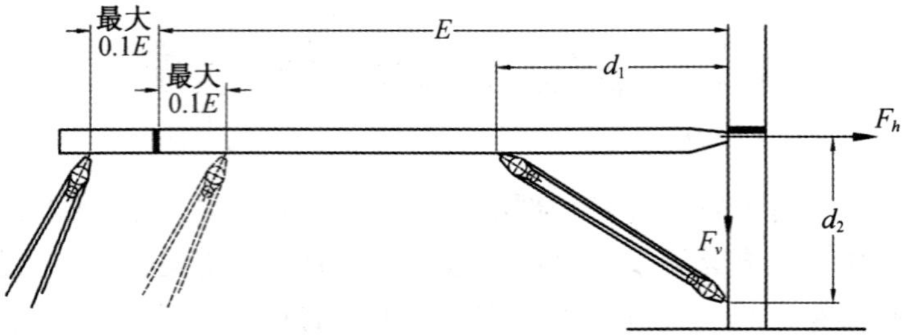

鹅颈钩应该能够承受垂直和水平力：

$F_v=0.5\cdot RM\cdot E(HA\cdot d_1)$ [N]

$F_h=0.5\cdot RM\cdot E(HA\cdot d_2)$ [N]

HA=从水线到帆的力作用中心距离(见图11.1)

张帆杆所需的垂直剖面模数是：

$SM=600\cdot RM\cdot(E-d_1)/(\sigma_{0.2}\cdot HA)$ [mm^3]

水平剖面模数至少是垂直剖面模数的50%。

图 11.12　张帆杆尺寸需求

11.9　横　　撑

显然横撑的增加减少了桅杆管的自由长度。正如我们在前面看到的(图 11.9)，对加载有一定载荷的桅杆所需的惯性矩是和自由长度的平方成正比。因此如果取一半的自由长度，则我们就得到仅有 1/4 惯性矩的桅杆剖面。当安装横撑时，这些横撑应该被安装成一定的角度，以满足侧支索在横撑顶点被分成相等的两半的方式。对于一组横撑的情况，这是容易做到的，而对于两组横撑帆装，中、上侧支索有着不同的角度。这种情况下，设计者要做出比较聪明的决定，取得这些侧支索的平均角度，再去安装上述的横撑。这样做的原因是确保横撑被放置在纯粹被压缩的状态而没有向上或者向下滑动的趋势。

图 11.13 给出了横撑尺寸的计算公式。计算受力是侧支索力的横向分量 C，可以在图 11.6 和图 11.7 中找到该力。这个计算受力乘以 0.8 和横撑长度 $S_{(n)}$，再除以材料弹塑性模量和水平后掠角的余弦，就得到了半个横撑所需的惯性矩。

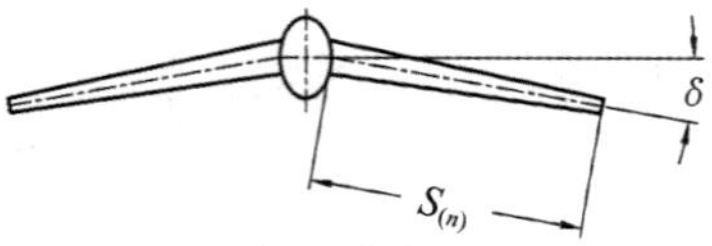

横撑长度一半的地方的惯性矩：

$I=0.8\cdot C_{(n)}\cdot S_{(n)}^2/(E\cdot\cos\delta)$ [mm^4]

E=横撑的塑性模量

$C_{(n)}$=横撑受力的横向分力(见图11.6和11.7)

δ=横撑水平夹角

靠近桅杆的横撑剖面的模数：

$SM=k\cdot S_{(n)}\cdot V_{(n)}\cos\delta$ [mm^3]

$k=0.16/\sigma_{0.2}$

$V_{(n)}=V_1$下横撑

D_3上横撑

$\sigma_{0.2}$=横撑屈服强度 (铝制的，最小210N/mm^2)

横撑附件应该能弯矩：

$M=0.16\cdot S_{(n)}\cdot V_{(n)}\cos\delta$ [N·mm]

图 11.13　横撑尺寸需求

接近桅杆处，横撑最小的截面模数 *SM* 的计算公式见图 11.13 中的方框。此处计算所采用的力是下侧支索用 V_1，上侧支索用 D_3。按照图中最后一个公式，横撑和桅杆连接处应该能承受弯矩 *M*。这样计算的原因是使得连接处可以吸收横撑平面的弯矩，增强桅杆的纵向稳性。

11.10 桅杆上的开孔

开孔在桅杆上不可避免。我们需要附着点，用于安装支索、侧支索、卷车面板等和升降索的出口。每一个开孔都意味着将桅杆强度减弱，而且我们计算惯性矩的时候没有计及空洞。

如图 11.14 所示，每个桅杆段的端部区域允许有开孔。在 10% 的端部区域可以降低惯性矩 50%，15% 的端部长度允许降低惯性矩 30%。公式中给出允许的惯性减小，它是空洞宽度、桅杆壁厚和计算点到中性轴的距离。

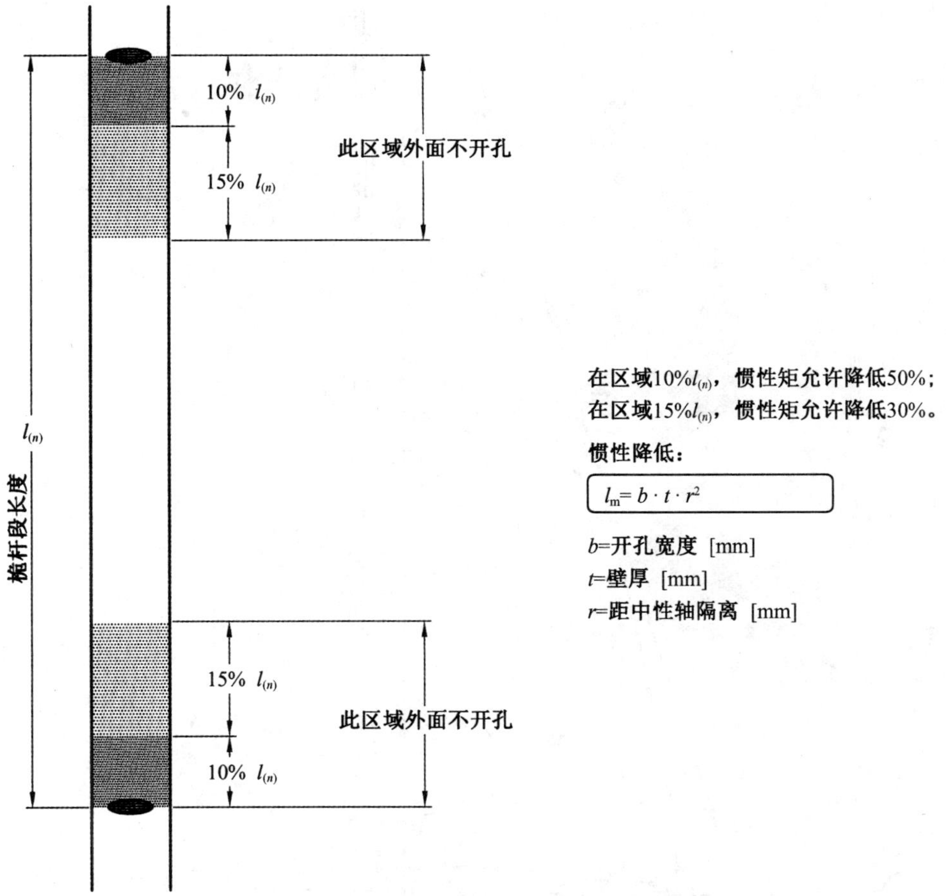

图 11.14 桅杆剖面模数的降低

11.11 游艇 YD-41 的帆装

图 11.15 给出了 YD-41 帆装的类型和尺寸。YD-41 选择了有着桅顶不对称大三角帆和 Code 0 型帆的部分帆装，这带来了很好的特性，特别是当不考虑竞赛规则的时候。前三角帆比典型三角帆大，以增加不重叠部分的三角帆面积。艏三角帆是在隐藏在甲板下方的卷帆系统，并且接近甲板以获得更好的性能。

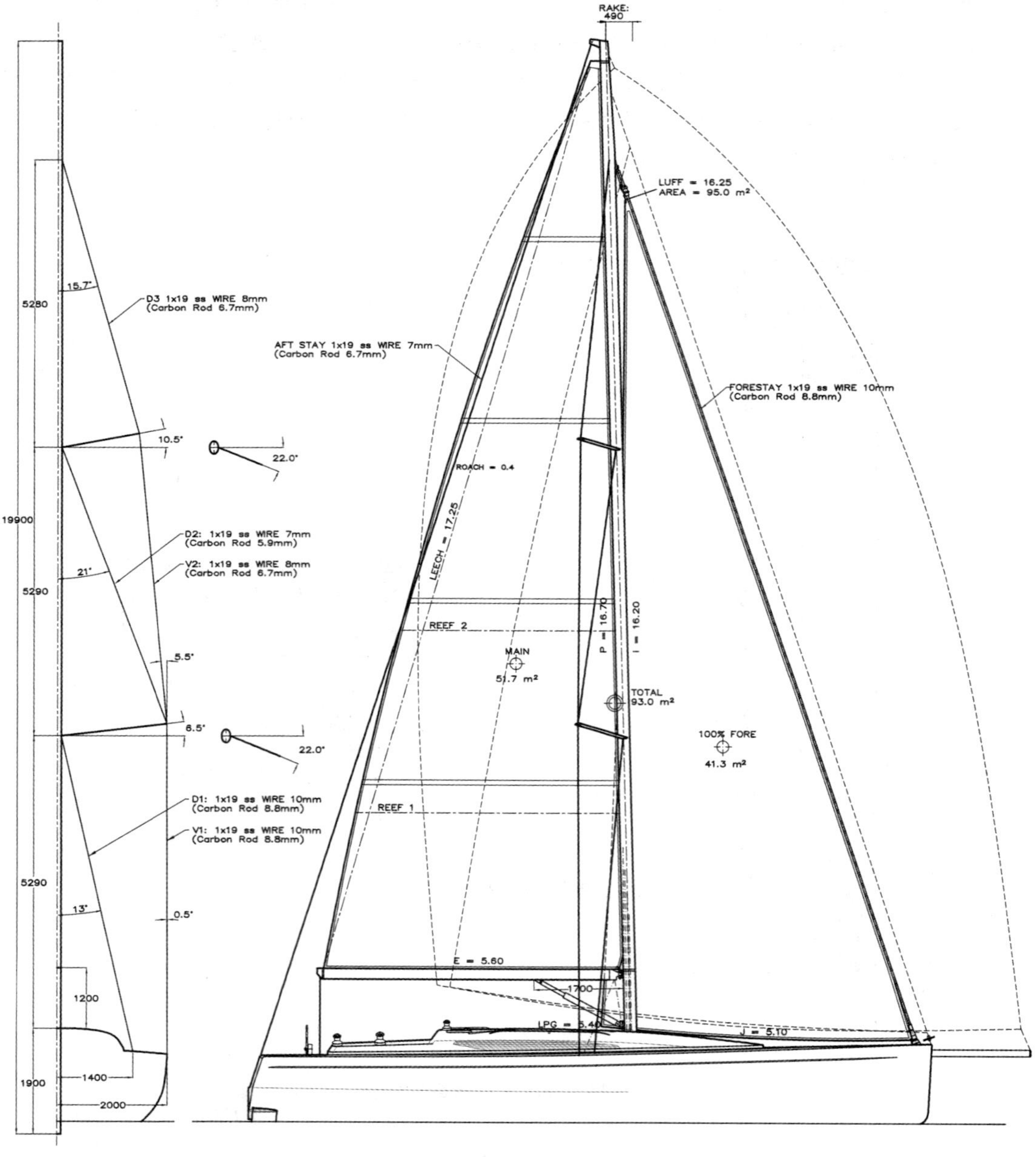

图 11.15 YD-41 的帆装

如我们在图中所见，桅杆是龙骨桅座的、装有双横撑的并且侧支索有着较宽的横向宽度。这样就最小化了桅杆质量，由于没有艏帆的重叠部分，使得较小帆脚索角度成为可能，所有这些都增强了游艇的性能。另外一个提高性能的因素是桅杆的斜度。尽管没有数字证明，桅杆的斜度加上艏三角帆平台给椭圆形压力分布一个后掠响应。说到外观，这也是传统桅杆应该看上去的样子。

为了计算帆装，我们从计算恢复力矩 *RM* 开始，要计算满载情况下横摇 30°时计算到 69 000 N·m 的情况。因为船员都在船上，这就是用于帆装的计算的正确的 *RM*。从来自图 11.3 的公式得到横向载荷值分别为：T_1 = 3 921 N；T_2 = 11 060 N；T_{head} = 4 424 N；T_{boom} = 3 650 N。

尺寸受力的计算输入值是：上主帆头受力、下主帆头受力和上主帆张帆杆受力：T_{hu} = 201 N；T_{hl} = 4 223 N；T_{bu} = 828 N。

得到这些数据后，我们可以将其输入图 11.4 中以计算结构受力 F_1，F_2和 F_3。因为帆装是两个不同的横撑并且 $BD+0.6P$ 大于 I_1+I_2，我们用图中表格的倒数第二行，给定载荷 1 情况下：$F_1=0$，$F_2=0$，F_3 = 3 921 N；载荷 2 情况下：F_1 = 828 N，F_2 = 4 223 N，F_3 = 201 N。

采用图 11.7 中的公式，对于双横撑型帆装我们首先计算载荷 1 情况中侧支索的拉力，通过采用公式中给出的相关安全系数来计算，我们可以计算出载荷：P_{D1} = 41 561 N，P_{V1} = 66 543 N，P_{D2} = 16 545 N，P_{V2} = 42 043 N，P_{D3} = 43 471 N。

将图 11.7 再从头计算一遍，这次用载荷 2 情况的受力，我们可以计算出载荷：P_{D1} = 57 195 N，P_{V1} = 38 616 N，P_{D2} = 27 950 N，P_{V2} = 2 156 N，P_{D3} = 2 229 N。

选择我们从计算侧支索受力中得到的最大值：P_{D1} = 57 195 N，P_{V1} = 66 543 N，P_{D2} = 27 950 N，P_{V2} = 42 043 N，P_{D3} = 43 471 N。

从图 11.8 中可以看到我们的游艇在关于纵向支索时是第 5 类型，按照公式得到尺寸计算受力：前支索受力 P_{fo} = 58 817 N 而后支索受力 P_a = 29 241 N。

图 11.9 是关于桅杆横向刚度的要求。其尺寸计算受力 *PT* 按照图中的计算公式得 51 246 N。知道了桅杆材料和其基座形式，将材料和分段因子应用进去，就可以计算出每一个桅杆段的横向惯性矩的要求。对于 YD－41 游艇，桅杆分段所需的最小惯性矩 I_x是 373×10^4 mm^4。

按照图 11.10 做同样的计算，我们可以计算所需的纵向惯性矩 I_y，其结果是 $1\ 577\times10^4$ mm^4。

将数值代入图 11.12 的公式，我们得到对张帆杆截面模量的需求。其垂直剖面模量不小于 89.0×10^3 mm^3，水平剖面模量不小于 44.5×10^3 mm^3。

将所有的值输入到图 11.16(a)和图 11.16(b)中，可以选择相关的侧支索、支索和帆装的组件。图 11.16(a)中上表带阴影的行给出了相应的铝制桅杆和张帆杆的横截面，下表给出的是碳纤维替代品。图 11.16(b)中，上表给出的是所需的钢索尺寸(及破断强度)，并且给出了等强的氮化钢杆和碳纤维杆。下表则针对帆装的螺栓和链板而给出了相应的尺寸。

最终，游艇 YD－41 所采用的是铝合金桅杆是直径 245 mm×127 mm，质量为 7.15 kg/m；张帆杆尺寸是 200 mm×117 mm，质量为 5.88 kg/m；D_1，V_1 侧支索和前支索都是 10 mm 的 1×19 芯不锈钢索；而 V_2 和 D_3 是 8 mm，D_2 和后支索是 7 mm。根据钢索的尺寸选择了对应的帆装螺栓尺寸和链板吊耳：分别是 5/8 英寸和 1/2 的帆装螺栓，16 mm 厚和 13 mm 厚的耳板。

典型铝合金型材属性

	主尺寸 /mm	l_y /cm⁴	l_x /cm⁴	壁厚 /mm	质量 /(kg/m)	SM_y /cm³	SM_x /cm³
桅杆截面	156/87	391	1 44	3.00	3.71	42.8	33.2
	175/93	558	1 91	3.24	4.18	53.6	41.0
	193/102	779	257	3.4	4.74	69.3	50.6
	211/110	1 051	341	3.65	5.34	86.5	62.0
	227/119	1 407	456	3.95	6.15	108	76.6
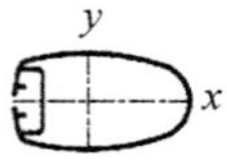	245/127	1 910	614	4.35	7.15	137	96.5
	264/136	2 591	830	4.80	8.40	172	122
	285/147	3 508	1 127	5.20	9.72	214	153
	304/153	4 686	1 524	5.80	11.44	272	194
桅杆截面	176/93	526	187	2.89	4.20	58.2	40.0
	194/101	709	254	3.04	4.79	70.8	49.8
	212/109	970	337	3.15	5.49	88.2	61.8
	228/118	1 306	453	3.40	6.35	112	76.8
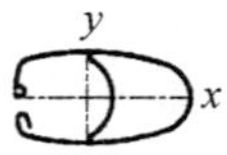	246/126	1 781	613	3.75	7.44	139	97.3
	265/135	2 392	828	4.15	8.73	173	122
	286/146	3 237	1 122	4.50	10.10	220	154
	305/156	4 389	1 513	5.05	11.84	276	194
张帆杆截面	135/71	265	70	2.40	2.66	39.0	19.5
	152/82	433	126	2.70	3.59	54.2	30.4
	171/94	726	189	2.75	4.66	80.6	41.2
	200/117	1 280	343	3.10	5.88	121	61.3
	250/140	2 706	692	3.20	7.95	200	101
大三角帆杆截面	60/60	15.4	15.4	2.00	1.00		
	72/72	29.9	29.9	2.20	1.38		
	84/84	48.8	48.8	2.20	1.53		
	96/96	72.3	72.3	2.20	1.76		
	99/99	123	123	3.60	2.65		

碳纤维截面属性

	主尺寸 /mm	El_y /GNmm²	El_x /GNmm²	壁厚 /mm	质量 /(kg/m)	SM_y /cm³	SM_y /cm³
桅杆截面	158/88	399	117	3.60	2.80	49.0	37.0
	178/94	550	152	3.60	3.00	61.0	44.0
	196/103	815	235	4.20	3.70	85.0	61.0
	214/111	1 036	293	4.20	4.00	100	71.0
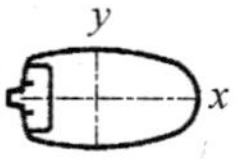	214/111	1 259	365	4.20	4.20	115	82.0
	247/127	1 641	448	4.20	4.60	134	95.0
	266/136	2 264	638	4.80	5.40	176	124
	286/146	2 804	800	4.80	5.80	205	145
	306/156	3 762	1 107	5.40	6.90	262	185
张帆杆截面	158/87	292	92	3.00	2.10	50.0	30.0
	179/93	492	120	3.00	2.50	71.0	37.0
	198/103	844	235	4.20	3.60	109	61.0
	249/127	1 627	448	4.20	4.40	166	95.0

图 11.16(a) 典型桅杆尺寸和属性

与钢索1×19近似强度的材料

1×19 钢索				钢杆—氮化钢50				钢杆—碳纤维		
直径/mm	直径/in	破断力/N	质量/(kg/m)	尺寸	直径/mm	破断力/N	质量/(kg/m)	直径/mm	破断力/N	质量/(kg/m)
–	7/32	24 200	0.151	−4	4.37	20 890	0.118	4.6	34 000	0.026
6	–	28 250	0.176	−6	5.03	28 050	0.156	5.3	40 800	0.034
7	9/32	34 800	0.239	−8	5.72	36 490	0.202	5.9	47 600	0.044
8	5/16	45 500	0.319	−10	6.35	45 810	0.249	6.7	56 600	0.054
–	3/8	64 550	0.432	−12	7.14	55 620	0.314	7.5	67 900	0.068
10	–	71 100	0.488	−15	7.52	63 370	0.349	8.0	74 700	0.076
11	7/16	86 000	0.591	−17	8.35	77 890	0.434	8.8	88 300	0.094
–	1/2	114 280	0.793	−22	9.53	100 060	0.560	10.1	111 000	0.122

不同供应商间的材料实际属性可能有所不同。

不锈钢 AISI-316 制的配件

1×19 钢索			帆装用螺栓		侧支索耳板（见图）			
直径/mm	破断力/N	质量/(kg/m)	直径/mm	破断力/N	*a*/mm	*b*/mm	*c*/mm	*d*/mm
4	12 550	0.078	5/16	22 600	22.0	6.0	13.0	10.0
5	19 620	0.122	3/18	33 400	25.0	8.0	16.0	12.0
5.5	24 200	0.151	7/16	46 100	30.0	10.0	18.0	14.0
6	28 250	0.176	7/16	46 100	36.0	10.0	21.0	14.0
7	34 800	0.239	1/2	66 700	38.0	12.0	24.0	16.0
8	45 500	0.312	5/8	93 200	40.0	13.0	25.0	16.0
10	71 100	0.488	3/4	123 000	45.0	14.0	27.0	18.0
11	86 000	0.591	3/4	123 000	50.0	14.0	30.0	18.0
12	102 000	0.703	7/8	167 000	60.0	18.0	36.0	22.0
14	139 100	0.957	1	218 000	65.0	22.0	38.0	25.0

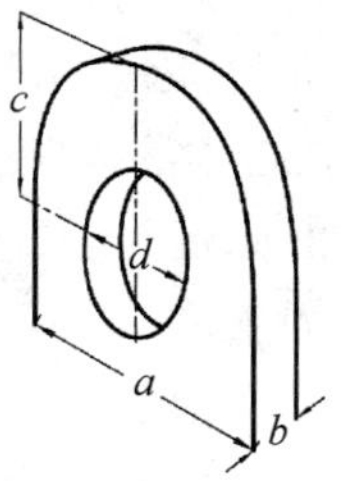

侧支索耳板

a= 宽度
b= 厚度
c= 孔中心到耳板顶点距离
d= 开孔直径

图 11.16(b)　典型帆装尺寸和属性

然而，这个游艇采用了碳纤维桅杆。对于图 11.16(a)中给出的碳纤维桅杆剖面惯性矩是和塑性模量的组合，并且计算所需的桅杆截面的惯性矩 I_x 和 I_y 是来自图 11.9 和 11.10 中的公式，需要去乘以铝合金的塑性模量。本游艇的桅杆截面是 229 ×119 mm，质量为 4.2 kg/m，张帆杆是 198×103 mm，质量为 3.6 kg/m。YD－41 的帆装选择这个结合了碳纤维杆的侧支索和支索显著地节约了大约 90 kg 的质量。

第12章　船体建造

真的需要计算船体的强度吗？几百年来，人们都是根据船体结构规范来造船的，而该规范是建立在经验、经验法则、猜测和运气之上的，并没有计算船体实际的强度或载荷。今天的风力和海情对船的作用力同过去是一样的，因此应该从其他方面来寻找需要计算船体强度的理由。

首先，21世纪的现代船舶比50年以前的船舶有着更高载荷的帆装。铝和复合材料桅杆、不锈钢或者纤维支索和侧支索以及人造纤维的船帆能产生更强大的动力，而且也不像以前那样去收帆，这使得船体需要承受更多来自风帆索具的高载荷量。

另一个原因是现在做事情的方式更加激进，我们更喜欢与别人比较、竞争，从而使得对船只制造的要求更为严格。

在一系列游艇的生产过程中，控制游艇的造价变得更加重要。由于成本直接与游艇的质量有关，因此不将游艇制造的过重对生产成本的高低起着越来越重要的作用。另一方面（几乎是经常会提到的理由），性能与排水量成反比，但这一点仍是推动船只向更轻的方向发展的原因。因此，应该通过设计更加轻便的船体构造来照顾到来自帆装的更高载荷量以及更加激进、更好竞争的船只所有者。所有这些意味着误差范围更小了，而精确计算强度的需要变得更加重要。

其他对船体构造提出越来越高要求的因素还有越来越短的鳍龙骨，它增加了龙骨/船体连接处所承受的应力，并且独立的船舵只是由其自身的舵轴支撑，或者是由几乎不能承受其强度的太小的舵承来支撑的。

在计算所需强度之前，必须知道船只的载荷，这可能是最不确定的部分。载荷可以分为两部分：全局载荷和局部载荷。全局载荷从整体上来影响船只，例如，在船只在运行中，来自帆装的载荷试图弯曲船体梁，且其中产生的应力和弯曲量可以通过简单梁理论来计算（后面将讨论）。局部载荷可以分为由海水和海浪加载在船只上的静力水载荷/动水力载荷，以及来自眼板、龙骨、船舵、绞盘、帆脚索滑块以及滑轨、支柱等加载在船体上的载荷。

本章我们将讨论不同载荷：全局载荷和局部载荷的影响以及它们引起的弯曲。之后我们将给出龙骨和船舵是如何影响船体结构的，并最后研究不同种类的材料及其应用，包括外来材料和夹芯板结构。下一章将给出YD－41的实际尺寸。

12.1　结构力学概念

尽管本章并不是介绍一般性结构力学的章节，但是我们会描述一些本章将用到的结构设计的基本概念。

本章所说的某材料的应力，是指该材料横截面上所受的作用力大小，其单位是牛顿每平方毫米（N/mm^2）。极限破坏应力指的是破断应力，而金属的屈服应力指的是最大的有效静态应力。

应变是指载荷时材料单位长度上所产生的拉升量,通常用百分比表示。因此,如果我们有一截木料、钢材、玻璃纤维等,最初有 100 mm 长,载荷时,其长度变为了 103 mm,则该材料的应变为3%。显然,应变值越小,材料就越脆。

刚度是指应力与应变的比值。如果我们比较两段等长的线,一段是尼龙的,另一段是不锈钢的,两者都承受相等的载荷、受到同等的应力,不锈钢线的伸长量很小,而尼龙线的伸长量更大,这反映出不同的应变大小。用应力除以应变,我们将得到刚度的度量,即弹性模量:E = 应力/应变 [N/mm^2]。该关系式仅在材料处于弹性区域的范围内成立,当材料处于弹性区域时,释放载荷,材料会恢复到原始长度。对于金属来说,其弹性区域相当小,所允许的最大典型应变值为0.2%~0.3%。当材料处在弹性区域所允许的最大应变值时,其所受的应力称为屈服强度,这与极限强度不同,极限强度是指能使材料折断的最小应力。

当弯折一块长木板或者一块面板时,木板或面板的一侧受挤压力,另一侧受张力,两者的方向都是曲面的法方向。在木板或面板的两侧之间的某处,存在不受应力的一层,该层被称为中性轴。在均匀分布的材料中,该中性轴将通过横截面上的几何重心。如果横截面由具有不同弹性模量的部分组成,则应该根据弹性模量的比例来修改横截面。比如,如果一部分的弹性模量高40%,则在计算横截面的重心时也应该把该部分的面积扩大40%。

综合剖面的总转动惯量(I)是指剖面的每部分的转动惯量加上每部分到总的中性轴的距离的平方之和与各部分面积的乘积之和。当计算某木板或某面板的抗弯强度时,我们需要知道剖面模数(SM),简单来说,也就是转动惯量除以中性轴到各表面距离的最大值。

正如之前所述的,弯曲力将对各表面产生挤压力和张力,同时对横截面产生横向力,或者说剪切力。该剪切力也对木板或面板产生剪切应力。

12.2 全局载荷

一个主要与船舶和较大游艇有关的全局载荷的例子是中拱及中垂的弯曲力矩情况:当波峰在船中部时是中拱弯曲,当波谷在船中部、波峰在船头和船尾时则是中垂弯曲。一般不对短于100英尺(30 m)的娱乐游艇进行中拱/中垂计算(见图12.1)。

ABS(美国船检局)用于制造和区分海上赛艇的指南以及ISO 12215标准覆盖了80英尺(24 m)以内的游艇,并且不需要计算弯曲力矩和船体梁强度,但是ABS针对机动娱乐游艇规定最少要根据船长、宽以及方形系数计算船中部的船体梁剖面模数(SM)(见图12.5对YD-41的计算过程)。该ABS计算式对短于45 m、由玻璃纤维增强型塑料(玻璃钢)制成的且运行速度低于25 kn的船艇有效。游艇的型宽(B)不应超过裸船体(D_c)型深的两倍。

船体材料的最小极限强度、拉力或者压力,记作σ_u,取最小的值,单位是N/mm^2。L和B是船长和船宽,单位是m,C_b是船舶方形系数。典型方形系数一般是0.35~0.42。

其他导致变形的因素是来自帆装上的载荷。该载荷来自于迎风时的侧支索张力,以及船头到船尾的拉索上的张力。前者可以直接耦合在船只的扶正力矩上,而后者可以与需要直的三角帆支索以使帆获得最佳性能。

对于“正常的”有压载的风帆游艇来说,桅杆脚上的累积的压力来自于拉索、侧支索以

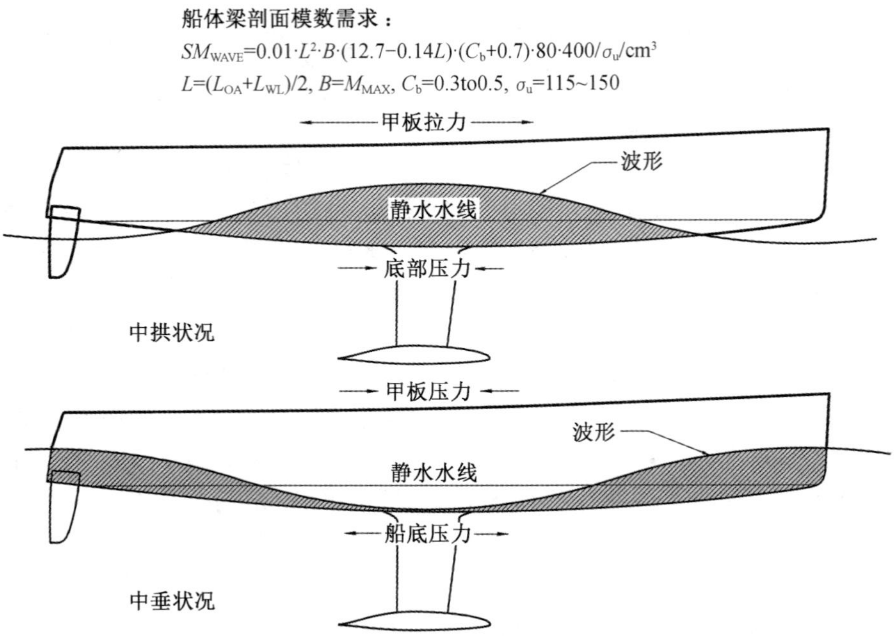

图 12.1　至船体桁梁要求(ABS)

及吊索上的应力,该累积压力可以达到帆艇排水量的两倍。侧支索上的载荷与排水量在同一个量级,对于 YD－41 来说是 7.4 t,吊索应力大约为排水量的 15%。从船头到船尾的拉索上的拉力将使船体梁上产生纵向弯曲力矩,从而导致弯曲力大约为排水量的 85%,也就是6.3 t(船体梁在未产生过度变形的情况下必须能够承受的载荷)。

横向看,侧支索区域的船体剖面必须具有足够的刚性而不会变形,从而船桅能向偏航侧倾斜(图 12.2)。为了达到这个目的,船只必须有“强横风”,同时从俯视角度看,船桅必须在船只的中心位置。推荐的 Whitbread Maxi 帆艇的船体是由斯德哥尔摩的皇家理工学院(KTH)计算的(见图 12.3),计算过程中考虑了索具载荷导致的纵向形变。船 A 使用多个横向肋骨进行加固,框架间的间隔为 2 m,但是没有纵向构件;而船 B 使用预张力法立体框架进行加固。两种情况中,船体都是夹芯板构造,使用了用 40 mm 的 PVC 制造的芯材以及由 S－glass 混合在乙烯基聚酯的基体上构成的外皮。显然只有横向的框架不足以吸收纵向的索具载荷,才需要纵向的加强系统。例子中采用了立体框架的形式,但今天更有用的方法是将加固系统整合到船体和甲板的结构中,即单壳式结构。在这种结构中,外壳承担了大部分强度,只有少部分强度是加载在内部结构和更大的面板上的。单壳式结构的纤维方向至关重要,因此需要分析所涉及的作用力的大小和方向。船体尺寸显然也很重要。小型船艇几乎都是自承式的,即单壳式,而更大的船艇需要各种加强结构,至少在特别承重的区域,如在龙骨、桅杆、支索牵板等附近。

对于风帆游艇来说,“索具中垂”状态是最严重的,该状态下,甲板处于挤压状态,而龙骨处于拉伸状态,而这些部分更适合工作在相反的状态。由于轻甲板在挤压状态有屈曲的风险,而甲板舱口和其他的开口处又将恶化屈曲程度,因此在挤压状态下轻甲板不能充分有效。能消除因开口处所产生的甲板弱化的技术是额外增强开口边缘并加强开孔强度。

对于 YD－41,来自柱杆上的 6.3 t 的压力,我们用简单的模式去估计所需的船体梁剖

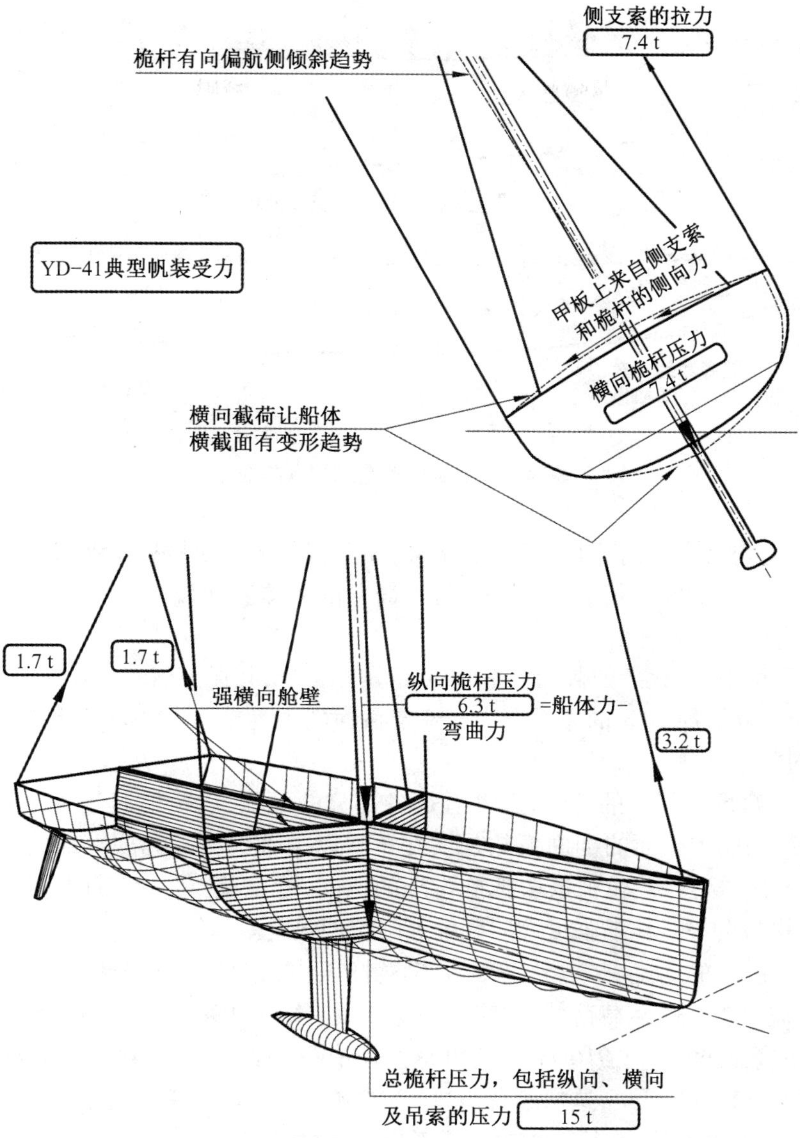

图 12.2 帆装的各种力

面模数(SM_{hull})。考虑到游艇可以看作有着桅杆压力试图弯曲船体的自由端简支梁,如图12.4所示。最大的弯曲力矩发生在桅杆处的船体横切面上(Mb_{hull}),因此这里就是需要我们计算船体剖面模数的地方。

为了建立需要的剖面模数,我们必须选取桅杆处的船体横截面,简化它使其更方便计算。在图12.5中实际的船体和甲板是用虚线画的,简化的部分是实线。简化的目的是按照沿船舶的Y轴和Z轴垂直方向尽量矩形化。通过这种简化,相对容易地计算惯性的截面力矩(I)、面积(A)和中性轴(X_0),并且从这些结果中得出船体梁的剖面模数(如图12.5)。为了简化弹塑性模量,假定所有部件的弹塑性模量都相同,否则需要根据不同的模量,对不同部件的有效面积进行纠正。

如果必须校正面积,记得只增加宽度,绝不增加高度,因为这会不正确地改变部件的惯

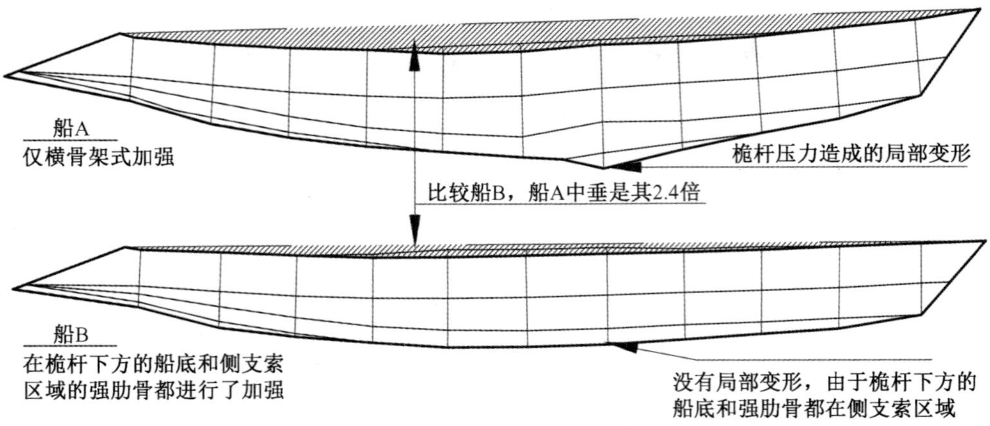

图 12.3　帆装载荷造成的纵向变形

性矩，也就是说它将会太高，因为高度在公式中是其立方值。例如，如果底板弹塑性模数比其他底板大 50%，在进行任何计算之前，可在简化的船体截面该底板宽度上增加 50%。尽管厚度和垂直位置是不变的。

在这个例子中，简化后的截面被分成 5 部分(A_1-A_5)，除了 A_1，所有部分的厚度(t)相同，A_1 比其他部分增加 60% 的厚度。为了确定截面的中性轴(X_0)，需要计算每个部分的几何重心，如图中所示。

接下来计算每一部分的惯性矩，并叠加各部分的面积，以及他们与中性轴的相对距离的平方。最终的船体截面的剖面模数是惯性矩除以中轴到甲板和底部的距离。用最小值与需要的剖面模数进行比较来选取抵抗桅杆的压力，这就是：最大弯曲力矩(图 12.4 中的 Mb_{hull})除以甲板的极限压缩强度和船底的极限拉伸强度。

游艇 YD－41 的力矩来自 61 705 N 的桅杆压力，这导致所需的船体梁剖面模数是 1 408 cm^3 来应对纵向帆装载荷，并且实船的这个数字是 34 094 cm^3。ABS 要求 12.5 m 长机动游艇的船体梁强度是 17 916 cm^3，所以承受所有受力载荷的总共要求的剖面模数变为 17 916＋1 408＝19 324 cm^3，这留给我们总安全系数是 1.8，仅考虑帆装载荷时是 24，这显然足够了，但是如果不够，必须使用更多或者更好的材料以保持剖面的几何形状不变。

目前检查甲板的最大压力是容易做到的：$P_{deck}=Mb_{hull}/(a_5+0.5t)+P_{hd}$ (＝179 223 N)。表达式($a_5+0.5t$)是甲板顶部到船体中性轴的距离，如图 12.5。P_{hd} 是前后支索张力的水平分力，在图 12.4 中有具体说明：$P_{hd}=P_{fh}=P_{ah}$。用甲板横截面积去除这个值，我们就能发现是否甲板足够强以吸收压缩力。在我们的例子里，甲板的受力导致 9.0 N/mm^2 的压缩力，并且极限许用应力是 135 N/mm^2 安全预度。

这可以被看作是“标准情况”。一个典型的巡洋游艇/竞赛艇的尺寸，ISO 12215 或其他结构设计标准，应该能够承受来自水的局部压应力，强度足够应对帆装载荷。有些极端的游艇，有着相当大的帆装，较低的船体梁高度和使用外来材料在船体夹芯板的外层，检查船体梁的强度是明智的做法，特别是甲板的压应力。

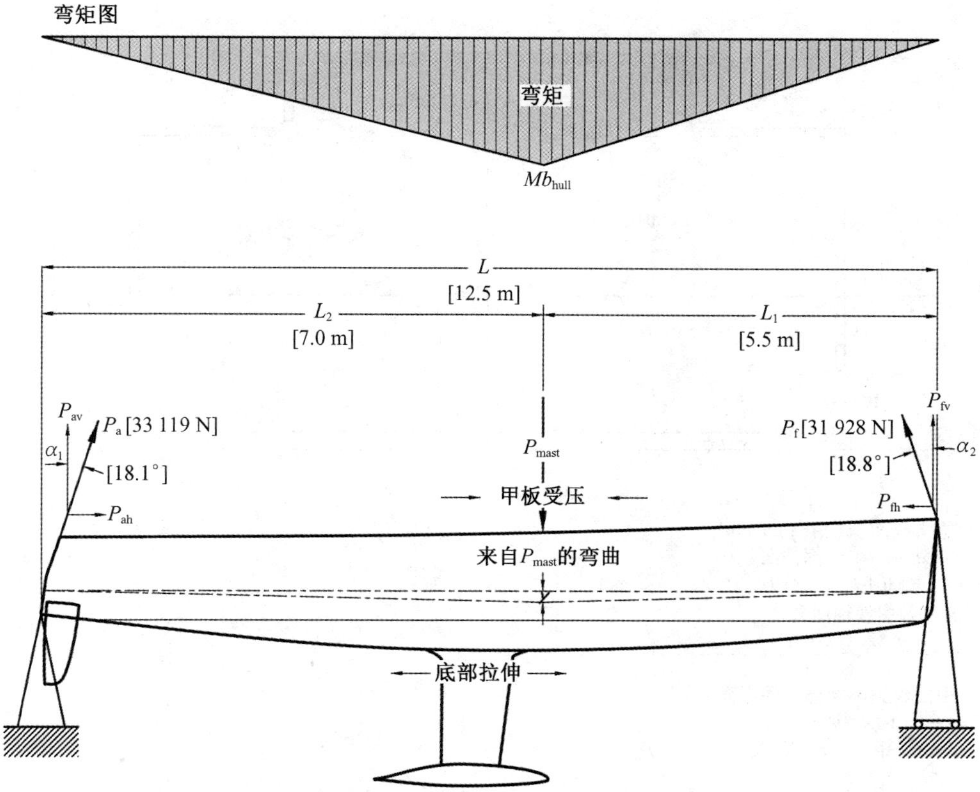

P_{mast}=0.85排水量　[61 705 N]

$P_a=P_{mast}/(\sin\alpha_1/\tan\alpha_2+\cos\alpha_1)$　[66 199 N]

$P_{ah}=\sin\alpha_1\cdot P_a$　[10 289 N]

$P_f=P_a/(\sin\alpha_1/\sin\alpha_2)$　[31 928 N]

$P_{fh}=\sin\alpha_2\cdot P_f$　[10 289 N]

船体梁的弯曲

$y=(P_{mast}\cdot L_1\cdot L_2^2)/(3\cdot E\cdot I\cdot L)$

E=杨氏模数；I=船体梁惯性矩

发生在桅杆区域的船体最大弯矩：(Mb_{hull})

$Mb_{hull}=P_{mast}\cdot L_1\cdot L_2/L$　[190 051 Nm]

图 12.4　纵向帆装载荷

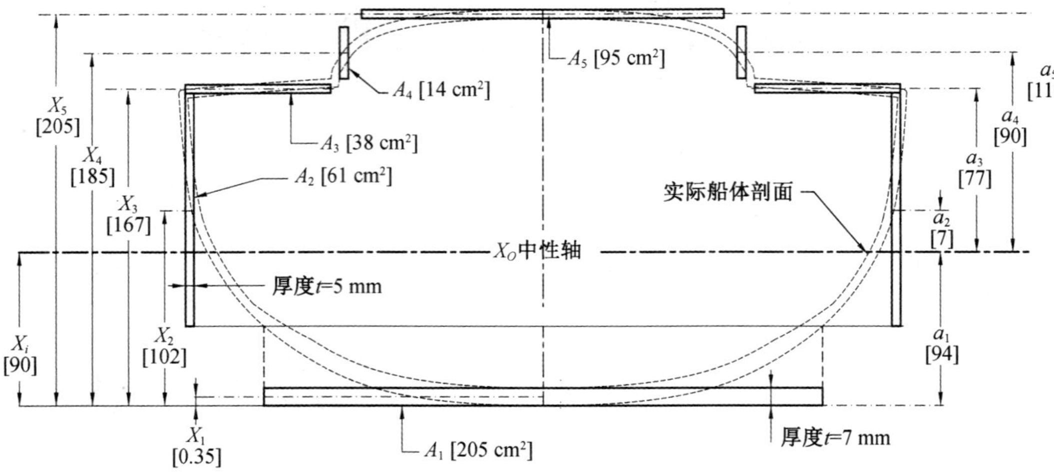

总横截面积 (A_i): [526 cm²]

A_1 **到** A_5= **单个部件面积**

$A_i=A_1+2(A_2+A_3+A_4)+A_5$

船底到中性轴距离：

$$x_1=\frac{A_1\cdot x_1+2(A_2\cdot x_2+A_3\cdot x_3+A_4\cdot x_4)+A_5\cdot x_5}{A_i}$$

中性轴到不同部件间距离：

$a_1=X_i-X_1(X_1=t/2)$

$a_1=X_2-X_i$　　$a_3=X_3-X_i$

$a_4=X_4-X_i$　　$a_5=X_5-X_i$

每个部件单独惯性矩（一般形式）：

$I_n=\frac{b\cdot h_n^3}{12}$ **此处** b **为水平测量值，** h **为垂直测量值。**

[I_1=9.5 cm⁴，I_2=75 660 cm⁴，I_3=0.8 cm⁴，I_4=915 cm⁴，I_5=2.0 cm⁴]

船体截面总惯性矩是每一部件惯性矩之和，再加上其带板面积乘以其距中性轴的距离的平方之和：

$$I_X=I_1+2(I_2+I_3+I_4)+I_5+A_1\cdot a_1^2+2(A_2\cdot a_2^2+A_3\cdot a_3^2+A_4\cdot a_4^2)+A_5\cdot a_5^2$$

[I_X=3 765 921 cm⁴{$3.76\cdot10^6$cm⁴}]

剖面模数计算结果是 (SM_{sec}):

从 X_0 **到船底：** $SM_{sec}=\frac{I_X}{X_i}$　　[39 726cm³]

从 X_0 **到甲板室顶：** $SM_{sec}=\frac{I_X}{X_5-X_i+t/2}$　　[34 094cm³]

所需剖面模量 (SM_{seq}): [19 324cm³]

$$SM_{seq}=\frac{Mb_{hull}}{\sigma_u}+SM_{wave}$$

σ_u=甲板极限抗压强度，　或

σ_u=甲板极限抗压强度或船底极限抗压强度，　取最小者

Mb_{hull}=来自图 12.4 和来自图 12.1

图 12.5　船体梁在桅杆处截面模量

12.3　局部静水力载荷

为确定合适的设计载荷,我们从静水力部分开始。最简单的情况是船体静止并且是正浮在静水面上。这样静水力压头就是简单的船体在水下部分的深度,记作尺寸 T_c。对于航行在一系列波浪上的船舶,假定波峰不会超过船舶的舷弧线,静水压头就变成了船舶的型深 D_c(如图 12.6(a))。

当在航行途中并且有一定横倾的情况下,沉浸的压头接近于全部型深 D_c 的一半(图 12.6(b))。

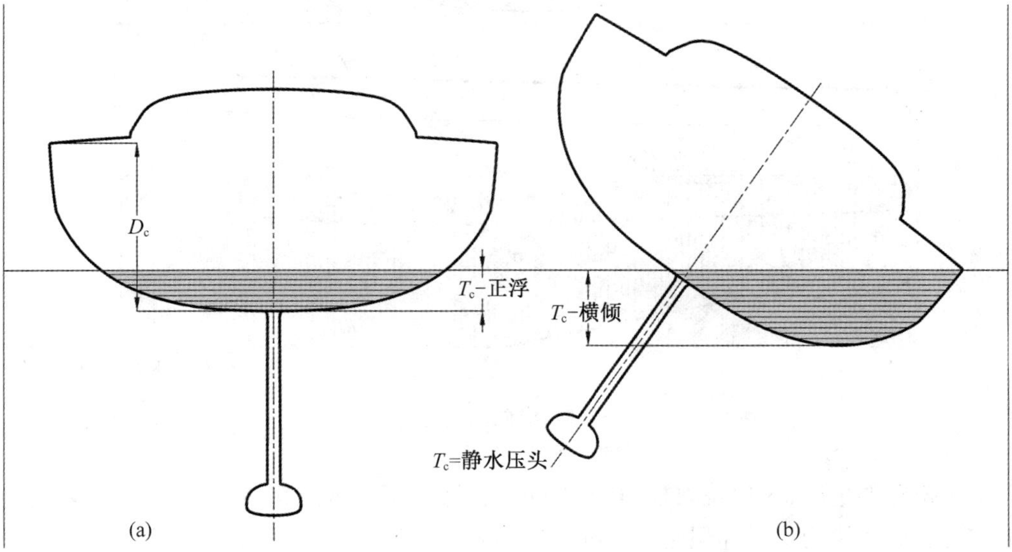

图 12.6　静水压力

(a)正浮情况;(b)横倾情况

12.4　局部动水力载荷

在上面的公式中没有考虑速度,自然地它将增加压力效果。更普遍的认为来自船速的压力随着速度的平方而改变,速度是按照速度/长度比来处理的。ISO 标准对于风帆游艇,将航速作为船长的绝对函数来考虑,这意味着 ISO 假设一个固定的速度/长度比,再加上对于轻型船艇的额外压力纠正系数。这附加的负荷再加上静水压力一起,以及一个固定的压头作用到船底而得到船底压力(P_b)。当我们讨论 ISO 规则时,将会处理更多的细节。

船舶在海上航行会遇到至少一个主要的载荷因素,那就是碰击。为确定这些载荷进行了若干测试和测量,尤其是动力滑行艇,其碰击影响是最严重的。解决碰击载荷获得的最广泛认可的方法之一就是由海勒(Heller)和加斯伯(Jasper)提出的,这种方法被 ISO 标准采纳,用于机动艇和快速帆艇,对于高速船也很适合。这个方法的公式将航速、船长、船底舭部升高、排水量和航行纵倾均计入考虑来定义船底压力(P_b)。

海勒和加斯伯的工作给出了主要碰击区域在游艇的首部横截面,见图 12.7。需注意的是:对于有着相对高速(航速 V(kn)大于船长 L(m)平方根的 10 倍)的小型快艇,在大面积海区时该艇完全是在空中的并且船底后部着水,所以在这样的船上将高压区域延伸在到尾封板是明智的。这种情况下,ISO 用垂向加速度(n_{cg})来取代速长比而考虑速度的因素。

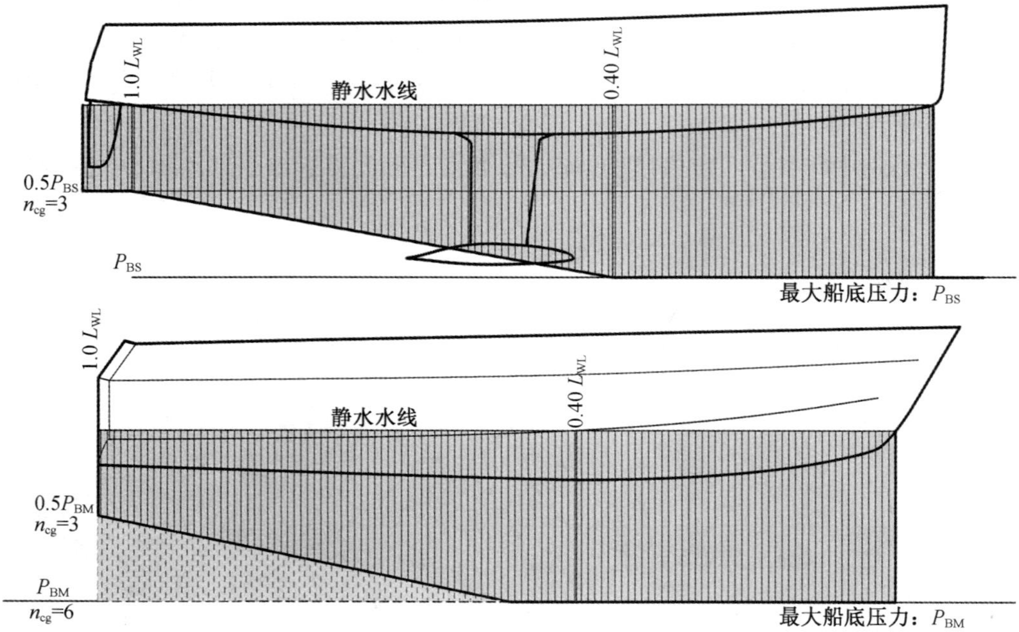

图 12.7 纵向水动力载荷

至于帆船的情况,朱伯特教授(P N Joubert) 计算了 6 艘风帆游艇的船底压力,这些游艇都被海上的作用力所损坏但是尚幸存以供检查(如图 12.8)。这些游艇是:

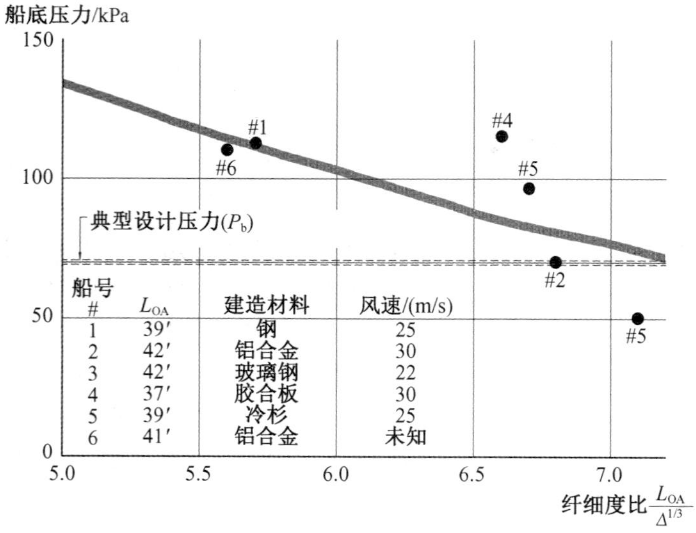

图 12.8 船底失效的游艇的计算压力(ABS)

(1)风帆游艇 Odin,39 英尺钢制游艇,因为遭遇并对抗 25 m/s(50 kn)的疾风,船底板弯曲。变形的区域在主桅前方一侧的龙骨和水线 L_{WL}之间。

(2)风帆游艇 Pacha,54 英尺铝制游艇,船底部的主要部件弯曲,范围是从艏部到桅杆、从龙骨到水线 L_{WL}之间的区域。

(3)风帆游艇 Boomerang VII,42 英尺 PVC 夹芯板结构,从船首到船中、从龙骨到船顶部的一定范围内分层。

(4)风帆游艇 Destiny II,42 英尺层压板船体,有船底横向裂缝,该裂缝区域还连接着结构舱壁。

(5)风帆游艇 Magic Pudding,37 英尺冷压模木质游艇,破坏的地方和风帆游艇 Destingy Ⅱ 上面的一样。

(6)风帆游艇 Mary Blair,41 英尺的铝制船,破坏的地方和上面的风帆游艇 Pacha 一样。

当游艇在风中航行时,所有这些变形、脱层和开裂都会加剧。船体这些破坏的原因是其所遭受的碰击载荷,以及船舶从波峰自由落体到波谷(下落 3 m(10 英尺)甚至更多)所造成的。

通过了解每艘船舶的建造情况,可以倒推计算出来这些船壳体的载荷压力。通过这种计算方式,即通过简单梁理论或者将薄膜应力理论等也计算在内,可以得到不同的压力值。更加精确的计算方法,可以计算出比梁理论更接近船承重能力的压力值。图 12.8 给出的是使用梁理论计算的结果,其中的船舶通过纤细度(L_{OA}/(排水量)$^{1/3}$) 排序,为显示对比,ABS 基础设计工况通过虚线宽带来表示。

12.5　横向载荷分布

船底压力就讨论到这里,那么侧面的压力怎么样呢? 纵向分布压力值与底部一致,但是横向上压力随向干舷上部移动高度的递增而减小。并且使用帆船或动力航行对结果也有影响。相对而言,干舷有时会被完全收起的帆船在船侧外板承受压力更大,滑行艇底部承受碰击压力更大。

对于一艘帆船来说,从吃水线到干舷高度的 1.5 倍,干舷压力会由底部压力最大值跌落至 0。对于一艘滑行机动艇而言,依据 ISO 标准,侧面压力是 20% 底部压力加上与船体型深的一半对应的最小静水压头($0.5 \times D_c$)。

甲板和上层建筑的设计压力值是关于船体长度和一个常数的函数。在讨论利用 ISO 规则计算的例子中给出关于这个的更多细节。图 12.9 是风帆游艇和机动艇的典型横向压力分布。

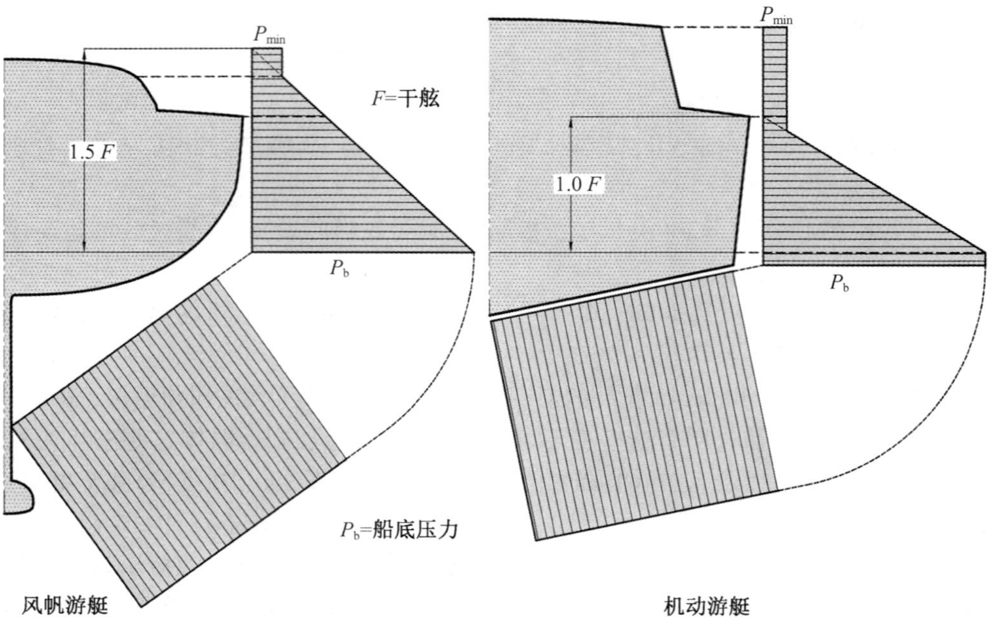

图 12.9　横向载荷分布(NBS)

12.6　局部变形

在斯德哥尔摩皇家工学院(KTH)所做的怀特布莱德(Whitbread)变形研究是关于不同方式加固船体的(图 12.10),表明了对船体前体进行足够加强是非常必要的。不论船前体框架数量多少,船体的情况都是一致的。船体都用内部空间框架做了基本的加强。船体 C 只做了最基本的空间框架,而船体 D 在每侧各增加两个额外的纵桁。船体 E 在船体 D 的基础上,在桅杆前面增加了一个环形框架,船体 F 在船前体上增加三个环形框架。

图 12.10 的阴影区域表示承受碰击载荷时船体的变形。能够看到,只做了最基本空间框架的船体和增加纵桁的船体区别并不明显。其原因是横向加筋的缺失,想有效地将变形保持在一个合理的水平上,对于纵桁来说跨度太长了。

通过在前体安装一个环形框架(框架间距 4.5 m),变形显著减少,增加到三个环框架时,即使在载荷作用下,船体也看上去像个船了(图 12.10 中的船体 F)。船体 F 承受碰击压力的能力粗略地表明了一艘传统横骨架式船舶所能得到的相同性能。正如前面看到的,当遭受纵向作用力时,阴影区域发生了变化。因此,作为总结,为承受来自帆装和碰击的作用力,船体既要纵向加强也要横向加固。这些既可以通过独立的加强系统单一承载结构,也或者是他们的组合来实现。

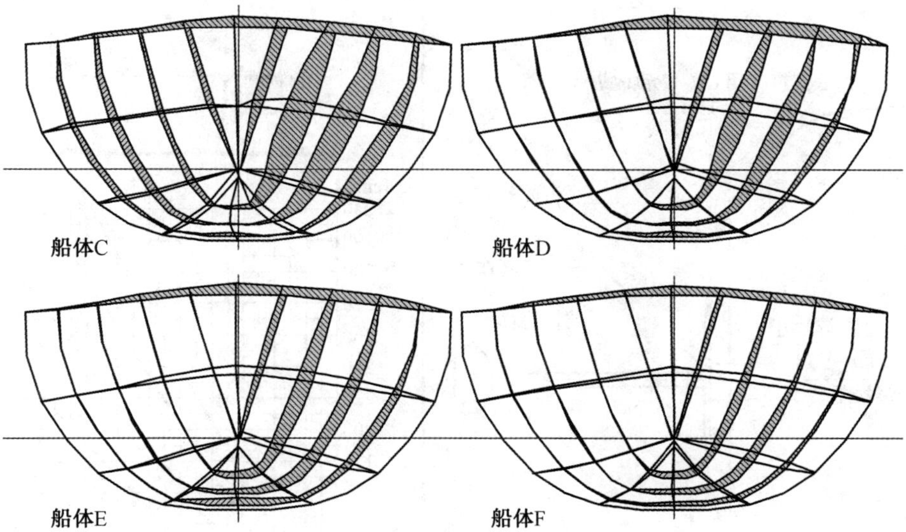

图 12.10　波浪碰击造成的变形(阴影区域)

12.7　龙骨传递的力

图 12.11 给出了 YD－41 压载龙骨应力的计算方法实例。这艘船的"设计姿态"是 90°横倾并且完全处在空气中。将这艘船作为完全处在空气中，并且应用安全系数 4～6 来抵消动态变化的附加载荷，这个并没有包含在公式里面。

下面给出围绕龙骨螺栓力矩的简单计算方法，已知横向龙骨弯矩(M_{kt})，并用迎风侧龙骨螺栓到偏航侧龙骨边缘的距离(OF_{bolt})除以横向龙骨力矩，龙骨螺栓的受力(P_{kt})就可以计算出来了(在本例中为 131 686 N)。

OF_{bolt}的典型情况是沿着龙骨根部弦长进行变化，为了合理起见我们采取所有 OF_{bolt} 的平均值。假设龙骨有 6 组(n_{kb})龙骨螺栓，那么每个螺栓上的载荷就变为($P_{kb} = P_{kt}/n_{kb}$) 16 461 N。当计算所求龙骨螺栓的尺寸时，要使用所用材料的屈服强度(σ_y)，而不是极限强度。当安全系数为 5 时，所求龙骨螺栓的直径(d_{kb})为 23 mm，可在图 12.11 公式中见到。

用于上例中的屈服强度为 206 N/mm^2，对应的材料是不锈钢 AISI－316。所得直径是螺栓的最小内径，因此名义上的螺栓直径应该为：公制单位的 M27 螺栓，或者英制单位的 1 1/8。

在龙骨的偏航侧，龙骨螺栓的拉力由龙骨和船体的配套区域作为压缩力来吸收。因为仅最靠近偏航侧的区域才是有效的，合理假定总面积的 25% 必须能够抵抗螺栓所承受的所有压力。龙骨/船体面积比的最小值(A_{min})应为 22 510 mm^2。

典型的玻璃钢层压板的压缩极限强度是 117 N/mm^2。而实际龙骨面积的 25% 大约是 100 000 mm^2，因此在这种情况下是需要考虑安全系数。

每一对龙骨螺栓都连接到内底板上，内底板需要吸收迎风侧龙骨螺栓引起的拉力。取内底板与龙骨螺栓的安全系数一致，在本例中是 5。所以每块内底板上作用的弯矩就是所

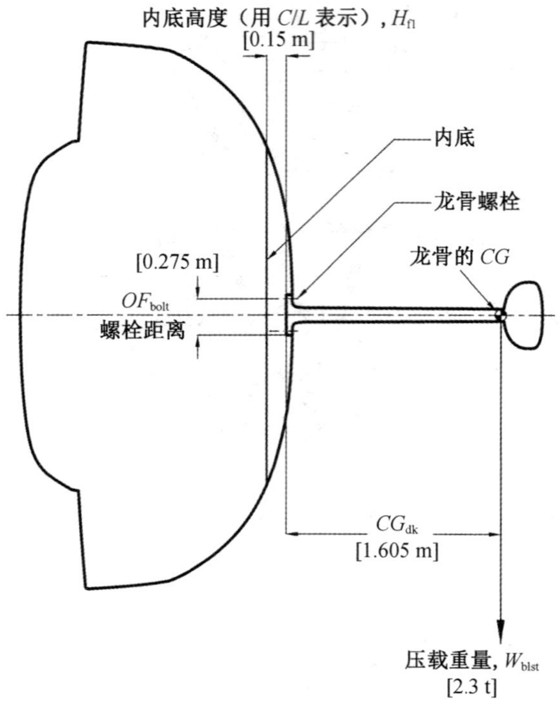

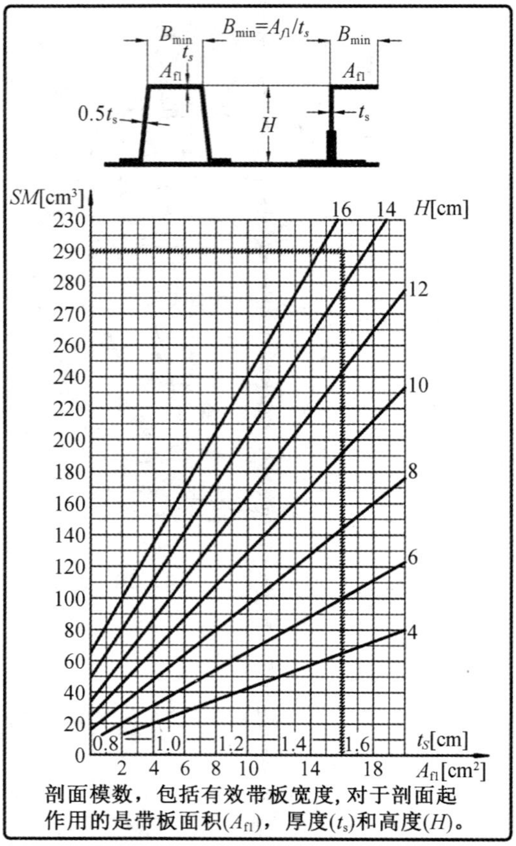

横向龙骨弯矩(M_{kt})：

$M_{kt}=CG_{dk}\cdot W_{blst}\cdot g$ [36 214 Nm]

龙骨螺栓总受力(P_{kt})：

$P_{kt}=\dfrac{M_{kt}}{OF_{bolt}}$ [131 686 N]

所需龙骨螺栓直径(d_{kb})：

$P_{kb}=2\cdot\sqrt{\dfrac{P_{kb}\cdot \eta_{kb}}{\sigma_y\cdot\pi}}$ [23 mm]

龙骨螺栓拉力 (P_{kb})：

$P_{kb}=\dfrac{P_{kt}}{n_{kb}}$ [16 461 N]

n_{kb}= 龙骨螺栓数量

η_{kb}= 安全因素： 4-6[5]

σ_y= 龙骨螺栓的屈服强度

(206 N/mm 对于材料： AISI-316)

最小龙骨 / 船体面积 (A_{min})：

$SM_{fl}=\dfrac{P_{kb}\cdot n_{kb}\cdot \eta_{kb}}{0.25\cdot\sigma_{uc}}$ [2 251 mm²]

内底所需剖面模数 (SM_{fl})：

$SM_{fl}=\dfrac{M_{fl}}{\sigma_{ut}}$ [290 cm³]

内弯曲弯矩(M_{fl})：

$M_{fl}=\dfrac{M_{kt}\cdot\eta_{kb}}{n_{fl}}$ [36 214 Nm]

n_{fl}=龙骨以上的内底数量[5]

σ_{uc}=玻璃钢的典型极限压缩强度(117 N/mm²)

σ_{ut}=玻璃钢的典型极限拉伸强度(125 N/mm²)

图 12.11 来自龙骨的载荷

有横向龙骨弯矩（$M_{kt}\times 5$）除以内底板的数量，在本例中是 8，这样所得弯矩（M_{fl}）为 36 214 N·m。

内底板用于承受这一力矩的所需的截面模数（SM_{fl}）是内底板的拉伸极限强度除以内底板弯矩（M_{fl}）计算得来，通常玻璃钢层压板的拉伸极限强度是 125 N/mm²，所以得到 SM_{fl} 是 290 cm³。当使用 N·m 和 N/mm² 作为强度单位值时，其结果以 cm³ 为单位。

将 SM_{fl}值 290 cm^3代入到图 12.11 的坐标图中，选择对应的内底板高度(H)为 15 cm，需要法兰面积为 16 cm^2且厚度为 1.5 cm，所以最小内底板宽度为 10.7 cm。如果要使龙骨螺栓穿透内底板，就需要把螺栓的直径都加入到内底板的宽度里，以达到足够的法兰面积，这样一来最小内底板总宽度就达到了 13 cm。这些数据与中线面上的内底板截面有关，船尾部所要求截面模量取中线面数值的一半，对于我们的船来说是 145 cm^3。所以尾部的内底板高为 8.0 cm，并与中线面的层压板厚度、宽度以及法兰面积保持一致。

12.8　搁浅传递的力

精确地计算冲击力 F_i的值是不现实的，因为它取决于船的质量和航速，同时还有海床或岩石的形状(决定着减速的时间)、船的形状(对减振效果有重要影响)。目前来看，在强度上做一些保守的简化是可行的，因为这一区域质量略微增加几乎不会产生任何严重的问题。

从图 12.12 中我们可以看到，冲击力 F_i在龙骨/船体区域产生的弯矩(M_{kl})达到 203 308 N·m。为了能得到这个数据，并解开图中的方程，我们必须先做一些假设。假设船的速度为 8 kn，V_s = 4.11 m/s，完全停船所需的时间(t_s)为 0.25 s，这相当于用来停船过程中航行的距离约为半米(相当于紧急停船)，由此可得减速度 $a_r = V_s/t_s$(=16.44 m/s^2)。由于船的排水量为 6 500 kg，则冲击力 F_i = 排水量 × a_r(=10 700 N)。现在很容易就能通过表中的公式计算出冲击弯矩 M_{kl}，合力 P_r也可由冲击弯矩除以龙骨长度得到(=131 167 N)。这个力在龙骨后方是压力，而龙骨前部则是拉力。通过这些方程式可以清楚地看到，龙骨较短或深龙骨在搁浅时会对船体作用有更高的载荷。

龙骨的旋转中心并不是固定的，它取决于龙骨及船体不同部件的接头刚度以及接头的斜率和几何形状。由于离旋转中心越远，连接所用的龙骨螺栓及其他材料更易变形，所以可能只有最前端的螺栓发生了完全形变，只有最尾端的接合处受到最大的压力。

计算前端大部分螺栓所需要的抗拉强度(σ_{y25})的一个合理方法，就是假设在船身前 1/4 的螺栓(n_{kb25})承受了来自搁浅的作用力(P_r)。在 YD-41 中我们看到两个处于该部分的螺栓，根据图 12.12 中的公式可算出它们所需的抗拉强度为 164 N/mm^2。由于AISI-316不锈钢的抗屈强度为 206 N/mm^2，所以这艘船搁浅时螺栓不会有碎裂的危险。而最危险的部位是龙骨尾部部分、龙骨与船体相接的地方。

来自搁浅时最大推力 P_r作用于龙骨的随边。这个力对支撑鳍龙骨后部的内底板造成的弯矩 M_{kl}是 29 513 N·m，这是由 P_r乘以 L_f的 1/4 得出，这里 L_f为图 12.12 中所示的支撑龙骨的内底板的长度。

弯矩所需的内底板的剖面模数 SM_{fl}为 236 cm^3。将剖面模数带入图 12.12，我们读出地板高度 H 为 15 cm，层压板厚度为 1.3 cm。最小的法兰面积为 11 cm^2，所以内底板宽度为 8.5 cm。在实际生活中存在的问题是，如果船吃水浅，那么在独木舟型船身的垫板和船底之间就没有足够的空间来使用这种高度的地板，在这种情况下我们可以在这个区域采用多层内底板来分散搁浅造成的受力。

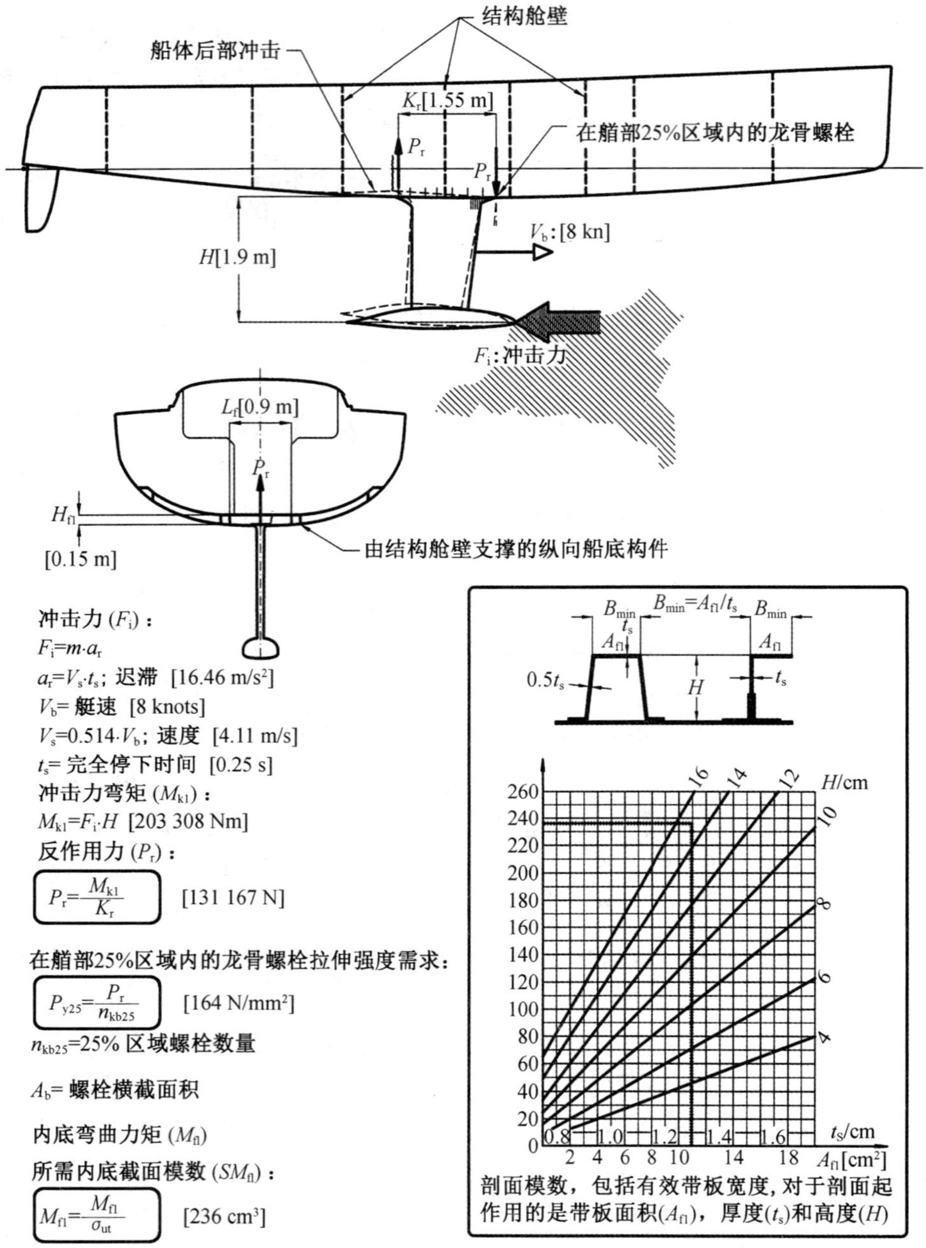

图 12.12　搁浅产生的载荷

12.9　舵传递的力

舵力产生于当船舵产生侧向力时，也就是说，当你要(a)船舶转向或(b)试图对抗转向弯矩的时候。在第一种情况下舵力并不需要达到最大值，因为船由于侧向力已经在转向。而在第二种情况下，舵力更有可能达到最大。典型的例子就是在展开大三角帆时，对抗突然横转的情况。

图 12.13 给出一个典型的铲形舵。在接下来简化计算中，我们用了两倍的几何高宽比来求得有效展弦比（AR_e），这意味着我们没有考虑空气流通，并假设舵靠近船的底部。在现实中很难找到这样的例子，但这给了我们额外的安全系数，因为这种方式使得作用力被放大了。

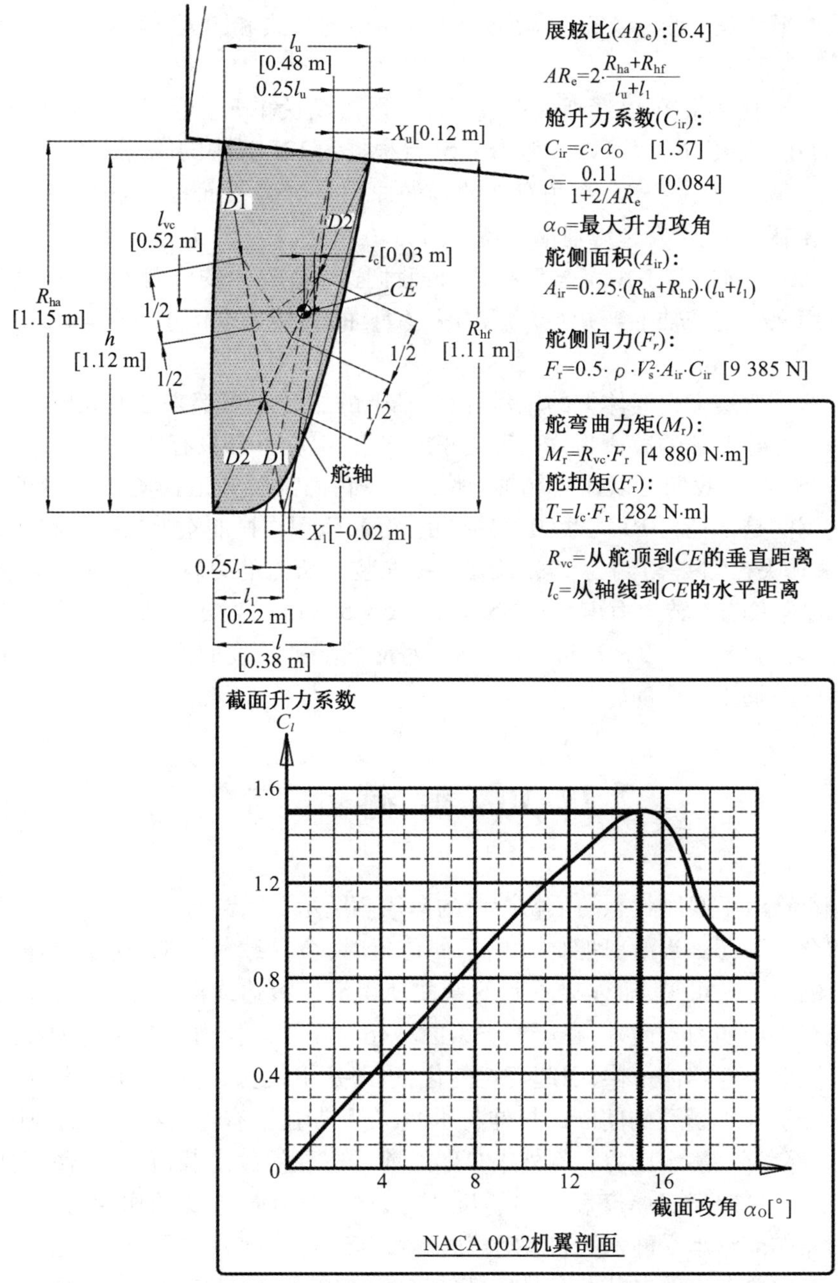

图 12.13　来自船舵的载荷

外形（NACA0012）的舵的作用力中心在其导边之后的 25% 的地方（$0.25l_u=12$ cm；$0.25l_l=5.5$ cm）。垂直位置可由图 12.13 所示计算得出。通过除去完整对角线上的短线

(D_1和D_2),并对剩余部做三角测量(如虚线所示),我们可以精确地计算出作用力几何中心,但是这里我们只用到垂直距离R_{vc}。通常讲,这项数值会近似于总高度的45%。知道了作用力中心(CE)的位置以及25%的线后,也就能轻易地算出导边到作用力中心的距离。同样的,知道了舵轴的位置后,也能确定对应的距离(舵轴中心线到作用力中心)$l=5.3$ cm。

有效展弦比(AR_e)是舵平均高度与平均长度之比的两倍(6.4),舵的侧面积A_{lr}显然为平均高度乘以平均长度得0.4 m^2。根据图12.13中的公式和图表,这些值用于计算升力系数和侧向力。

从图12.13中,我们可以看到最大截面升力系数C_L为1.5并且发生在攻角α_0为15°时。因此,产生的升力系数C_{Lr}也可以近似为1.5,且根据图12.13中的舵升力系数方程,C_{Lr}的攻角为17.86°。截面攻角和实际攻角存在差异的原因是因为截面系数系假定一个无限展弦比的情况,其结果就是没有边缘泄漏和诱导阻力。

在10.5 kn的航速(V)下($V_s=5.4$ m/s),我们这个舵产生的侧向力(F_r)是8 871 N。这种侧向力是用来确定舵轴上弯矩(M_r)和扭矩(T_r)的载荷。本例中,$M_r=4\ 613$ N·m,$T_r=266$ N·m。

舵轴的这个弯矩来自船体上的轴承,而舵轴上的扭转力矩都来自舵系附件:舵柄摇臂、舵扇和舵柄。舵叶上部的载荷为这两种力矩的组合,但在下部只有扭矩。

根据ABS规则,我们可以计算舵轴,那么现在我们需要知道操舵机构对于T_r的需求。假设我们使用的是半径为10英寸(0.23 m)的舵扇,作用在操舵索上的拉力将是266/0.3 = 887 N。机械损失(摩擦等)约为20%,因此,操舵装置所需的力就是3 106 N。驱动齿轮的半径是6 cm,这意味着转向力矩为976 ×0.06 =58.5 N·m。对于一个直径为0.9 m的操舵轮,舵手须用力为58.5/0.9 ×0.5) =130 N。对应的舵柄长度应为266/130 =2.04 m,这是一个相当大的舵柄来配合舵轮。

12.10 载荷小结

图12.14给出了迎风状态的风帆游艇的向风侧图示。阴影箭头表示帆装产生的作用在船体梁上的全局载荷。当游艇船体在中垂的位置时,全局载荷增加,这是船体以设计航速在静水航行的情况。可见,船体梁受到的弯曲使得沿甲板边缘产生压缩力,船底产生拉力和上层建筑产生剪切力。此外,在船侧支索区域还存在横向拉力。帆船行驶在恶劣和陡峭的波浪中可能会引起船体中拱,引起弯矩变化,也即是甲板受到拉伸(帆具作用力太大而导致的),但由于船体上遭受的间断的拉伸与压缩,在长期运行有着内在疲劳的风险。

此外,局部载荷、静水压力和额外来自船舶前体遭受的碰击载荷,都试图扭曲船板和弯曲加强筋。当计算船壳板厚度和加强筋尺寸时,这些都是最重要的作用力。如前文所述,如果设计的船舶能够承受静水力和动水力载荷,其综合强度就够了,至少也不是个极端的典型。其他必须要考虑的局部载荷是艏部的连接件,如侧支索、支索、龙骨螺栓,舵轴、卷车和其他甲板硬件装备。

图12.15绘出了游艇根据其载荷被分成一些主要的"被考虑"区域。当考虑尺寸和建造时,针对不同区域的定性结果分析给了我们以下的要点:

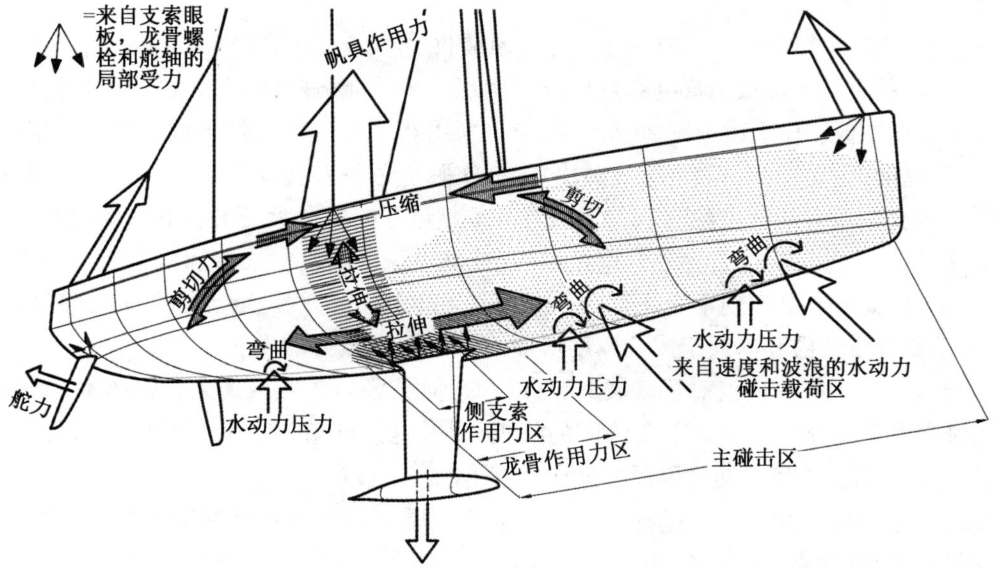

图 12.14 作用在风帆游艇上的力

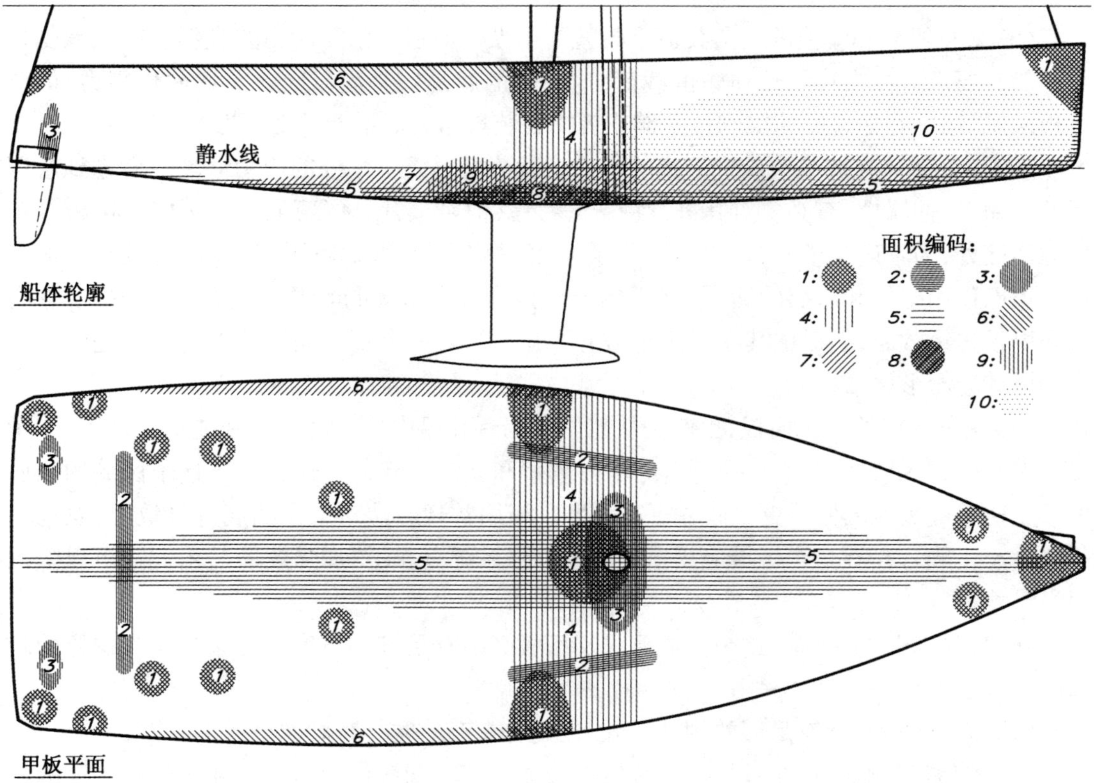

图 12.15 载荷区域示意图

载荷区域:

(1)局部载荷来自附件,如牵索板、支索舾装件、羊角、卷车、支柱等。要求层压板足够坚固以满足较大的局部载荷。为帮助层压板实现这个功能,这意味着螺栓下面都需要大型垫圈,至于夹芯板层压板的情况,该处夹芯应该采用非常高密度的胶合板或者单层层压板。最后一个选项,看上去是个最古老的解决方案,实际上还是有些优点的。第一,无论什么芯材材料(胶合板或者高密度泡沫),层压板自身都是最好的适合承受来自有着穿透螺栓的甲板舾装件的压力;第二,通过穿过这些区域的单层层压板,螺栓帽或者螺母将不会陷入芯材的厚度中,这就不会干扰到甲板下面的天花板。明智的做法就是增加层压板的厚度,并且层压板不要仅由外层和内层组成。厚度增加约 40% 是比较好的做法。

(2)基本上同样的建议对于区域 1 是有效的,但是区域 2 关系到主要帆脚索(sheet)滑轨,同时有更多展开的载荷分布在该区的临近区域,这意味着该区的极端的穿透螺栓的载荷比较少,所以增加 25% 的层压板厚度也就够了。

(3)这些区域都承受来自桅杆和舵的横向力。层压板必须能承受边缘压力,也就是需要使用坚硬的芯材或者用固态增强型层压板。

(4)这些是特别的区域,承受来自侧支索的帆装拉力和桅杆拉力。该区域的整个剖面必须相关坚固而能够抵抗扭力,以保证横向结构不垮塌。为满足这个要求,需要增加肋骨框架,可以安装结构舱壁,也可以安装强肋骨框架以吸收和分散载荷。

(5)来自帆装和波浪的纵向载荷甲板需要用纵桁加强以承受压力并且船底区域承受拉力。船底要求对抗来自龙骨和碰击载荷,这使得船底足够坚固以吸收总弯曲作用力,但对甲板来说,还是有如果船体梁刚性不够或者帆装装具超大而不能承受压力的风险的。

(6)因为船体在波浪中前进形成的脉冲式载荷而形成了额外的应力区域。考虑到层压板的压缩/拉伸属性,有必要对其进行特殊的考虑,但是最常见的薄弱环节可能是甲板与船体的连接处,为了避免渗漏,这里必须足够坚固以防止移动和弯曲。当连接处没有被玻璃钢包覆而仅用螺栓和垫层的话,最好用铝合金挡脚板(toe rail)沿甲板边缘包边安装,它会加强甲板边缘截面,而保证其在载荷作用下不开裂。另一个获得同样效果的方法是将甲板边缘设计为箱形梁结构。

(7)这个区域的船底面板,也就是从船中向船首和船中向船尾逐级变陡这个范围,是承受最大载荷的区域之一,要承受所有静水力载荷和动水力载荷。这就需要这个区域的船底面板要比船底其他区域的更坚固并更有刚度。当用常规方法对整个船底进行敷层(系列产品的生产实践)时,在这个区域应用密集结构加强系统以获得“加强效果”,由此还可以降低面板尺寸。

(7)安装龙骨的区域。这个区域要求层压板必须有足够的厚度承受来自龙骨螺栓的较高的局部压力。

(9)横向区域必须有足够的刚性,不能让龙骨在海上航行时候像个钟摆一样。

(10)当游艇触地时,龙骨的后方区域是最脆弱的。搁浅作用力必须要分散到更大的区域而不是集中在龙骨和船体连接处。

(11)这是主要的碰击区域,这里涉及的面板的强度和刚度都需要有额外更高的要求。波浪的作用力要比航行在静水时大很多。

图 12.16 给出了按照上面观点进行加强的 YD－41 游艇的示意图。基本上,游艇是由

纵向纵桁系统,横向结构框架系统和承受载荷的主横舱壁进行结构加强的。参考整个加强系统,我们从船底开始,有:

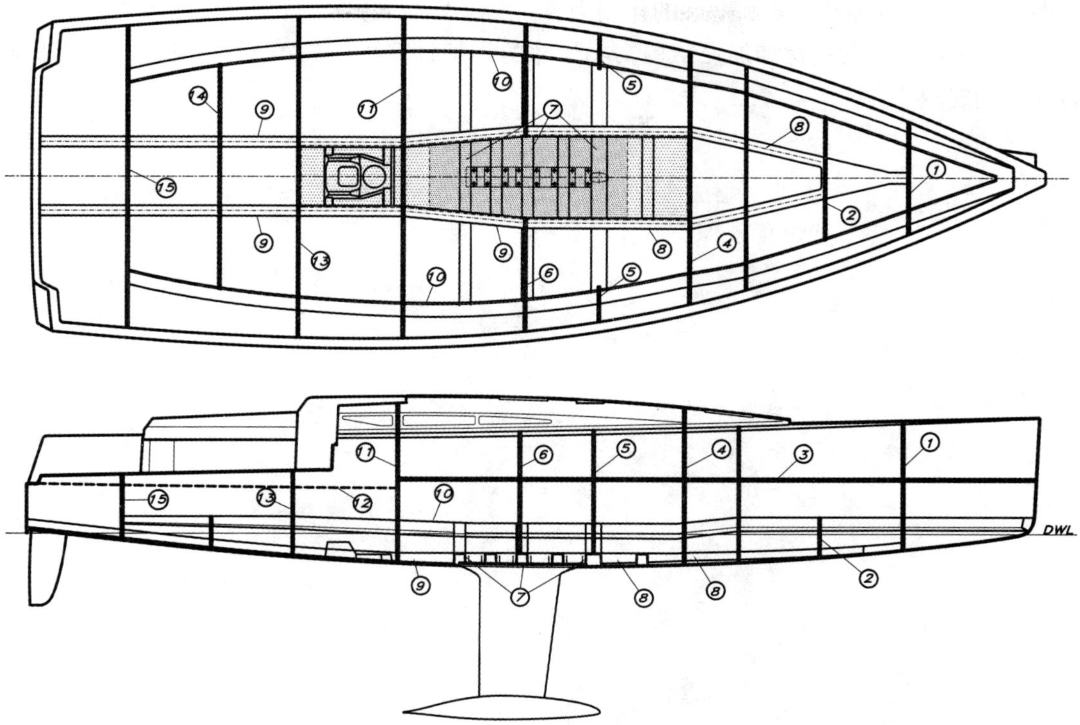

图 12.16 游艇 YD-41 的夹芯板船体及其加强结构

(1)夹芯板结构的水密结构防撞舱壁,有效加强了这个碰击区域的强度。

(2)前体底部额外的内底板以吸收碰击载荷。

(3)沿船体纵向并且高度上达到折角线与船体交接处的上层的船体纵桁,可被看作是起显著作用的加强筋。

(4)夹芯材料的结构舱壁增强船体-横向甲板的扭曲刚性,足够坚硬以承受帆装的横向载荷。

(5)在首三角帆导轨和桅杆区域增加的额外腹板。

(6)在侧支索区域的夹芯材料的结构舱壁,同时支持纵向船底纵桁。

(7)用来分散来自龙骨、桅杆和搁浅产生的作用力的内底系统。

(8)在4号结构舱壁和后面结构舱壁之间的集成桅杆脚纵向梁板架,通过一定数目的几层内底板来分散桅杆纵向载荷。

(9)从首防撞舱壁到最尾端舱壁的纵向船底梁。船底板在他们末端和这些梁连接在一起。

(10)舷侧纵桁贯穿游艇首尾,它们的支撑点都在结构舱壁上。

(11)夹芯材料结构舱壁和主机罩一起将机舱和居住舱隔离。

(12)船体折角线也被用于纵向加强。

(13)额外的夹芯材料结构舱壁用来加强尾部并支持尾舱隔离。

(14)艉部安装的额外腹板以加强船底。

(15)最艉部结构:夹芯材料水密舱壁,用来加强游艇后体,以避免舵力造成的弯曲或者扭曲,并承受主帆脚索导轨和基架的作用力。

游艇 YD-41 的板材和加强结构实际尺寸的详细计算可以在第 14 章找到。现在我们转而讨论材料。

第13章　材　　料

纤维增强塑料(FRP)被广泛应用于船体和甲板的建造。最近,对这种材料的兴趣在船舶工业的其他领域有很大增长。主要结构采用FRP的一个优点是按照需要对层压板强度属性进行定制的可行性,并且可以获得既轻便又坚固的材料。然而,优化方案需要复杂的计算方法和材料评估。

比较钢材、铝材和一些木料,可以用树脂和增强材料生成的FRP层压板制造出个性化的材料。可以用不同的方式和不同的成分来制作,因此仅给出一个典型的FRP材料的强度值没有什么意义。必须知道实际的敷层来计算其强度。影响强度的最重要的参数是增强的形式和其用什么制成的。造船工业应用的最广泛的增强材料是E-玻璃纤维。也有强度更好的材料,但是还要结合造价、强度和有效性,这就和E-玻璃没有等同性了。

13.1　玻璃增强材料

玻璃增强材料有着多种类型(如图13.1的说明)。最普遍应用的类型是短切玻璃毡(CSM),它由4~5 cm长的短纤维组成,这些短纤维均匀分布并用黏合剂黏合在一起。胶黏剂可以是乳液或者粉末的形式,当层压板外面被树脂浸湿,黏合剂就可以溶解在树脂中的苯乙烯里面。乳液类型使用起来相对容易,因为粉末黏合剂的玻璃毡更加易碎因此要加倍小心。然而乳液型的黏合剂比较大的缺点是倾向于渗透,因此在层压板的最外层部分至少要用粉末型黏合剂。同时CSM有或多或少的各向同性(也就是所有方向有相同强度),其他类型的材料就对载荷的方向性比较敏感。当制作敷层时,为了能获得增强材料的最佳性能,如果能逐层敷设玻璃纤维时施加主要载荷,这可以成为一个优点。采用无捻粗纱来应对主要载荷是个好办法,但是为了确保内部敷层的强度(堆层增强材料间的强度),实践中在每两层粗纱之间会增加一层CSM。玻璃纤维增强材料厂家注意到这点,他们采用毡/粗纱组合的方式:粗纱被缝制在玻璃毡上,以便在敷层过程满足适当的混合。最有方向敏感性的增强材料是单向性类型,这种材料在90°方向上几乎没有强度(见图13.2)。

无捻粗纱布(WR)中纤维的最大斜度(皱褶)对叠层的拉伸和压缩强度有很强影响(图13.3)。测试的叠层由两层600 g/m^2 的WR和介于他们之间和外层是一层450 g/m^2 的CSM。纤维角(W)是对纤维曲度测量并用度数来表示。对于无捻粗纱产品,纤维的曲度在经线和纬线方向不总是相同的,根据方向,拉伸强度会有20%的变化。图13.3中还可以见到,双向缝制的粗纱布有着比较高的抗拉力值,相应的纤维坡度大约是2°。

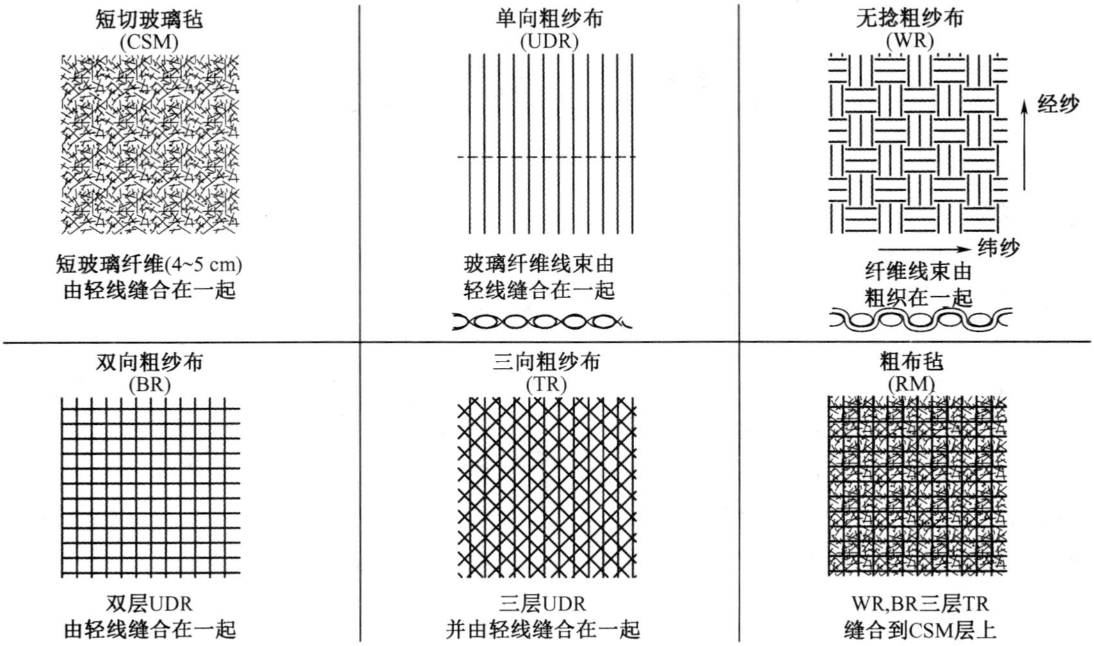

图 13.1　增强材料(增强体)类型

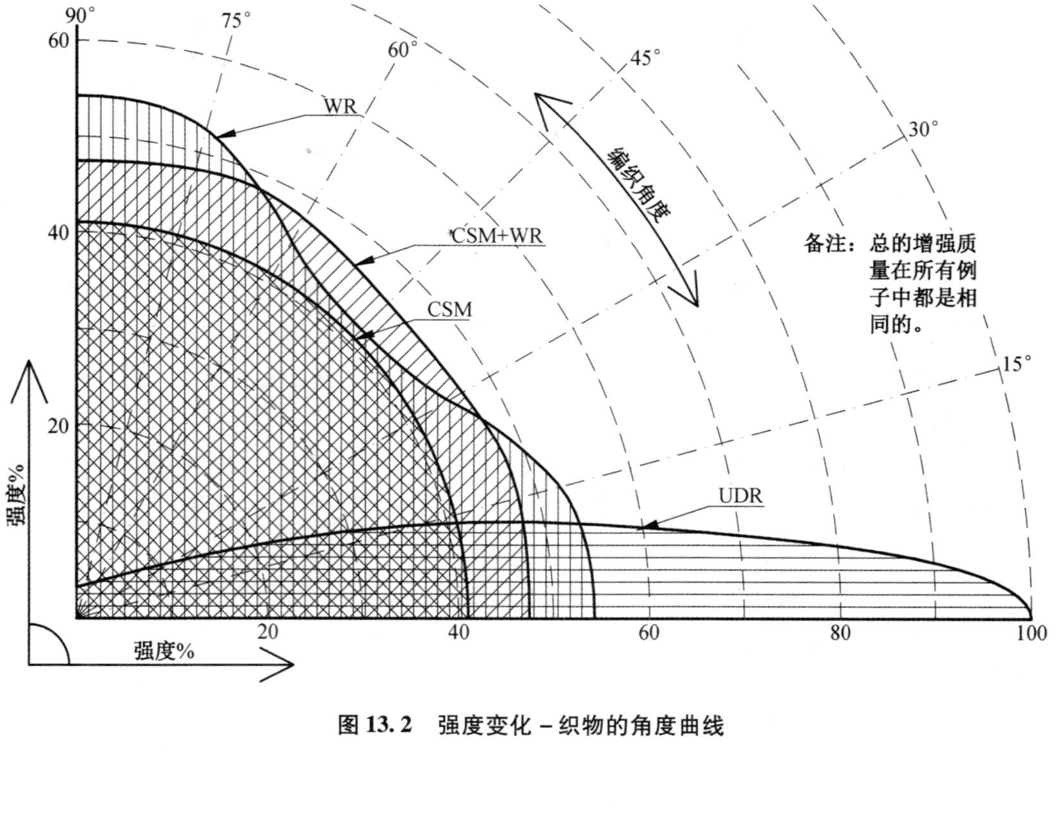

图 13.2　强度变化－织物的角度曲线

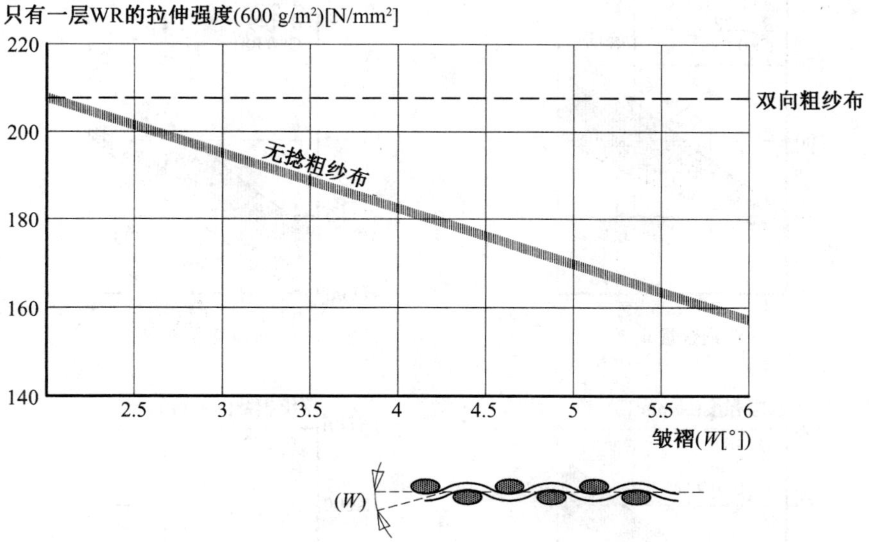

图 13.3 拉伸强度和皱褶曲线(海德布兰德等)

关于叠层强度属性的另外一个非常重要的参数是纤维的容量,通常被表达为纤维质量占总敷层质量的百分数(见图 13.4 和图 13.5)。一般而言,纤维容量越高,敷层就越容易达到更强,只要能保证纤维都被浸湿并且树脂足够多。实践中,点数纤维容量大于 37% 的纤维是不现实的,当用湿法手工敷设敷层时,纤维容量小于 27%。混合了玻璃毡和无捻粗纱布的敷层,玻璃纤维容量一般为 35% ~45%,有着多向性材料的编织物(不是无捻粗纱布)能达到 55%。图 13.6 给出了随纤维容量变化的敷层厚度。

为了计算玻璃毡/粗纱布混合的强度属性,可以仅采用玻璃毡或者粗布的值。组合后的属性可以被估算,可通过计算相应增强材料的质量来进行:

$$P_c = P_m \cdot X_m + P_r \cdot (1 - X_m)$$

式中 P_c——玻璃毡/粗布复合物的属性;

P_m——玻璃毡的属性,与混合后的复合物有相同的玻璃纤维含量,见图 13.4;

P_r——无捻粗纱玻璃纤维布的属性,与混合后的复合物有相同的粗布含量,见图 13.5;

X_m——复合物中总的玻璃毡和粗布的比率。

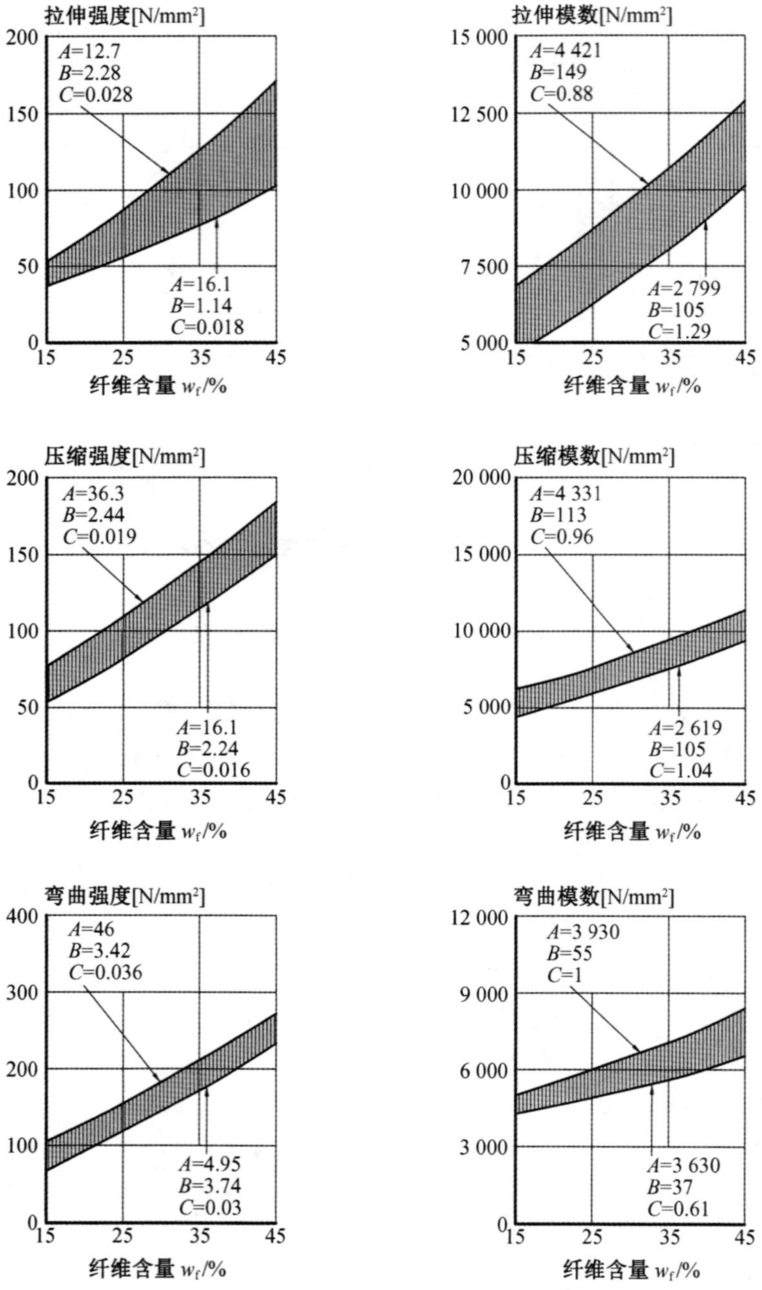

曲线满足一般的表达式：

强度／模数$=A+B(w_f)+C(w_f)^2$

图 13.4　CSM－聚酯树脂复合材料属性（卡帕瑞诺等）

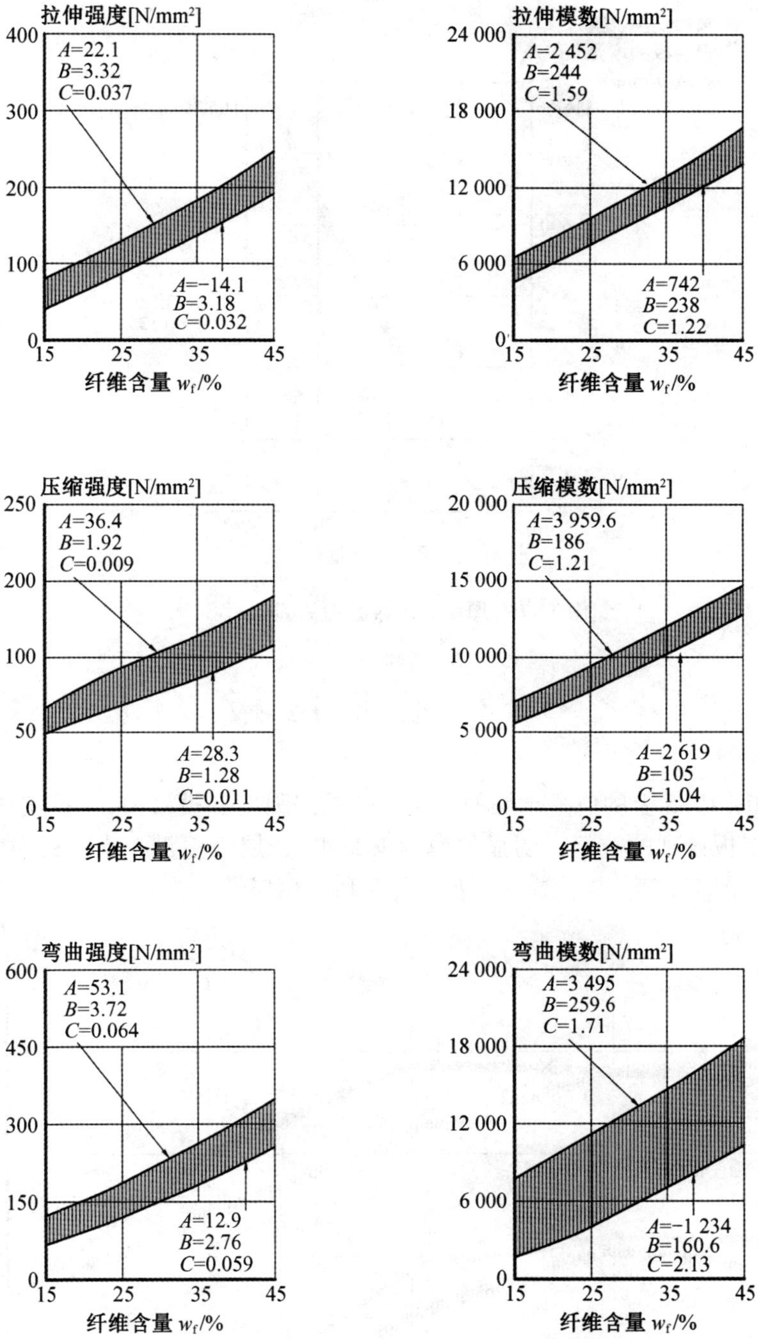

曲线满足一般的表达式：

强度 / 模数$=A+B(w_f)+C(w_f)^2$

图 13.5 WR－聚酯树脂复合材料属性（卡帕瑞诺等）

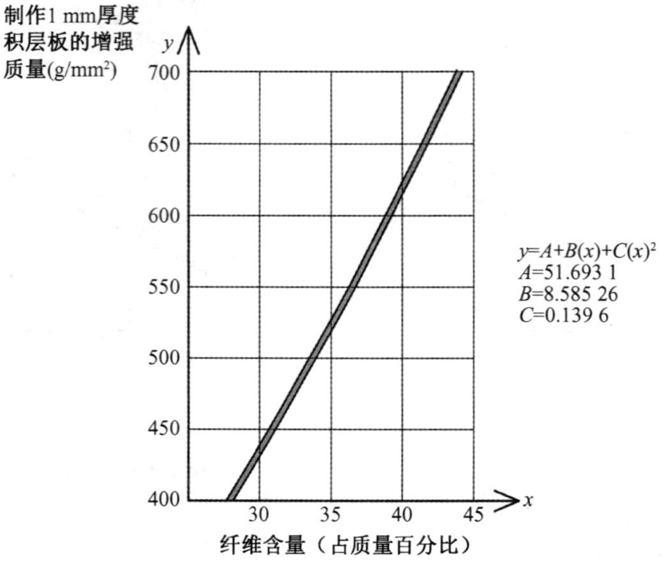

图 13.6　厚度－纤维容量曲线（NBS）

13.2　湿积层板

图 13.4 和图 13.5 上的值是干燥的积层板的极限强度和模量值，但是实践中这不是期望从游艇的积层板得到的数值。明显的原因就是水，积层板浸没在水中的时间越长，它也就变得越脆弱。图 13.7 给出了湿积层板的强度和塑性属性作为时间的函数曲线。层压板

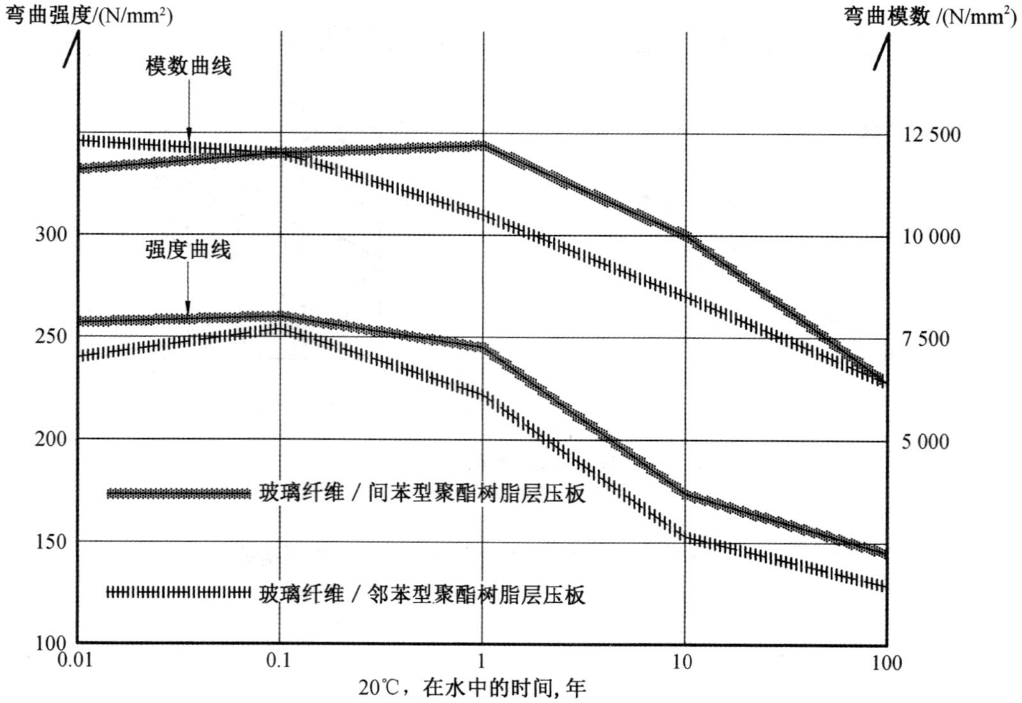

图 13.7　湿积层板强度和模量曲线

是由纤维粗布及邻苯型聚酯树脂和间苯型聚酯树脂。可以见到间苯聚酯树脂积层板不像邻苯聚酯树脂那样有吸水的倾向。但是需要记住的是如果冬天将游艇储存在陆地上并且让积层板干透的话,当游艇重新下水后,过程的有效开始时间是从头开始计算的。为了防止水的渗透,间苯型聚酯树脂给了游艇更好的保护,游艇的胶衣应该是间苯型聚酯树脂、NCA 或者是更好的树脂。

13.3 疲 劳

FRP 积层板的另外一个弱点是疲劳。游艇在海上工作,承受来自帆装、龙骨和舵载荷有规律地导致疲劳的载荷。图 13.8 给出了对于 CSM 积层板所发生的问题。

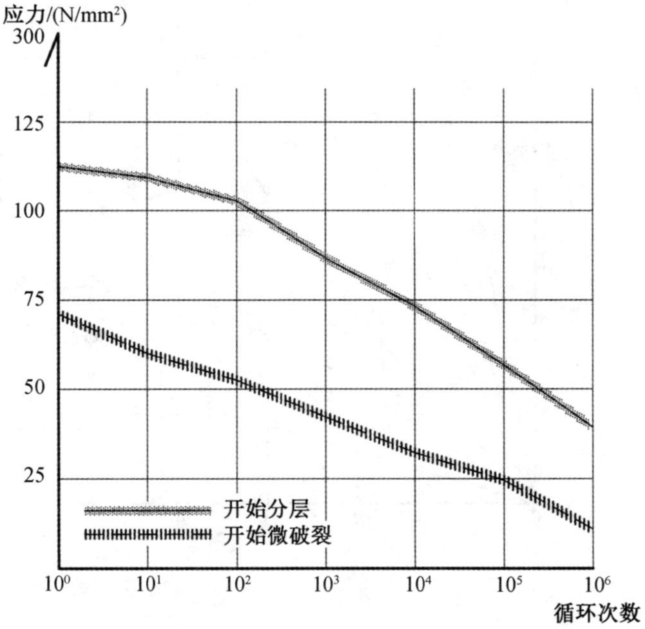

图 13.8 CSM 积层板的疲劳属性

上方的曲线代表的是积层板的失效性,下方的曲线对应的是当微破裂首先发生的时候。微破裂是积层板失效的第一个迹象,图中可见,很明显微破裂发生在距离极限应力还很低的水平。这就意味着,在本例中的邻苯型聚酯树脂因为很低的拉阻力而产生裂缝:换个说法说就是刚度太强了。比较其破断前 2% 的拉伸率,第一次失效的拉力水平对于邻苯型聚酯树脂积层板低至 0.2% 。很明显还可以看到的是,经历一个应力循环的极限强度的最大降低,经历一百万次循环后,从 110 N/mm^2 到 40 N/mm^2,相当于降低了 53% 。这是应该记住的,特别是当设计一艘打算长期用于在海上巡航的游艇。

如前文所说,该图对邻苯型聚酯树脂积层板有效,将树脂更换成更好的,基于无捻粗布的增强体等,都可以提高疲劳属性。

13.4 外来材料积层板

为了提高积层板性能,如使其变得更结实、刚性更强和更轻,我们可以替换常规的 E 玻璃纤维到更好的纤维,将常规的邻苯型聚酯树脂湿法手糊敷层技术切换为更好的树脂和/或预浸材料。

图 13.9 给出不同增强纤维的强度和拉力属性。可见凯夫拉 49 是最坚固的一个,波荣(Boron)是刚度最高的,其次是碳纤维。这些图给出的是纤维自己的值,铺制制成积层板时,这些属性会变低。

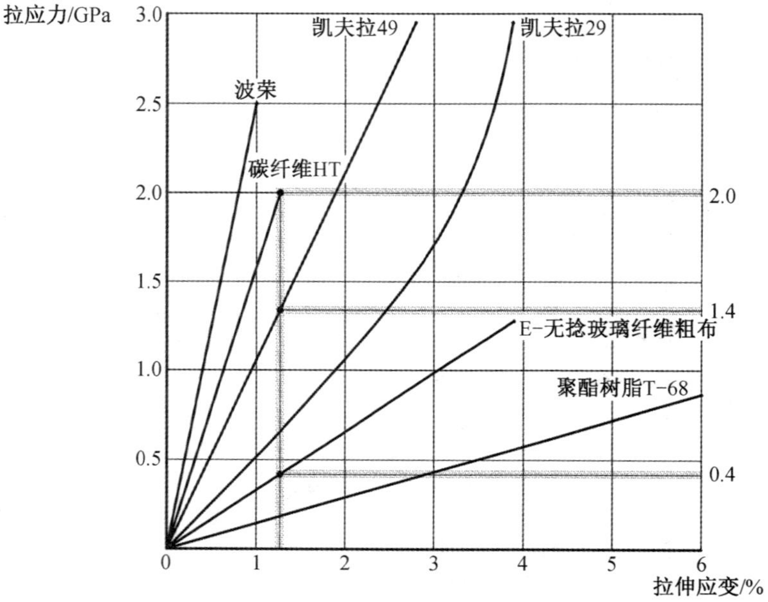

图 13.9 纤维应力 - 应变曲线

如前文提到的,采用拉力水平高于纤维的树脂是非常重要的,这样可以尽量避免微破裂。多亏了这些高强度的外来纤维材料,使得对树脂的胶黏特性有着更高的要求。邻苯或者间苯聚酯树脂并不是特别好的黏合剂,此外的乙烯基树脂或者更好的环氧树脂对于敷层制作都是相当优秀的黏合剂,他们有着高拉力值,使得完全利用高特性的纤维成为可能。

通常外来的纤维和玻璃增强材料一起使用,这带来的一些结果是需要考虑到的。例如,如果我们的积层板是由凯夫拉 49、碳纤维 HT 和常规的 E 无捻玻璃纤维粗布混合制成的,当拉力达到 1.2% 时,其中的碳纤维已经达到满负荷(图 13.9 中的垂直线)。此处的碳纤维是其最高强度值,接近 2 GPa,如果有任何更多的拉伸,它就会破断。该积层板中其他的纤维有着更高的最大强度值:凯夫拉在 2.7%,而 E 无捻粗布是 3.8%。为使得所有纤维都在一起工作得很好,则总的拉力不应超过 1.2%,这意味着凯夫拉仅能用到 1.4 GPa,E 无捻粗布 0.4 GPa 的强度,几乎仅是他们最大强度的一半。如果我们使用所有的材料都达到他们的最大强度而忽略拉力,刚度最大的玻璃纤维会在结构没有承受到最大负荷而破裂,因为这些纤维承受的载荷太大了。或者换种说法来说，其他的纤维不允许试用期假定的最大强度。

图 13.10 给出了一些复合材料的典型强度属性。EG 积层板是一种常见的聚酯树脂/玻璃纤维手糊层压板，而其他的积层板都是环氧树脂预制型。预制型积层板是生产商已经将纤维和正确数量的树脂预先混合好，使得获得高而均匀的含量比成为可能。在这个例子中，比例是 60%，而 EG 层压板是 37%。

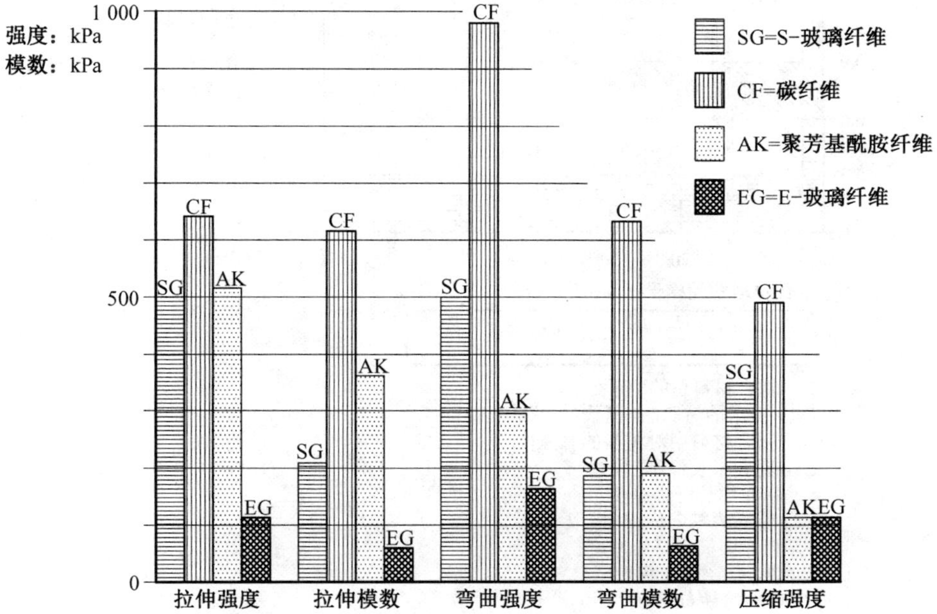

图 13.10 典型复合材料属性

对于建造者来讲预制型的缺点是处理起来非常困难。建造者需将其储存在低温处使得预制型材料在使用前不要提前固化。当敷层时，裁剪好的预制型材料被放入模具中，可以是阴模或者阳模。比起手工糊制，这个过程要好很多，因为基本上没有特殊气味排放，不用处理黏糊糊的树脂，定型前不用等很长时间。当敷层就位后，整个模具区域都被真空袋覆盖，空气被从真空袋抽出以压实积层板。为了固化预制积层板，需要对其进行加热，整个结构都将被置于加热炉中或者覆盖上电热毯。对于加热和加热时间而言，温度控制非常关键。最好的预制系统需要的固化温度一般是 60 ℃。

为了计算复合材料积层板的总塑性模量，我们需要知道每个组合材料的单独模量，图 13.11 中说明了一种计算总塑性模量的方法。

积层板总的塑性模量 E_{tot} 是其每个组成成分模量的质量加权平均，这里质量就等同于其厚度。通过叠加每个成分的模量乘以其厚度之和，再除以总厚度，就得到总的复合材料的模量 E_{tot}。例子中的纤维含量是 37.5%，也就是和垂直轴（厚度）成正比。如果有可能使得树脂比例变少，总的塑性模量将会相应增加。

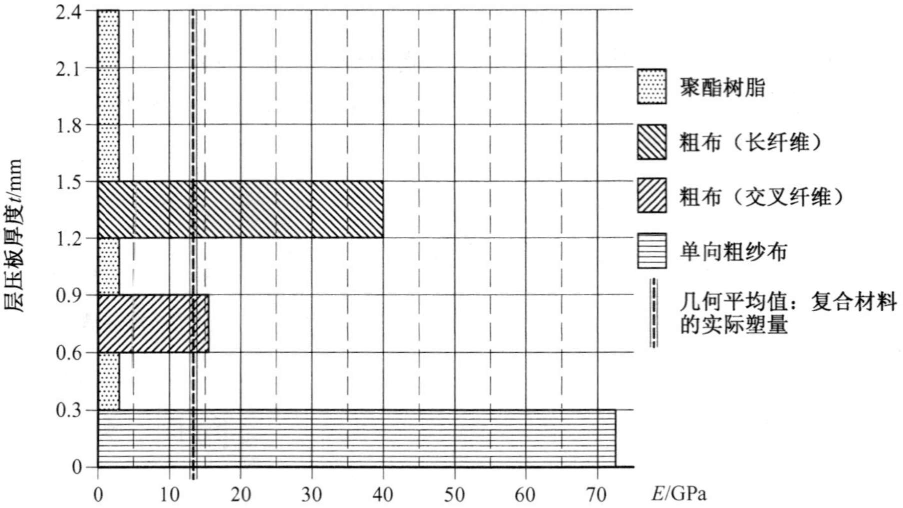

复合材料塑性模量(E_{tot})：

$$E_{tot}=\frac{E_{poly}\cdot t_{poly}+E_{wrl}\cdot t_{wrl}+E_{wrl}\cdot t_{wrl}+E_{ud}\cdot t_{ud}}{t_{tot}}$$

E_{tot}=复合材料总的E模数
E_{poly}=使用的树脂的E模数
t_{poly}=复合材料中对树脂的总厚度
E_{wrl}=粗布中长纤维E模数
t_{wrl}=粗布中长纤维厚度
E_{wrl}=粗布中横向纤维E模数
$t_{w:l}$=粗布中横向纤维厚度
E_{ud}=单向粗纱布E模数
t_{ud}=单向粗纱布厚度

图 13.11 复合材料积层板的塑性模量

13.5 夹芯结构

建造游艇采用夹芯结构的三个基本好处是：

• 夹芯结构有很轻的建造质量。然而，从实践的角度考虑，外层面板不能制作得太薄，否则没有足够的强度去支撑坐坞、搁浅和船厂建造过程。夹芯结构的优势在小于 9 m 的游艇建造上就没有了明显的优势。

• 夹芯结构可以被制成没有扶强材的结构，使得整个船体可以自己支撑自己的强度。这种情况比例因子就按照相反的次序来分布。为了建造超过 7.5 m 的船体自支撑游艇，对芯材和面板有着极高的要求。

• 这种方法可以使得游艇直接被建造而不需要模具。这也会在后文进行讨论。

与实心的积层板相比，夹芯结构最大的优势是可以增加强度和刚度而不必相应增加质量。图 13.12 清晰地给出了这种优势。通过增加面板的总厚度而不是增加积层板的总厚度，仅增加面板厚度的两倍，刚度能增加 7 倍。相比较增加实心积层板的厚度，如果将夹芯结构的面板增加到 4 倍厚度,则刚度可以达到其 37 倍。

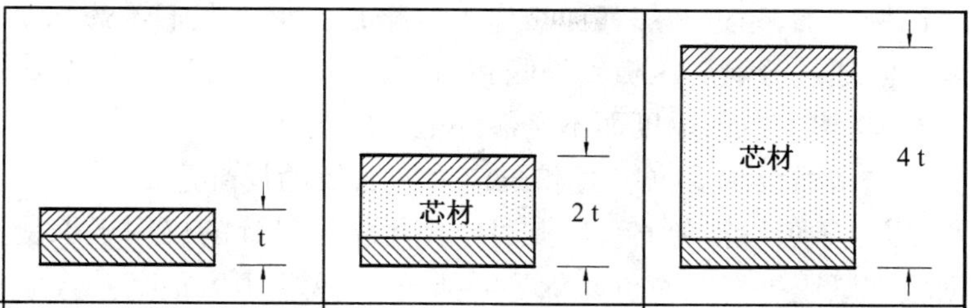

相对钢度	100	700	3 700
相对强度	100	350	925
相对质量	100	103	106

图 13.12 夹芯结构和实心板的强度和刚度

质量增加或者减少相等的数量,强度分别会增加 3.25 倍和 9.25 倍。此例中的芯材是蜂窝板,结合泡沫或者印度轻木芯材,其质量增加的很慢。这种在强度和刚度方面剧烈的增加的说明见图 13.13。

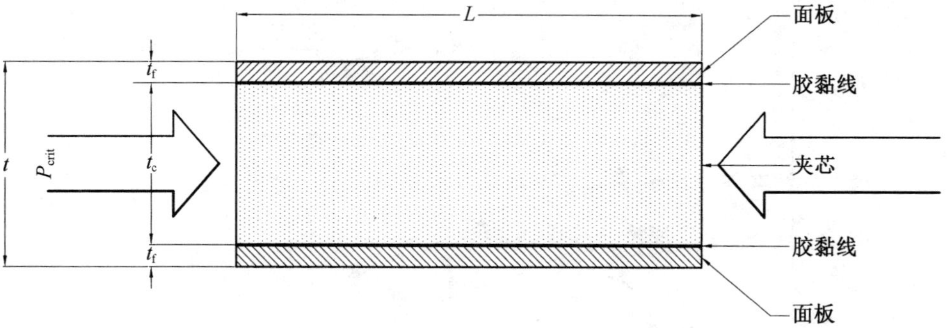

$$P_{crit}=\frac{\pi^2 \cdot EI}{L^2}$$

P_{crit}=**极限载荷**

I=**结构惯性矩**

$I=\frac{b \cdot t^3}{12}$ (b=1)

L=**结构长度**

图 13.13 夹芯结构的临界载荷

夹芯结构可以承受的临界载荷 P_{crit} 和复合材料的塑性模量和横截面惯性矩成正比,和测试样本的长度的平方成反比。

比较两个同样长度为 L 的面板,我们可以见到只有增加 P_{crit} 去获得具有高塑性模量的

材料 E 或者改变截面去获得高惯性矩 I。仅通过选择最好的材料来增加 E－模量有其实际局限性，更不必提其经济方面的问题。最有效的方法是增加面板的 I 值。因为惯性矩随厚度而成比例增加，通过增加其面板厚度来增加。但是我们不想增加质量，因此"夹芯板"理论就来了。通过分离层压板到外侧和内侧，而中间增加轻质的但是依旧执行其结构任务的材料，我们将增加总的厚度而不会额外增加质量。

夹芯结构面板承受拉应力和压应力。面板的局部弯曲刚度对于任何实际作用力来说都很小，以至于可以被忽略。因此可以使用特别设计的仅用于承受拉应力和压应力的积层板。面板在紧固等情况时也要承受局部压力，这些压力很高并且面板尺寸要考虑与之关联的剪切力的作用，这样我们在面板上施加载荷时就不会在其表面扎出个洞来。

芯材需要有几个重要的功能。在面板受力时，它应该有足够的刚度来维持两个面板之间恒定的距离。它必须也要有足够的剪力刚度以免面板滑移。如果芯材太弱而面板不配合，在弯曲时，每层面板就如普通板子一样独立工作。因为局部弯曲刚性太小，夹芯结构的效应消失，结构就破坏了（见图 13.14）。为保证面板和芯材之间彼此互相配合，面板和芯材的连接处必须能够在面板和芯材之间传递剪切力，而对连接处量化具体的要求就非常困难。简单的规定是连接处必须如芯材一样能够吸收同样的剪应力。

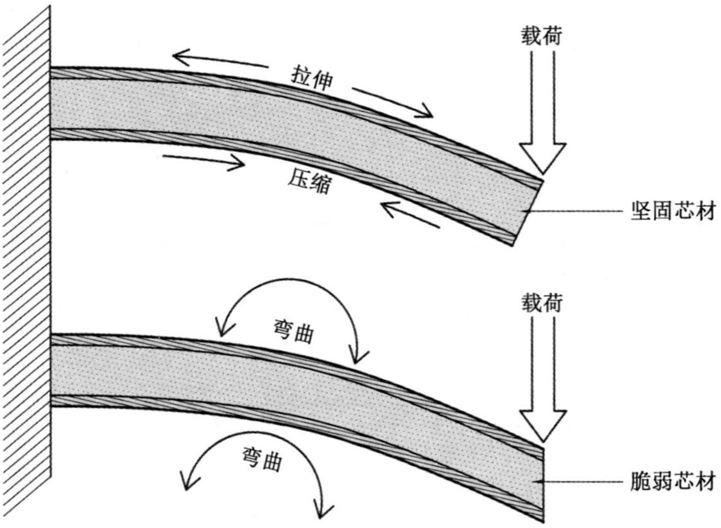

图 13.14　芯材刚性强弱的比较

上面这个基本的夹芯结构描述表明，夹芯结构要作为一个整体来产生积极的结果。然而，应该指出芯材需要更复杂的要求。不同方向的强度和低密度不是芯材应有的唯一属性，通常还对芯材在屈曲、绝缘、吸收潮气、疲劳、抗老化等方面有更特别要求。

夹芯结构的每一部分都有其特别属性，结合在一起他们作为一个整体来工作。不要破坏每个部分之间的合作是非常重要的。例如，如果制作了增强型的框架结构，他们就应该和面板材料同样强度或者低强度的材料一样的效果。否则大部分应力会作用在增强型框架上而这不是设计的目的。连接处破裂通常发生在组合夹芯结构和框架结构上，因为其没有被很好地平衡。

13.6 典型夹芯结构失稳

了解夹芯结构的常规质量和面板与芯材之间的配合,可以通过对面板进行压缩测试来进行。面板被用垂直于其表面的力进行压缩,然后研究失稳特性。图 13.15 给出了几种失稳的可能结果:

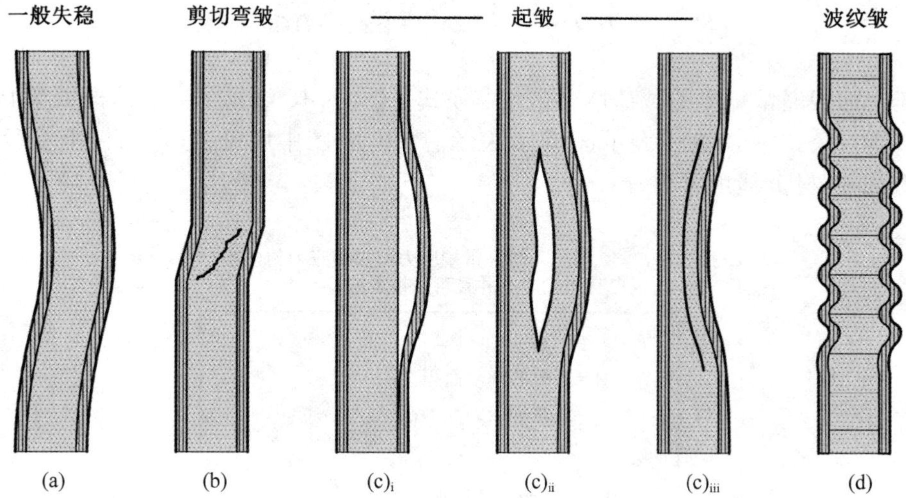

图 13.15 夹芯结构失稳特性

1. 一般失稳

芯材和面材符合得很好,但是面板太纤弱了导致整个结构弯曲。如果担心这种一般失稳情况出现,可以:

- 采用高塑性模量的面板;
- 增加面板厚度;
- 采用高剪切模数的芯材;
- 增加芯材厚度。

2. 剪切弯皱

面板和面板/芯材连接处都足够坚固,但是芯材承受剪切力失败。为了增强总的临界弯皱载荷,可以:

- 增加芯材厚度;
- 采用高剪切模量的芯材。

3. 起皱

面板的失稳受到了芯材的阻止,当面板表面受到压缩时,芯材从侧面支持面板。但是如果面板表面的压缩超过了一定的极限,芯材将不能阻止面板失稳。图中第一种情况是面板和芯材连接处不够坚固,第二种情况是芯材在拉力下失效,第三种情况是芯材没有足够的压缩强度。为防止局部起皱的情况,我们可以:

- 采用高塑性模量的面板;
- 采用高剪切模量的芯材。

4. 波纹皱

芯材采用蜂窝板时，面板和芯材的连接仅位于蜂窝板孔的边缘处。当面板受到压力时，面板可能会在蜂窝孔处失稳。当需要增加临界防止波纹皱褶的应力时，可以：

- 采用高塑性模量的面板；
- 采用更厚的面板；
- 采用孔隙更小的蜂窝板作为芯材。

13.7 夹芯结构弯曲

游艇上面板通常承受的载荷情况是弯曲模式。图13.16给出了夹芯结构宽度上的应力分布和级别。公式中，角标f表示面板，c表示芯材。如图中所见，假定面板承受所有的常规作用力，而芯材全部是剪切力。

当$E_c \leqslant E_f$和$t_f \leqslant t_c$时，常规应力和等切应力的分布，面板自身惯性矩小并且可以被忽略：

$$I_b=2\cdot b\cdot t_f\cdot\left(\frac{t_c+t_f}{2}\right)=b\cdot t_f\cdot\frac{d^2}{2}$$

$b\cdot t_f=A_f=$面板的横剖面积

$I_b=A_f\cdot\frac{d^2}{2}$　常规应力变为：

$$\sigma=\frac{M\cdot d\cdot 2}{A_f\cdot d^2\cdot 2}=\frac{M}{A_f\cdot d}=\frac{P}{Af}$$

剪切力可以用下式计算：

$$\sigma=\frac{Q\cdot b\cdot t_f\cdot d}{Ib\cdot 2\cdot b}=\frac{Q}{b\cdot d}$$

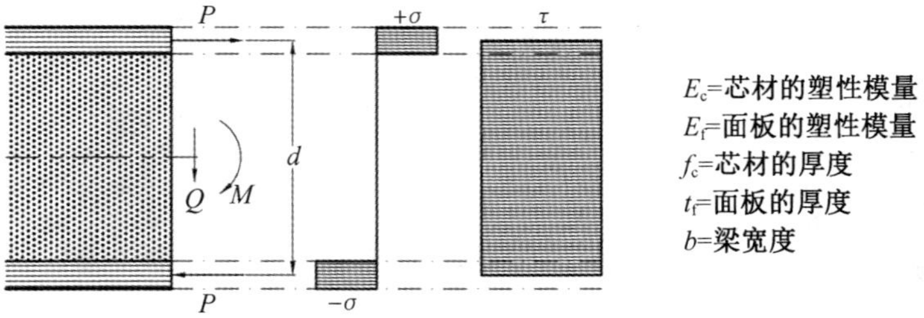

图13.16　夹芯结构宽度上的应力

面板自身的惯性矩I_0非常小，以至可以被忽略。最终的惯性矩I_b给出了总截面惯性矩：$I_b=A_f*d^2/2$，也就是最终惯性矩是取决于面板厚度并与之成正比，并和夹芯结构的厚度平方成正比。

由于这个简化的图示，面板中一般应力可以被估算为：$\alpha_f=P/A_f$，也即面板承受载荷的能力直接取决于面板厚度并和面板厚度成正比。

如果芯材太软弱以至于不能为夹芯结构的弯曲刚度做出显著贡献的话，这是可以在大多数情况下进行的安全假定，剪切应力可以被看作是芯材厚度的常量。此外，如果忽略它们对其自身惯性轴的弯曲刚度（$I_0=$很小），剪切应力（τ_c）变成：$\tau_c=Q/(b*d)$，也就是，剪切应力和芯材厚度成反比。

当芯材至少是每个面板的5.77倍厚度时，估算给出了总的失效率是2%～3%，并且此时面板的塑性模量要比芯材大很多。

13.8 实践应用中的夹芯结构

到目前为止,我们讨论了夹芯结构理论。实践中最自然的事情是选择材料。对于面板,通常和拉力或者压力有关,对比实心的面板,夹芯结构的面板厚度不是非常重要,主要关注的是玻璃纤维或者外来材料在积层板中的使用。

对芯材有很多要求,有的要求甚至是有些冲突的。图 13.17 的表格中列出了不同芯材材料的需求及评分。评分并没有经过加权,因此我们选择芯材的时候需要决定需求的优先顺序。游艇建造行业最常用到的芯材材料是印度轻木(balsa)及直链或者交链的 PVC 泡沫。最有名的直链类型是埃瑞克斯(Airex),交链类型是戴文塞尔(Divinycell)和克莱格赛/特慢图(Klegecell/Termanto)。近来有些新开发的两种类型混合的“直交链”型,混合了直链良好的冲击性能和交链的良好剪切性能。

要求	胶合板	印度轻木	聚氨酯	直链PVC	交链PVC
质量轻	-1	2	2	2	2
吸水性	0	-1	0	2	2
剪切强度	2	2	0	1	1
抗疲劳性	2	2	-1	2	2
冲击强度	2	1	-1	1	0
黏合性	2	2	1	0	2
阻热性	2	2	1	1	1
热绝缘性	1	2	2	2	2
阻燃性	-1	-1	0	2	2
老化性	-1	-1	2	2	2
防水性	0	0	0	1	2
维修性	0	0	0	0	0
经济性	0	2	1	0	0
合计	8	12	8	17	18

-1=较差
0=合格
1=良好
2=优秀

图 13.17 芯材材料的要求及评分

图 13.18 中说明的是在母模中建造夹芯结构船体时可能碰到的问题。为了覆盖曲模,芯材被分成很小的方块并被一侧的玻璃纤维布固定在一起。如果疏松的芯材小块没有被黏接在一起,则芯材的剪切属性会有显著的降低:比芯材自身要降低 25%。对于造船者来说,通常并不会用树脂去填充芯材小块间的空隙并把芯材小块黏接在一起。这样一来,缺点很多。首先,不能确定是否空隙真的被填充了;其次,两层面板之间会有硬块区域,这被认为是降低了面板的阻力和冲击力;第三,因为过多使用树脂而增加了质量。

避免这个问题的一个方法是,当在模具中敷层时,将玻璃微珠填充到空隙去,这样玻璃微珠可以重新增强材料的强度和塑性属性。为了确保缝隙被填充，芯材应该在填充物中被抽真空，填充物已经分布在固化的外层蒙皮上。另外一种方法是将填充物注射到已经两面蒙皮敷层完成并固化的芯材中去。

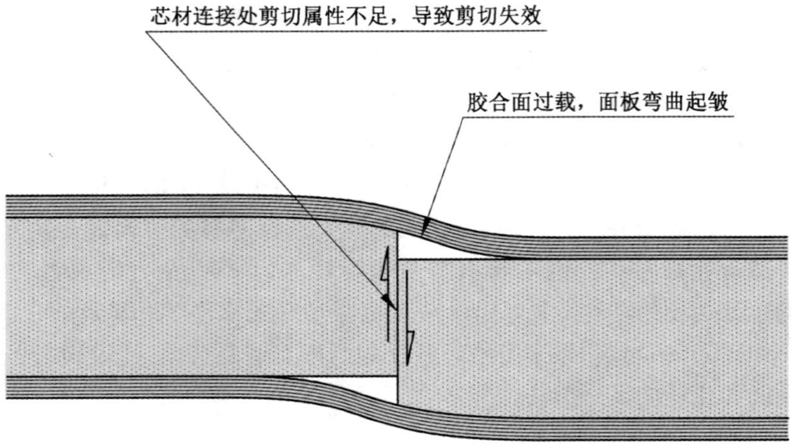

图 13.18　不完全的芯材连接处

为了确保芯材和表层之间有着良好的胶合，在芯材表面上敷设任何敷层之前，芯材上需要涂覆一层快速底漆树脂并待其部分固化。这就可以确保在积层板面板和芯材之间没有树脂的“饱和点”。

PVC 泡沫的剪切属性几乎是和其密度成正比的。图 13.19 中给出了剪切强度和剪切

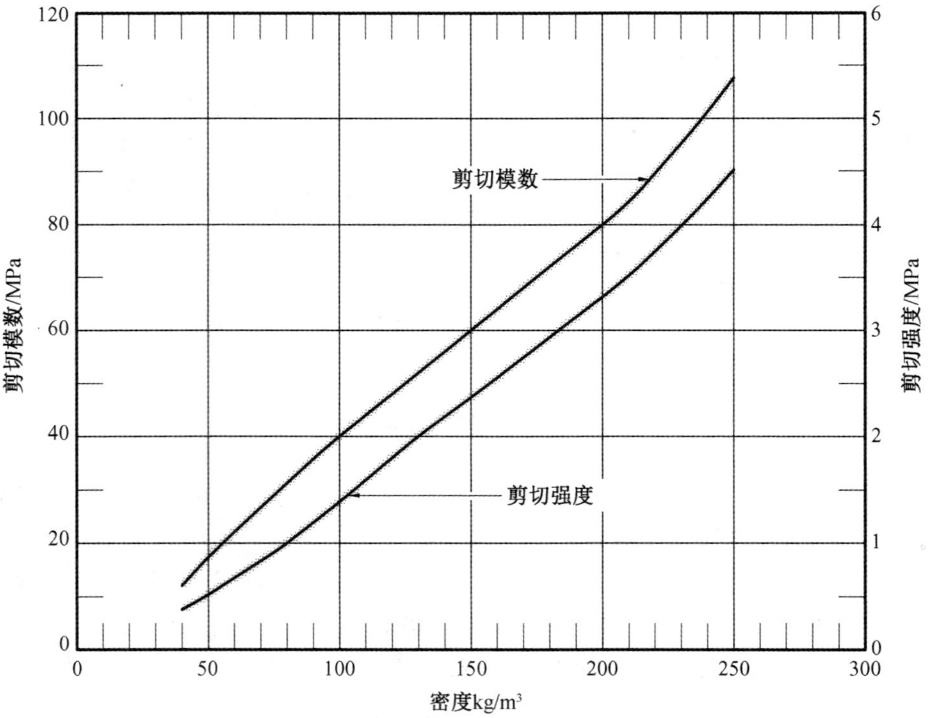

图 13.19　交链 PVC 泡沫的剪切属性

模量的这种关系。我们可以利用这些图示在定义夹芯结构面板时来选择正确的芯材，下一章的结构设计部分我们会来做个关于此的作业。

13.9 最后的评论

本章列出的是简单的计算方法，并且在 ISO 标准中，如果夹芯结构面板比较薄，整个夹芯板曲率不大并且挠度小的话，这些计算方法就可以成功使用。近来的测试表明，夹芯板的弯曲模式根据其曲度不同而有很大不同。随曲度的增加，芯材的剪切应力显著降低（相较平的夹芯板能达到 80%），所以简化计算方法相当于给我们增加了安全因数。如果单层夹芯板的挠度超过其板厚的一半（对于底部平板并不常见），就必须考虑膜厚的效应，并应用非线性分析方法，这种方法目前还没有简单经验规则。图 13.20 给出了三种采用同样的敷层方式但是有着不同的曲率的夹芯板以及它们在负荷下的挠曲行为。所有板材都是夹芯板并且其总厚度是 21.4 mm。

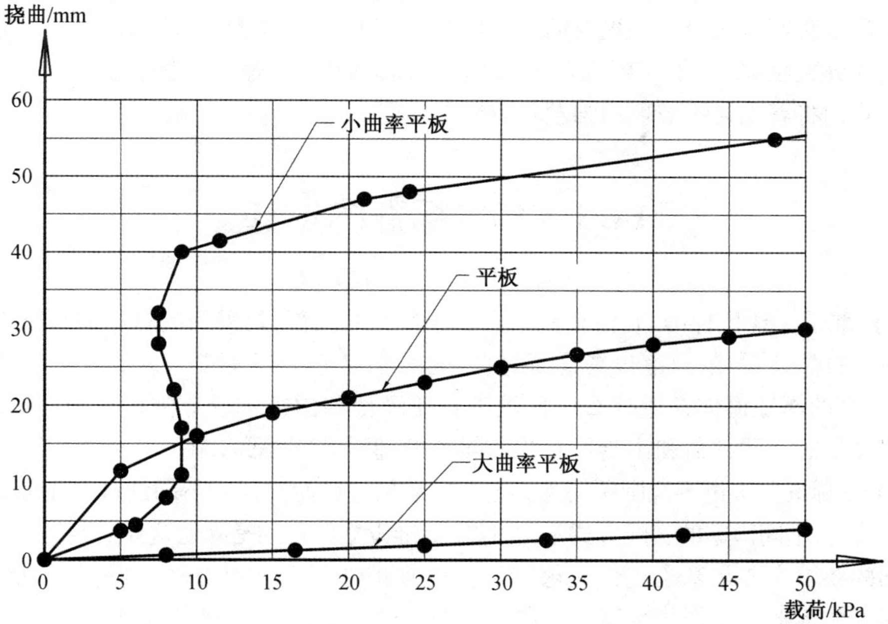

图 13.20 夹芯板的弯曲行为曲线（没有给出品牌）

平板的非线性的行为是很清晰的，如同“跳跃”，也就是没有额外增加的载荷，挠度也持续地增加，这是对于有着小曲度（$A/s=0.022$）的夹芯板而言。有着较大曲率（$A/s=0.065$）的夹芯板表现出了线性行为，有着高出平板的持续的刚度。

另外一点需要记在脑海里的是不能做准确的载荷假设。如我们将在结构设计章节所见到的，当决定采用哪种载荷时，夹芯板的尺寸有着显著重要的角色。一般而言，我们可以降低每单元面积上的载荷并增大板面，因为设计载荷的大部分与波纹皱压力相关的部分在时间和面积上都是有限的，这样的结果是持续的压力也不会影响整个夹芯板。

第 14 章　船体结构设计

前面章节中我们讨论了作用在船体上的不同载荷以及它们对建造的影响。由于载荷和强度需求之间有非常复杂的关系，通过直接计算船舶的结构是非常困难的。因为这个原因，不同的船级社：劳氏船级社、法国船级社、美国船级社和其他船级社都已经有了公式化的结构规范，如果愿意采用的话，就可用来确定船舶的尺寸。对于休闲性小艇，建立了新的 ISO 标准，其将取代船长小于 24 m 的船级社标准。这个新的标准目前正在进行最后的格式化工作，其结构设计部分主要基于美国船级社（ABS）的两个标准：海洋竞赛游艇指南（ORY 1994）和机动游艇指南（MY2000），以及 NBS – VTT 扩充规则（1997）。这项变化的原因是当需要与欧盟标准一致时，ISO 标准将是强制性的，也就是如果你想把 24 m 以下的船艇卖到欧盟，就不用管船级社在他们的规范里面怎么说。这样说并不意味着船级社的要求不再有效，但是为了有资格在欧盟销售这些船艇，仅需要满足 ISO 标准即可，而不是任何船级社的标准。本章中我们将讨论已经提议的 ISO 标准号 12215。（译者注：ISO 标准 12215 从 2000 年的第一部分直至 2012 年的第九部分均已施行。）我们并不需要讨论这个标准所有的内容。此处我们将着重讨论玻璃增强塑料方面的内容。

14.1　ISO 标准的结构

ISO 标准是个现代标准，它清晰地指出了要考虑的载荷，要采用的材料属性和要应用的安全系数。自然，较早的规范也考虑了这些因素，但是它们经常被隐含到常数或者表达式中，所以你真的不知道你在做什么。比较来自船级社和国家标准等老的规范，这些规范都推荐了船体上的实践载荷和小艇尺寸的不同考虑，但是这些都限制了一半通用型可接受的游艇；而 ISO 标准要被世界范围所接受。这个标准是与目前实践所不同的进入小艇结构设计的工具。然而，不同国家的实践方式不同，这个标准设立的目的是降低这样实践的壁垒。

结构的要求主要是基于提供足够强度。可维护性问题，诸如正常负荷下的挠度、总体强度和相关的板架及甲板稳性等都不在考虑中。这个标准不是个完整的结构设计过程，但是里面包含的标准可能需要经过额外的考虑来补充。

这个国际标准的设计压力应该仅用于这个国际标准里的方程中。

根据这个国际标准得到的尺寸是反映了当代实践水平的，给出的船艇是可以被有着更好技能的水手正确操作的，并且可以在规定海情下以适当的航速进行航行的。

图 14.1 中的流程图给出了如何按照标准操作的。标准包括 10 部分，前 3 部分考虑的是材料和它们的最低要求的属性，第 4 部分针对工作情况、材料储存和处理以及游艇制造的要求等条件来设定需求。第 5 部分是我们将要讨论的，全称是“小艇 – 船体建造/结构 – 第 5 部分：设计压力、许用压力和结构确定”。第 5 部分第一段指出其范围：ISO 12215 的这部分适用于设计压力和应力的确定，及确定结构尺寸，包括单体小艇的内部结构部件，玻璃增

强纤维塑料的建造，铝或者钢合金，胶合板或者其他适合造船的材料，并且船体长度 L_H 应满足 ISO 8666 的 2.5～24 m。对于完整的小艇结构，ISO 12215 的这部分（第 5 部分）将和第 6 部分联合应用去考虑细节。第 8 部分是舵。第 9 部分是附体，而第 10 部分（并没有完结）是应该采用的帆装附件。对于 ISO 标准中没有涉及的信息，我们在处理这些问题时会采用工业实践经验。因此，再看图 14.1 及其中的第 5 和第 6 部分，方框中带圆圈的数字指的是标准中的章节，#表示的数据来自实际设计。

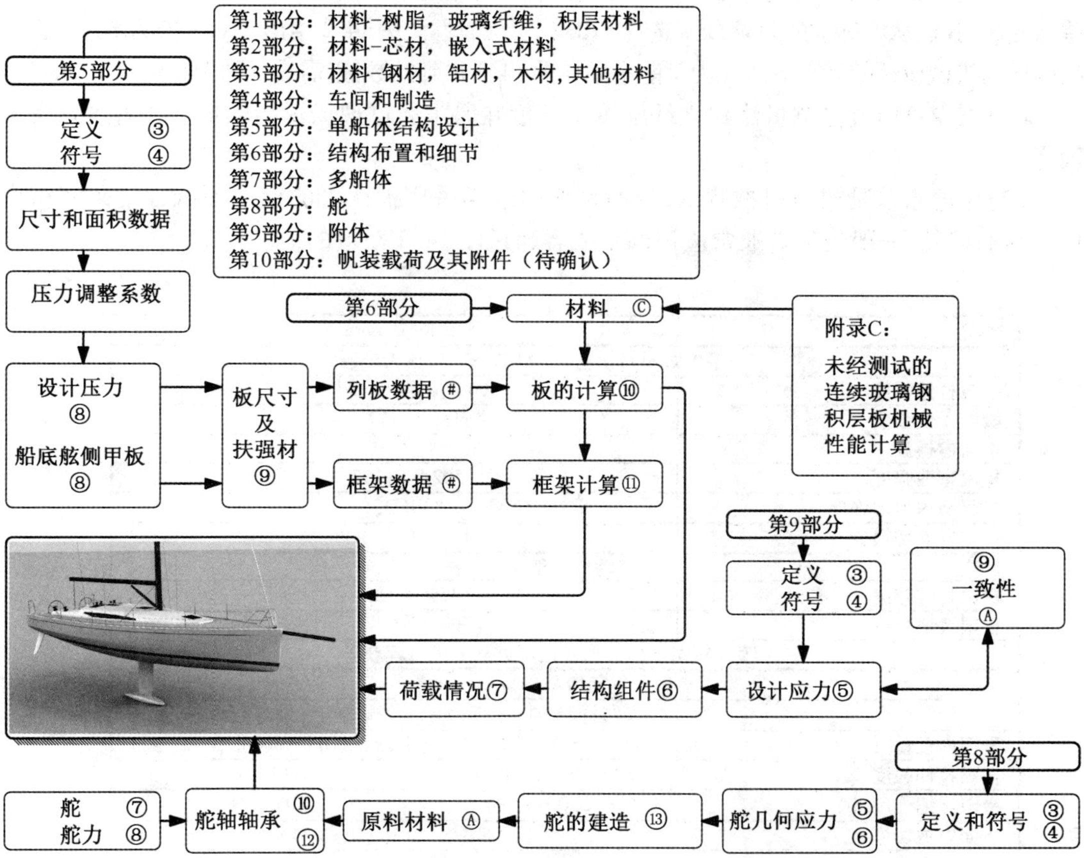

图 14.1　ISO 小艇结构标准

尽管标准中没有明确地指出需要哪些文件采用绘图的形式，一般来说，下面列出的图纸都是基本的，加上计算文件，可以表明了小艇完全满足结构设计需求。对于小艇的文件需求并不是那么强烈，因为其建造的简单性；但是随尺寸的增加，比如 10 m 以上，复杂程度增加，根据这个情况，就需要合适的文件。典型的一套图纸如下：

- 肋骨图；
- 船底结构图（地板、横梁等）；
- 外板展开图；
- 甲板和围阱图；
- 支柱结构布置图；
- 水密舱壁和液舱横舱壁图；

- 非水密舱壁、搁架、床铺等预埋入玻璃钢并用于结构支撑的图纸；
- 艉部结构和舵图；
- 龙骨螺栓和链板连接件图；
- 操舵系统图；
- 舱室顶、侧面和尾部图；
- 船体、甲板和上层建筑的封闭设备图。

从此处我们再转移到定义部分,第 3 节里面建立了设计分类(A 到 D 类)和船舶的尺度。这些做完后,我们从该标准的附录 C 来选择 FRP 积层板属性。图 14.2 给出了对于未测试过的 FRP 积层板的机械属性的计算方法。为了能采用自图 14.2 得到的数值,需满足两个条件:

(1)至少要用直接测量法建立纤维质量含量并偶尔通过现场树脂燃烧法或者容量法来确定;

(2)不必系统地进行机械测试,依旧是偶尔现场采用被认可的标准测试方法来测试有代表性的样品,一般建造者通常应该满足或者超过图 14.2 获取的值。

性能	数值N/mm²	
手工敷设短切毡 (CSM)(WR) 和 (MDR)		
极限拉伸强度	$800 \cdot W_f^2 - 80 \cdot W_f + 37$	
极限压偏强度	$150 \cdot W_f + 72$	
平面内模量	$38\,000 \cdot W_f - 5\,000$	
极限弯曲强度	$502 \cdot W_f^2 + 107$	
极限面内剪切强度	$80 \cdot W_f + 38$	
平面内剪切模数	$1\,700 \cdot W_f + 2\,240$	
喷涂短切毡		
极限拉伸强度	$150 \cdot W_f + 25$	
极限弯曲强度	$300 \cdot W_f^2 + 107$	
喷涂短切毡的其他属性可以从上述过程获得		
单向增强材料		
	与纤维方向平行	与纤维方向垂直
平面内模量, E	$46\,600 \cdot W_f^2 + 7\,200 \cdot W_f + 7\,250$	$48\,600 \cdot W_f^2 - 69\,000 \cdot W_f + 12\,500$
极限拉伸强度, σ_{ut}	$880 \cdot W_f^2 - 140 \cdot W_f + 140$	42 MPa
极限压缩强度, σ_{uc}	$250 \cdot W_f - 190$	105 MPa
平面内剪切模数, G	$14\,380 \cdot W_f^2 - 10\,560 \cdot W_f + 3\,840$	
极限面内剪切强度, T_u	50 MPa	
主要泊松比, v_{12}	0.3	

增强材料类型	玻璃纤维含量（质量/比）		
	开敞模具		真空袋法
	简单平面	复杂平面	
上层喷涂短切毡	0.30	0.25	(0.36)
上层手敷短切玻璃毡 (CSM)	0.30	0.25	(0.36)
无捻粗纱布 (WR)	0.48	0.36	0.58
粗布短毡组合	$0.46-0.18R$	$0.35-0.11R$	$0.56-0.22R$
多向增强材料 (MDR)	0.50	0.38	0.60
单向增强材料 (UD)	0.55	0.41	0.66

如果玻璃纤维含量在质量上不能确认材料值须乘以 0.8，玻璃钢层压板厚度 t/mm：

$$t=(w/3.072)\cdot(2.56/W_f-1.36)$$

w：纤维质量，kg/m²

W_f：质量比例表达的玻璃钢纤维

$$w=(3.072\cdot t)/(2.56/W_f-1.36)$$

简单平面的意思是浸湿容易的表面，比如船体、甲板、尖舱底部等。

复杂平面指的是浸湿困难的地方，比如深围板、深加强材或导管架等。

图 14.2(a)　玻璃纤维积层板属性（ISO 122112－5 的附录 C）

属性	值N/mm^2	
用手工敷设(WR)和(MDR 0/90)复合树脂增强人工纤维		
极限拉伸强度，σ_{ut}	$720W_f-10$	
极限压缩强度，σ_{uc}	$250\cdot W_f$	
面内模量，E	$50\ 000\cdot W_f+750$	
极限面内剪切强度，T_u	45	
面内剪切模量，G	3 400	
主要泊松比，v_{12}	0.05	
单向增强材料(UD)		
	平行纤维方向	垂直纤维方向
面内模量，E	$103\ 000\cdot W_f-1\ 400$	
极限拉伸强度，σ_{ut}	$1\ 400\cdot W_f-20$	$12\cdot W_f+20$
极限压缩强度，σ_{uc}	$340\cdot W_f$	$30\cdot W_f+50$
面内剪切模量，G	$6\ 900\cdot W_f^{\ 2}-2\ 250\cdot W_f+1\ 800$	
极限面内剪切强度，T_u	$100\cdot W_f^{\ 2}-32\cdot W_f+25$	
主要泊松比，v_{12}	0.4	
极限弯曲强度，σ_{uf}	$2.5\cdot\sigma_{ut}/(1+\sigma_{ut}/\sigma_{uc})$	

增强材料类型	人造纤维含量(质量比)		
	开敞模具		真空袋法
	简单平面	复杂平面	
多向增强材料(MDR)	0.365	0.231	0.460
单向增强材料(UD)	0.413	0.280	0.517

人造纤维板厚度，t/mm：

$t=(w/1.740)\cdot(1.445/W_f-0.25)$

w：纤维质量，kg/m^2

W_f：人造纤维含量(质量比)

厚度已知时的纤维质量

$w=(1.740\cdot t)/(1.45/W_f-0.25)$

属性	值N/mm^2	
用手工敷设(WR)和(MDR 0/90)复合树脂增强人工纤维		
极限拉伸强度，σ_{ut}	$990\cdot W_f-90$	
极限压缩强度，σ_{uc}	$610\cdot W_f-55$	
面内模量，E	$100\ 000\cdot W_f-9\ 000$	
极限面内剪切强度，T_u	$40\cdot W_f+31$	
面内剪切模量，G	5 100	
主要泊松比，v_{12}	0.05	
单向增强材料(UD)		
	平行纤维方向	垂直纤维方向
面内模量，E	$2\ 000\cdot W_f-200$	$720\cdot W_f+2\ 600$
极限拉伸强度，σ_{ut}	$1\ 100\cdot W_f-110$	$12\cdot W_f+20$
极限压缩强度，σ_{ut}	$340\cdot W_f$	$30\cdot W_f+50$
面内剪切模量，G	$22\ 000\cdot W_f^{\ 2}-17\ 300\cdot W_f+5\ 700$	
极限面内剪切强度，T_u	$310\cdot W_f^{\ 2}-240\cdot W_f+80$	
主要泊松比，v_{12}	0.32	
极限弯曲强度，σ_{uf}	$2.5\cdot\sigma_{ut}/(1+\sigma_{ut}/\sigma_{uc})$	

增强材料类型	碳纤维含量(质量比)		
	开敞模具		真空袋法
	简单平面	复杂平面	
多向增强材料(MDR)	0.415	0.296	0.514
单向增强材料(UD)	0.465	0.326	0.573

碳纤维复合板厚度，t/mm：

$t=(w/2.160)\cdot(1.80/W_f-0.60)$

w：纤维质量，kg/m^2

W_f：人造纤维含量(质量比)

如果厚度已知，纤维质量为：

$w=(2.160\cdot t)/(1.80/W_f-0.60)$

图 14.2(b) 芳纶/碳纤维积层板属性(ISO 122112－5 的附录 C)

如果没有测量纤维的质量含量，也没有测试其机械性能，从图 14.2 得到的值要乘以因子 0.80。

在第 4 节，列出了所有用于规范中的符号、系数和参数。本章中我们也将列出所有的有关符号、参数等，以及它们采用的每一个数字，因此当使用公式时读者就不必来回地找。

第 5 节给出了如何完成结构计算的常规指导。对于所有长度介于 2.5 ~ 24 m 之间的小艇，ISO 12215 的 6 ~ 11 节也是适用的。对于长度最大不超过 12 m 的小艇，及设计分类 C 和 D 类的，可以使用附录 A.1 中提出的简化计算方法。对于长度最大不超过 6 m 的小艇和单层 FRP 船底的，可以应用附录 B 中的跌落测试。本章我们没有涉及简化方法，但是将讨论标注的主体部分。

第 6 节给出了所需的尺寸和其他数据以进行结构计算。

第 7 节给出了不同的压力调整系数以按照设计的压力、艇型、区域等来调整最终的设计。不同的系数与它们使用的公式一起做了描述。

第 8 节针对船艇的不同部分，无论是帆船还是动力艇，都给出了确定设计压力的方法。

第 9 节描述了如何测量平板及加强材。

第 10 节包括了船体和甲板的实际结构方程。

计算完船壳板之后，就可以按照标准的第 11 节计算肋骨。在计算扶强材之前，必须要建立板和肋骨的交互组合关系。基本上这就意味着要计算连接扶强材的板的有效宽度。

最后，第 12 节指出了应该包括在船主手册里面的信息。

标准的第 8 部分讨论的是舵的结构尺寸。该部分主要包括了 6 种舵：(1)没有舵踵的铲型舵；(2)带舵踵和悬挂舵销(船底和舵稍之间)的半铲型舵；(3)带狭窄舵踵的舵；(4)带宽舵踵的舵；(5)带部分舵踵的舵，舵销位于船底和舵顶之间。YD－41 游艇是 1 型舵，所以这也是图 14.15 中所计算的。

第 9 部分则包括了帆船的附体、不同龙骨的计算和附件模型。定义了 6 种载荷情况：(1)固定龙骨的 90°撞击；(2)纵列龙骨；(3)垂直抨击；(4)纵向冲击；(5)小艇倾覆的复原；(6)中插板顶风状态。对于 YD－41 游艇的载荷情况是 1 和 4 都有关。图 14.16(b)的例子给出了计算龙骨螺栓的方法。

对于链板的尺寸，ISO 标准除了说明它们应该有足够的强度外，并没有给出什么其他建议。其原因是有太多的方法可以来做这件事，并且也不可能把所有结构设计的情形都包括在标准里面。然而，我们会在图 14.16(a)中给出这样的一个例子。

14.2 船体结构的定义

图 14.3 给出了确定结构所必须考虑的尺度。

- L_H——船体长度，除去螺栓连接的扩展部分，比如船首斜桁，尾装置等，m；
- L_{WL}——满载排水量的水线长度，m；
- B_H—— 船体宽度，除去螺栓连接的扩展部分，m；
- B_{WL}——水线宽度，m；
- B_C——折角线宽度，m；
- T_C——裸船体浸没深度，从船中船底最低处量至最大估算排水量吃水水线处，m；

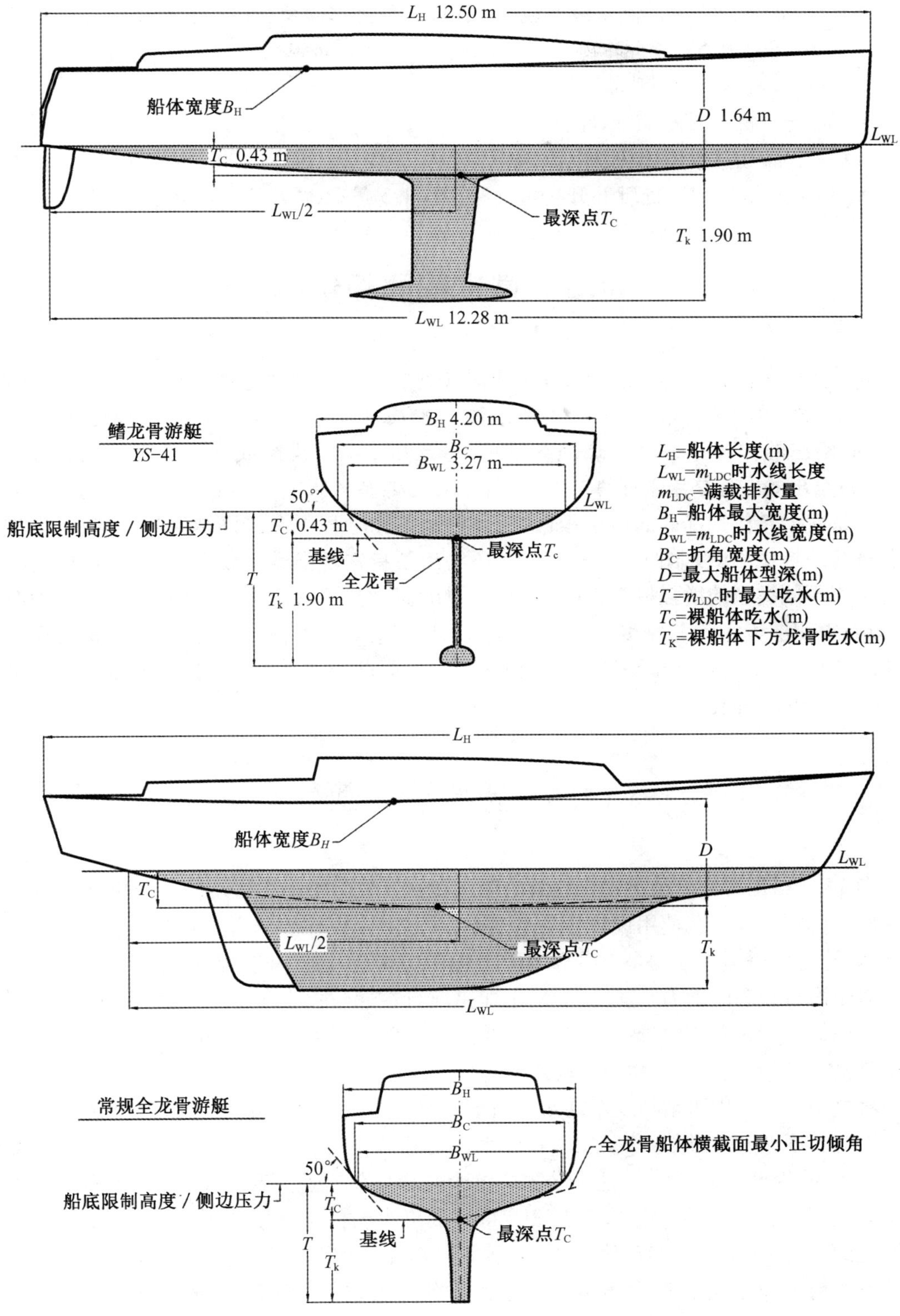

图 14.3　ISO 船体定义

• D——最大船体深度，(型深)，m；

• V——制造商声称的静水最大航速(节)，满载排水质量(m_{LDC})情况下。这个速度永不小于 2. 36(L_{WL})0. 5；

• T—— L_{WL}以下龙骨吃水，m；

• m_{LDC}——满载排水质量，kg；

• ∇——满载排水量体积，m^3；

• β——艏部 0. 4L_{WL}处舭部升高角，按照图 14. 3 量取，不小于 10°，不大于 30°。

14. 3 基本积层板结构

真实生活中的常规的积层板都是由聚酰胺树脂和一些玻璃毡和玻璃纤维粗布组成的。通常的玻璃纤维质量含量为 35%，也就是每 1 000 g 积层板至少有 350 g 的增强材料。图 14. 2(a)给出的方程用来计算玻璃纤维毡/粗布和聚酯纤维组成的积层板实际属性。图 14. 2(b)给出的方程是用来计算芳纶/碳纤维和乙烯基树脂或者环氧树脂组成的积层板属性。如果我们希望选择好的积层板，我们可以用结构方程中有较好结果的积层板，再加上对其进行的机械测试。图 14. 2(a)和(b)还给出了特殊增强类型胶合板厚度的计算公式。如果采用不同类型的增强材料，这是常见的情况，我们计算每一层厚度并将它们叠加在一起，以获得积层板实际总厚度。考虑设计的目的，这就是个平均厚度，实践中积层板会有 15% 的变化，高于或者低于平均值。当测量积层板厚度时，非结构部分，也就是下文会提到的，将不被包括在内。

14. 4 船底设计载荷

图 14. 4 给出将用于计算的机动艇的船底和甲板载荷的量值和分布。图 14. 5 是针对风帆游艇的同样内容。载荷用设计压力来表示，单位是 kN/m^2(kPa)。出于对载荷有个更好的理解，这里值得提一下的是 10 kPa 相当于每平方米上施加一吨的载荷。

对于滑行状态的动力小艇的船底，也即是航行在速长比大于等于 5 时，采用图 14. 4 中的公式(1a)。(1a)中的主要公式给出了船底压力 P_{BMP}。可以见到其中是有些术语的，比如排水量被长度和宽度相除，也就是静水压力。

将这个静水压力再增加一个动水力因子 n_{cg}。这个动水力载荷因子按照公式(2a)是独立于游艇长度、船宽、舭部升高、航速和排水量之外的。对于更小的高速艇，n_{cg}这个公式得到的值太大，因此就有了(2b)这个公式。这个方程仅仅有速度和排水量，用于不需要高估动水力载荷因子的情况。从(2a)和(2b)得到的更小的值是可以使用的。此外，如图 14. 4 中所见的，n_{cg}因子的最大绝对值是 7。n_{cg}值可被看作是加速载荷，用 $g:s$ 表示。尽管这不是科学上的精确，但这也的确会给出一些提示，对给定航线上的航速，给艇员和游艇某种程度的补偿。值得一提的是，在 $g:s$ 达到 6 或者 7 的时候，如果没有振动吸收设备的话，没有保护的人体通常会丧失意识。

图 14. 4 中方程(1a)还包括了因子：k_{AR}和 k_L，分别是面积降低因子和纵向冲击分布因子，这

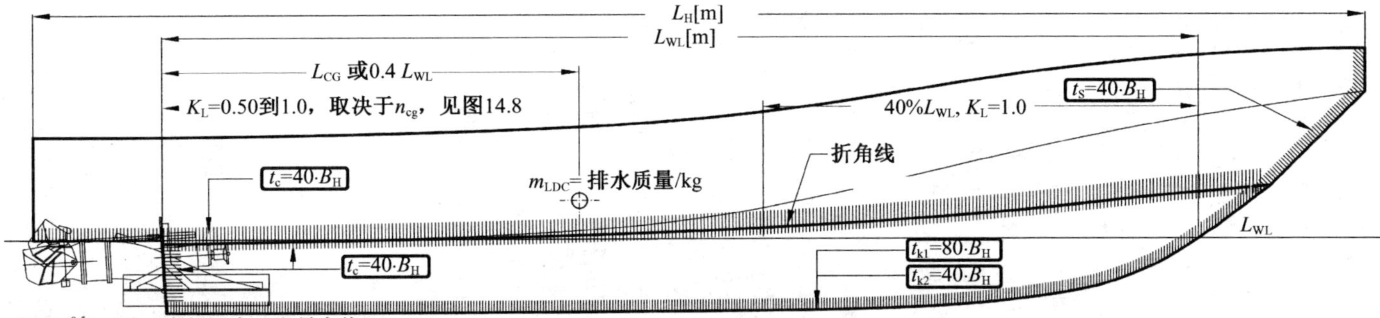

当$V/L_{WL}^{0.5}\geq 5$时，底部压力（取最大值）：

(1a)$P_{BMPBASE}=\frac{0.1\cdot m_{LDC}}{L_{WL}\cdot B_c}\cdot(1+k_{DC}^{0.5}+n_{cg})$
(1b)$P_{BMP}=P_{BMPBASE}\cdot k_{AR}\cdot k_L$
(1c)$P_{BMPMIN}=0.45\cdot L_{DC}^{0.33}+0.9\cdot L_{DC}\cdot k_{DC}\cdot L_{WL}$

当$V/L_{WL}^{0.5}\geq 0.5$时，底部压力（不小于2.36）：

(1d)$P_{BMDBASE}=(2.4\cdot m_{LDC}^{0.33}+20)$ [kN/m²]
(1e)$P_{BMP}=P_{BMDBASE}\cdot k_{DC}\cdot k_L\cdot k_{AR}$ [kN/m²]
(1c)$P_{BMMIN}=0.45\cdot m_{DC}^{0.33}+0.9\cdot K_{DC}\cdot L_{WL}$ [kN/m²]

(2a)动载荷因子，$n_{cg}=0.32\cdot(\frac{L_{WL}}{10\cdot B_c}+0.084)\cdot(50-\beta)\cdot\frac{V^2\cdot B_c^2}{m_{LDC}}$
本值代表在L_{CG}处的加速度，用g's表示。并且为了计算，我们用最小值来计算：
(2b)动载荷因子，$n_{cg}=\frac{0.5\cdot V}{m_{LDC}^{0.17}}$　$n_{cgmax}=7.0$

增强区域	单壳厚度	夹芯板面板和内板厚度（单壳厚度的百分比）
有保护的龙骨	t_{k1}=见图14.11	50%/40%
没有保护的龙骨	$t_{k2}=(1.2\cdot t_{k1})$	50%/40%
折角线区域	t_c=见图14.11	50%/40%
艏柱	t_s=见图14.11	50%/40%

甲板设计压力：

(4a)$P_{DM}=P_{BMDBASE}\cdot k_{DC}\cdot k_{AR}\cdot k_L$ [kN/m²]
(4b)$P_{DMBASE}=0.35\cdot L_{LWL}+14.6$ [kN/m²]
$P_{DMMIN}=5$ [kN/m²]

上层建筑的设计压力：

(5)$P_{HM}=P_{DMBASE}\cdot k_{DC}\cdot k_{AR}\cdot k_{SUP}$ [kN/m²]

当$V/L_{WL}^{0.5}\geq 0.5$时，舷侧压力（取最大值）：

(3a)$P_{SMP}=[P_{DMBASE}+k_Z\cdot(0.25\cdot P_{BMPBASE}\cdot P_{DMBASE}]\cdot k_{AR}\cdot k_{DC}\cdot k_L$ [kN/m²]
(3b)$P_{SMMIN}=0.9\cdot L_{WL}\cdot k_{DC}$ [kN/m²]

$P_{SMD}=V/L_{WL}^{0.5}\geq 0.5$时，舷侧压力（不小于2.36）：

(3c)$P_{SMD}=[P_{DMBASE}+k_Z\cdot(P_{BMDBASE}-P_{DMBASE}]\cdot k_{AR}\cdot k_{DC}\cdot k_L$ [kN/m²]
(3d)$P_{SMMIN}=0.9\cdot L_{WL}\cdot k_{DC}$ [kN/m²]　P_{DMBASE}来自于方程(4b)

k_L：纵向砰击因素，图14.8
k_Z：垂向砰击因素，图14.7
k_{DC}=1.0设计分类A的小船
0.8设计分类B的小船
0.6设计分类C的小船
0.4设计分类D的小船
V：航速(kn)
k_L：艏底舭部升高角，最大30°，最小10°（距尾部 0.4·L_{WL}处）

上层建筑和甲板室k_{SUP}值：

位置	k_{SUP}	应用
前部	1	
侧边	0.67	步行区
侧边	0.5	非步行区
尾端	0.5	
顶部（小于甲板以上0.8 m）	0.5	步行区
顶部（大于甲板以上0.8 m）	0.35	步行区
顶层	5 kN/m²	非步行区

a：没有暴露在外的结构都可考虑为顶层

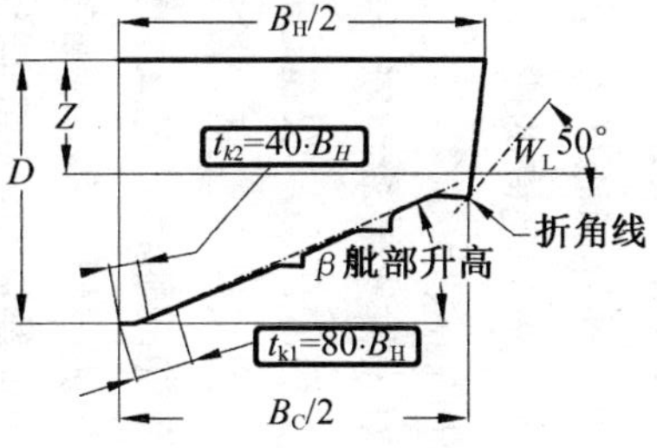

在L_{CG}处或距艉封板 0.4·L_{WL}处。

图14.4　动力艇设计压力

些在我们讨论完帆船设计载荷之后会进行更细致的研究。在方程(1b)中,指出了最小许用压力,给出了设计分类系数 k_{DC},对于分类 A 是 1.0,分类 B 是 0.8,分类 C 是 0.6 和分类 D 是 0.4。

为了计算船底压力,我们开始计算最坏情况的 n_{cg},也就是静水中满载最高航速(m_{LCD})的情况。最大允许的舭部升高是 30°,最小可选择 10°。当计算船底结构的时候,需要采用 P_{BM} 和 P_{BMMIN} 压力。

对于排水型动力艇,也就是运行在速长比小于 5 的情况下,图 14.4 中方程(1c)和(1d)给出了船底压力。快艇也应该检查这个要求,因为在恶劣海情下,通常在静水滑行的快艇在低速按照排水型艇的航行方式缓慢前行。

延伸的船体被定义为在 LCG 位置(如果已知的话)遇到折角线,或者如果不知道 LCG 位置的话,是 $0.4L_{WL}$ 的艉封板前部位置,如图 14.6 所示。如果是圆弧形船体舭部的话,从水平方向绘制 50°的正切线到船体的外轮廓,参见图 14.3。

对于风帆船艇,按照图 14.5 中表格顶部方框内的方程(6a)来计算基本的船底设计压力 P_{BSBASE}。这个压力取决于排水量的函数,也就是静水压力加上碰击的压力纠正系数 k_{SLS}(见图 14.9 中的方程(17))。这个因子应该永远不要取小于 1 的值。公式中 $GZ_{MAX}<60$ 是在横倾角小于 60°的最大恢复力臂,此时所有增加稳性设备,如斜龙骨或者压载水都在其最有效位置,并且是满载情况。要计算设计船底压力 P_{BS}(方程(6b)),基本压力应乘以 k_{AR},k_L 和 k_{DC}。如果计算的结果 P_{BS} 小于 P_{BSMIN}(方程(6b)),则采用后者。

规定的船底在满载排水量时达到静止水线。在 YD-41 的情况下,游艇被分为 8 个区域。船底是 A 区和 B 区,顶侧是 C 区和 D 区,E 是艉封板区,F 和 G 是甲板区,H 是上层建筑区。区域 A,C 和 F 位于从艏垂线(FP)到 FP 之后的 40% 水线长的区域内(见图 14.5),这个区域的板架压力是最大的。从这个点到艉封板,压力下降到 50% 的最大值(见图 14.8)。仅对于机动艇,压力需要考虑根据压力分布、纵向位置和设计分类来调整(k_{AR},k_L 和 k_{DC})。

中心线、艉部和折角线周围(J 区),都是加强区域,厚度 t_{min} 包括:超过整个底部的延伸纵向区域部分和中心线的两侧,从中心线向两侧量起的距离等于 $80B_H$ 和艉部或者折角线中心线向两边量起的距离为 $40B_H$ 的区域,如图 14.11。如果龙骨区域没有保护,也就是不适合分别保护的龙骨(这是大多数快速动力艇的情况)或者安装在这个区域的压载龙骨的厚度 t_{k2}(从中心线往两边 $40B_H$ 的距离)应该是基本龙骨底板厚度 t_{min} 的 1.2 倍。如图 14.6 中的压载龙骨被安装在底部加强区域 K 内,则能够承受 1.8 倍的底部压力。

14.5 顶侧边载荷设计

对于侧面板架,我们必须决定在哪一个高于船底/舷侧的高度限制压力,以确定正确的设计压头。这个高度从水线开始测量或者折角线到船体顶部或者甲板角处,也就是图 14.7 的 Z。为了能够确定底板,我们必须先设计好加强材系统,所以我们可以确立每个船板。压力作用在问题板架的几何中心,所以压头高度 h 量至这点。图 14.5 中标记为 $C1$ 和 $D1$ 的板架是 YD-41 的两个侧板作为计算的例子。图 14.5 中带方框的阴影给出了 YD-41 的值。

从图 14.6 中我们可以测量不同的板架尺寸,长度、宽度和曲度(l,b 和 c)。这些都没有用于设计压力的计算,但是稍后当我们计算板架厚度时候还需要它们。

船底设计压力：(图 14.6)

(6a)$P_{BSBASE}=(2\cdot m_{LDC}^{0.33}+18)\cdot k_{SLS}$　[kN/m²]

船底压力，取最大者。

(6b)$P_{BS}=P_{BSBASE}\cdot k_{DC}\cdot k_{AR}$　[kN/m²]

(6c)$P_{BSMIN}=0.35\cdot m_{LDC}^{0.33}+1.4\cdot L_{WL}\cdot k_{DC}$　[kN/m²]

侧边设计压力：(图 14.6 和图 14.7)

(7)$P_{SS}=[P_{DSBASE}+k_Z\cdot(P_{BSBASE}-P_{DSBASE})]\cdot k_{AR}\cdot k_L\cdot k_{DC}$

$P_{SS}=1.4\cdot L_{WL}\cdot k_{DC}(P_{BSBASE}-P_{DSBASE})]\cdot k_{AR}\cdot k_L\cdot k_{DC}$

甲板设计压力：(图 14.6)

(9)$P_{DS}=P_{DSBASE}\cdot k_{DC}\cdot k_{AR}\cdot k_L$　[kN/m²]

$P_{DSMIN}=5$　[kN/m²]

$P_{DSBASE}=0.50\cdot m_{LDC}^{0.33}+12$　[kN/m²]

水密度设计压力：(图 14.6)

(11)$P_{WB}=7\cdot h_B$　[kN/m²]

一体舱舱壁压力

(12)$P_{TB}=10\cdot h_B$　[kN/m²]

k_L=纵向压力分布因数，图14.8
k_{AR}=面积降低因数，图14.9
k_{SLS}=碰击因数，图14.9
k_{DC}=1.0适用设计分类A的小艇
　0.8适用设计分类B的小艇
　0.6适用设计分类C的小艇
　0.4适用设计分类D的小艇
k_Z=垂向压力分布因数
l=平板长边(mm), 图14.10
b=平板短边(mm), 图14.10
h=自水线起的局部高度(m), 图14.7
Z=局部干舷高度(m), 图14.7
D_b=舷侧舱壁从船底到甲板的厚度(m), 图14.6
t_b=方程(4a), 中定义的复合板舱壁的厚度
t_S=芯板的每层面板厚度(mm)
t_C=芯材的厚度(mm)
h_B=压头(m), 图14.6

加强区域见图14.11	夹芯板外板/内板厚度，占单层板百分比
船底	50%/40%
龙骨螺栓区域	不允许
船艏和折角线处	50%/40%

(8)$k_Z=\frac{Z-h}{Z}$

甲板室设计压力：(图14.6)

(10)$P_{HS}=P_{DSBASE}\cdot k_{DC}\cdot k_{AR}\cdot k_{SUP}$　[kN/m²]

上层建筑和甲板室的 k_{SUP} 值

位置	k_{SUP}	应用范围
前部	1	
舷侧	0.67	步行区域
舷侧	0.5	非步行区域
尾部	0.5	非步行区域
甲板以上船顶<0.8 m	0.5	
甲板以上船顶>0.8 m	0.35	
上层建筑	5 kN/m²	

结构复合板舱壁

(13)$t_D=7\cdot D_B$　[mm]

结构夹心板舱壁：
面板厚度计算如下

(14)$t_S\cdot t_C\geqslant\frac{t_b^2}{6}\ \frac{25}{\sigma_d}$　[mm·mm]

(15)$t_S\cdot t_C\geqslant\frac{t_b^2}{12}\ \frac{4\ 000}{E}$　[mm·mm]

用于计算 σ_d 和 E 值来自图14.2

最小设计芯材剪力：(N/mm²)

L_H/m	<10	10和15	15和24
T_d	0.25	$0.25+0.03(L_{WL}-10)$	0.40

板材设计压力(图 14.6)

位置：见图14.6	设计压力	[板材]	k_L	k_Z	[P]
船底范围在0%L_{WL}在40%L_{WL}间，从艏垂线量起	P_{BS}, k_L=1.0	$A1$	1.0	不适用	[49.9]
船底范围在0%L_{WL}在40%L_{WL}间，从艏垂线量起	P_{BS}, k_L=1.0	$A2$	1.0	不适用	[47.0]
船底范围在40%L_{WL}到船长结束	P_{SS}, k_L=1.0−0.5	$B1$	[0.759]	不适用	[26.8]
船侧范围在0%L_W到40%L_{WL}间，从艏垂线量起	P_{SS}, k_L=1.0	$C1$	1.0	[0.746]	[42.5]
船侧范围在40%L_{WL}到水线长结束	P_{SS}, k_L=1.0−0.5	$D1$	[0.642]	[0.740]	[26.7]
船侧范围在到水线结束区域（艉封板）	P_{SS}, k_L=0.5	E	0.5	min to 1	
甲板范围在0%L_{WL}到40%L_{WL}间，从艏垂线量起	P_{DS}, k_L=1.0	$F1$	1.0	不适用	[5.3]
甲板范围在40%L_{WL}到船长结束	P_{DS}, k_L=1.0−0.5	G		不适用	
舱室顶部、侧面和艉部	P_{HS}	H	不适用	不适用	
舱壁（水密）	P_{WB}	I	不适用	不适用	[7.6]
中线面加强区域	见图14.11	J	不适用	不适用	
龙骨加强区域	$P_{BS}\cdot1.8$	K	[0.909]	[0.909]	[81.6]

加强材设计压力(图 14.7)

位置：见图14.7	设计压力	[部件]	k_L	k_Z	[P]
船底范围在40%L_{WL}到船长结束	P_{BS}, k_L=1.0−0.5	①	[0.967]	不适用	[23.7]
船底范围在40%L_{WL}到船长结束	P_{BS}, k_L=1.0−0.5	②	[0.933]	不适用	[25.5]
船侧范围在0%到40%L间，从首垂线量起	P_{SS}, k_L=1.0	③	1.0	[0.923]	[26.1]
船侧范围在0%L_W到40%L_{WL}间，从首垂线量起	P_{SS}, k_L=1.0	④	1.0	[0.538]	[17.1]

图 14.5　风帆游艇设计载荷

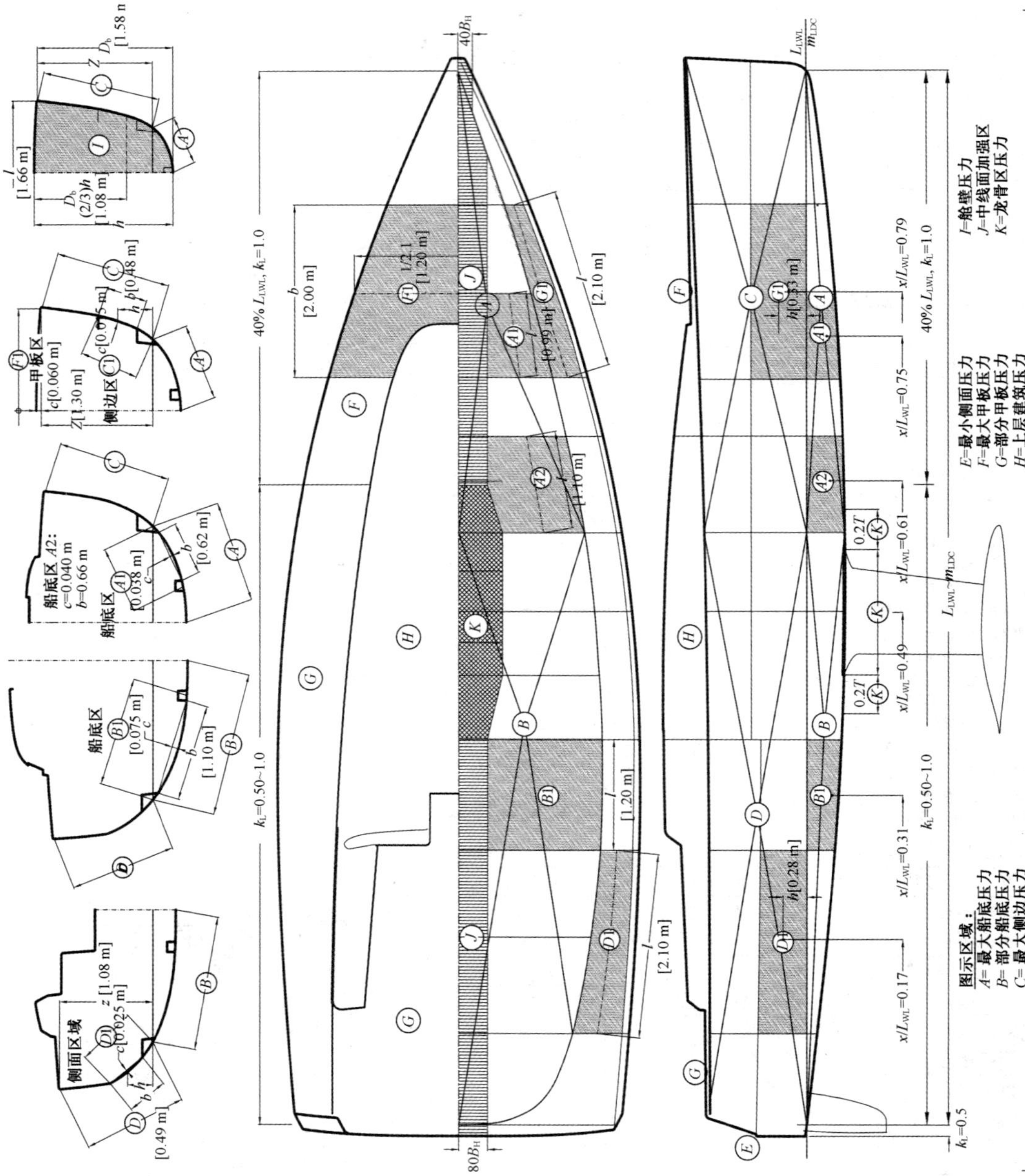

图14.6 风帆艇壳体设计压力图

图 14.4 给出了用来确定动力艇的侧面压力方程(3a) ~ (3c),风帆艇是图 14.5 中的方程(7),此处可以见到风帆单体船比其他船显著高的数值。其原因就是当迎风时,就是这种船艇的常规横摇位置。特定垂直更正因子 k_Z(公式(8))用于侧向压力,应该用于壳板和高于负载水线或者折角线的强度构件和低于侧面高度 Z。

在图 14.4 中给出的方程来确定动力艇的船体侧面压力是针对航速高于 $V/L_{WL}^{0.5}=5$ 的情况。它由两个条件组成:第一个条件是 P_{DMBASE} 反映了最小压力,等于甲板的基本压力,见图 14.4 的方程(4b);第二个条件反映了 25% 的被甲板基本压力减小的底座压力。对于速度低于 $V/L_{WL}^{0.5}=5$ 的机动艇,应采用全部底座设计压力而不是 25% 的底座压力,这点可从方程(3c)中见到。这样做的原因是,比较滑行动力艇,有着较大动力增量的船底压力不会被传递到船体顶侧;而对于排水型动力艇和风帆游艇而言,侧面压力相对更加重要。无关航速,P_{SMMIN} 有着许用最小值,该值是不能被忽略的。图 14.5 中方程(7)描述了风帆游艇的侧边压力,并且与方程(3)中对于机动快艇的侧面压力的方程构造是一样的。对于机动艇和风帆游艇的侧边压力是有最小许用值的,方程(3b)和(7)也用于外面的干舷 Z,也就是船体的甲板以上部分,舷墙等。

14.6 甲板、上层建筑和舱壁的载荷设计

露天甲板和图 14.6 中的舱室前面的甲板区域 F 的设计压力都直接和动力游艇的船长成正比,图 14.4 中方程(4a)和(4b),以及图 14.5 中的方程(9):排水量的 0.33 次方的函数都可以被看作是长度的尺寸。这里得到的一个结果就是风帆游艇的甲板压力比相似尺寸的动力游艇的要大很多。其原因是风帆游艇的甲板因为帆装的拉力作用在整个甲板梁上,因而风帆游艇甲板要承受更重的载荷。对于舱室顶部、侧面和尾部(H 区域),其计算和甲板的计算相同,只是增加个上层建筑系数 k_{SUP}。k_{SUP} 按照图 14.4 和图 14.5 中的表格来进行应用。

水密舱壁的压力设计按照图 14.5 中的方程(11)来进行。整体空舱舱壁和围壁的尺寸确定按照图 14.5 的方程(12)计算。防撞舱壁与整体空舱舱壁应用相同的公式。非水密舱壁没有扶强材的舱壁结构的厚度:单层胶合板可以从方程(13)、夹芯材料有着 FRP 面板的可以用方程(14)和(15)来计算得到。

14.7 内部载荷设计

图 14.4 和图 14.5 给出了在适当位置的设计压力的内部载荷设计。压力施加在加强材的长度的中间,图 14.7 还给出了 YD-41 的位置 1 ~4 作为实例。

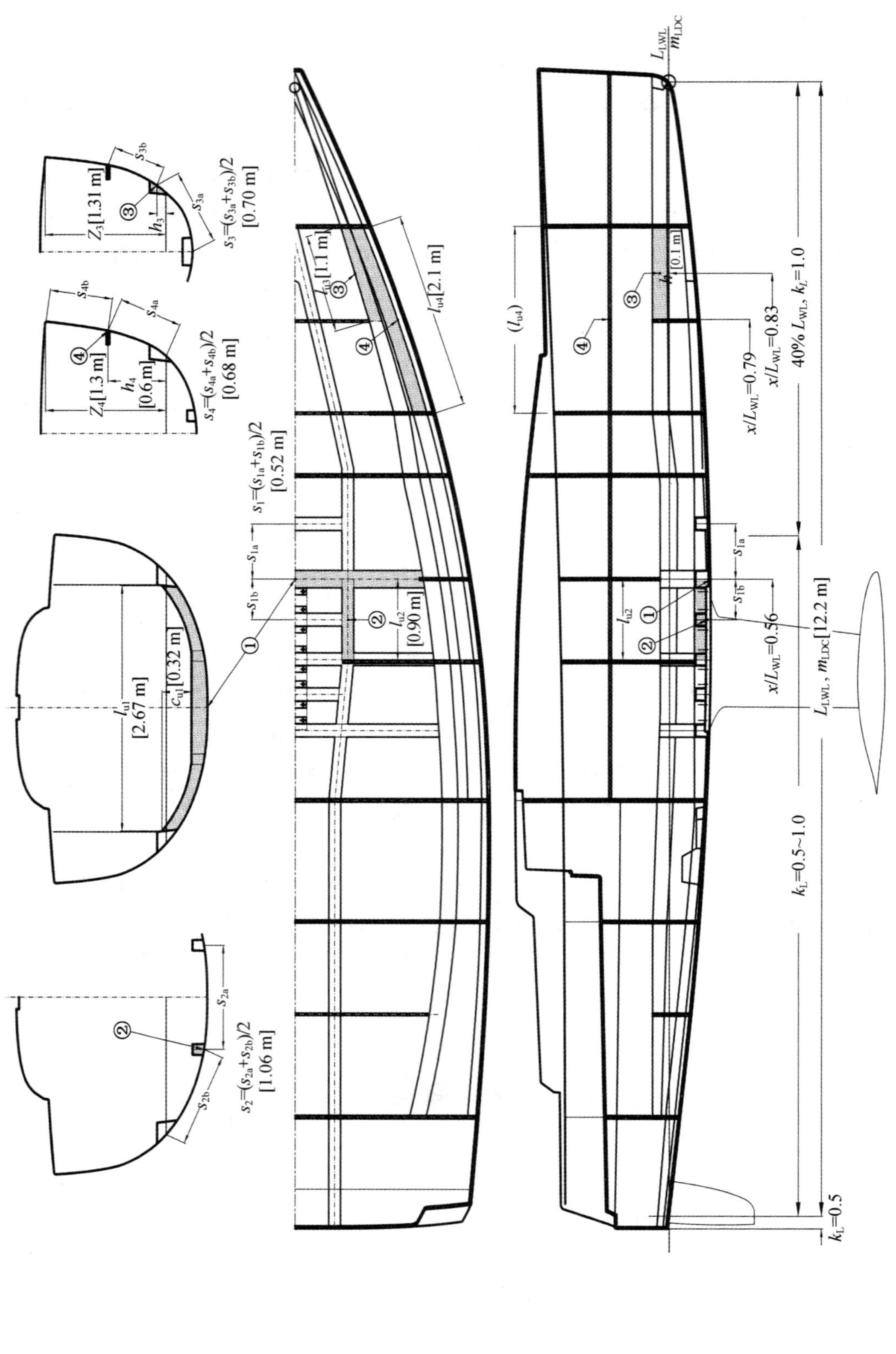

图14.7 风帆艇加强材设计压力图

14.8 纵向冲击分布因数

如前文所提，全船长度是没有必要按全部压力来设计的。图 14.8 中的方程(16)及图给出了如何沿船长方向调整压力。X 位置是水线 L_{WL} 的最艉端，所有 $X=0$ 意味着是艉部，而 $X=1$ 意味着在水线面的艉部。注意到速度不是个绝对的数字，但是体现在按照图 14.4 中的方程(2a)和(2b)计算的 n_{cg} 的数值里。被这个因数影响的区域是船底和船侧，但不包括甲板和上层建筑。

当$n_{cg}>3$和$n_{cg}<7$时的纵向压力分布因素

$$(16)\ k_Z=\frac{(1-0.167\cdot n_{CG})}{0.6}\cdot(x/L_{WL})(0.167\cdot n_{CG}) \qquad x/L_{WL}\leqslant 0.6$$

$$K_L=1 \qquad x/L_{WL}>0.6$$

n_{cg}不必大于7

n_{cg}按图14.3来确定，但对于确定$K_L\cdot n_{cg}$，不能小于3

x/L_{WL}是壳板中心位置或计算扶强材的中间位置，与L_{WL}成比例

x从水线末端起测量

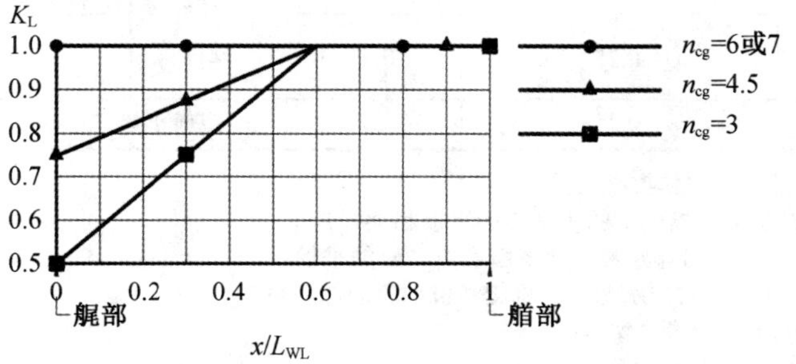

图 14.8 纵向压力系数 K_L

14.9 面积降低因数

对于较长的加强材或者较大的板架，降低因数看上去有些奇怪。引入设计因数的原因是考虑到设计压力是静态的，但是游艇实际遇到的峰值压力是持续时间很短的碰击载荷并作用在非常有限的区域。因此加强材越长或者板架越大，也就是说其会分布更多的碰击压力。

图 14.9 中，方程(18)给出了应用到加强材、船体列板和甲板的 k_{AR} 因数。该因数不会大于 1，也不会小于表中给定的值。

$(17)k_{SLS}=(10\cdot GZ_{MAX<60}\cdot L_{WL}/m_{LDC}{}^{0.33})^{0.5}$

k_{SLS}=压力纠正系数，不大于1
　　如$m_{LDC}>5\cdot L_{WL}{}^{3}$，采用设计分类$A$和$B$
k_{SLS}=压力纠正系数，不小于1
　　如$m_{LDC}<5\cdot L_{WL}{}^{3}$，采用设计分类$A$和$B$
k_{SLS}=压力纠正系数=1，采用设计分类C和D
$GE_{MAX<60}$=在满载情况下，横倾角不小于60°，最大恢复力臂（米）

$(18)k_{AR}=k_{R}\cdot 0.1\cdot m_{LDC}{}^{0.15}/A_{D}{}^{0.3}$

k_{AR}= 面积分布因数，不大于 1 或小于下表给定的值：

设计分类	舷侧和船底带扶强材单板 甲板芯材板及 带扶强材单板组合形式	舷侧和船底芯材板		
		$x/L_{WL}\leqslant 0.4$	$0.4<x/L_{WL}$ $x/L_{WL}<0.6$	$x/L_{WL}\geqslant 0.6$
A	0.25	0.4	在 0.4~0.6 之间的 $\frac{x}{L_{WL}}$处插值	0.5风帆艇船底和侧边 0.5机动艇底边 0.4机动艇底边
B	0.25	0.4		0.4任何小艇
C和D	0.25	0.4任何小艇		

k_{R}= 结构组件和船体类型因数
　—1.0 对于滑行模式下的机动艇的平板和加强为 1
　—$1.5-3\cdot 10^{-4}\cdot b$ 对排水量型风帆艇和机动艇的平板
　—$1.0-2\cdot 10^{-4}\cdot l_{u}$ 对排水量型风帆艇和机动艇的加强材
m_{LDC}= 满载排水质量　[kg]
A_{D}= 设计面积　[m²]
　—对于平板，$(1\cdot b)\cdot 10^{-6}$，但不大于 $2.5b^{2}\cdot 10^{-6}$　[m²]
　—对于加强材，$(l_{u}\cdot s)\cdot 10^{-6}$，但不大于 $0.33l_{u}{}^{2}\cdot 10^{-6}$　[m²]
b= 平板的短边　[mm]
l= 平板的长边　[mm]
s= 加强材的间距　[mm]
l_{u}= 加强材未支撑的带板　[mm]

图 14.9　压力修正和面积降低因数

14.10 板材计算

图 14.10 给出了计算所需板材厚度的公式。方程(19)是强度要求并给出了以毫米为单位的厚度要求。为了将这个厚度转化为增强材料的质量(kg/m^2),可以使用图 14.11 里最后一个方程(20)。

船体、甲板和舱壁板厚为：

$$(19)\ t=b\cdot k_C\cdot\sqrt{\frac{P\cdot k_2}{1000\cdot\sigma_d}}\quad [mm]$$

P=参考压力,图14.4、图14.5和图14.6已给出
P=平板的短边长度，mm,图14.5给出
k_1=许用弯曲系数，图14.2给出(仅用于FRP夹芯板)
k_2=长宽比系数，图14.2给出
k_3=长宽比系数，图14.2给出(仅用于FRP夹芯板)
σ_d=最小许用设计应力，N/mm^2，0.5倍极限应力为σ_u
l=平板长度，mm，如下图示，不能取超过$300\cdot L_H$
b=平板宽度，mm，如下图示
c=弯曲深度，mm，如下图示

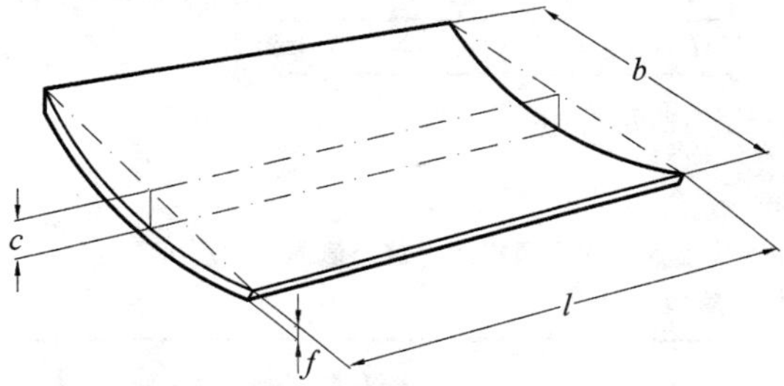

k_C=曲面纠正系数，不小于0.5，不大于1.0
k_C对凸面和凹面都适用

c/b	k_C
0~0.03	1.0
0.03~0.18	1.1−3.33 c/b
>0.18	0.5

船底和船侧允许的最小干纤维质量 (kg/m^2):

$$W_{MIN}(底)=0.43\cdot k_5\cdot(1.5+0.03\cdot V+0.15\cdot m_{LDC}^{0.33})\quad [kg/m^2]$$
$$W_{MIN}(侧)=0.43\cdot k_5\cdot(1.5+0.15\cdot m_{LDC}^{0.33})\quad [kg/m^2]$$

甲板允许的最小厚度 (mm):

$$t_{min}(甲板)=k_5\cdot(1.45+0.14\cdot L_{WL})\quad [mm]$$

k_5= 纤维类型因数：
—1.0： E 玻璃纤维（无碱玻璃纤维）（CSM 含量不超过 50%）
—0.9： 多轴意向粗纱布
—0.7： 连续增强型人造纤维、碳纤维或二者混合纤维
V= 最大航速，kn。对于风帆艇，不小于 $3\sqrt{L_{WL}}$

图 14.10 单一板材计算

图 14.10 给出了我们需要的所有数据：短边 b 和长边 l，以及短边方向弧度的深度 c。所有的尺寸都是毫米。

将板材的长宽比 l/b 输入图 14.12，我们获得长宽比降低系数 k_2 和 k_3。这些因数偏好长宽比小的板材，由于长边和短边可以更好地交互作用，板材可以更加趋近方型。

从图 14.12 我们也可以得到许用挠度系数 k_1。如我们所见，许用挠度仅和复合夹芯板有关。用于方程(19)的设计应力是图 14.2 中给定的极限弯曲应力的 50%。

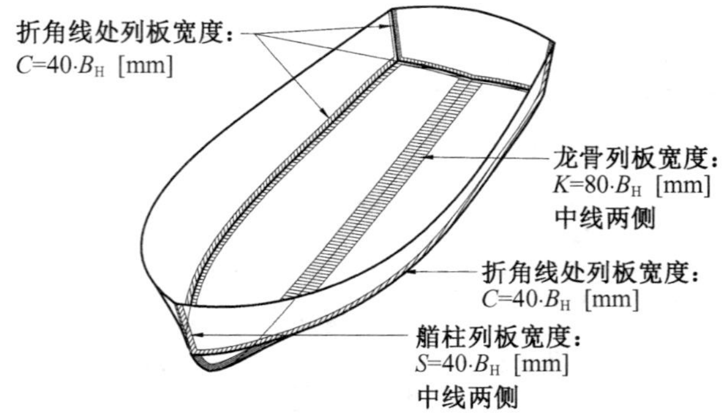

加强区域：在龙骨艏柱和折角线等处和最小厚度不小于从图14.10获得的值：

$$(20)\ t_{min}=1+c\cdot f_1^{0.5}\cdot(t_0+k_1\cdot L_H+k_2\cdot V_{MAX}+0.2\cdot m_{LDC}^{0.33})\quad [mm]$$

$f_1=130/\sigma_{fu}$是极限弯曲强度 [N/mm²]

L_H=船体长度 [m]

B_H=船体宽度 [m]

V_{max}=静水中最大航速，对于风帆艇，这个值为：$3\cdot(L_{WL})^{0.5}$ [kn]

m_{LDC}=满载排水质量 [kn]

结构部件	c	t_0	K_1	K_2
龙骨，$L_H\leqslant 6$ m	1.50	0	0.5	0.06
龙骨，$L_H>6$ m	1.50	3	0	0.06
艏柱，$L_H\leqslant 6$ m	1.50	0	0.5	0
艏柱，$L_H>6$ m	1.50	3	0	0
折角线，$L_H\leqslant 6$ m	1.25	0	0.5	0.06
折角线，$L_H>6$ m	1.25	3	0	0.06

图 14.11 增强区域

用于计算的最后一个降低因数是曲度因子 k_C，见图 14.10。现在我们可以将所有数据和设计压力一起带入图 14.10 中的方程和定义板材的最小厚度和纤维质量。图 14.10 的表中底部给出了一些值的最小绝对值，并按照积层板的玻璃纤维类型来考虑因数块 k_5。在计算扶强材之前是有必要做这些板架计算的。理由是我们必须知道板材的厚度，以便能够计算和扶强材连接在一起的带板有效宽度。

定义FRP玻璃钢芯板的系数k_1：

$k_1=0.017$

l/b	k_2	k_3
>2.0	0.500	0.028
2.0	0.497	0.028
1.9	0.493	0.027
1.8	0.487	0.027
1.7	0.479	0.026
1.6	0.468	0.025
1.5	0.454	0.024
1.4	0.436	0.023
1.3	0.412	0.021
1.2	0.383	0.019
1.1	0.349	0.016
1.0	0.308	0.014

$$k_2=\frac{0.271\cdot(\frac{l}{b})^2+0.910\cdot(\frac{l}{b})-0.554}{(\frac{l}{b})^2-0.313\cdot(\frac{l}{b})+1.351}$$

$$k_3=\frac{0.027\cdot(\frac{l}{b})^2-0.029\cdot(\frac{l}{b})+0.011}{(\frac{l}{b})^2-1.463\cdot(\frac{l}{b})+1.108}$$

图 14.12 挠度系数和长宽比系数

14.11 加强材计算

当确定加强材尺寸时，我们不需要一定达到物理尺寸作为计算结果，但是宁愿获得强度和刚度的需求，也就是剖面模数、惯性矩和剪切面积等需求。

图 14.13 给出了如何测量加强材和多大的带板可以被包括在加强材内。如我们所见，加强材两侧带板宽度是板架厚度的 10 倍。从图中还可以看到的另外一个限制是加强材几何形状的限制。限制加强材宽度和高度的原因是为了避免加强材部件的局部屈曲。

图 14.14 给出的方程和定义是按照 ISO 的标准来计算加强材的需求。公式(21)给出剖面模数的要求。第二个公式(22)涵盖了 SM_k 的计算，这是对风帆游艇压载龙骨以上船底板的额外要求，并也指出了在压载龙骨的上方至少有三层甲板。

第三个公式(23)设定了对加强材的惯性矩的要求。至于对剖面模数的需要是因为压载龙骨增加惯性矩是随着剖面模数增加的。

方程(24)给出了对目标加强材剪切面积的需求，这是指加强材剪切腹板的横截面积。

在建立了最小的剖面模数的需求之后，我们可以按照图 12.11 和图 12.12 来决定实际尺寸。这给出了非常保守的结果，也即加强材的积层板的厚度显示出非常高的安全系数。对于框架和纵桁的尺寸而言，依然可以说这是非常安全的开始点。

计算选定截面的惯性矩并不是那么容易。图 12.5 给了一个解决的想法。通过将加强材拆分为不同的矩形部件，我们可以计算每一个矩形的中性轴位置、每个部分的面积、惯性矩及距离中性轴的距离。如我们在图中所见，总的惯性矩是由所有每个部分的弯矩之和与面积之和乘以它们距离中性轴距离的平方。最精确的计算惯性矩的横截面及其附属带板属性的方法是采用计算机辅助设计(CAD)程序来进行。

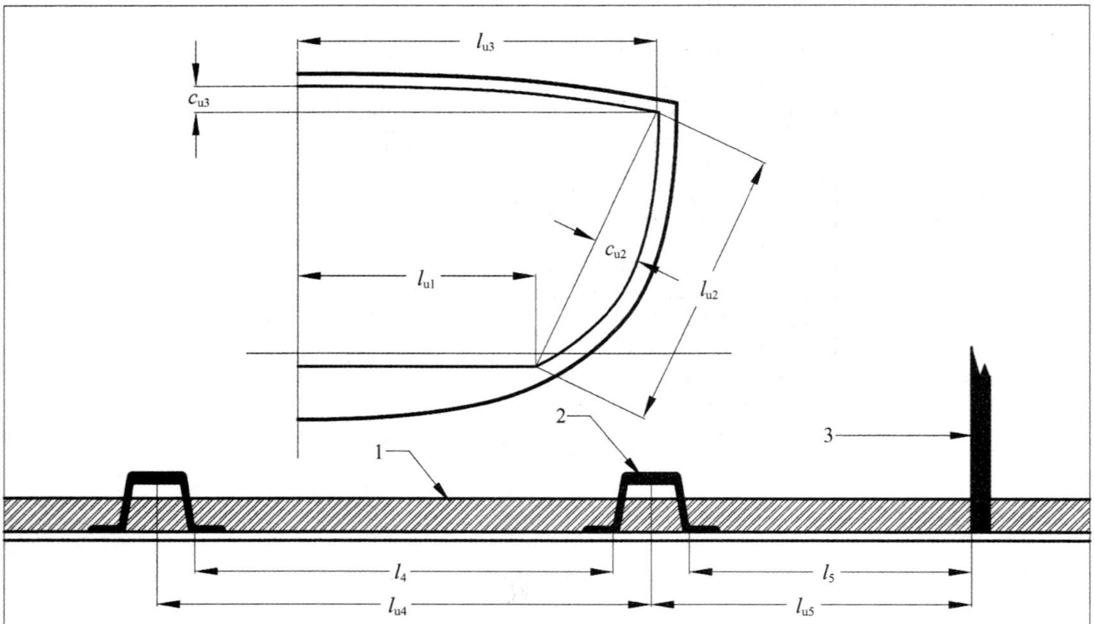

介于肋骨舱壁之间的连续纵桁：
1：纵桁　2：肋骨　3：舱壁
l= 带板长度，mm，不能超过 $330 \cdot L_H$
l_u= 加强材长度，mm，不能超过 $330 \cdot L_H$
C_u= 加强材两端距离，mm，见图

材料	x	y
GRP 35% W_f	21	30
碳纤维和人造纤维 40%~50% W_f	35	40

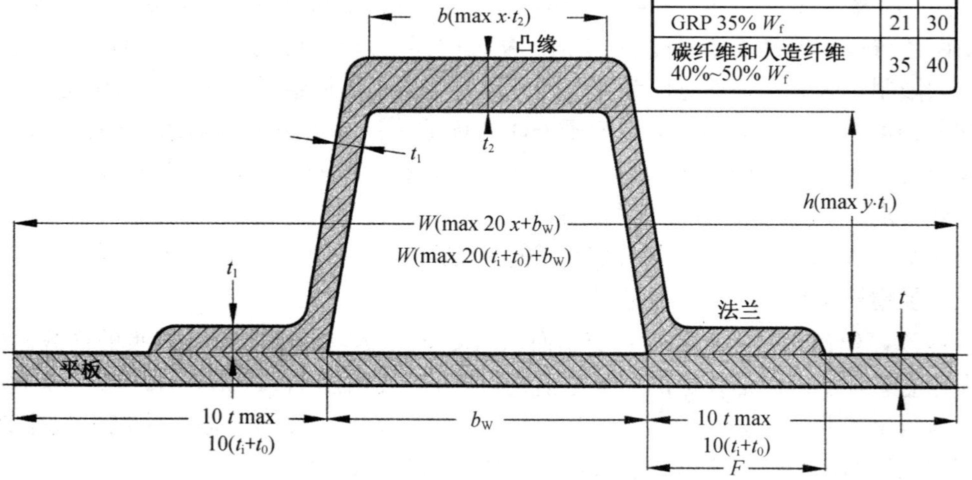

$W=10\,t+b_W$(mm)或加强材间距(mm)，取二者最小者

对于沿开口的加强材：
$W=10\,t+b_W$(mm)或$\frac{1}{2}$加强材间距(mm)，取最小者

W= 有效带板宽度，mm
t= 带板的厚度，mm
t_i+t_0= 夹芯板内层板和外层板厚之和
b= 加强结构顶部高度
b_W= 加强结构基底宽度
b= 凸缘（法兰），$0.2\,h$ 或 50 mm，取最大者，但不超过 $10\,t$

图 14.13　加强材细节及带板有效宽度

每一个地板、肋骨、横梁及纵向加强构件，以及与其连接的板材(带板)的截面模数都不应小于如下的给定公式：

$$(21)SM=\frac{83.3\cdot k_{CS}\cdot P\cdot s\cdot l_u^2}{\sigma_d}\cdot 10^{-9}[cm^3]$$

P=加强材设计压力/(kN/m²)
l_u=支撑点间的连线长度, mm
s=加强材间距, 对地板而言就是其肋骨间距, mm
k_{CS}=曲面纠正系数, 不小于0.5，也大于1.0
s_d=设计应力, 0.5倍最小极限应力(kN/m²), 如图14.2给出的。对于壳板、甲板或舱壁的外表面，采用拉伸强度；内侧或内边则使用压缩强度。
c_u=弯曲加强材曲面顶部, mm

c_u/l_u	k_{cs}
0~0.03	1.0
0.03~0.18	1.13.33(c_u/l_u)
>0.18	0.5

SM_k=截面模数所需的增量(cm³), 适用与压载龙骨连接的内底和肋骨。
对于没有与压载龙骨连接的内底和肋骨，公式可采用ABS ORY的

$$(22)SM_k=\frac{N\cdot a_k\cdot m_k\cdot 9.8}{n\cdot\sigma_d}[cm^3]$$

N=中线面1.0, 线性降低到从中线面到舷边$\frac{1}{3}$处的0.5，并且从此点到舷度不小于0.5。
m_k=压载龙骨的质量，kg
a_k=从中线面处地板中间量至压载龙骨中心的垂直（垂向距离）, m，a_k+c见图14.16
n=与压载龙骨相连的地板数量，不小于3

每层地板、肋骨和横梁以及与其相连的带板的临惯性矩，不能小于下面给定的公式：

$$(23)I=\frac{26\cdot k_{cs}^{1.5}\cdot P\cdot s\cdot l_u^3}{0.05\cdot E_{TC}}\cdot 10^{-11}[cm^4]$$

E_{TC}=压缩或拉伸模数的平均值：[N/mm²]

压载龙骨形式的游艇的惯性矩I(cm⁴)可以按比例增加到所需增加到的剖面（截面）模数，此处用N=0.5来获得SM_k

$$(24)A_W=\frac{k_{SA}\cdot P\cdot s\cdot l_u}{\tau_d}\cdot 10^{-6}[cm^2]$$

k_{SA}=5, 附有带板的加强材; 7.5，其他布置形式（独立的）
τ_d=设计剪切应力，为0.5倍最小极限应力[N/mm²]，图14.2给出。

图 14.14 加强材计算

14.12 铲形舵装置的设计

舵装置计算的首要事情是确定舵的几何参数。图 14.15 给出了定义和方程。在图中可以见到方程(25)和(34)所需要的尺寸。基本上我们需要舵的高度和平均长度来确定舵的侧面积,同时还有舵的压力中心、长度和船速。

舵的侧向力：[6 579 N]

(25)$F_1=23\cdot L_{WL}\cdot K_{SEA}\cdot k_{LD}^2\cdot k_{GAP}\cdot k_{USE}\cdot A$ [N]

滑动动力艇侧向力：

(26)$F_2=370\cdot \Lambda^{0.43}\cdot V_{MAX}{}^{1.3}\cdot k_{GAP}\cdot k_{SERV}\cdot k_{FLAT}\cdot 1.2\cdot A$ [N]

k_{SEA}=1.4：风帆艇分类A和B，动力艇分类A
=1.2：动力艇分类B
=1.0：所有动力艇分类C和D

k_{SEA}=6.15，所有动力艇，风帆艇分类C和D
$=L_{WL}(m_{LDC}/1\ 025)^{1/3}$，风帆艇分类A和B，不小于6.15

k_{GAP}=1.0，当舵与船体间隙小于5%的平均舵的弦长(c)
=0.85，当采用表面穿浪型舵或与船体距离过远

k_{USE}=1.0，所有常规游艇
=0.9，如果风帆游艇分类C和D舵很容易检视时

k_{SERV}=1.0，小艇分类A和B
=0.8，小艇分类C和D

$k_{FLAT}=1.08-0.008\cdot V_{MAX}$，$0.75\leqslant k_{FLAT}<1$

Λ=几何长宽比$=h_r^2/A$

A=舵面积，几何中心，[m²]

舵弯矩：[3 882 Nm]

(27)$M_H=F_{(1\sim2)}\cdot(h_c+h_b)=F_{(1\sim2)}\cdot z_b$ [Nm]

舵扭矩：[197 Nm]

(28)$T=F_{(1\sim2)}\cdot r$ [Nm]

等效弯矩：[3 885 Nm]

(31)$M_{eq}=(M_H+0.75\cdot T^2)^{0.5}$ [Nm]

空心圆形舵轴直径：

(33)$d=(d_o^4-d_i^4)/d_o)^{1/3}$ [mm]

d= 实心舵轴直径按方程(26)
d_o= 实心舵轴外直径
d_i= 实心舵轴内直径

舵叶上舵承受力：[9 133 N]

(29)$R_U=F_{(1\sim2)}\cdot z_b/h_u$ [N]

舵叶船体舵承受力：[15 712 N]

(30)$R_H=F_{(1\sim2)}+R_U$ [N]

实心圆形舵轴直径：[44.5 mm]

(32)$d=21.68\cdot(M_{eq}/\sigma_d)^{1/3}$ [mm]

不锈钢属性：
AISI 316-σ_d=195 N/mm²
AISI 329-σ_d=325 N/mm²(非冷加工)
AISI 329-σ_d=450 N/mm²(冷加工)

泡沫芯材的FRP面板最小质量：[kg/m²]

(34)$w_r=1.1\cdot k_5\cdot(0.115\cdot L_{WL}+0.15)$ [kg/m²]

k_5=1.0：E玻璃纤维(最大50% CSM)
k_5=0.9：连续玻璃纤维(WR, MDR, UD)
k_5=连续人造纤维、碳纤维

舵叶内部泡沫材的最小密度为65 kg/m³

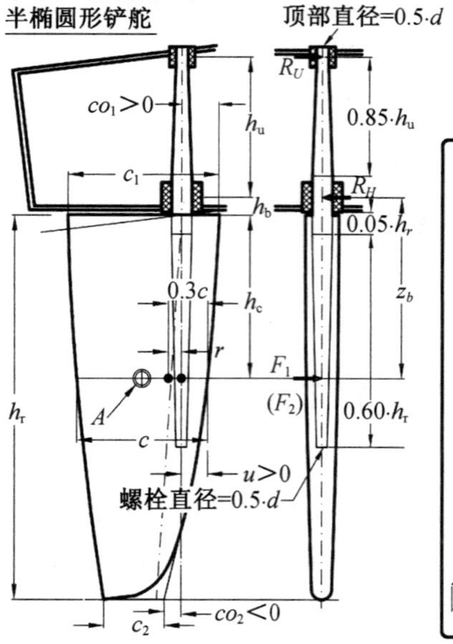

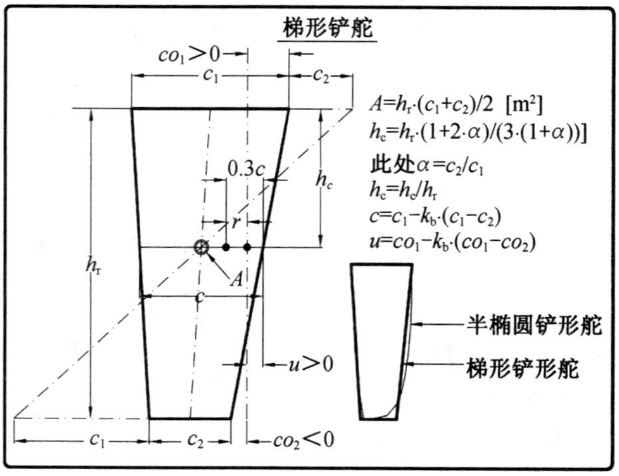

图 14.15 金属铲形舵装置

通过确定舵装置导边之后的某个位置，可以降低旋转力臂，从而降低轴上的扭矩。比较好的经验法则是不要将旋转轴的中心线置于非常靠后的位置，也就是轴线应位于轴线前面舵面积与整个舵面积之比小于15%的地方。将舵平衡得越好，就会越使得舵在某些情况下可以“自己旋转”。

为了开始计算，首先要确立舵可以传递的侧向力。方程(25)和(26)给出的侧向力 F_1 或者 F_2，首先不再依赖于速度的平方，而是此处的 L_{WL} 和舵侧面积 A 升力也被通过反映设计分类的系数(k_{SEA}，k_{USE}，k_{SERV})、长度排水量比(k_{LD})和剖面形状(k_{GAP}，k_{FLAT})所调整。

侧向力公式中 k_{LD} 这个因数在此处的作用是增加轻型风帆游艇舵装置的尺寸。其原因是轻型游艇比重型游艇简洁快速，特别是当遇到强风时，这会带给舵轴更大的压力。

现在我们就可以很容易地计算弯矩和扭矩(M_H 和 M_τ)。将数据按照国际单位输入方程，例如牛顿(N)、节(kn)、米(m)等，这样我们获得的结果就是牛顿(N)、牛顿·米(N·m)和毫米(mm)。当计算舵轴直径的时候，用的是舵轴材料的屈服应力，或者是最大拉应力除以2(旋转最小值)，单位是 N/mm^2。经过所有这些计算，最后结果是：当采用316型不锈钢时，实心舵轴直径为44.5 mm。

14.13　链板和龙骨螺栓

如前面提到的，ISO 标准没有给出任何关于链板尺寸的具体指导。一般而言，可以使用的材料是低碳钢、不锈钢、蒙乃尔合金、铝材或者 FRP。当采用铝材时，需要用螺栓连接安装不锈钢覆板。链板将会被有效地安装在舱壁、复板、横梁或者肘板上。当链板成为舱壁或者板材架的一种形式时，甲板结构也从某种程度上被加强。

图14.16(a)给出了一种(并不限于这一种)链板安装的方式。从钢索极限强度开始，从图11.16(b)选择适当的链板柄和加强的舯部横梁。甲板下的链板固定杆被螺栓连接到下侧支索的脚柄上，然后再连接到被加强的舯部横梁上。为了确保当帆装载荷过载时侧支索附件不会失效，链板的尺寸按照其连接的钢索破断负荷1.25倍的受力进行设计。

图14.16(a)还给出了我们所需的尺寸和其他数据用以按照 ABS 标准计算梯形龙骨的龙骨螺栓。从图中不能直接获得的一个尺寸是低于龙骨根部的龙骨的重心 a_k。图中给出了简单计算该值的方法，对于梯形和有着常规机翼剖面的龙骨是有效的。该计算也给出了龙骨的体积，所以龙骨的质量 m_k 就很容易计算了。实践中采用的铸铁密度是 7 300 kg/m^3，铅密度是 11 300 kg/m^3。

龙骨螺栓的计算直径是连接到支索的底部的，所以名义尺寸比这个要大。

ISO 的结构标准第9部分：风帆游艇－附体部分，是一个容易理解的标准并包含了设计不同类型龙骨、中插板和附件的指导。我们将仅给出一个有着船体法兰的球鼻龙骨的例子，这也是 YD－41 采用的。图14.16(b)给出所需要输入的数据和方程(36)～(43)。不同载荷情况对应如下：

- 载荷情况一：游艇在水面上横倾超过90°，船底和内部结构被施加弯矩：方程(37)和(38)。用方程(39)来计算所需的螺栓直径。值得考虑的是没有引入额外的安全系数：因为波浪的动态冲击，只有静态载荷被考虑了。螺栓最细处计算直径是10.9 mm，取其名义直径为13.9 mm，但是按照标准推荐的最接近的螺栓标准是16 mm，其结果是在我们这个情况里，相当于算进去了 1.5 倍的安全系数。不考虑这些，方程（36）对于材料还有 4 倍的安全系数，所以直径 16 mm 的螺栓还是合理的。

- 载荷情况二：纵列龙骨在 30°横倾的情况，这种情况不适合 YD－41 的情况。
- 载荷情况三：垂向碰击。方程（40）可明显看到这个需求很少。F_3 仅意味着在没有向前的速度下，当游艇受到拖力、垂向力或者温和搁浅的时候，游艇龙骨可以承受其自身的能力。此处取决于船底和龙骨的布置而没有弯矩。游艇 YD－41 的船底板及其横梁完全满足这个要求。

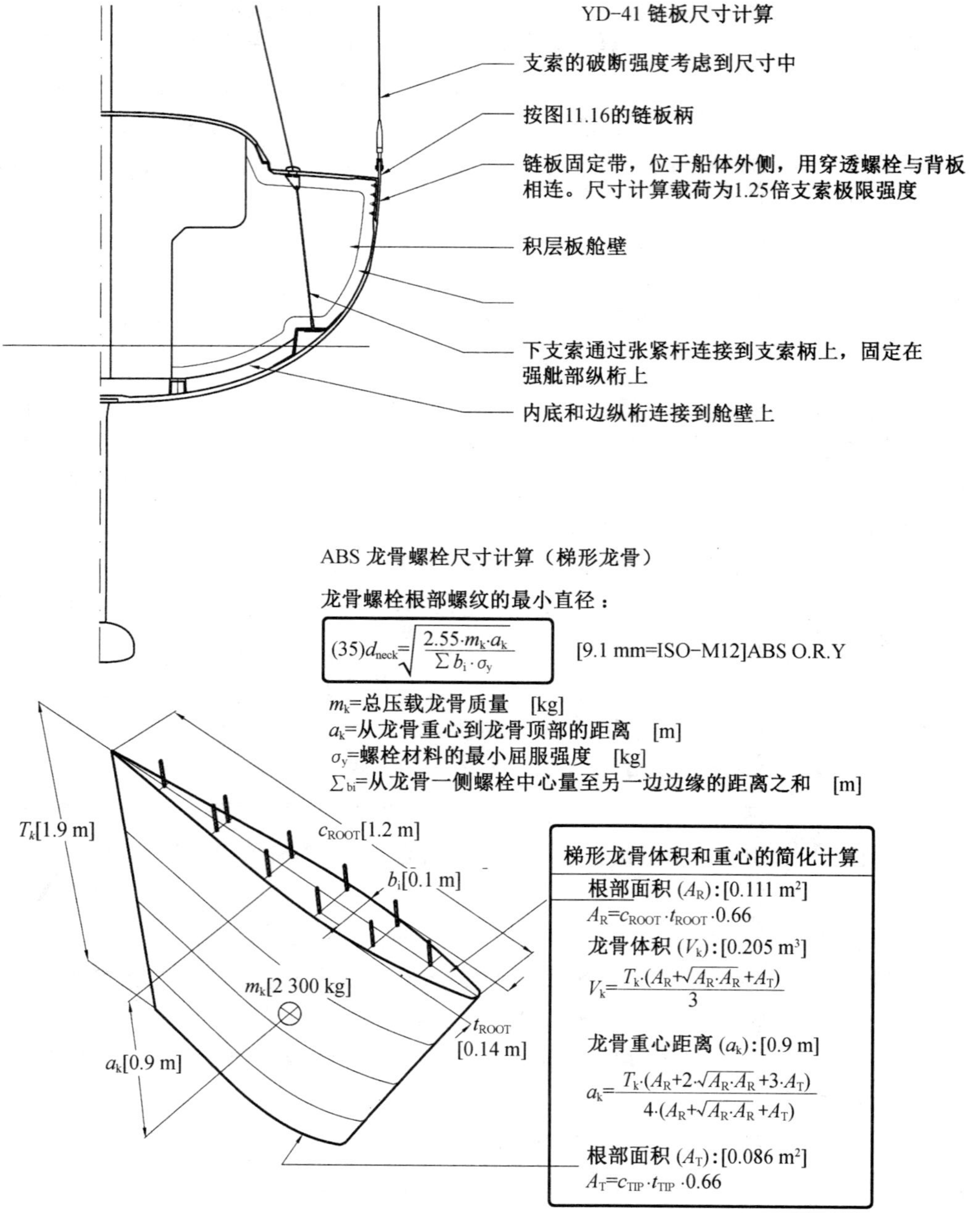

图 14.16(a) 链板和龙骨螺栓

ISO龙骨螺栓计算

龙骨螺栓设计应力：

螺栓材料	级别	载荷情况1	载荷情况4
		σ_d	σ_d
ISO SS螺栓	50	105.5	157.5
	70	175.9	262.5
	80	201.0	300.0

推荐螺栓直径： $d_{bolt}=1.18\cdot d_{neck}$

$M_{12}.M_{16}.M_{20}.M_{24}.M_{30}.M_{36}.M_{42}.M_{48}$

设计应力计算的一般公式：

(36) $st_d=st_{LIM}\cdot 0.75\cdot k_{LC}\cdot k_{DC}$

式中st_{LIM}宽是拉应力σ；又是剪应力τ，取最小值(st_y或$0.5\cdot st_u$)，同时y为屈服强度，u为极限强度，均为金属未焊接状态

$k_{LC}=0.67$载荷情况1

$k_{LC}=1.00$载荷情况4

$k_{DC}=1.00$设计分类A和B

$k_{DC}=1.25$设计分类C和D

载荷情况1：

(37) $F_1=g\cdot m_{KEEL}$(N)90°向下垂向力 [22 563 N]

(38) $M1.1=F_1\cdot a_K\cdot$(Nm)龙骨连接处的龙骨横倾弯矩 [36 214 N·m]

(39) $d_{neck}=\dfrac{1\,273\cdot b_i\cdot M1.1}{\sum b_i^2\cdot\sigma_d}$ [10.9 mm]

d_{neck}=龙骨螺栓根部螺纹最小直径

$d_{bolt}=1.18\cdot 10.9=12.9$ mm采用推荐的M16的螺栓

载荷情况3：

(40) $F_3=g\cdot(m_{LDC}-m_{KEEL})$(N)垂向作用力 [50 031 N·m]

载荷情况4：

(41) $F_4=12\cdot g\cdot(m_{LDC}-m_{KEEL})$(N)纵向作用力 [60 037 N]

(42) $M4.1=F_4\cdot h_{F4}\cdot$(N·m)龙骨连接平面的纵向弯矩 [114 071 N·m]

此处 $h_{F4}=\min(T_K$ 和 $0.2\cdot L_{WL})$

(43) $d_{neck}=\sqrt{\dfrac{1\,273\cdot l_{Rimax}\cdot M4.1T}{\sum l_{Ri}^2\cdot\sigma_d}}$ [13.6 mm]

此处$M4.1T=M4.1\cdot L_{K2}/L_K$

和$\sum l_{Ri}=l_{R1}+l_{R2}+l_{R3}+l_{R4}$

$l_{Rimax}=l_{R4}$

$d_{bolt}=1.18\cdot 13.6=16.0$ mm

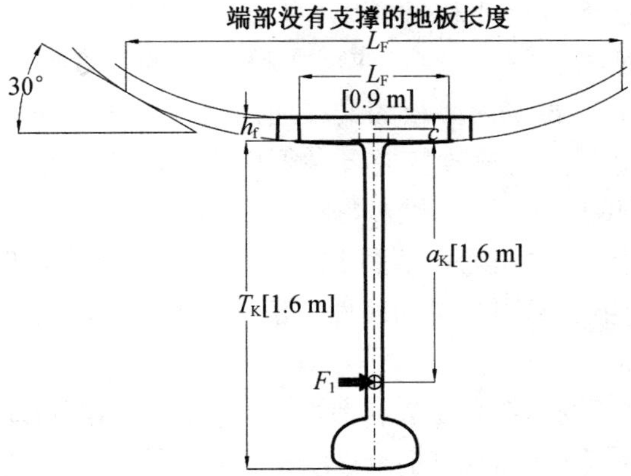

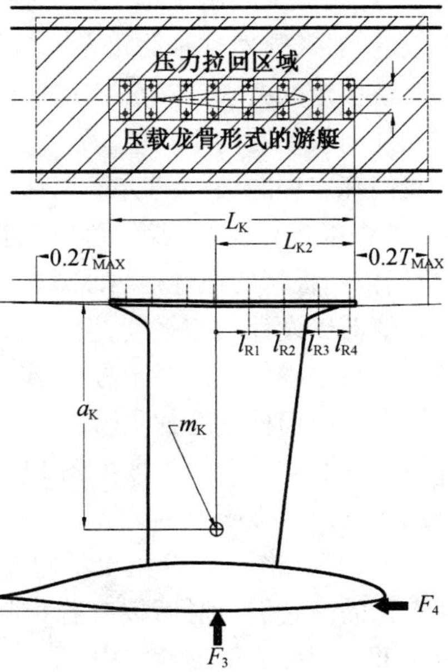

图14.16(b) ISO龙骨螺栓

• 载荷情况四:纵向冲击给船底和其内部结构一个弯矩,也即方程(41)和(42)。所需要的龙骨螺栓直径被用于方程(43)的计算。关于前部所需的龙骨螺栓直径当搁浅时承受拉力。本情况中负荷是相当轻的,仅 $1.2 \cdot g$ 乘以船体质量与龙骨质量之差。根据实际的船艇,通过逆向工程是可以得到的。这由设计者来决定是否足够。自然这不是冲撞搁浅的情况。

14.14 夹芯结构的建造

图 14.17 给出了 ISO 标准的相关方程来确定夹芯板材的面板和芯材。本节适用外面板和内面板有着相似敷层、强度和弹性属性的夹芯板材。当积层板的各种机械属性之比小于 25% 时,认为其性能是相似的。

方程(44a)和(44b)是强度需求,并给夹芯板提供所需的剖面模数,对于分别与中性轴成一定距离的外面板和内面板,如果内外面板是相似的,则中性轴位于夹芯板的中间。当确定外面板时,需要使用积层板的拉伸强度;而内面板则需要积层板的抗压强度。一眼看上去这有些奇怪,因为平板受到来自海洋的载荷会向内侧弯曲,并且导致内侧是拉伸的情况。ISO 采用这种迂回的方法的原因是考虑到平板的边缘是被固定住的,也即超越了加强材或者舱壁来限定平板(边界)。这样我们就有了在边界的弯矩最大的情况,比较弯矩作用在板材中间的情况,其力的特征是相反的。这是一种简化并且在实际生活中有争议的,无论其边界是不是被固定、加强材和舱壁是不是被弯曲,或者是否整个游艇有实际的弯曲。为了解决这些问题,不是采用简单的横梁理论就可行的,相反我们必须要使用有限元分析的方法,这种方法超出了本书要讨论的范畴。无论如何,这种简化的方法也被证明可以获得有效的结果,显然这种简化方式是可行的。

对惯性矩的要求,方程(45)是刚度要求和用于面板计算的塑性模量,该塑性模量是内面板和外面板模数的平均值。

我们确定夹芯结构的首要事情是确定板材尺寸和材料属性。通过使用方程(44a)和(44b)的强度计算要求,我们可以获得剖面模数需求,通过使用方程(45)的刚度要求的计算,我们得到板材的惯性矩需求。方程(46)给出了内面板的最小屈曲强度要求。如果得到的这个值低于设计压缩强度,设计好的夹芯板就需要改变或者必须用更小的值。面板的最后检查项目是它们不能轻于方程(47)和(48)的最小设计要求。

接下来我们校对芯材是否能承受它们预期的压力。从图 14.17 的方程(49)和(50),我们计算芯材所需的剪切强度。图 14.20 给出了不同芯材的属性。记住图 14.21 给出的设计值是图中给出的极限值的分数。

图 14.18 和图 14.19 给出不同夹芯积层板的剖面模数和惯性矩对于芯材和面板厚度是如何变化的。它们只对面板有着相同内面板和外面板的情况有效。到目前为止我们已经学习了 ISO 标准一般推荐的内容,作为最后的努力,我们将在本章对游艇 YD-41 上做一个实际应用。

宽度为1 cm的夹芯板条的面板距离中性轴的剖面模数和惯性矩应不小于给定的下列方程：

(44a) $SM_o=\dfrac{b^2\cdot k_c^2\cdot P\cdot k_2}{6\cdot 10^5\cdot \sigma_{dto}}$　或　(44b) $SM_o=\dfrac{b^2\cdot k_c^2\cdot P\cdot k_2}{6\cdot 10^5\cdot \sigma_{dci}}$　[cm³/cm]

(45) $I=\dfrac{b^3\cdot k_c^3\cdot P\cdot k_3}{12\cdot 10^6\cdot E_{io}}$　[cm³/cm]

SM_o =所需的外层面板到中性轴的剖面模数
SM_i =所需的内层面板到中性轴的剖面模数
I =所需的面板到中性轴的惯性矩
b =芯板的短边，图14.10
k_c =曲面纠正因数，图14.10
σ_{dto} =外层面板设计应力，0.5倍极限拉应力，图14.12
σ_{dti} =内层面板设计应力，0.5倍极限压缩应力，图14.12
P =需计算位置处的参考压力(kN/m²)
k_1 =弯曲比系数，图14.12
k_2 =面板长宽比系数，图14.12
k_3 =面板长宽比系数，图14.12
E_{io} =0.5(E_i+E_o)，内层面板与外层面板模量平均值，图14.12

曲面板挠曲衡准：
面板挠曲应力σ_{dci}：

(46) $\sigma_{dci}=0.3\cdot\sqrt[3]{E_s\cdot E_c\cdot G_c}$　[N/mm²]

应不小于$0.5\cdot\sigma_u$
E_s=面板压缩模数
E_c=芯材压缩模数
G_c=芯材剪切模数

夹芯板面板最小纤维含量：

47) $w_{os}=k_{DC}\cdot k_4\cdot k_5\cdot k_6\cdot(0.1\cdot L_{WL}+0.15)$
48) $w_{is}=0.7\cdot w_{os}$

w_{os} =外层面板内纤维质量，[kg/m²]
w_{is} =内层面板内纤维质量，[kg/m²]
k_{DC} =设计因子系数，图14.4~图14.6
k_4 =1.0:船体底部
=0.9:船壳舷侧
=0.7:甲板
k_5 =纤维类型系数，图14.10
k_6 =面板坚固底因数
=0.9:当芯板外层面板碰撞尖锐物体后被戳穿
= 1 :其他类艇

芯材和面板有效厚度应不小于如下方程给出的结果：

长宽比(l/b)降低因素

$k_{SHC}=0.035+0.394(l/b)-0.09\cdot(l/b)^2$

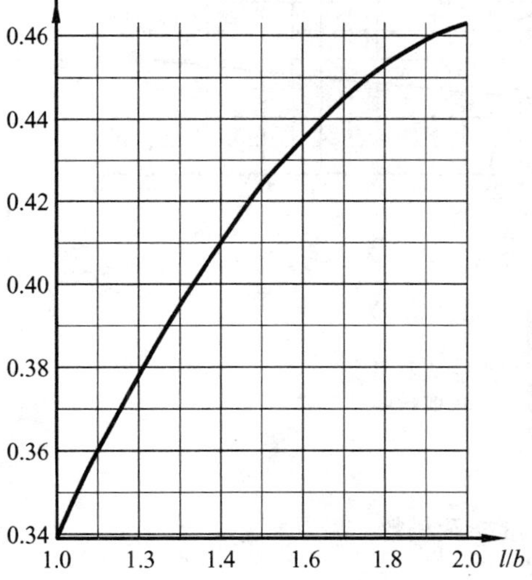

(49) $\dfrac{d_o+d_c}{2}=\dfrac{k_{SHC}\cdot 0.001\cdot P\cdot b}{\tau_d}\sqrt{k_c}$　[mm]

d_o=夹芯板总厚度, mm
d_o=芯材厚度, mm
k_{SHC}=长宽比因子, 下表给出

(50) $\tau_u=\dfrac{k_{SHC}\cdot 0.001\cdot P\cdot b}{k_{SHC}\cdot 0.5\cdot(d_o+d_c)}\sqrt{k_c}$　[N/mm²]

τ_d=按图14.21, 得到的设计应力 (N/mm²),
由制造商给出的芯材极限强度或见图14.20
τ_d=极限应力，N/mm²
k_d=设计应力因子，图14.2 1
k_c=由面系数，图14.20

面板长宽比	k_{SHC}	面板长宽比	k_{SHC}
>2	0.465	1.5	0.424
2	0.463	1.4	0.410
1.9	0.459	1.3	0.395
1.8	0.453	1.2	0.378
1.7	0.445	1.1	0.360
1.6	0.435	1.0	0.339

图 14.17　夹芯结构制造

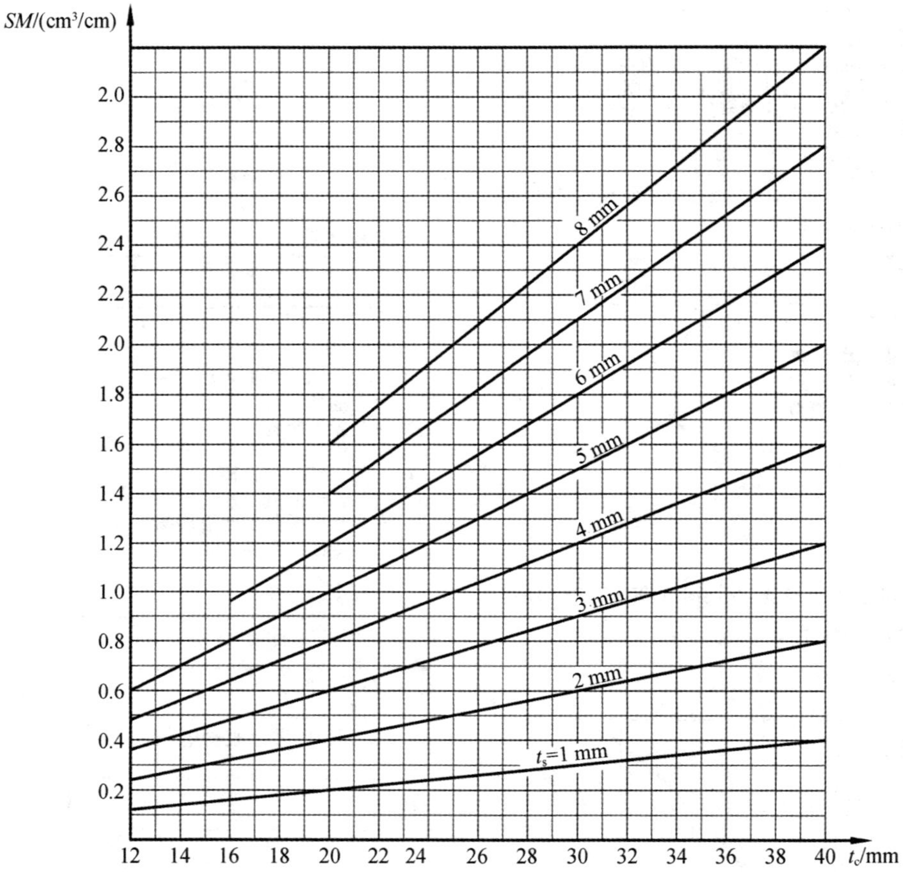

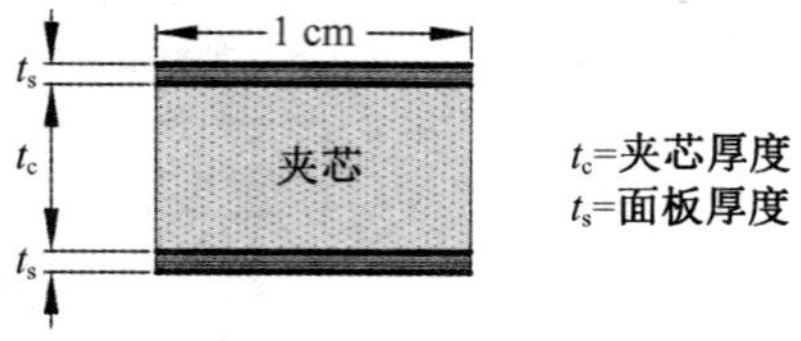

图 14.18 夹芯结构的剖面模数

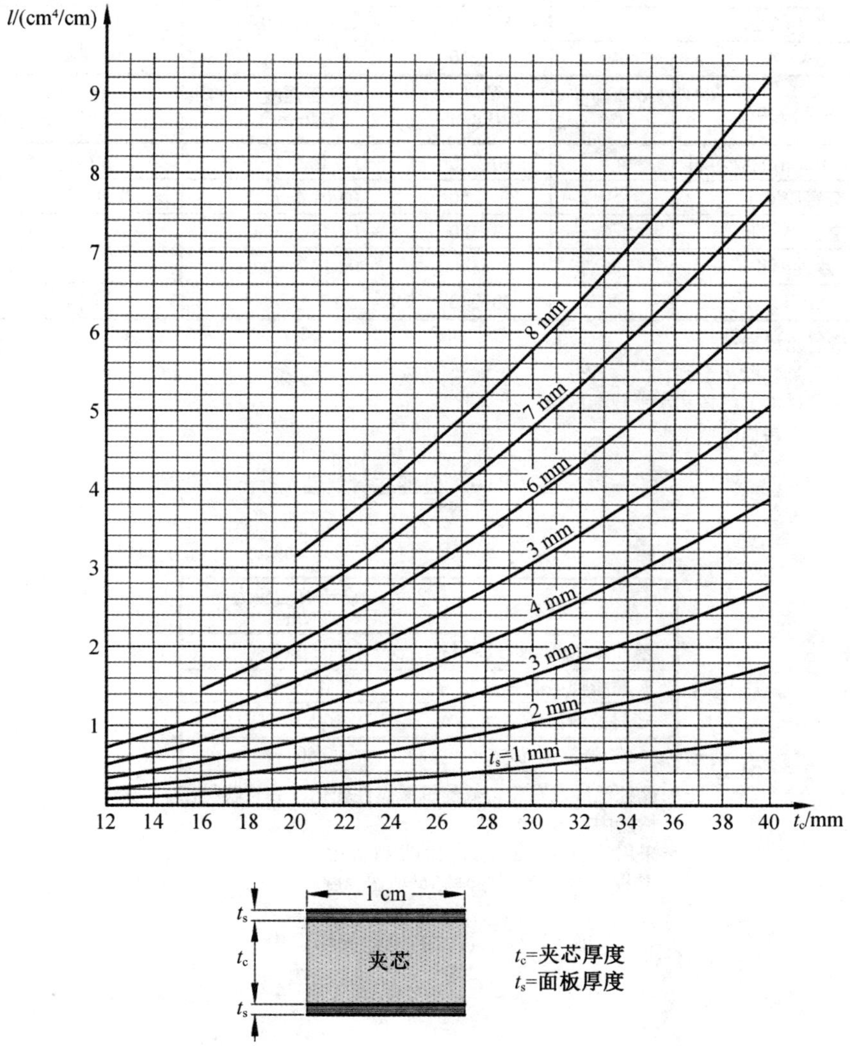

图 14.19　夹芯结构的惯性矩

芯材类型	拉伸破断 /%	密度 ρ_c/(kg/m³)	剪切强度 τ_u/(N/mm²)	剪切模数 G_c/(N/mm²)
巴沙木(Balsa)细纹芯材	n.a.	90–220	$0.017\,8\cdot \rho_c-0.34$	$0.868\cdot \rho_c-1.43$
交链PVC Ⅰ	30	50–250	$0.002\,4-\rho_c^{1.334}$	$0.163\,3-\rho_c^{1.136}$
交链PVC Ⅱ	20	33–180	$0.017\cdot \rho_c-0.29$	$0.33\cdot \rho_c-1$
线性PVC	55	50–140	$0.014\cdot \rho_c-0.33$	$0.29\cdot \rho_c-5.3$
SAN A	40	60–210	$0.017\cdot\rho_c-2\cdot10^{-5}\cdot\rho_c^2-0.613$	$0.46\cdot\rho_c-20$
芯材类型	拉伸破断 /%	密度 ρ_c/(kg/m³)	剪切强度 τ_u/(N/mm²)	剪切模数 G_c/(N/mm²)
巴沙木(Balsa)细纹芯材	n.a.	90–220	$0.102\cdot \rho_c-5$	$30.7\cdot \rho_c-5$
交链PVC Ⅰ	30	50–250	$0.001\,4-\rho_c^{1.487}$	$0.113\,8-\rho_c^{1.449}$
交链PVC Ⅱ	20	33–180	$0.025\cdot \rho_c-0.69$	$1.2\cdot \rho_c-18$
线性PVC	55	50–140	$0.012\cdot \rho_c-0.24$	$0.84\cdot \rho_c-19$
SAN A	40	60–210	$6.17\cdot10^{-4}\cdot\rho_c^{1.59}$	$0.024\cdot\rho_c^{1.75}$

PVC= 聚氯乙烯泡沫
SAN= 苯乙烯烯酸硝酸泡沫
PVC Ⅰ= 芯材用于船体和承受载荷区域
PVC Ⅱ= 用于其他区域

图 14.20 典型芯材属性

芯材材料	设计剪切应力 τ_d(N/mm²)
巴沙木(Balsa)细纹芯材	$0.50\cdot\tau_u{}^a$
芯材拉伸破断率<35%	$0.55\cdot\tau_u$
芯材拉伸破断率>35%	$0.50\cdot\tau_u{}^a$
蜂窝板芯材	$0.50\cdot\tau_u{}^b$

a:此处巴沙木有着较低的机械属性变化，并且芯材在树脂中密封有0.55
b:采用沿平边短边(b)方向的芯材属性
τ_u:按图14.20的最小极限芯材剪切强度

图 14.21 芯材的设计剪切强度

14.15 YD－41 的结构

图 14.5 和图 14.6 中列出的 YD－41 是已被尺寸化的加强系统，用以建造有增强系统的夹芯板材，该夹芯板满足内部布置要求并在很大程度上节约质量。

图 14.22 到图 14.24 给出的计算是针对船体板架、舱壁结构、肋骨框架和安装有龙骨的底板。

从 14.2 开始获取材料的属性。按照图示，将要用于船体板架的敷层是由 25% 的 CSM 和 75% WR 组成的，用真空袋法简单成模形式，其纤维含量是 47%。如果用传统手糊方式替代真空袋法，纤维含量将会降低到 41%，同时还会带有较差的机械属性和更高的质量。

从图 14.5、图 14.6 和图 14.7 得到设计载荷和板架尺寸；从图 14.8、图 14.9 和 14.10 得

层压板：25% CSM+75% WR；真空袋法；W_f=47%

数据来自图14.2

σ_{ut}=174 N/mm²	σ_{dt}=87 N/mm²	80%=69.6
E_T=12 746 N/mm²		80%=10 197
σ_{uc}=142 N/mm²	σ_{uc}=71 N/mm²	80%=56.8
E_C=12 746 N/mm²		80%=10 197
σ_{uf}=216 N/mm²	σ_{uf}=108 N/mm²	80%=86.6

图14.6的A1区域壳板

P_{BS}=49.9 kPa；l=990 mm；b=620 mm；c=38 mm

来自图14.9的衰减系数

k_{ar}=0.59　k_{SLS}=1.543

来自图14.10的衰减系数

k_C=0.896

来自图14.12的衰减系数

k_1=0.017；k_2=0.47；k_1=0.025

试算用夹芯板：面板有着相同的厚度$t_{o,i}$=2.0 mm并且t_c=20 mm

外层面板最小玻璃纤维质量=1.23 kg/m²(图14.17)=1.65 mm(图14.2a)

内层面板最小玻璃纤维质量=0.86 kg/m²(图14.17)=1.16 mm(图14.2a)

按图14.17计算需的夹芯板	实际夹芯板剖面模数(图14.18)和惯性矩(图14.19)
(a)$SM_i=\dfrac{620^2\cdot 0.896^2\cdot 49.9\cdot 0.47}{600\ 000\cdot 56.8}=0.21\ \text{cm}^3$	(a)$SM_i=0.40\ \text{cm}^3/\text{cm}$
(b)$SM_i=\dfrac{620^2\cdot 0.896^2\cdot 49.9\cdot 0.47}{600\ 000\cdot 69.6}=0.17\ \text{cm}^3$	(b)$SM_i=0.40\ \text{cm}^3/\text{cm}$
(c)$I=\dfrac{620^3\cdot 0.896^3\cdot 49.9\cdot 0.025}{12\ 000\ 000\cdot 10\ 197}=0.10\ \text{cm}^4$	(c)$I=0.48\ \text{cm}^4/\text{cm}$

所有值都建设值

用方程(50)计算芯材所需剪切强度，采用图14.17长宽比系数k_{SHC}

$k_{SHCi}=0.435$

$$M_i=\frac{0.435\cdot 0.001\cdot 49.9\cdot 620}{0.5\cdot(24+20)}\cdot 0.947=0.58\ \text{N/mm}^2$$

采用交链PVC泡沫芯材，$\tau_u=\tau_d/0.55$，　=1.05 N/mm²

按图14.20所需的芯材是100 kg/m³，总板材厚度为24 mm，其中芯材厚度为20 mm。

试算用板材仅满足厚度24 mm，但芯材的剪切强度是临界的。

图 14.22　YD－41 的船体板架计算

到减低因子。通过运用图 14. 17 的公式,可以计算夹芯板的需求,而从图 14. 18 和图 14. 19 计算其物理尺寸。

甲板板架和舱壁结构按照同样方式进行计算,其载荷从图 14. 5 获得。

对于内部的尺寸化,从图 14. 7 开始去获取尺寸和内部设计压力。图 14. 14 给出的方程用以计算需求。采用图 12. 11 中的图示可以确定满足剖面模数需求的尺寸。

来自图 12. 11 中的图的尺寸针对惯性矩和剪切面积给出了较高的安全系数。其原因是图 12. 11 列出的是一种非常保守的方法。因而,图 14. 24 从加强材计算给出的结果用了一种更精确的方法。

水密舱壁Ⅰ(图14.5、图14.6和图14.7)

敷层由20% CSM和80% MOR组成,用真空袋法加工,属性均按图14.2

层压板没有确认或测试,所以采用80%的空心率

P=7.6 kPa;l=1 660 mm;b=1 580 mm;h_b=1.08 m;σ_b=60 N/mm²

按图14.12的衰减系数

k_1=0.017;k_1=0.330;k_3=0.015

计算夹芯板:内外层面板相同,均为t_f=1.2 mm,芯材厚为t_c=20 mm

按图14.17计算需的夹芯板

(a)$SM_i=\dfrac{1\ 580^2\cdot 7.6\cdot 0.330}{600\ 000\cdot 60}=0.17\ \text{cm}^3$

(b)$SM_i=\dfrac{1\ 580^2\cdot 7.6\cdot 0.330}{600\ 000\cdot 60}=0.17\ \text{cm}^3$

(c)$I=\dfrac{1\ 580^3\cdot 7.6\cdot 0.015}{12\ 000\ 000\cdot 9\ 675\cdot 0.017}=0.23\ \text{cm}^4$

实际夹芯板剖面模数(图14.18)和惯性矩(图14.19)

(a)SM_i=0.30 cm³/cm

(b)SM_i=0.30 cm³/cm

(c)I=0.35 cm⁴/cm

所有数据都满足所建设的板材

用最后一个方程(50)计算芯材所需的剪切强度,用图中的长宽比因子k_{SHC}:

k_{SHC}=0.350

$\tau_u=\dfrac{0.350\cdot 0.001\cdot 7.6\cdot 1\ 580}{0.55\cdot(22.4+20)\cdot 0.50}=0.36\ \text{N/mm}^2$

按图14.20所需的板材是PVC芯材密度80 kg/m³,总厚度为22.4 mm,芯材厚度为20 mm。

图 14.23 YD-41 夹芯舱壁的计算

如果用实芯积层板代替夹芯板制作船体,相等强度的单层积层板厚 11 mm,质量为 17.9 kg/m²,包括胶衣和5%的重叠;而夹芯板质量是 10.0 kg/m²,采用相同的加强系统和板架尺寸。总的单层实芯板结构质量,包括甲板、加强材料和结构舱壁等比夹芯板情况要大于40%。对于单层实芯板设计的最好解决方案是使得加强系统更加密集,就不需要厚重的板架积层板。通过降低20%的板架尺寸,板厚将是7.5 mm,这意味着质量是13.5 kg/m²,总质量将比夹芯板情况仍高出20%。夹芯板的面板为厚度2.0 mm,这可能是被看作实践中最小的厚度,对于这种尺寸的船艇,也不会太敏感于碰击力和拥挤的进坞操作。为了增加冲击性,我们可以将外层面板做得比内层面板稍微厚一点。如果我们保持内侧面板厚度是外侧面板厚的0.75,并保证内面板和外面板总厚度为 4 mm,我们就可以使得外面板是 2.25 mm而内面板是1.75 mm。自然,我们可以选用更好的纤维,例如,S 玻璃纤维、凯夫拉、碳纤维等,这样可以得到足够的强度和刚度,并有着较薄的面板和较低的质量,如果设计目的是高水平竞赛和发挥最大性能,这是可接受的甚至是受欢迎的;但是从实践观点来看,对于巡航或者巡航-竞赛型游艇,这是没有必要的。

内部构架1(图14.7，五个承受龙骨的内底构架之一)

敷层由20%CSM和80%WR组成的，属性按图14.2

R=23.7 kPa；l_u=2 670 mm；s=520 mm；σ_d=68.14 N/mm^2；N=1；k_{cs}=0.7

所需加强材计算按图14.14

$$SM=\frac{83.33\cdot 0.7.23.70\cdot 510\cdot 2\ 670^2}{68.14}\cdot 10^{-9}=85\ \text{cm}^3$$

$$SM_k=\frac{9.8\cdot 2\ 300\cdot 1.7}{5\cdot 68.14}\cdot 10^{-9}=127\ \text{cm}^3+SM=212\ \text{cm}^3(SM-req)]$$

因压载龙骨I的增加:(0.5·127+85)/85=1.75；(N=0.5)

$$I=\frac{26\cdot 0.7^{1.5}\cdot 23.70\cdot 520\cdot 2\ 670^3}{0.05\cdot 11\ 286}\cdot 1.75\cdot 10^{-11}=171\ \text{cm}^4$$

$$A_w=\frac{5\cdot 23.70\cdot 520\cdot 2\ 670}{36.0}\cdot 1.75\cdot 10^{-6}=9.0\ \text{cm}^{226.0}$$

尺寸数据按图14.13获得

h=150 mm；B=150 mm；B_w=155 mm

t_1=5 mm；t_2=10 mm

w=350 mm；t=15 mm

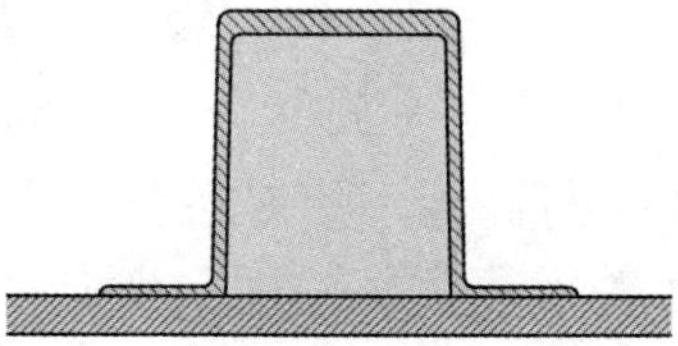

计算后的剖面属性·

SM=240 mm^3

I=2 868 mm^4

A_w=79 mm^2

内部构架4(图14.7，边纵桁)

敷层由20%CSM和80%WR组成的，属性按图14.2

层压板没有经确认或测试所以采用80%的空心率

P_{ss}=17.1 kPa；I=2 100 mm；s=680 mm；σ_d=68.14 N/mm^2；k_{cs}=1.0

所需加强材计算按图14.14

$$SM=\frac{83.33\cdot 1.00\cdot 17.1\cdot 680\cdot 2\ 100^2}{68.14}\cdot 10^{-9}=63\ \text{cm}^3$$

$$I=\frac{26\cdot 1.00^{1.5}\cdot 17.1\cdot 680\cdot 2\ 100^2}{0.05\cdot 11\ 286}\cdot 10^{-11}=50\ \text{cm}^4$$

$$A_w=\frac{5\cdot 17.1\cdot 680\cdot 2\ 100}{36.0}\cdot 10^{-6}=3.4\ \text{cm}^2$$

按图14.13得到尺寸如下:

h=150 mm；B=50 mm；B_w=50 mm

t_1=5 mm；t_2=5 mm

w=180 mm；t_i=3 mm；t_o=2 mm

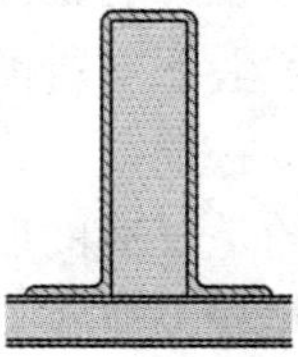

计算后的剖面属性:

SM=72.9 mm^3

I=619 mm^4

A_w=21 mm^2

图 14.24 YD－41 的内部计算

第 15 章　布　　置

布置这个术语包含的内容广泛，本章将讨论居住舱、舵舱、甲板、仪器、舱口、通风和安全设备。这些不同方面将会被按照一般原则来处理，但我们将使用在 YD－41 实践过的一种能够满足需求的方法。

15.1　一般空间需求

在使用一艘船之前，为了使船在航行中能够实用和舒适，有许多粗略的要求要满足。图 15.1 中显示了关于一个人在站姿、坐姿和躺着的情况下所需求空间的重要尺寸大小。我们使用的模特有 1.8 m 高。这里已经根据不同尺寸插值来使空间对更高或更矮的人也适合。

如图 15.1(a)所示，当模特站直时，向前伸直可到达的距离显示出了当向前移动被限制时实际能达到的最大可控长度。图 15.1(a)可见视线的高度，为了能越过视线的障碍物（比如舱面室），这个高度必须要调低至少 100 mm。在图片中显示的座椅和方向盘的距离是感到舒适的最小距离；如果距离变长的话，坐起来会更加舒适但是相对地坐着触摸方向盘时会更加困难。

图 15.1(b)中显示的座椅的高度和深度适用于一个相对垂直的坐姿，例如在一个航海桌上吃饭或在其旁坐着时，如果想要做得更加舒适，椅子的深度可以增加 80 mm，但是同时椅子的高度也需要降低相同的值，这样就可以保持深度和高度的总值 900 mm 不变来产生一个舒适的几何坐姿。座位靠背的角度可以在垂直方向 5°和 15°间转动。

图 15.1(c)中显示了坐下来所需求的宽度。需要注意的是当座椅在舱壁周围时，所要求的宽度要比当它独立支撑时更大。

图 15.1(d)中显示的是舒适的航海床铺的最小尺寸。尾部变窄不是必要的，但是船体的形状时常会出现这种情况。如果床铺是专门的海上床铺，这些度量都是恰当充分的，但如果这个床铺同样用于海港的话，它会显得略窄。增加它的宽度 100 mm 将会补救这个问题同时使它加倍将会产生用于海港的有用的双层铺，这样宽度将会是 1 300 mm。如果双层铺是独立支撑没有边是靠着墙的，那么宽度就至少需要增加到 1 400 mm。床铺的标准长度是 2 000 mm，但若要根据具体的长度来制作一个床铺，就需要在原来的长度上每侧末端增加至少 50 mm。

测量是针对身高1.8 m的情况

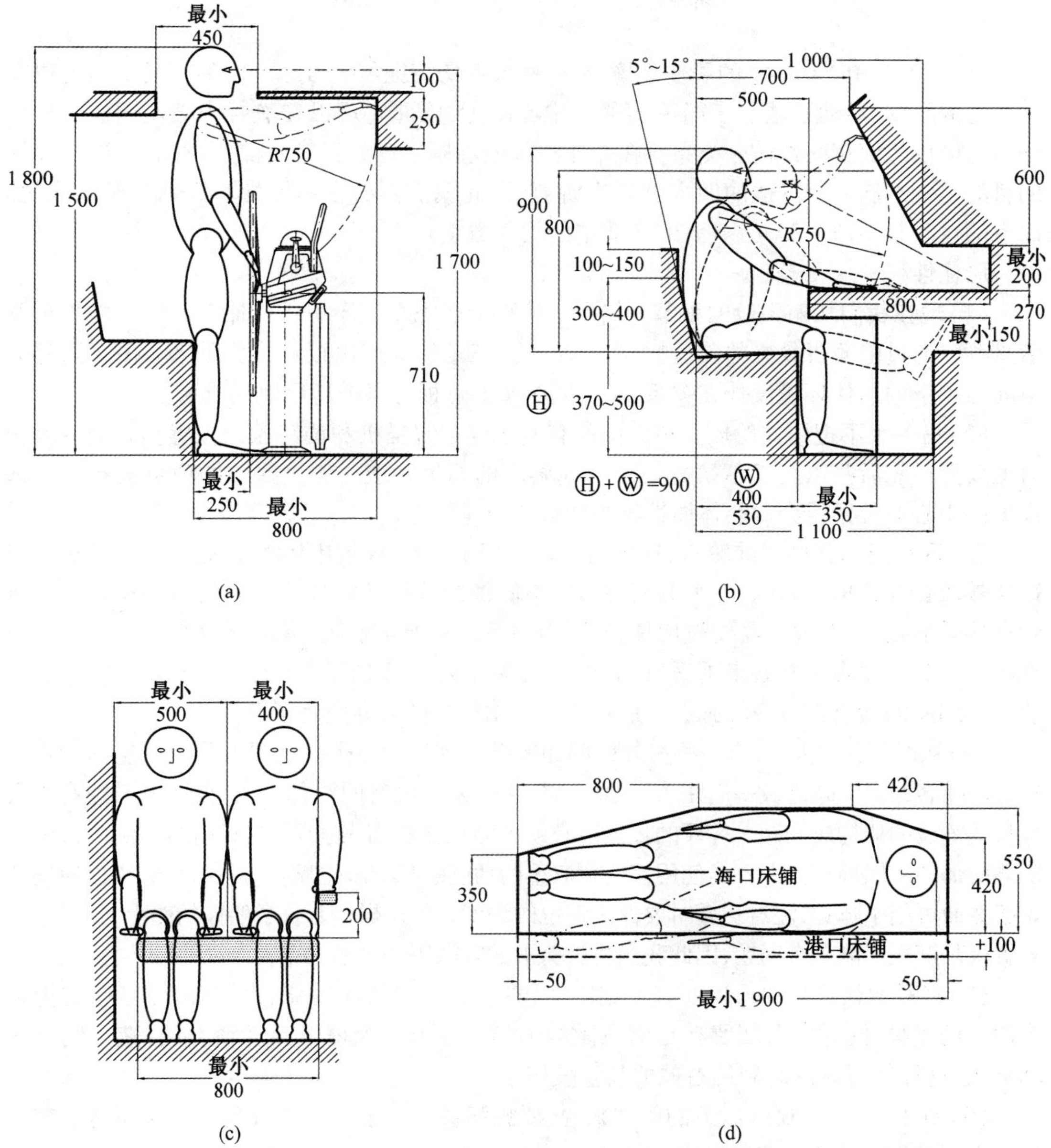

图 15.1 人机工程图

(a)站姿侧视图;(b)坐姿侧视图;(c)正坐;(d)平躺

15.2 舱室布置

见图15.2中YD－41的居住环境,有一些大概的特征需要考虑。它的布局基本上遵守了一定的原则,活动区域位于船体的移动中心附近,因此它可以在航行中被使用。休息区和睡觉区以及储存区都被分类布置在船体前部或船尾。正如我们之前所讨论的,这个设计的目的是创造出一个舒适的四人型离岸游艇,因此我们不必在船尾处填满铺位和居住舱。以下的这些数字(1～3)可参考图15.2中的均衡数字。

居住性:

(1)现在我们从艏尖舱的细节开始看。这部分已完全用于甲板的储存:备帆,防护垫及索具等。通过隐藏折叠好的前桅帆,我们使有大三角帆的前甲板定位低下来。由于这部分空间与剩下的居住环境没什么关系,所以艏舱室的隔板可以被简单地制成水密的。

(2)另一个不把居住舱放置得太前的有利之处是起锚机和锚链舱的位置。它们可以相对地放置得靠后些以至于不妨碍在恶劣气候下的船体性能。像这些重的项目被布局在远离纵摇中心的位置将会对船体惯性半径的形成有重要作用。

(3)现在我们就到了前舱室,这里被设计成用于海港的使用的舱室,这也是为什么双层铺位被放置在这里的原因:一个典型的泊位不能被简单地转换成舒适的航海铺位。为了达到可接受的宽度,双层铺需要被抬高,又因为抬高后不便于就座,旁边便设有一个分开的独立座位。为了使客舱看起来更适宜居住,便配备了悬挂式抽屉、衣柜和一个大致的用于存放私人用品的储物柜,这样的话,它们就不会占据更多的公共空间了。

(4)从船头移到大厅,有一些另外的问题需要考虑。餐桌旁必须要有足够的空间能够使所有的乘客在船上睡觉及一起用餐。这对YD－41来说没有问题,但是它很可能对拥有极大数量的铺位的船构成问题。客厅的长靠椅必须足够长能够用来睡觉(在我们的案例中),因为船体前部的双层铺在海上不能使用。这个双重的功能意味着座位靠背必须折叠起来以使铺位足够宽而可用于睡觉,注意折叠时要保留座位的深度。像这样只有狭窄船体的船上,要把水箱安置得足够大可能是个问题,因此我们将长椅下的空间用作水槽的布置。

(5)多亏通往首舱的入口处有一定空间,左舷布置的长沙发椅有足够深度可以安排一个固定的餐桌,同时在右舷留有足够宽敞的通道。当有大型就餐活动,餐桌右舷一侧有活动翻板,这样就可以同时利用右舷的长沙发椅了。

(6)对于一个在10 m以下的船体来说,要想配备一个全尺寸的海图桌和阀座是不容易的。大型的图纸完全展开后大概有1 300 mm×800 mm大小,因此桌面最好应当是这个尺寸。在YD－41中,在主结构舱壁之间布置一个常规海图室是可行的。如果不能够办到,那么应当争取一个至少800 mm×650 mm的面积,也就是一个大的海图折叠一次后的大小。座位必须要有一个坚固的靠背,这样当船体倾斜超过30°时,驾驶员依然能够保持平衡,或者设计成一个凹陷的座椅。图15.3清楚地表现出了当船体倾斜时的具体状况。另外一些需要考虑到的情况是,设计船体内部时,越往下就会越窄以及船体的窄小和其他部分产生的影响。要解决这个问题,仅仅根据在线路图上的相关水线来减少底板的宽度是不够的,还要减少船体和底板的厚度。在这个例子中,它们相较于船体的水线总的要减少80 mm。

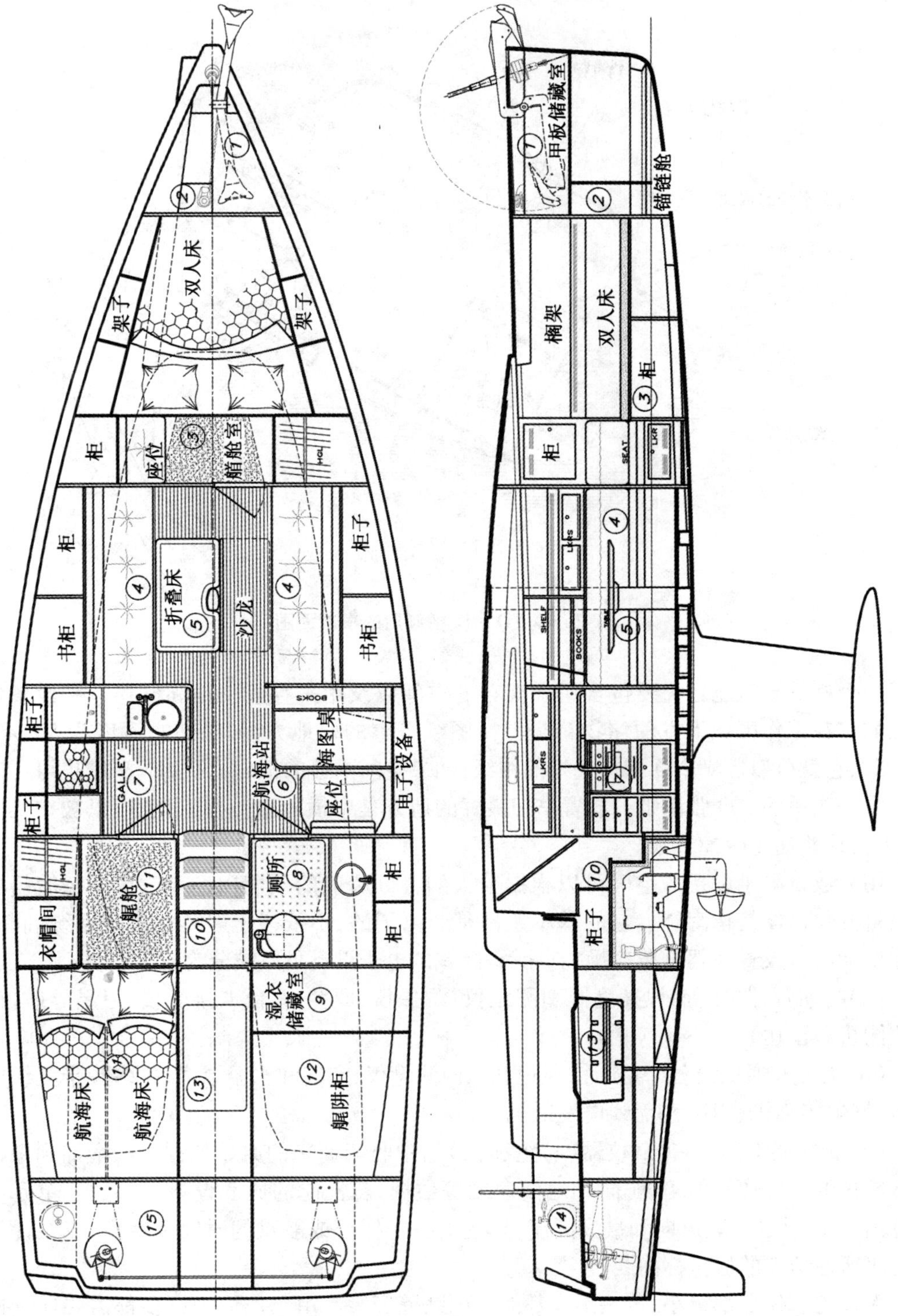

图 15.2 YD－41 舱室布置图

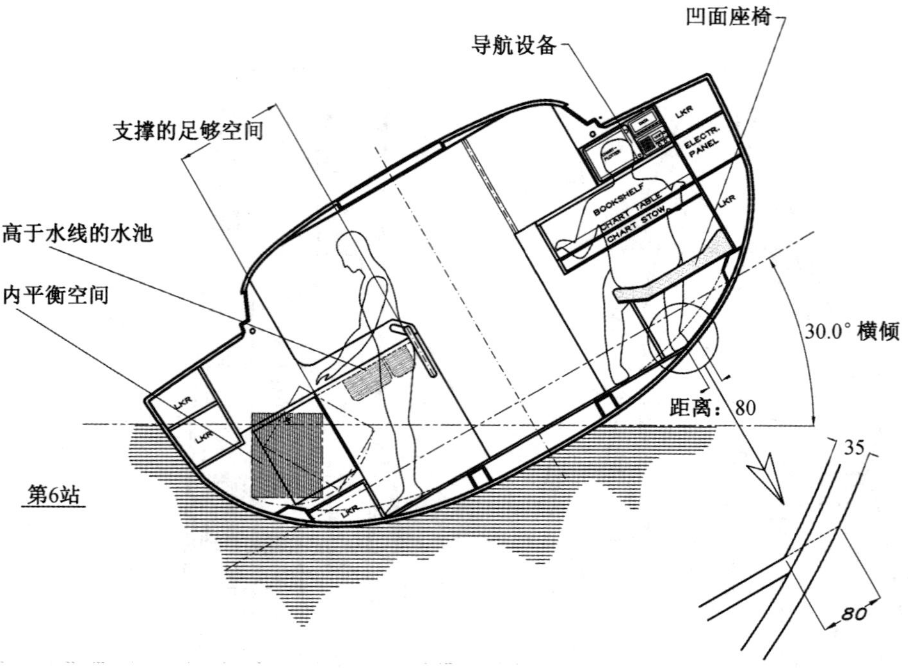

图 15.3　YD－41 横倾后的横剖面图

一个好的导航舱还需要包含用来储存的空间以及用来存放书籍和储存电子设备的防水区域。在工作区域下方的储物箱是保持图纸平整的好地方，如果使它深度为 50 mm 的话，那么它就可以装满 200 张折叠好的图纸；如果空间不够的话，每 50 mm 深度也可用来放置折叠一次后的 100 张图纸。放置书架最好的地方是中横舱壁，这样书就可以被护架固定住，不会在船摇晃时掉下来。

用来放置电子设备的空间可以根据个人的喜好和船的预期用途来改变。每艘船必备的最重要仪器便是指南针。它的基本条件是非电子的，不依赖于船体的电子系统，同时它一定要能够被放置在驾驶舱来操控。航海区域的电子设备可以被分为以下三类：

(a)导航仪器(指南针、速度器和测距仪、测探仪、罗兰 C、台卡接受仪、卫星导航仪、图表绘图机和雷达)。

(b)天气和通信设备(气压计、风速和风向测量仪、空气和水温温度计、多频带无线电接收机、气象传真机、VHF 和无线电发射机)。

(c)艇性能工具(根据从仪器(a)组和(b)组中收集而来的原始数据可以增加到来自卫星导航仪的一些像倾斜角、航向和地面速度等数据，艇性能的成套设备中的加工单元可以计算出 VMG、风压差、风向和最大潮流，到达下一个标记或航点的时间和距离，以及计算出目前艇所在地点的极坐标曲线)。

大多这些仪器都很小，也差不多都能平面贴壁安装。由于他们中许多都需要通过操作员输入，因此必须安装在航海者可触及范围之内。雷达和高分辨率绘图机都很笨重，是因为他们用的屏幕都很深、很重且十分耗电。现在市场上已经出现了平面屏幕，但是它们的分辨率水平依然不高；图表绘图机的图像必须是彩色的这样他们才更易于识别且看上去跟真的图纸一样。

(7)在过去,船艇的厨房位置可以随便安排,无论是在船的前部,沿着客厅的一侧或者船尾。但现在,一般来说厨房的位置是紧挨着艉舱梯的,这么安排自有其原因。在这个区域,猛烈的纵摇运动产生的力是最小的,厨师和其余船员不是隔开的,穿过舱口的通风设备俱全,还有食物可以直接传给驾驶舱。

在 YD－41 中,厨房是被布置在舱梯的右舷处,幸好船的尺寸足够大,而不必将厨房区域布置在常规通道上,特别是在艉尖舱和沙龙之间。厨房平面图的形状是 L 形的,另外给厨师安装了扶手以便船横倾时可以抓扶。在图 15.3 中我们可以看到从“扶手”到火炉的距离很重要,它要能使厨师在船体出现横倾角时依然能够工作。图中所示的横倾角角度 30°明显大于正常的横倾角,但是假如临时遇到了暴风等情况,这个角度算不上很大。另一个使厨师保持在原位上的方法是使用腰带。但这个方法的不利之处一个是会使厨师活动受到限制,另一个是如果有意外状况发生的话,比如沸水锅的水冒出来了,厨师不能够立即逃离。

另外增加安全措施的方法便是在火炉前安装保险杠,这样的话可以使厨师不会因为事故而跌进火炉内。还有一个要考虑的重要因素是当设计厨房时要确保在火炉的前后有足够的空间来使平衡杆能自由晃动大概 60°。市场上有许多样式的火炉,但大体的特征要求如下:

- 不锈钢结构;
- 可拆卸顶格板,易于清洗;
- 火炉要带有锅垫和一个高的围栏框,以防火炉滑落;
- 备有一个坚固的平衡杆:在船体起伏时能起到有力的平衡作用;
- 带有一个烤箱;
- 烤箱门上要带有锁:在恶劣的天气下能使食物保存在里面。

可利用的火炉燃油如下:

(a)酒精是火焰温度最低的燃料,因此它的烹调速度最慢。它的优点是很安全,没有发生爆炸的危险,它产生的火焰同时能够被水熄灭。但不足的是,如果船员吸入一定量的酒精气味后可能会生病。

(b)煤油是火焰温度最高的燃料。它曾经普遍用于火炉燃料,但是现在它变得难以获取,价格也因此变得昂贵。它需要一个蒸发器来点燃,同时它的味道难闻。

(c)LPG(液化石油气)的火焰热度排第二位。在储存状态下,它是液体的形态,当它被释放时会自动蒸发,所以它可以像家庭用气一样被点燃。液化石油气最大的缺点是它的质量比空气大,且由于它混合了空气便产生了易于爆炸的混合物。如果它泄露到船体内部或者进入了船底,那很可能会造成巨大的危险。因此,它必须被仔细地储存和处理:

- 把液化气瓶装在独立的密封的隔间并且可以排出舷外;
- 在厨房间安装一个截止阀,同时最好在储存液化器的隔间有一个可以在厨房操控的电磁阀;
- 安装一个泄露预警系统以防液化气泄露进入船底;
- 在烤箱和顶部燃烧器上安装一个带有安全熄火截止阀的火炉。

(d)CNG(压缩天然气),不同于液化石油气,它的质量比空气轻。因此,如果它泄露了,会升起来而且会随气流到处飘散。它较 LPG 难获得,因此它的价格更昂贵。

水槽必须设计得足够深以防止出现溢出现象,甚至有一半洗碗水溢出的情况也不行。

这意味着深度至少为 160 mm。同时设计两个水槽是个不错的想法，一个用来洗餐具，另一个用来冲洗和清空烹饪废水等。为了充分利用容量，我们可以通过制造一个更大的圆形水槽，也就是说用少量水来使水位达到一个既定值。可以从图 15.3 看到，YD－41 中的水槽设计得足够高以至于当船体倾斜时也足够使厨房废水在船内排尽。

添加一些制冷设备是必要的，因为冰会逐渐越来越贵且难以找到（更不用提很难保存）。即使是小型艇也会携带一个类似于家用的保温制冷盒子来作为制冷设备，它可以接通至 12 V 的电路系统上。然而像 YD－41 这样更大的船艇，我们更需要一个永久性的制冷系统。首先我们需要的是一个有效的盒子或者舱室来存放制冷设备。到现在最重要的部分就是设备的绝缘问题了。在冷藏室的周围必须要有至少 100 mm 的绝缘材料。好的绝缘材料有聚氨酯和 PVC 泡沫。冰箱门的设计可以是侧开启式的或者上开启式的，后者被认为能够更有效地保温（因为当开门的时候冷空气不会跑出来）。当你要找或拿出一个在盒子底部的东西或想要重新整理食品把它们放置在顶部时，不可避免地这些过程会使冰箱升温。一个解决问题的方法是把上部的门做得尽可能和装它的盒子一样大，然后配置模块化的盒子来装不同种类的食物，再进行定量配给，在寻找某个食物时就不会打扰到冰箱的整个工作系统。

最后，厨房必须要有具备又高又牢的餐具框以及在火炉两旁拥有工作区域的柜台空间。让火炉直接靠近防水壁不是个好想法，因为这样站在它旁边会不大舒服，况且火炉每侧都留有空间，这有利于准备膳食的过程。

（8）和厨房一样，传统卫生间可以被放置在船艇的任何区域。但现在只有两个地方比较合适：在客厅和艏舱室的中间区域或者靠近舱梯的区域（如 YD－41 中所见）。后者位置的有利处也和厨房放置在这里一样：这里感受到船体摇晃的力最小，所以卫生间在恶劣天气下依然能够使用。我们可以看到卫生间是按纵向排列布置。假如周边柜台和防水壁之间的距离不小于 650 mm，也不大于 750 mm 的话，而不管横倾方向，那么在海上这是一个正确的取向。任何更小物体将会使卫生间变得无用，如果造得更大也会使提供支撑的能力降低。

这样放置卫生间的一个缺点是洗手盆会被迫安置在外侧，不能在良好天气自动排水。两个解决方案：一是建立一个蓄水舱，二是通过在舷边甲板下环形的回路来泵出废水。

洗手盆和卫生间前的空余空间应当为 650 mm × 650 mm 左右，这样它就可以被当作一个洗漱和淋浴区使用。不过，也没必要将卫生间底部设计成完全平坦的：从船体可见，是将卫生间单元布置在船舶尾部的情况，这个区域船体线型的吃水非常浅。

如果把卫生间放置在船首舱和客厅之间，那么将不能使人舒适地在航行中使用它。但是在这个区域能够完全利用到船体的宽度，这也许是唯一能获得足够空间的安置点了，尤其是在小型游艇中。也可以将客厅放置在拥有更多空间的艇后部区域。

（9）脏衣服等储存起来非常困难。不仅是因为它笨重的体积，且由于它易被海水浸湿。因此拥有一个各自的湿衣服储物柜很有必要。YD－41 中，它直接被放置在了卫生间的尾部，这个隔间是专门用来放置湿衣物而不使船体内部其他部分受潮。在储物柜的顶部有一个舱口直通至船首舱，这样船员就可以为了只拿防恶劣天气的穿着装备而特地下来拿。为了使保存在这里的衣物能够变干，在这里可以装置一个从供暖系统到齿轮柜的热气排风孔。

（10）机舱盖设计成几级台阶。同时，它由于被封闭在纵舱壁和卫生间以及艉舱室的之间而形成了一个十分安全的舱梯入口。在楼梯后面的柜子也可以用来存放靴子、工具等。

(11)把铺位放置在船艇的后部是个不错的选择,因为在后部,晃动较前部小很多。在小艇中,很难安置一个至少有四个铺位的艉舱室。在 YD-41 中,它带有可以容纳两人使用的足够的存储空间和悬挂式柜子。在铺位区需要注意以下几个问题。为了使它跟海上双人床一样舒适,当它不被使用时,有一个坚固的、折叠的铺位舷侧木板可藏在床垫下。Lee 牌帆布是个不错的选择,但它只限于在单个铺位上使用。为了有效地把两个睡觉者在双人床上分开,我们需要一个实质性的分离工具。在沿着床铺的中心线上,布置一列储存柜。本来铺位可以延伸到这个区域,但是如果这么设计的话,铺位将完全处于艉尖舱下方,将会使使用者产生一个幽闭空间的感觉。同时我们需要一些储物箱,这些再多都不嫌多。

(12)备品如帆,索具,碰垫,燃料和水油罐,充气的,船外的工具,洗涤剂,润滑油等这些东西都是大多数巡航游艇要携带的,另外还要带上船员的个人用具和食品。这类型的附件都不属于放置在舱室的类别,但应当被放在尾附储藏区。在 YD-41 中,它被放置在右舷艉阱座位下方。这里的空间很大,但是它还需要用桌框和隔板来进行细分,才能够不在混乱时变成一个巨大的工具混合箱。

(13)在中线面艉阱舱下方储存有救生衣和艉阱桌。这个位置,在很容易进入的同时,也可放置较重的东西以接近纵向重心。

(14)LPG 汽罐比较好的储存位置是在最后部边甲板下方,但是要高于艉阱室,并应该是个模块化可排气的舱室。

(15)游艇的最后面部分布置有操舵设备,出于安全考虑,他们安全被水密舱壁与船体内部隔离了,可以防止舵泵失效和漏水的情况。

15.3 甲板布置

想要设计一个适合所有的艇和满足任何人口味的甲板是不可能的。和舱室布局一样,最初的艇的使用意图会对整个布局产生一个深远的影响。巡航游艇优先考虑的布局顺序和赛艇相比是截然不同的。赛艇的甲板是一个工作性质的平台,它需要配合完成指定船员的具体任务。相反的,巡航游艇的甲板必须适用少量的船员,它需要设计出日光浴的空间,保护船艇不受恶劣天气影响,同时也不能和船体的内部其他结构相冲突。此外,我们一定不能忽视它的性能方面。YD-41 是打算设计成为一艘以性能为导向的巡航游艇,仔细观察它的甲板不难发现,相较于单纯的赛艇,它进行了一些折中。对应参考图 15.4 中的圆圈内的数字,以下的数据体现在接下来的注释上((16)~(37)项)。

(16)一个折叠应急登船梯位于 YD-41 的艉封板开口处,其高度位于从水中可以达到的地方。

(17)几乎垂直的艉部线型使得艉阱舱空间更大。在 YD-41 上有着较宽的折叠艉封板平台。这使得艉阱舱更加安全并且是完全封闭的,如果打开它,就变成了一个比较好的登船甲板,以满足从小艇或者浮动船坞登船的要求。这也使得救援落水的人更加容易,处理艉锚更加简单,并且留出了一个很好的淋浴空间和洗澡后擦干身体的地方。

(18)一般而言,舵轮在行驶中要比舵柄更节约空间,但在抛锚时候,相反也成立。有舵柄的船感觉更好,航向的调整会更快,这点在恶劣天气非常重要,特别是船摇摆不定的时

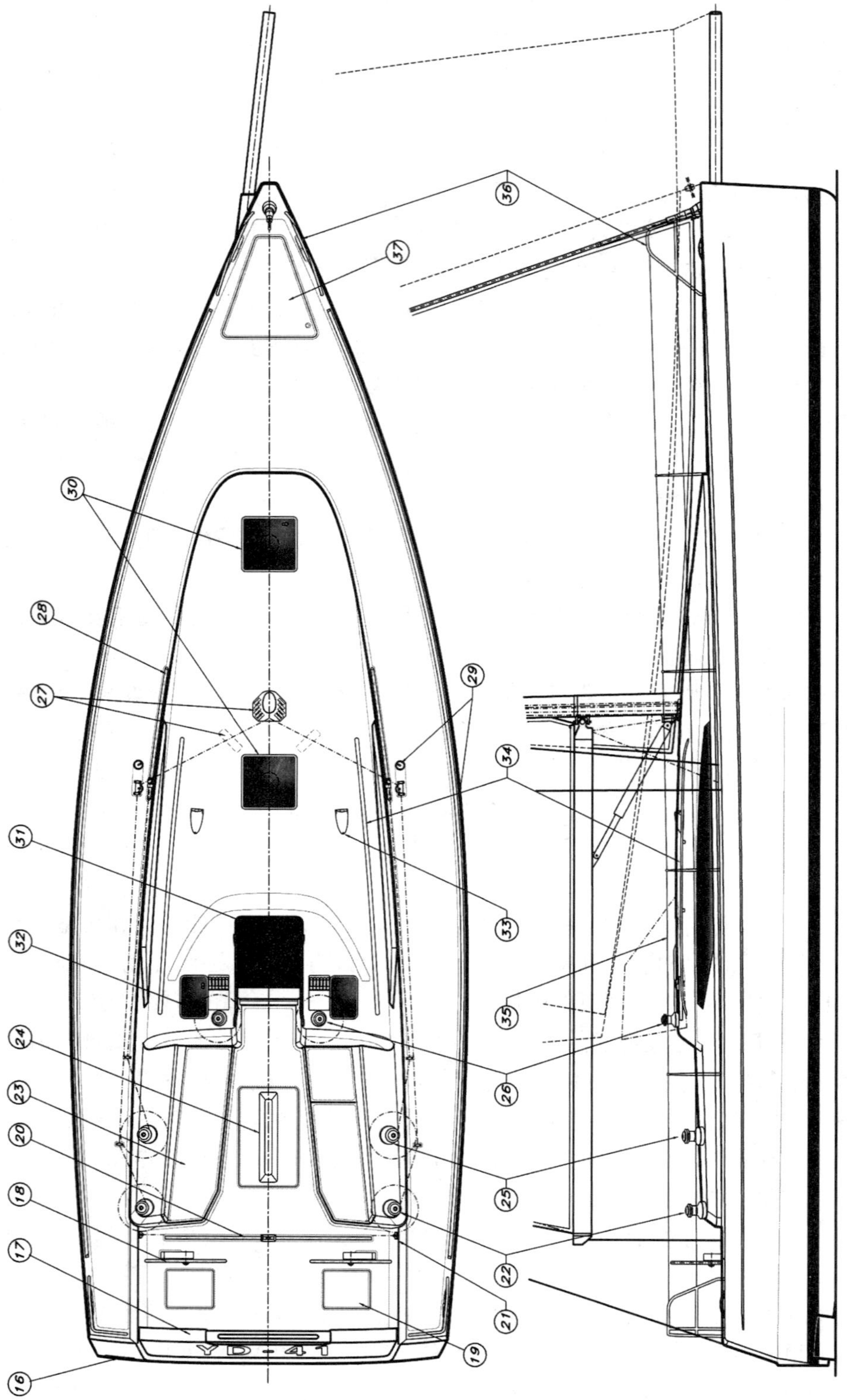

图 15.4 游艇 YD-41 甲板布置图

候。在较大的游艇上,舵柄的缺点是非常明显的,如在第12章讨论的舵力的情况,舵柄的长度几乎为2 m时才能相当于YD－41上的舵轮的效果。使用这么长的舵柄会使得艉舱的设计非常困难。为了达到快速并且足够的舵效,在讲究性能特性的游艇上,舵轮从左舷到右舷的旋转圈数不应该超过两圈,同时对于较重较慢的巡航游艇,这个数字允许不超过三圈。

对于有着和YD－41相似宽度的艉舱,实践中更多地采用两套舵轮布置在中线面的两侧。这同样也提高了对前方观察的视野。

(19)为了让舵手更好地待在舵轮的后方,甲板上应该安装个脚环。每个舵轮后方的艉阱应该有个倾角大约20°的平台。

(20)在巡航游艇上,主帆收放系统通常和其他的艉舱要求有冲突。因此,比较常见的是采用中间式张帆杆收帆系统,帆脚索最后经过舱顶到达卷车。这样的话,就没有绳索在艉舱内。这套系统的缺点是其帆脚索载荷远比艉张帆杆收放系统的要大,并且主帆的位置通常在舵手达不到的范围。

(21)和(22)我们采用的系统包括位于基座前主帆轨和被导向接近舵手位置的滑行控制器。主帆脚索导向前方并进入张帆杆,再绕回到侧边,经过带制动锁的转向滑轮到卷车。两边卷车都可以被舵手或者坐在滑行器前方的船员所操作。帆脚索有两个尾端,可以在船的两舷进行控制。艉阱的围板很宽,并有一定的倾斜角度,以便当船横倾时坐在上面比较舒适。

(23)艉阱自身必须足够长以满足一个成人躺下(包括航行中)。如果在设计早期考虑的话,即使对于很小的游艇,这点也很容易满足。在有着重型艉封板的小艇上,同时拥有足够长的艉阱就不可能了,在这种情况下,艉阱长度就需要优先考虑。在竞赛游艇上,能够躺下的需求不能决定艉阱长度,但取决于在艉阱内工作的船员数量以及风帆操作设备的布置。YD－41艉阱内的长凳有2 m长,右舷的长凳还有舱口盖,可以进入到艉阱储藏室和湿物储存柜。

(24)由于在船舶横倾时,把靠在艉阱座位上的船员固定住很重要,所以需要在艉阱内布置脚环。

(25)主卷车位于艉阱中部,也被用于Code 0帆和不对称大三角帆的操作。卷车尺寸可以从大多数制造商的产品目录获得。图15.5给出了另外一种方法来确定来自主帆和前帆的帆脚索载荷。游艇YD－41的艏三角帆卷车尺寸至少是44,但是一般尺寸取50。主帆的帆脚索通过3:1的滑轮组工作,其卷车尺寸至少为32的。

(26)巡航游艇都应该有风帆控制绳(如收帆绳、外牵绳、升降绳和缓冲绳等)能牵到艉阱。为了这个原因,卷车可以被布置在任何一舷舷梯出口盖旁边,只要能容易在艉阱处操作就可以。对于单幅帆船,卷车不是必须布置的,但是要防止船员操作游艇时挡住其他船员的通道。

(27)将帆具控制绳都牵到艉阱是通过置于上层建筑顶部的承受压力和升力的滑轮实现的。因此很重要的是要在主桅区域甲板和船体间安装固定杆。分绳器用于直接将控制绳整齐地牵至艉阱区域。所有的绳子和转向滑轮都应隐蔽在甲板下方,因为台阶和曝露在甲板上的绳索是非常危险的。

(28)在竞赛游艇上,通常有机会将热那亚(Genoa)滑轨布置在优化后的地方。这意味着前帆脚索角度在7.5°~10°之间。YD－41的帆脚索角度是12°并且当有需要时还可以调整。

前帆的帆脚索载荷(F_F)：

$F_F=k_{bs}\cdot V^2\cdot A_F$[1.45 $15^2\cdot 43.3$=14 127 N]

主帆的帆脚索载荷(F_F)：

$F_M=k_{bs}\cdot\frac{E\cdot P^2\cdot V^2}{L_L\cdot T_R}$ [1.45$\cdot\frac{5.60\cdot 16.7^2\cdot 15^2}{16.55\cdot 3}$ =10 262 N]

F_M=前帆帆脚索载荷 [N]
F_m=主帆帆脚索载荷 [N]
V=风速 [m/s]
A_F=前帆面积 [m²]
E=主帆底边长度 [m]
P=主帆前缘长度 [m]
L_L=主帆滑轮比
k_{bs}=游艇尺寸因子（小艇为2，大艇为1）

卷车动力比(P_W)：

$P_W=\frac{F_F}{F_C}$ 和 $\frac{F_M}{F_C}$ [$\frac{14\ 127}{330}$=4.28 $\frac{10\ 262}{330}$ =31.1]

F_C=作用在手柄上的人力，200~500[N]

图 15.5 卷车尺寸计算(Marshall 法)

(29)链板的位置来自帆具计算的结果。D_1 接近舱室,以便甲板更好地通行,而 V_1 则占用了整个甲板宽度。两种链板都向内侧倾斜,同时对大前帆也适用,因为狭窄的支索基础,这意味着链板承受着来自帆装的更高载荷。为适合不同的桅杆截面、绳索/牵杆和考虑甲板布置,找到合适的链板几何形状是个不断尝试的过程。如果采用三横撑杆的帆装形式,可以较成功地将链板向甲板室内靠近。但是它们又会干扰沙龙区域的布置,很难让每个人都满意。

(30)在舱室内需要光线和通风,显然甲板是让它们通过的地方。天窗式舱口盖打开时可以通风,这就不需要其他形式的通风了。然而,当舱口盖关闭时也需要通风。可以明显地在舱口盖上布置一个通风机。标准的 100 mm 直径的静音壳式通风机很容易安装,足够一个两人舱室在一定气温下的通风。

(31)将升降口的丙烯酸舱口盖染成半透明色,既可以让光线进入,又可以保持舱内隐私。舱口盖打开后应该可以被锁定,这样就不会向后滑动或者在航行时向前滑动。可在舱口盖上安装活动门来增强通风,实际上这也是游艇的一个主要通风方式。当风向前吹时,这个活动门作为一个巨大的排风口;当风向后吹时,会抽吸走大量的空气。

当升降口舱口打开航行时,相当重要的是舱口活动盖板应该固定好,以防止船舶被碰撞时,活动盖板跌落舷外。比较好的办法是携带两套活动舱口盖板:一套用于好天气,盖板结构轻并安装有通风孔;一套用于恶劣天气,盖板结实并且紧密。

(32)一般而言,船上每个舱室都应该有其独立的通风装置。如果没有合适的通风装置的话,四个床铺的房间或者艉部舱室很容易变热并且不舒服。因为明显的原因,卫生间也需要良好的通风。在 YD－41 上,这些要求都被很好地满足了,主要是通过位于升降口两侧的天窗式通风口进行的。

(33)比较常见的且较好用的一种通风装置是多拉德(Dorade)型通风机。该装置是将斗型通风机置于带挡板的存水弯的顶部。通过让空气直接灌入斗内或者风吹进来,通风机或作为废气排出口或者作为进气通风口。然而，YD－41 上我们发现流线型的多拉德通风机并不是特别有效，最好还是其原始形状。将通风机安装在屋顶高处尽可能接近中线面的地方，即使在恶劣海况也可以开启通风机而不必担心会有海水倒灌进来，另外一个优点是这种设计不需要在其周围安装特别的保护。

为确定所需的总通风面积，下面我们必须从所需的新鲜空气数量来开始计算。对于船上的每个人，每分钟最小所需的空气供应量是 0.3 m^3，取 0.4 m^3。图 15.6 给出了通风装置尺寸对应的通风量，该值随风速而变化。在恶劣海况航行时，舱口盖关闭，通风装置需要满足同时提供所有进气和排气的任务。如果我们考虑 6 个船员需要新鲜空气量：$6\times0.4\ m^3=2.4\ m^3$。两个 100 mm 的多拉德通风装置在风速 6 m/s 能提供 2.8 m^3 的空气量。排气区域至少需要和进气区域相等，这样我们需要两个 100 mm 的天窗通风装置就可以满足进排气的要求。

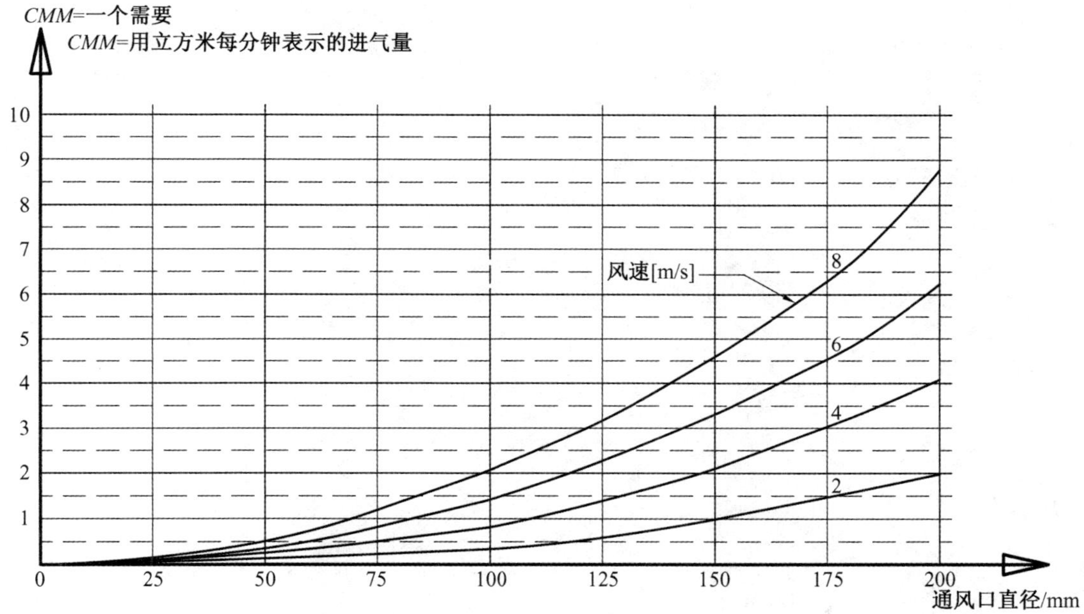

图 15.6 通过通风装置的空气流

（34）甲板上第一并且是最重要的安全因素是跌落舷外的可能。重要的设施之一就是长的可抓扶手，这样就可以从艉阱向艏甲板移动，在移动中有扶手可抓。这些扶手也可以作为保险绳的固定装置。对于在桅杆上有着帆装操作系统（收帆、升降、举升等）的游艇，比较好的建议是在桅杆上安装一个高架操纵台。

（35）在落入水中之前最后的营救机会是救生索。它们的高度通常取决于外观和功能的组合。安全高度至少应该是 750 mm，但是为了美观和好看，建议 600 mm 高，双绳。对于小于 8.5 m 长度的小艇，ISO 15085 标准允许这个高度是 450 mm。对支撑救生索的支柱的要求相当高，它们必须被螺栓穿透连接固定在甲板上，即使这样，也不能将支柱作为保险绳的可信任的固定点，因为人体危险跌出对救生索造成的作用力可达 10 000 N（一吨）。

（36）船首是叠加了艏摇和浮沉运动最大的地方，因此也是必须有可以抓扶的地方，例如，船首平台。船首平台前方的开式结构可以使得在艏部锚泊时从船坞或者岸上登船很容易。缺点是这种结构形式可能会造成艏三角帆底部和平台前面开式结构纠缠在一起，这就需要船员去艏部处理。然而，连接前角顶部的机构采用可拆卸卡箍形式就可以解决这个问题。

(37)为了进入到前部甲板的储藏区，我们必须确保当抛锚结束后，甲板舱口可以被打开。YD－41 上的卷车和锚链都被隐藏在舱口盖下面，舱口盖必须与中线面对称或者被平分。多亏隐蔽式前帆缩帆装置，前甲板是干净的而没有障碍物，这有助于锚泊系统的操作。

第16章　设计评估

本书基本的目的是为了给读者提供所需的工具来评估设计，不仅是定质，而且也定量。提供详细的公式，使设计者能够计算游艇的性能特性。结合给定的统计信息，也可以对新设计游艇和使用中游艇进行比较。

本章总结了无量纲参数的使用，结合主要数据，快速地对游艇的设计性能进行评估。这些参数都在之前的章节中定义过，在这章将它们集中在一起，讨论了它们在评价总体概念中的用途。

接下来，我们将描述对于专业游艇设计师来说的一项重要的工具：速度预测程序（VPP）。这个速度预测程序可以用来预报在各种可能的风力状况下游艇的航速、横倾、偏航、相对风力和许多其他的相关数据。对于特定的游艇，通过系统地改变程序要输入的参数，设计者可以针对关联的不同特性进行优化设计。

本书中给出的公式大部分都是根据不同类型的测试而得出的经验数据。例如水动力部分，是依据荷兰戴尔夫理工大学所进行的大量游艇测试而得出的，同时空气动力学方面的数据是来自风洞试验和实尺试验。书中的这些公式都是通过对试验结果进行系统统计上的估值而得来的。相似的公式也用在 VPP 中。

如果一个特定设计要求更加精确的数据，传统的方式就是对它进行模型测试。但是，这样的测试成本太高，而且只有在和像“美国杯”或“环航挑战赛”这样的大项目进行合作时，或针对极其昂贵的奢华游艇测试时才会进行。我们在这里将简单地描述如何进行模型测试。

现在详细研究一个新型设计的方式便是进行数字流体计算，也就是利用像计算流体动力学（CFD）这样的技术。随着计算机技术飞速发展使得这项技术变得可行，它能对设计的流体属性和阻力性能进行详细研究。这个方法的优点是比进行模型测试更快且相对便宜，并且精确度在不断提高。对于系统和优化，CFD 可以取代很多测试，但是对于绝对值的精确预报，测试还是要必须考虑的。在本章末尾，我们将会对应用于游艇水动力学的 CFD 的状况进行简要的叙述。

16.1　无量纲参数

和游艇航速相关的主要数值是船长、排水量、浸湿面积和帆面积。为评估船体的稳性，也需要横倾力臂和稳心高度的数据。当要判断船体的适航性时，型宽、船体吃水和大倾角恢复力矩是必须知道的。

由于帆面积是衡量驱动力的一个指标以及摩擦力是船艇低速航行时的主要阻力，在微风中，帆面积与船体浸湿面积之比 S_A/S_w 是最重要的速率参数。这个值应当大于 2.0，否则的话，游艇在这种状况下会航行得非常慢。如果比率高于 2.5，就会获得较高的性能。需要注意的是这里定义的帆面积是主帆和前三角帆的总和。YD－41 的值是 2.6，所以该游艇在微风中会航行得很快，此时阻力主要成分是摩擦阻力。

在强风情况下，状况就会变得更加复杂。不仅有船的阻力，还要考虑帆的承载能力。关于阻力这方面，我们可以看到当速度增加时这部分由于波系的产生而变得更加重要。实际上，要注意的是在弗劳德数 $Fr=0.45$ 上风航行时，很少有游艇能够超过排水型船航速标准。和这个相关的参数是长度－排水量比 $L_{WL}/V^{1/3}$（见图 5.31）。对于游艇能够达到半滑行区域的下方航行状态，其比值要在 5.7 左右。更多现代高性能游艇，甚至包括巡航类型的，都可以到达这个极限；竞赛艇，像 Open40s 或者 IMOCA60s 都超过了这个极限。游艇 YD－41的长度－排水量比值是：轻载状态为 6.5（排水量 5 900 kg），半满载状态为 6.4（排水量6 500 kg）。下文就可以看到，下风时候，速度可达 13 kn，对应的弗劳德数是 0.6。

对于上风航行，当所有游艇航行在排水量速度区域，在给定弗劳德数情况下，兴波阻力基本上和排水量成正比。这样一来，从中等到强风性能经常用到的参数是帆面积－排水量比：$S_A/V^{2/3}$。这个参数也是衡量游艇加速能力的一个参数。对于性能良好的帆船，合理的数值应是 15 以上。性能非常良好的帆船，这个值应该是大于 25。YD－41 游艇的该值是 27.4，非常接近 Class 40 游艇。应该注意到，帆面积－排水量之比没有牵涉到任何涉及速长比的因素。后者的比值表明的是达到某个弗劳德数的能力，给定的速度随长度的平方根变化。

检查稳性的简单、合理并且精确的方法是计算戴伦堡角（在第 4 章讨论过）。将帆面积、横倾力臂、排水量和稳心高代入图 4.21 的公式中，在大约 8 m/s 的微风状态下对该横倾角进行估值。图中给出的变化介于横倾过大和过小的游艇之间。

游艇的耐波性能最好可通过计算稳性系数值（STIX）来检查，如图 4.22 的说明。这会将船体、帆面积和恢复力矩曲线都按比例考虑在内。对于远洋航行，建议 STIX 的值要在 32 以上，对于离岸巡航和比赛的船艇来说，值 23 已经足够。对于近海航行来说，STIX 应当高于 14，在被遮蔽的水域，值大于 5 就足够了。

16.2 航速预报程序（VPP）

大多数 VPP 是基于假定的平衡状态，这可参见第 5 章讨论的内容。回到图 5.1，我们可以看到当一艘游艇在平衡状态时（也就是匀速航行在直线航向上），三个主要方向的力和力矩可以相互抵消。更加详细讨论的话，以下的各项关系需要成立：

（1）沿着运动方向的来自帆的驱动力之和要等于总阻力；

（2）水平面上与运动方向成直角的帆的侧向力要等于来自水下船体的侧向力；

（3）垂直方向上，浮力要等于重力（龙骨的垂直分力和帆作用力假定可以相互抵消）；

（4）船帆的横倾力矩要等于船体的复原力矩；

（5）帆的俯仰力矩等于船体的恢复力矩；

（6）整个船艇的艏摇力矩为零，这是由于水动力和气动力在水平面上作用于相同的线上（见第 8 章）。

这是在全部 6 个自由度上的平衡状态。实践中，垂直方向上力的平衡（上述第（3）条）是假定自动满足的，俯仰力矩（上述第（5）条）也是如此。包括艏摇力矩在内的很少的项目会包含在 VPP 中,但是对于一些非零舵角的模型,它们的这种关系会被考虑。

这样,最简单的 VPP 只考虑到纵向和横向力以及绕纵轴的力矩:也就是上述关系中的(1),(2)和(4)。说到第一个关系等式,关于阻力成分的公式是必要的,本书的第 5 章中也给出了这方面最常用到的公式。空气动力学驱动力的计算方法一般如第 7 章所述。第 6 章已给出关于空气动力学侧向力的公式,反向力可在第 7 章找到。力矩方程可以通过第 4 章稳性关系公式和第 7 章中的横倾力一起来表示。这样,VPP 中所需的各项公式都差不多已经介绍了。

通过利用第 4,5,6 和 7 章中的方程,上述关系中的(1),(2)和(4)就可以用数学方程来表达。然而解决它们的方法并不是很明显,还需必要的迭代过程。这样,开始就需要假定一些变化的值。基于这些假定的值,就可以进行接下来的步骤,将会包括基于初始值而产生的新的定量假定数据。新的数据可能又会被当作原始数据进行使用,这样代入的过程又要进行重复迭代。如果这个运算过程是趋于集中的,每次重复所计算出的值越来越接近初始值的话(也就是在最初重复中所获得的值),那么这个解决方案可被认为是足够接近最终结果的。为了获得比较集中的值,需要注意目前的例子,但是一般的操作流程如图 16.1 所示。

程序通过一组给定的真实风速系统地变化并且考虑了每一风速的风向。这些数值变化和图 16.1 上的两圈外循环相对应。对于一个给定的真实风速和风向的组合来说,这个循环过程始于假定的船艇航速。视风的风速和风向可通过风速三角获得(见图 5.2)。现在横倾角度可以推测出来,这个角度和视风一起要满足图 7.19,图 7.21 和图 7.22 的空气动力学作用力。横倾力矩就可以计算并且横倾角可通过方程(4)计算出来。如果计算出来的角度和假定的角度不够接近的话,后者就需要进行调整,整个过程需要依据一个新的空气动力学作用力进行重复计算。这个过程就是图表里最内层的循环。当横倾角集中时,给定一个等同于已知空气动力学驱动力的阻力,就可以得出航速。这样就可以使用方程(1)。假定的航速就可以更新了,接着可计算出新的视风值,等等。这是图中右侧的外循环。根据航速的集合,偏航角便可由侧向力方程(2)来解出。

VPP 的计算结果常用极坐标图的形式展现出来。图 16.2 是游艇 YD－41 的结果。每条实线代表了某一风速下的游艇航速,航速是中心点到曲线的箭头所示的长度。箭头线和垂线的夹角就是实际的风向角。特殊的点是每条曲线上部和最下面的点(图中用黑点表示),因为这些点代表了游艇在最佳逆风和顺风的性能。指向这些点的箭头线代表逆风和顺风下的最佳角度。后者的信息尤其有用,因为一般来说,舵手很难在顺风下找到最佳航线。注意每条线都有三部分,分别代表逆风、满帆和顺风的不同风帆设置。图中的虚线圈代表游艇的航速。可以见到游艇 YD－41 在满帆、与风向成 120°～130°角时可以达到几乎 13 kn 的航速。在优化后的迎风角最大的逆风航行速度是 7.5 kn,对应的 VMG(速度在迎风直线方向的分量)是 6 kn。

极坐标图不仅对能快速评估不同选择方案的游艇设计者有利,还对参加竞赛的游艇人有用。除了可获得最佳航行赛道的信息,也可得到关于风帆的最佳设置的建议以及在所有状况下可计算出的目标航速。帆面积的大小、帆的优化扁平率和风帆的扭曲通常都可以在该程序中计算,这些都基于第 7 章提到的收帆、平帆和扭帆的功能。

由于 VPP 具有用来评估船艇性能的能力,它同样也用于差点比赛规则方。采用 VPP 的第一个差点系统是差点计算系统(MHS),它在 20 世纪 80 年代的美国很流行。这个系统在 20 世纪 90 年代被国际差点计算系统(IMS)所取代,接着在十年间又逐渐被海洋竞赛协会(ORC)的 VPP 所取代。这个非常高级程序的说明文件可以在 ORC 的网站下载。

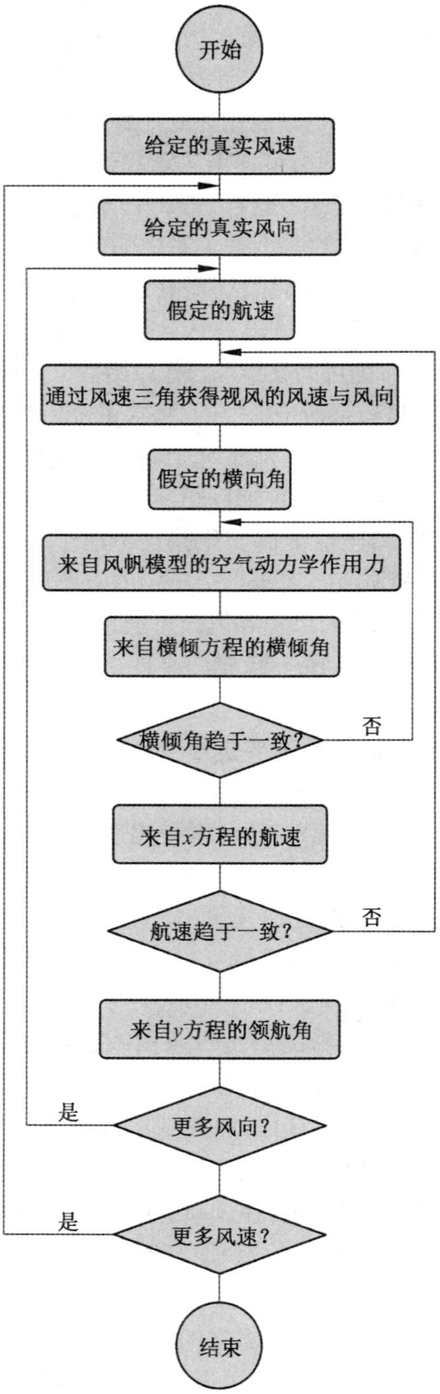

图 16.1　基本的 VPP 流程图

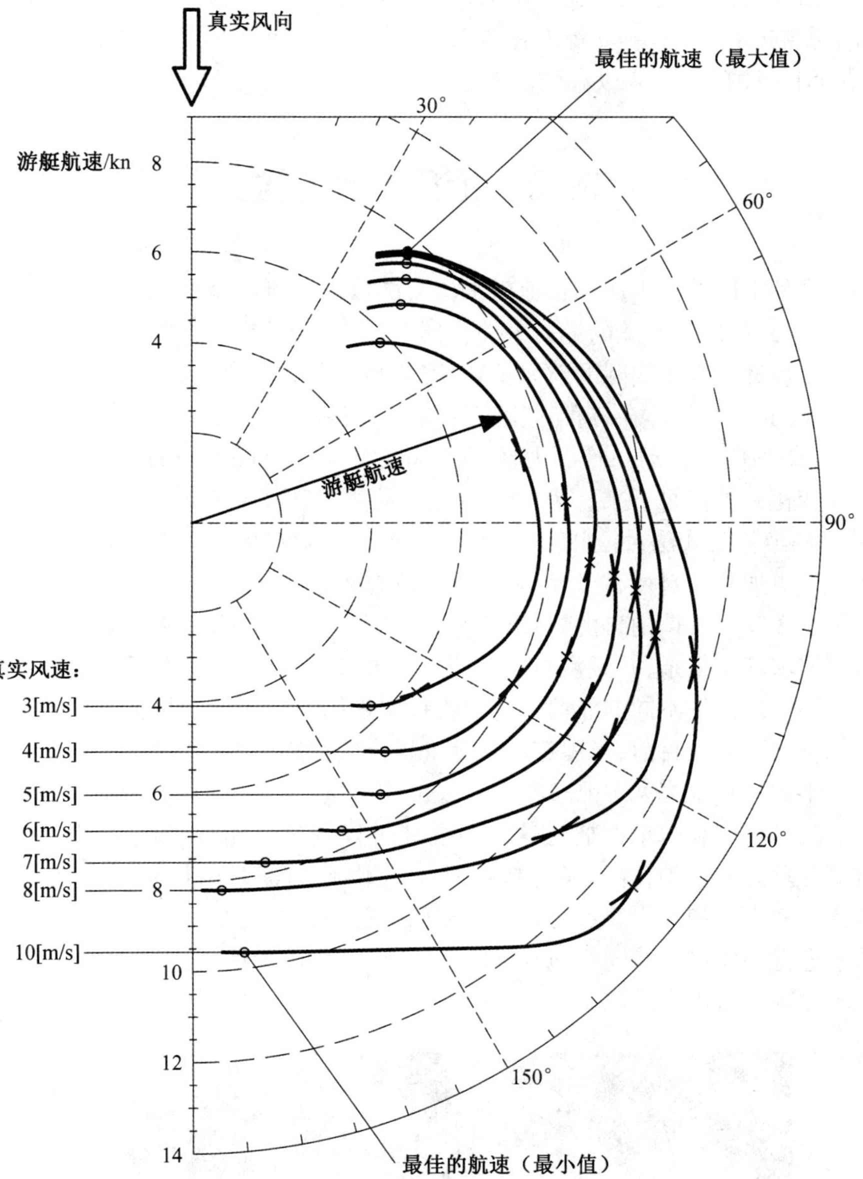

图 16.2 游艇 YD-41 极坐标图

尽管大多数 VPP 是基于上述(1)～(6)方程的平衡，但是也有很多程序没有假定 6 个自由度的平衡(3 个力和 3 个力矩)。取而代之的是力和力矩都被假定不平衡。对于力，这就意味着游艇将在综合作用力方向加速；对于力矩，这将在环绕不平衡的力矩方向有角加速度。这样，仍然有 6 个方程，但是每个方程都会给出加速度。根据加速度就可以计算速率。问题现在就变成了和时间有关的问题，这样就说 VPP 是动态的(相对 VPP 平衡的静态状态而言)。计算开始于一些初始条件，这样就可以预测运动的趋势。20 世纪 80 年代作者之一就从事动态 VPP 的开发工作，其程序基本上用于风帆游艇仿真器上，见 Larsson(1990)参考文献。更多关于动态 VPP 的详细说明可以参见 Ottosson 等人(2002)的参考文献。

所有 VPP 最薄弱的特性就是对游艇在波浪中特性的预报能力。第 5 章中附加阻力的公式是可行的，但是对于空气动力带给附加阻力的影响尚未了解得很透彻。部分 VPP 程序考虑了这个影响（例如 Ottosson 等人在 2002 年考虑的），但是绝大多数都忽略了这个效应。图 16.2 中 YD－41 的计算是没有波浪效应的。

16.3 拖曳水池试验

主要有两种不同的技术用来在拖曳水池测试风帆游艇。显然，最自然的方式便是拖曳帆的作用力中心，借助于有效的舵力来使船模获得一个平衡的横倾和艏摇角。每个在这样试验里的测量点都代表了实际的航海情况，因此测量点的数量可以保持在最小值。

采用其他的技术，船体在各种自由度保持一直固定，除了以下情况：垂荡（垂直方向的运动）、纵摇（绕横向轴转动）；拖曳力、侧向力和它们的力矩随不同的航速、横倾角和艏摇角进行系统地变化并被记录下来。为了评估这样的测试就需要特别的 VPP 程序。相对标准的 VPP 采用的经验公式法，特别的 VPP 程序中加入了测量后的力和力矩。这样，针对要评估的船体就会更加有针对性，评估结果也就期待着能更准确。

第一种技术就是所谓的自由帆，第二种是半固定法。显然，后者需要更多的测试点，但是对设备的需求就不复杂，并且测试的结果是和模型的稳性没有关系的，因为其横倾是固定的。VPP 还可以评估不同的稳性。自由帆技术常用于更昂贵的模型，因为要使用铅龙骨并且要纠正垂向重心。目前，半固定法是全世界拖曳水池最常使用的。

典型的半固定法设备可从图 16.3 中见到，该图给出的是 IACC 游艇在葛森堡的 SSPA 的水池进行测试。力和力矩都通过这三根立柱进行测量，它们在四个自由度上固定船体。因为还需要有垂向的运动，并且是连接在船体的甲板平面以下，做了两个相应的修正。因为缺乏帆作用力中心和与附着点之间的距离而引起的纵摇力矩，这就需要对模型甲板上重物的移动来进行补偿修正。同样地，测试中没有计及的向下的帆作用力的分力也需要在模型甲板上增加额外质量来模拟。

图 16.3　在葛森堡 SSPA 水池测试的 IACC 船体

（照片来源：SSPA）

16.4 风洞测试

针对游艇设计,风洞可以有不同的目的。很显然的用途是用于测量空气动力在帆和帆具上的作用力,也用于研究如果忽略水面效应的影响时对空气动力的量化。非常常见的,风洞也用于龙骨的开发,例如,华纳等人(Werner et al, 2006)的参考文献,还有第 6 章提到的球鼻龙骨的研究。空气就是这样被用于水动力学的研究的,唯一的不同是物理常数 γ(黏性动能)和 ρ(密度),所以结果可以很容易地从一种介质转换到另外一种。

对于风帆游艇最先进的风洞测试是在奥克兰(Auckland)大学的游艇研究中心。风洞照片见图 16.4。该风洞是开敞型的,在这里,气流可以从喷嘴喷到静止空气的周围。靠近风洞的地方,空气在闭环的管道内运动,测试则是在这个管道系统的一个狭窄的地方进行的。图 16.4 中,可以看见一个有风帆的船体在图中的前面,背景就是喷嘴。该风洞最显著的特性就是白色的风向板跨越了整个喷嘴的高度。图中可见,这些风向板按照某种方式扭曲着,喷嘴底部的气流在离开喷嘴后被风向板转向右侧。这是对运动的游艇遭受视风的流线模拟。参考图 5.2,视风是当游艇运动通过静止空气时,由真实风和游艇上的感觉风组合的结果。后者显然在水面以上高度都是相同的,而前者,也就是真实风速是随大气边界层的变化而变化。这意味着最终的气流会比上方更多地沿着船体接近水面的地方流动。这样,风向板就对应生成合适的扭曲的气流,同时远处的固定物将气流导向上方,以生成风速在垂向的变化。

图 16.4　奥克兰大学的扭曲气流风洞(TFWT)
(照片来源:Birgit Utech)

带风帆的模型被平衡地固定好,它连接到一个有着实时 VPP 的计算机上。基于测量的空气动力作用力,自动计算和调整横倾角。采用电动绞车遥控帆脚索,通过 VPP 的最大化速度计算来获得风帆的优化纵倾。用特殊的照相技术来记录风帆的鼓帆状态。图 16.4 也可以见到风洞的尺寸还是很大的:宽 7 m,高 3.5 m。用于测试的目标帆船典型的桅杆高度是 2 m。要了解更多的风洞和测试技术,请参考勒 - 派里(Le Pelley)和理查德(RIchards)的文献(2008)或者奥克兰大学 TFWT 的网站。

16.5 计算流体动力学(CFD)

船舶工程领域主要有两种计算流体力学(CFD)方法。最简单的方法是基于势流理论,忽略水的黏度。这就使得可以快速计算兴波阻力,同时计算诱导阻力和侧向力,而不必进行复杂的运算。然而这样也不能获得对摩擦阻力的量化。

第二种方法考虑到了黏性,应用了一些流体力学的近似基本方程和纳维耶 - 斯托克(Navier - Stokes)方程。如第5章所述,边界层是环绕船体周围很薄的一个区域,在这个区域,速度的变化从靠近船体表面为零到最外层的近似游艇航速。通过假定边界层厚度相对船体长度是非常的薄,就可以使得纳维耶 - 斯托克方程相当简化,这样就可以得到边界层方程。然而,这种简化在某些情况下是不成立的,比如在船体和龙骨、龙骨和球鼻的连接处。对于大多数船舶,这个边界层假定在艉部也不成立,但是对于游艇,因为其通常足够纤细,这个假定足可以满足适用全船到船尾。采用边界层理论,可以计算摩擦阻力(包络粗糙度影响)。

可以使用纳维耶 - 斯托克方程的少量简化版本来计算一般的黏性流体,也被称作平均的罗纳德 - 纳维耶 - 斯托克方程(RANS)。这种方法迅速在一般水动力学计算中变得流行而不是游艇设计领域。要参考最新进展的文献综述的话,参见拉尔森等人(2013)的文献。采用RANS方程,可以计算出船体的绕流及其全部的阻力分量。缺点是需要进行大量作用力的计算。本书2014年版本出版的时候,采用桌面计算机计算边界层仅用10 s,同时计算势流方法需要10 min。RANS方法几乎都运行在多核处理器上,但是为了一个运算结果,一般也需要10 h。应该提到的是,就算最精确的计算方法,比如大艾迪(Large Eddy)仿真方法(LES),也有其自身的方法来计算水动力学。如果知道流体的详细构造和细节,这些方法都很好,但是所需的计算都是超量的,计算量相当于RANS方法的一千倍以上,因此很少用于游艇设计。表16.1中对不同类型的方法的用途进行了小结,涉及的阻力成分参见图5.4中的名称。

表 16.1 CFD 用途小结

	非黏性方法(势流)	势流方法	
		边界层法	RANS(LES)法
摩擦阻力	-	+	+
粗糙度效应	-	+	+
黏压阻力	-	-	+
兴波阻力	+	-	+
横倾阻力	不适用*	不适用*	不适用*
诱导阻力	+	-	+
波浪附加阻力	+	-	+
侧向力	+	-	+
压力分布	+	-	+
黏性分布	边界层外面	边界层内部	+

*:计算可以在横倾状态进行,因此没有额外的横倾阻力

从表16.1可见,几乎所有阻力成分都可以通过势流计算方法和边界层计算方法的组合而获得。若忽略边界层的话,势流方法是所有流体领域的首选计算方法。因此船体上的压力分布则用于计算边界层。不幸的是,黏压阻力不能通过这种方法得到,除非可以将边界层计算的结果反馈给势流。然而,这是非常复杂的,并且几乎没有人这样做。另外,这种方法对阻力成分计算的精确性也显著低于RANS计算法。因而后者也逐渐取代了简单的方法。需注意到CFD这个术语定义的一些模糊性。通常这是至少用于在RANS水平上的黏性流体方法。在此我们使用更普通的定义,并且包括所有对于流体预报的数字方法。

尽管RANS计算需要高性能计算机的协助,但是还是认为这种方法要比拖曳水池快捷便宜。另外的一个优点是可以获得船体绕流的全部非常详细的信息。波形、压力分布、流线和速度矢量通常都可以用CFD程序生成,而特别感兴趣的区域还可以放大。这些细节将指导设计者找到最佳方案。要从水池获得所有这些信息是非常昂贵的。CFD对于形状优化也是非常的合适,这时CFD的数据编码与CAD模型和一个"优化器"接口,可以在给定条件下自动寻找最优方案。例如,Ljungqvist等人(2012)的球鼻龙骨优化方案。

SHIPFLOW是一个CAD软件,专门开发用于解决水动力问题,是两位作者和他们的同事一起开发的。它包括了表16.1中的所有三个数据参数(没有LES)。尽管其主要是船舶设计,其代码也被用于几个游艇项目,不仅仅是开发新的YD-41。接下来的讨论,我们将介绍一些来自SHIPFLOW计算的实例。

首先,针对戴夫系列的一个船体测量的RANS代码的验证需要报告。这是文献阿鲁如斯(Allroth)和吴(Wu)(2013)的硕士论文项目中的一个部分,目标是在不同弗劳德数情况下优化风帆游艇横向尺寸和形状。图16.5是船体#46(单体船)正浮的结果。给出的阻力对弗劳德数是针对水线长1.71 m的模型。注意到测量结果和计算结果有很好的符合性。对于正式的CFD计算对比测量结果的验证有着详细的过程(例子参见Larsson等人(2013)文献),但是就目前的内容看有很好的符合性就足够了。图16.6给出了两个弗劳德数:0.4和0.6时的环绕船体的预期的波形。船体左舷用白色给出,艏部在右侧。波浪用水流轮廓线表示,红色代表波峰,蓝色则是波谷。图例中的数字给出了除以水线长L_{WL}后的波浪高度。弗劳德数为0.4时,波长应该等于船体长度(见图5.15),这在图16.6上图很清楚地生成了。船体两端有很大的波峰,船中是很深的波谷。在0.6时,波长显著大于船长,从图16.6下图可以看到。此时第二个波峰落后于船体,波谷在船体后方。注意船体在两个图中看上去有所不同,是因为波形沿着船体是不同的。图中给出的船体是独自迎浪的船体。

表16.1中所有的方法有关的方程都必须是离散的。对于RANS,这意味着其计算域被分成很多小单元。相对解决整个域内变量的连续变化(速度分量、压力和一定量的湍流),每个小单元则只有一个数值。如果少量有些小单元代表的实际(连续)的分布有错误,结果就会缺少准确性。然而,如果增加小单元的数量,精确度就会提高。理论上,对于给定的精确度,有一个最小的单元数量,但是问题还是复杂的,因为精确度还取决于单元的质量以及采用的数学方法。这里如果要研究更多的细节会让我们的理论走得更远,所有有兴趣的读者可以参考拉尔森(Larsson)和瑞文(Raven)文献(2010)中对RANS方法的介绍。

计算域内的所有单元集合在一起被称作网格,所有的网格交点代表单元的交角。在图16.5和图16.6的计算中,采用的网格相当于330万个单元。为了清晰起见,图16.7给出了放大的网格。网格包括两大块,一块是环绕船体的,一块是艉封板后方,图中左侧的部分。因为船体是对称的,仅对左舷进行了计算。要注意,网格在自由面水平上还向上进行了延

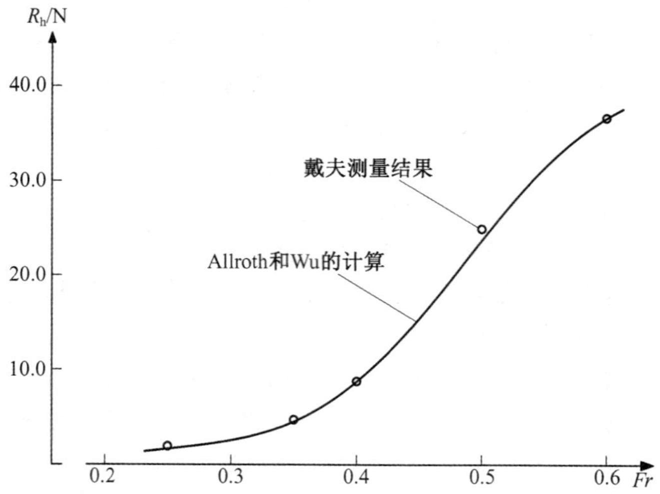

图 16.5　对代尔夫模型#46 的阻力预报验证

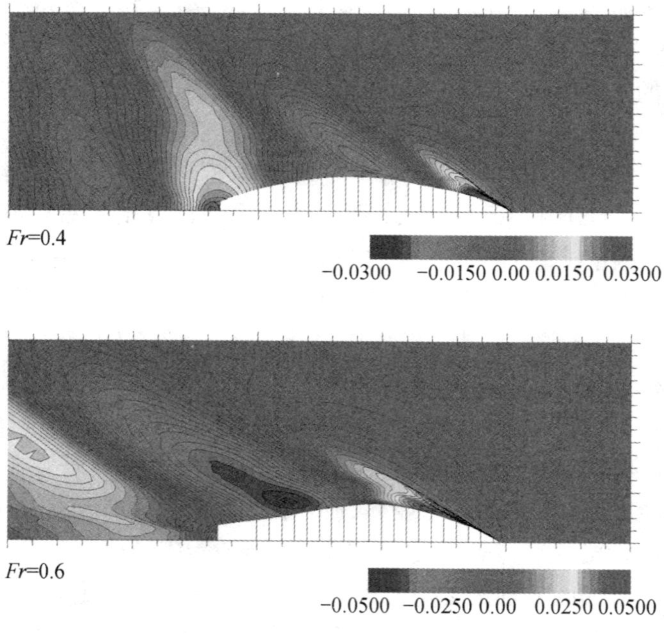

图 16.6　代尔夫模型#46 在两个弗劳德数时的波形

伸。当自由面确定时，网格交点的密度在靠近船体和绕自由面水平线的地方会有增加。为获得水动力问题中比较合理的精度，RANS 计算中细小单元的数量大概是几百万的数量级（拉尔森等人，2013）。传统上，良好的网格生成是一种艺术，需要大量的经验，但是现代计算方法在网格生成过程中可以更好地指导使用者。

在设计 YD－41 时，最开始还进行了第二次的计算，以期新设计获得比传统的设计更多的内容。因为这个目的，本书之前版本的 YD－40 例子被缩放到 YD－41 相似的尺寸，也就是，相同的排水量、水线宽度和水线的"动水力"长度。所谓动水力长度 L_{WL}，我们的意思是

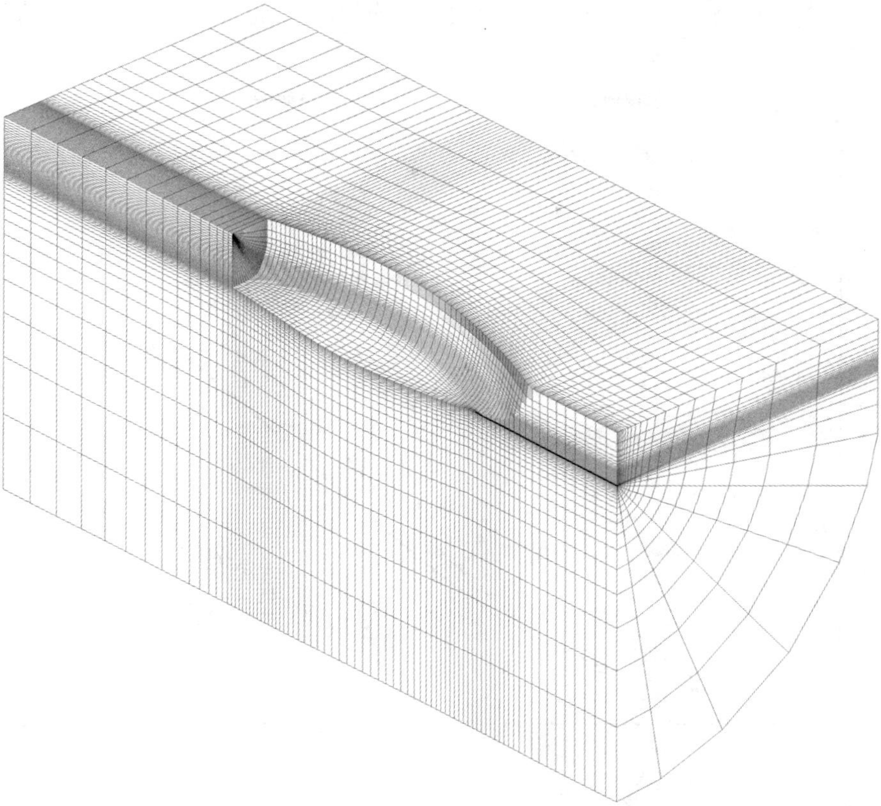

图 16.7 用于计算图 16.5 和 16.6 图的表格

从艏垂线到艉封板后缘的水线长度。因为这两个设计的外伸设备非常不同，前面这种比较就算是相当合理的了。图 16.8 中，给出了缩放后的 YD－40（所谓的基本船体）。把它用来和图 3.5 的 YD－41 进行比较。图 16.9 给出了正浮的裸船体阻力对比曲线，该曲线来自在 SHIPFLOW 中的 RANS 计算。可以见到 YD－41 的总阻力有显著降低，阻力降低开始于 7 kn 的时候，直到最高航速时降低了 15% 左右。显然这是由于兴波阻力的下降，这也可以从图 16.10 和图 16.11 得到确认。图 16.10 给出弗劳德数为 0.5 时对于基本船体（上面一半）和 YD－41 的预期波形。对于 YD－41 来说，波峰更低些，波谷也更浅些。图 16.11 给

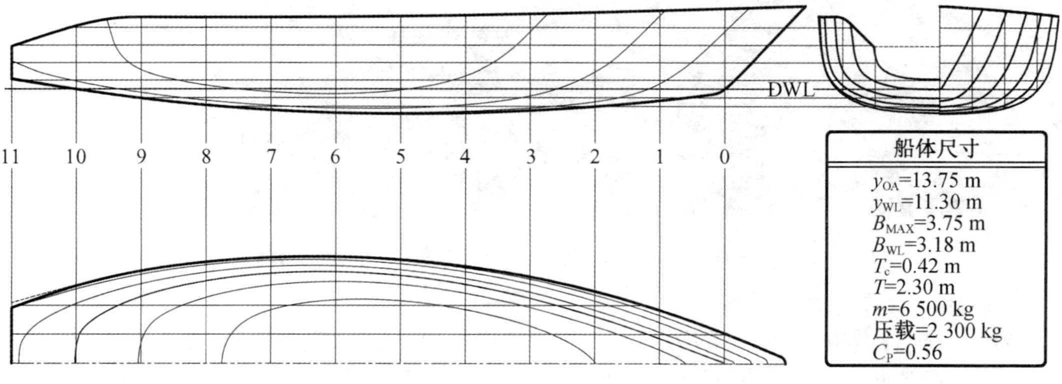

图 16.8 船体线型（按 YD－40 比例）

出了更加量化的比较，给出了两个船体周围的波浪轮廓线。轮廓线给出了船体前后中线面的波浪轮廓。

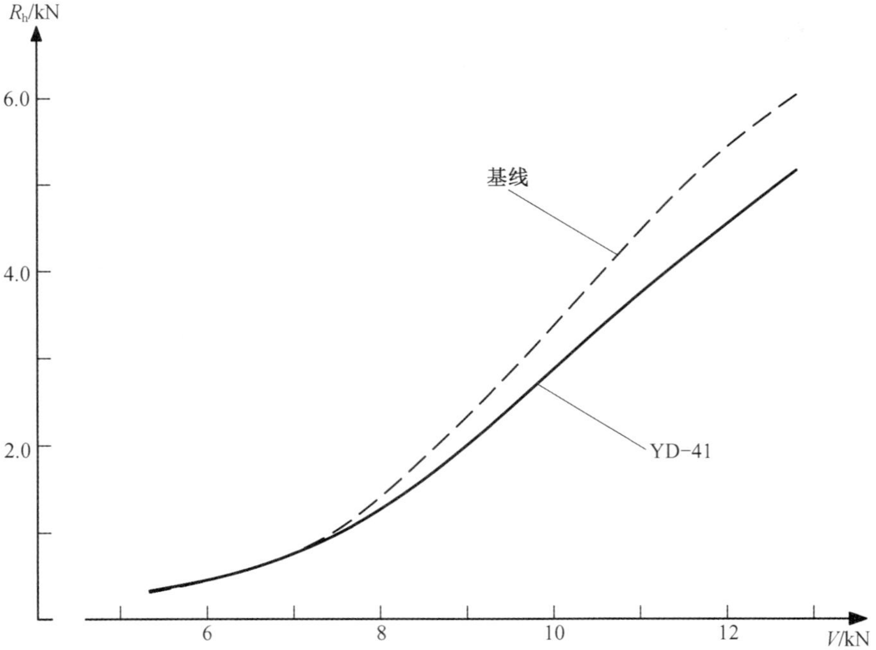

图 16.9

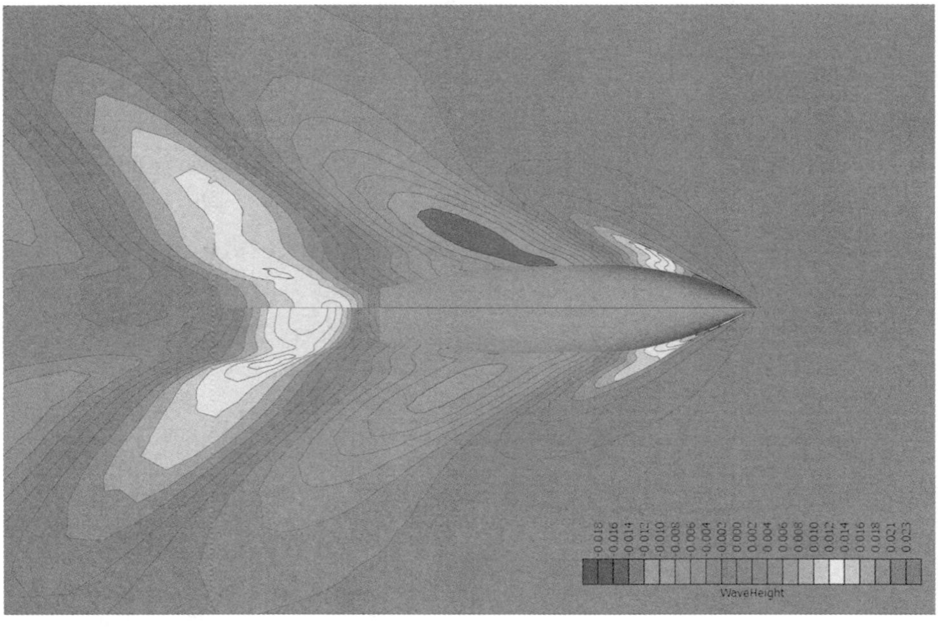

图 16.10　基本船体（上半体）和 YD-41（下半体）的波形：RANS 方法

另外一种计算正浮阻力的方法，是在 SHIPFLOW 中采用势流和边界层方法，见图 16.12。注意到两个船体之间近似的不同，尽管绝对值有些小，但是这个更接近技术领域。

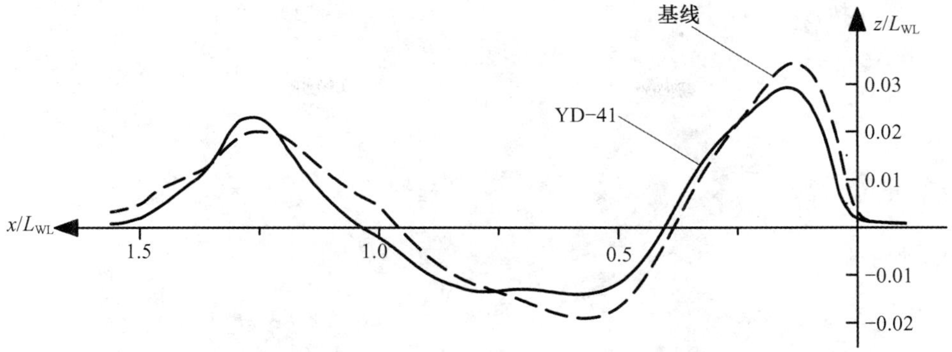

图 16.11　沿基本船体和 YD-41 船体的波浪轮廓线:RANS 方法

这也是预料到的,因为如前文所述,这种方法没有将黏压阻力计算进来。图 16.13 和图 16.14 对应的是图 16.10 和图 16.11。但是此处是用势流的方法获得的结果。也可以得到相同的结论。

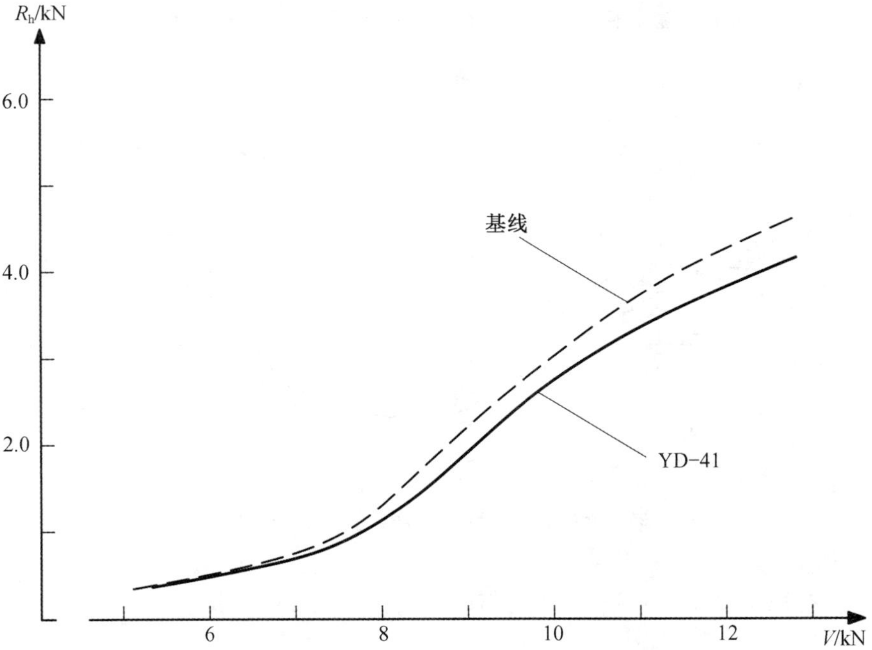

图 16.12　采用势流和边界层方法预报的基本船体和 YD-41 的阻力

要介绍的第三个 CFD 计算是船体外飘高度对裸船体正浮阻力的影响进行初步的研究。早期的 YD-41 设计应用了这个方法,为了改变,从艏部开始的全长上,船体被拉伸了一定的百分数。但是艏部还是截断了同样的距离。根据拉伸情况,艉部轮廓线按照图 16.15 的图示进行改变。注意到通过调整下沉度来保持船体排水量恒定。原始船体有着高于水线以上 75 mm 的艉封板(0 航速时),而船体拉伸到 110% 时,艉封板被浸没 30 mm。图 16.16 给出了一些有趣的结果。图中给出了在三个弗劳德数 0.25,0.30,0.35 不同的外飘高度时阻力相对最小阻力的增加。对于上面三个弗劳德数,最小阻力分别发生在 50 mm,35 mm 和

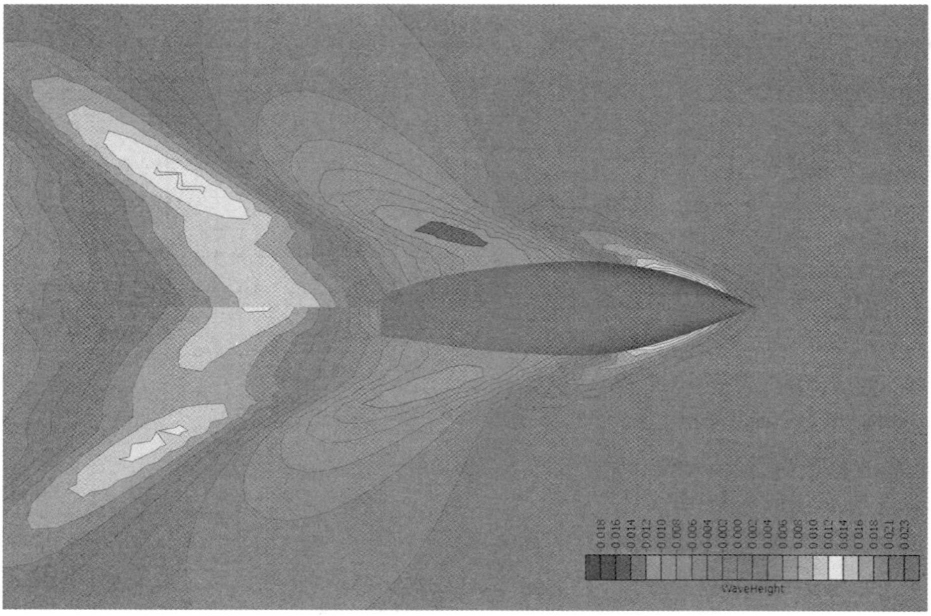

图 16.13 基本船体(上半体)和 YD-41(下半体)的波形:势流方法

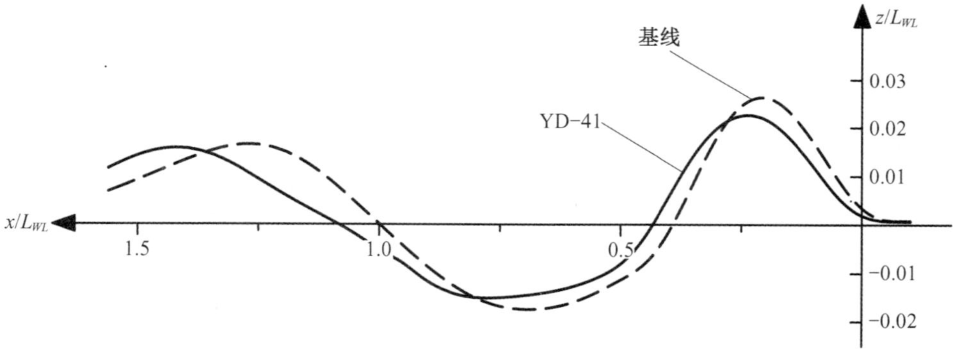

图 16.14 沿基本船体和 YD-41 船体的波浪轮廓线:势流方法

5 mm。速度越高,外飘越小,这也是同与动力小艇设计的经验一致的(拉尔森和瑞文,2010)。

这三个例子表明了 CFD 技术的能量,这种技术在过去的 25 年得到了迅速的发展。虽然它还不如结构力学领域的有限元分析更加普遍,但是 CFD 方法在过去的几年已经非常成熟(拉尔森等人,2013)并且用户友好性都得了显著提升。毋庸置疑,在不远的将来,CFD 技术对于普通游艇设计者来说将是非常有用的工具。

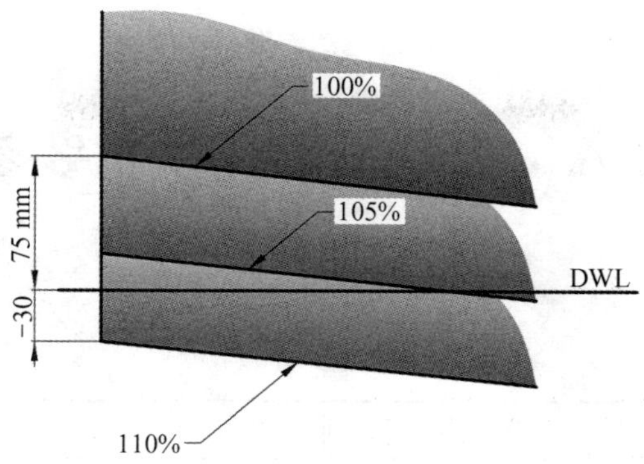

图 16.15　外飘高度研究中的不同的尾部

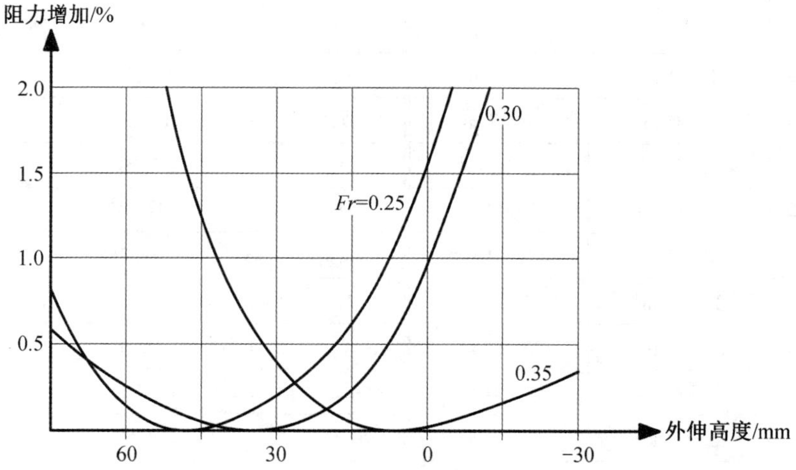

图 16.16　不同外飘高度时的船体阻力的增加

附录 A　YD-41 的主要参数

参考前面的符号缩写。

		半载排水量	轻载排水量			半载排水量	轻载排水量
L_{OA}	=	12.50 m	12.50 m	C_{ku}	=	1.00 m	1.00 m
L_{WL}	=	11.90 m	11.62 m	C_{kl}	=	0.78 m	0.78 m
B_{MAX}	=	4.20 m	4.20 m	T_k	=	1.90 m	1.90 m
B_{WL}	=	3.18 m	3.12 m	C_{ru}	=	0.48 m	0.48 m
T_C	=	0.40 m	0.38 m	C_{rl}	=	0.22 m	0.22 m
T	=	2.30 m	2.28 m	T_r	=	1.15 m	1.15 m
∇_c	=	6.05 m^3	5.46 m^3	Λ_k	=	5.5°	5.5°
m_c	=	6 200 kg	5 600 kg	Λ_r	=	10.0°	10.0°
S_{wc}	=	28.20 m^2	26.92 m^2	L_{CB}	=	-4.2%	-4.5%
S_w	=	34.97 m^2	33.64 m^2	L_{CF}	=	-7.3%	-7.3%
A_w	=	26.75 m^2	25.64 m^2	C_p	=	0.56	0.56
m	=	6 500 kg	5 900 kg	C_{Mc}	=	0.715	0.715
Blst	=	2 300 kg	2 300 kg	S_A/S_W	=	2.52	2.62
l	=	16.2 m	16.2 m	$S_A/\nabla^{2/3}$	=	25.7	27.4
J	=	5.1 m	5.1 m	L_{OA}/B	=	2.98	2.98
P	=	16.7 m	16.7 m	L_{WL}/T	=	5.17	5.10
E	=	5.6 m	5.6 m	L_{WL}/TC	=	29.75	30.58
ASL	=	18.0 m	18.0 m	$L_{WL}/\nabla^{1/3}$	=	6.43	6.48
SMW	=	10.7 m	10.7 m	L_{OA}/L_{WL}	=	1.05	1.07
SAF	=	41.3 m^2	41.3 m^2	F_f/L_{WL}	=	0.121	0.123
SAM	=	46.8 m^2	46.8 m^2	F_f/F_a	=	1.23	1.23
SA	=	88.1 m^2	88.1 m^2	Blst Rto	=	0.35	0.39

附录B 质 量 计 算

船体上不同重物的质量用千克表示,距离用米表示。

LCG 是从艏部设计水线端部量起,向艉部方向为正,在表中用 a 表示,同时负值是水线向首方向,用 f 表示。

TCG 是从船中线量起,向右舷为正,记为 s,向左舷为负,记为 p。

VCG 是从船水线量起,水线以上为正值,水线以下为负值。

船名:YD-41。

装载状况:半载。

第一组:结构				
项目名称	质量	LCG	TCG	VCG
船体胶衣	52.6	6.60a	0.00	0.22
船体玻璃钢材料	488.1	6.60a	0.00	0.17
船体夹芯板芯料	115.0	6.65a	0.00	0.12
船体夹芯板胶合剂	75.2	6.52a	0.00	0.25
突出的龙骨列板	32.9	2.80a	0.00	0.04
龙骨面积	91.8	6.20a	0.00	-0.40
突出的甲板边缘	36.7	7.10a	0.00	1.11
甲板胶衣	43.2	7.70a	0.00	1.25
甲板玻璃钢材料	303.3	7.70a	0.00	1.25
甲板夹芯芯料	30.5	7.70a	0.00	1.25
甲板夹芯胶合剂	22.2	7.70a	0.00	1.25
舯部纵板	95.2	5.70a	0.00	0.12
船底纵板	78.2	7.10a	0.00	-0.20
桅杆台阶	24.0	4.00a	0.00	-0.40
地板	57.6	6.50a	0.00	-0.26
扶强材胶合剂	11.5	6.40a	0.00	-0.07
主机基座	50.0	8.40a	0.00	-0.25
1 号舱壁	15.4	1.70a	0.00	0.70
2 号舱壁	33.5	4.40a	0.00	0.63
3 号舱壁	24.6	6.50a	0.00	0.45
4 号舱壁	31.6	7.93a	0.00	0.62

5 号舱壁	28.7	9.20a	0.00	0.47
6 号舱壁	21.6	11.30a	0.00	0.50
舱壁缠胶	48.6	6.90a	0.00	0.60
地板额外缠胶	12.6	6.30a	0.00	-0.32
其他	50.0	5.00a	0.00	0.40
本组小计	1874.6	6.74a	0.00	0.38

第二组:首尖舱				
项目名称	质量	LCG	TCG	VCG
垫板	5.2	1.10a	0.00	0.67
架子	6.0	1.10a	0.00	1.28
锚座	7.0	0.85a	0.00	1.00
帆索间	8.0	1.40a	0.00	0.65
其他	3.0	1.00a	0.00	1.20
本组小计	29.2	1.11a	0.00	0.92

第三组:前舱				
项目名称	质量	LCG	TCG	VCG
上层床铺及其框架	26.0	2.80a	0.00	0.20
床铺前挡板	6.5	3.70a	0.00	0.00
前搁架	3.4	2.70a	0.00	0.66
悬挂柜	10.6	3.90a	0.75s	0.65
座椅	3.4	4.00a	0.68p	-0.04
储物柜	10.0	3.90a	1.10p	0.65
垫板	6.1	4.10a	0.00	-0.22
床垫	12.9	2.80a	0.00	0.25
椅垫	1.2	4.00a	0.68p	0.06
天花板边线	5.0	3.10a	0.00	1.38
侧墙边线	5.0	3.05a	0.00	0.77
客厅门	6.0	4.40a	0.28s	0.65
其他	12.0	4.00a	0.00	0.50
本组小计	108.1	3.43a	0.04p	0.40

第四组:结构				
项目名称	质量	LCG	TCG	VCG
左、右舷带靠背长椅顶部和前侧结构	25.0	5.40a	0.00	0.06

左、右舷靠背	8.8	5.40a	0.00	0.40
艏三角帆轨道加强结构	14.0	5.45a	0.00	0.53
书架和书柜	20.0	5.40a	0.00	0.96
桌子	14.0	5.50a	0.00	0.40
垫板	25.9	5.40a	0.00	-0.25
天花板边线	8.5	5.40a	0.00	1.60
侧边线	8.0	5.40a	0.00	0.70
左、右舷靠垫	20.0	5.40a	0.00	0.15
其他	15.0	5.50a	0.00	0.26
本组小计	159.2	5.42a	0.01p	0.36

第五组:导航站				
项目名称	质量	LCG	TCG	VCG
导航桌顶板	9.5	7.00a	1.38s	0.66
导航桌前板	10.0	7.05a	1.35s	0.47
导航桌座椅	5.0	7.60a	1.10s	0.05
导航桌书架	6.8	7.10a	1.70s	0.98
导航桌电子面板	4.0	7.70a	1.66s	1.10
支撑	20.3	7.13a	0.50s	-0.24
天花板边线	3.0	7.25a	1.10s	1.50
侧墙边线	2.0	7.25a	1.75s	1.00
靠垫	2.0	7.65a	1.25s	0.17
其他	7.0	7.10a	1.50s	0.50
本组小计	69.6	7.18a	1.15s	0.40

第六组:厨房				
项目名称	质量	LCG	TCG	VCG
操作台顶板	10.2	7.10a	1.40p	0.66
操作台前面板和架子	12.0	7.20a	1.10p	0.20
边柜	6.0	7.20a	1.75p	0.97
抽屉	7.0	7.70a	1.44p	0.25
冰块储存盒边线和绝缘	10.0	6.70a	1.40p	0.30
水池	3.0	6.70a	0.75p	0.55
水龙头和水管	10.0	6.80a	0.80p	-0.05
电炉	22.0	7.23a	1.45p	0.46
支撑	16.9	7.30a	0.53p	-0.24

天花板边线	3.0	7.25a	1.10p	1.50
侧墙边线	2.0	7.25a	1.90p	1.00
其他	10.0	7.50a	1.00p	0.45
本组小计	112.0	7.18a	1.16p	0.34

第七组:卫生间				
项目名称	质量	LCG	TCG	VCG
洗脸池平台	6.2	8.60a	1.55s	0.66
洗脸池平台前板和搁板	6.0	8.60a	1.15s	0.25
边柜	6.0	8.60a	1.61s	0.94
门	6.0	7.92a	0.61s	0.72
侧舱壁	12.3	8.50a	0.36s	0.64
马桶座	5.0	8.90a	0.65s	-0.10
冲厕桶及其管路	5.0	8.50a	1.38s	0.30
马桶及其管路	15.0	9.00a	0.74s	0.10
支撑	8.0	8.30a	0.76s	-0.20
天花板边线	2.0	8.50a	1.15s	1.65
侧墙边线	1.0	8.60a	1.65s	0.95
其他	10.0	8.40a	0.90s	0.45
本组小计	82.4	8.56a	0.90s	0.40

第八组:艉舱				
项目名称	质量	LCG	TCG	VCG
吊柜和化妆柜	12.0	8.40a	1.47p	0.50
床铺上层复合板	14.0	10.05a	0.99p	0.20
床铺加强板	5.70	9.80a	1.30p	0.06
门	6.0	7.92a	0.61p	0.72
双侧围壁	15.0	9.25a	0.36p	0.48
立式支撑	9.0	8.30a	0.72p	-0.20
天花板边线	7.0	9.30a	1.15p	0.90
侧墙边线	5.0	9.50a	1.75p	0.65
靠垫等	10.3	10.10a	0.99p	0.25
其他	10.0	8.80a	0.80p	0.35
本组小计	94.0	9.18a	0.95p	0.37

第九组:艉阱储物室				
项目名称	质量	LCG	TCG	VCG
储物柜支撑	11.7	10.40a	0.94s	0.21
横向舱壁壁板	18.1	9.80a	0.86s	0.48
纵向舱壁板	11.4	9.80a	0.36s	0.30
搁架	10.2	10.15a	1.32s	0.57
其他	10.0	10.50a	0.35s	0.24
本组小计	61.4	10.09a	0.78s	0.37

第十组:安装设备				
项目名称	质量	LCG	TCG	VCG
主机	150.0	8.48a	0.00	-0.02
排气系统	7.0	10.20a	0.00	0.05
主机噪音绝缘	16.8	8.50a	0.00	0.10
螺旋桨	4.0	8.50a	0.00	-0.68
燃油滤器	2.0	8.90a	0.20p	0.20
海水过滤器	2.0	8.90a	0.00	0.30
海水进水口及其管路	2.0	8.90a	0.20p	-0.26
燃油管路	2.0	8.80a	0.25p	0.15
岸电动力箱	10.0	9.30a	0.40s	0.10
电池	60.0	3.55a	0.00	-0.14
电缆	30.0	5.00a	0.00	0.40
导航站设备	15.0	6.60a	1.40s	0.90
制冷压缩机及管路	10.0	6.70a	1.42p	0.30
加热器及风管	10.0	9.40a	0.40s	0.40
舵叶	20.0	12.20a	0.00	-0.30
舵轴	30.0	12.05a	0.00	0.00
舵套	8.0	12.00a	0.00	0.35
舵角限制器	6.0	11.98a	0.00	0.50
舵系连接杆	8.0	11.80a	0.00	0.50
舵轮	5.0	11.40a	0.00	1.30
操舵基座	10.0	11.35a	0.00	1.05
基座设备	4.0	8.54a	0.00	1.62
自动导航设备	15.0	11.80a	0.00	0.40
舭部泵及其管路	7.0	7.70a	0.00	-0.20
燃油舱	15.0	9.70a	0.00	-0.14

淡水舱及其管路	10.0	5.50a	0.00	-0.10
废水舱及其管路	11.0	8.30a	1.32s	0.20
其他	57.0	5.00a	0.00	0.01
本组小计	526.8	7.95a	0.05s	0.10

第十一组:甲板设备				
项目名称	质量	LCG	TCG	VCG
控制台	7.5	0.70a	0.00	1.70
支柱	7.2	6.23a	0.00	1.54
艉部栏杆	9.0	11.87a	0.00	1.46
救生索	4.0	6.20a	0.00	1.65
舷弧栏杆	15.0	6.10a	0.00	1.25
带缆桩	4.0	6.28a	0.00	1.24
桅杆回转滑块	3.0	5.60a	0.00	1.65
Genoa 滑道及滑块(带滑轮)	5.0	5.85a	0.00	1.26
绳索夹紧器	3.0	8.50a	0.00	1.69
卷车 1 号	20.0	10.87a	0.00	1.45
卷车 2 号	16.0	10.10a	0.00	1.49
卷车 3 号	14.0	8.87a	0.00	1.75
主滑轨及滑块	4.0	11.10a	0.00	0.70
链板	8.0	6.30a	0.00	1.02
艏部卷车	11.0	0.80a	0.15s	1.08
艏锚(备用)	20.0	1.36a	0.19s	1.08
起锚机	20.0	1.50a	0.10p	1.25
锚链	10.0	1.50a	0.00	0.00
艉平台附件	4.0	12.48a	0.00	0.90
艏甲板舱口盖	4.0	1.17a	0.00	1.40
艏舱室甲板盖	5.0	3.84a	0.00	1.51
客厅甲板舱口盖	5.0	6.37a	0.00	1.68
升降口舱盖	10.0	8.30a	0.00	1.65
艉舱室甲板盖	5.0	8.65a	0.00	1.66
甲板室窗	7.0	7.40a	0.00	1.40
甲板通风器	3.0	6.37a	0.00	1.66
其他	30.0	4.04a	0.00	1.06
本组小计	253.7	5.81a	0.01s	1.29

第十二组:帆装和帆				
项目名称	质量	LCG	TCG	VCG
主桅和横撑	85.0	5.76a	0.00	10.65
张帆杆	21.0	8.40a	0.00	2.70
支索	2.0	3.05a	0.00	9.50
侧支索 D	2.0	6.00a	0.00	6.90
侧支索 V	3.0	6.47a	0.00	9.38
后支索	12.0	6.00a	0.00	7.50
船首斜桁	13.0	1.10a	0.43p	1.29
松紧螺旋扣和马脚	9.0	6.34a	0.00	1.30
艏三角帆前缘金属片	11.8	3.00a	0.00	9.40
艏三角帆收帆器	3.0	0.28a	0.00	1.40
尾牵索	3.0	9.20a	0.00	10.40
Genoa 升降器	12.0	3.80a	0.00	6.80
主升降器	18.0	7.60a	0.00	8.30
Rodkick 撑杆、滑轮和支索	6.0	6.30a	0.00	1.90
桅顶装具	3.0	6.03a	0.00	19.70
其他	25.0	5.70a	0.00	4.50
本组小计	228.8	5.64a	0.02p	7.44

第十三组:压载				
项目名称	质量	LCG	TCG	VCG
压载龙骨	2 300.0	6.45a	0.00	-2.00
本组小计	2 300.0	6.45a	0.00	-2.00

轻质船体质量	5 900	6.64a	0.00	-0.26

第 14A 组:载荷情况 A :最小航海情况				
项目名称	质量	LCG	TCG	VCG
舵手	75.0	11.60a	0.00	1.55
船员 1 人	75.0	9.50a	0.00	1.30
艏尖舱设备	5.0	1.10a	0.00	0.85
艏舱设备	0.0	4.00a	0.00	0.30
客厅设备	10.0	5.30a	0.00	0.08
导航站设备	10.0	6.80a	1.50s	0.40
厨房设备	10.0	6.90a	1.45p	0.25

厕所设备	5.0	8.40a	1.40s	0.05
艉舱设备	15.0	8.50a	1.45p	0.10
艉阱柜内设备	10.0	10.30a	1.00s	0.40
救生设备	40.0	9.90a	0.00	0.45
1/15 淡水	20.0	5.00a	0.00	-0.10
1/4 燃油	25.0	9.50a	0.00	-0.13
0/1 废水舱	0.0	8.30a	1.40s	-0.10
本组小计	300.0	9.28a	0.01p	0.81

最小运行工况	6 200	6.77a	0.00p	-0.20

第 14B 组:载荷情况 B :6 名船员巡航情况				
项目名称	质量	LCG	TCG	VCG
舵手	75.0	11.60a	0.00	1.55
船员 4 人	375.0	8.00a	0.00	1.30
艏尖舱设备	20.0	1.10a	0.00	0.85
艏舱设备	80.0	4.00a	0.00	0.30
客厅设备	80.0	5.30a	0.00	0.08
导航站设备	20.0	6.80a	1.60s	0.40
厨房设备	150.0	6.90a	1.30p	0.25
厕所设备	20.0	8.40a	1.55s	0.05
艉舱设备	80.0	8.50a	1.40p	0.10
艉阱柜内设备	80.0	10.30a	1.25s	0.40
救生设备	40.0	9.90a	0.00	0.45
4/4 淡水	300.0	5.00a	0.00	-0.05
2/2 燃油	100.0	9.50a	0.00	-0.07
2/2 废水舱	80.0	8.30a	1.40s	-0.05
本组小计	1 500.0	7.33a	0.02p	0.49

最大运行工况	7 400	7.33a	0.02p	0.49

第 14C 组:载荷情况 C ：5 名船员竞赛情况				
项目名称	质量	LCG	TCG	VCG
舵手	75.0	11.60a	0.00	1.55
船员 4 人	300.0	7.00 a	0.00	1.30
艏尖舱设备	5.0	1.10a	0.00	0.85

艄舱设备	30.0	4.00a	0.00	0.30
客厅设备	30.0	5.30a	0.00	0.08
导航站设备	10.0	6.80a	1.60s	0.40
厨房设备	25.0	6.90a	1.30p	0.25
厕所设备	5.0	8.40a	1.55s	0.05
艉舱设备	15.0	8.50a	1.40p	0.10
艉阱柜内设备	20.0	10.30a	1.25s	0.40
救生设备	40.0	9.90a	0.00	0.45
1/8 淡水	30.0	5.00a	0.00	-0.15
1/4 燃油	25.0	9.50a	0.00	-0.15
1/8 废水舱	10.0	8.30a	1.40s	-0.15
本组小计	620.0	7.64a	0.01s	0.89

竞赛运行工况	6 520	6.74a	0.00	-0.15

附录 C　STIX 计算

游艇		YD－41		
预计设计分类		A		通过！
L_H	（m）	12.50		
L_{WL}	（m）	12.14		
B_H	（m）	4.20		
B_{WL}	（m）	3.12		
T_C	（m）	0.38		
T	（m）	2.28		
V_C	（m^3）	2.30		
F_M	（m）	1.25		
艇员限制	（#pers）	6	（将列于造船厂的铭牌上）	
GZ－90	（m）	0.91		
ASP	（m）	92.00		
HCE	（m）	7.45		
HLP	（－m）	1.03		
稳性消失角（A_{VS}）	（deg.）	132.00	最小 A_{VS}	118
GZ 曲线下到 ADH 面积	（m * deg.）	97.90		

轻载情况		质量（kg）	X（m）	Z（m）
轻载质量	（kg）	5 900	6.65	－0.26

最小运行工况				
轻载船体	（kg）	5 900	6.65	－0.26
船员	（kg）	150	10.55	1.41
救生设备	（kg）	40	9.90	0.45
基本设备	（kg）	110	6.59	0.50
最小运行工况质量	（kg）	6 200	6.67	－0.20

满载到港情况		质量（kg）	X（m）	Z（m）
轻载船体	（kg）	5900	6.65	－0.26

船员	(#pers)	300	8.00	1.25
船员	(kg)	150	10.55	1.41
救生设备	(kg)	40	9.90	0.45
基本设备	(kg)	110	6.59	0.50
备件	(kg)	21	6.20	0.70
淡水	(kg)	15	5.00	-0.15
淡水	(kg)	15	5.00	-0.15
燃油	(kg)	10	9.50	-0.17
灰水	(kg)	80	8.30	-0.05
个人物品	(kg)	210	5.95	0.20
满载到港质量	(kg)	6851	6.81	-0.12

装载体积	(m^3)	6.75		
最大装载	(kg)	951		
最大装载质量(不计燃油和水)	(kg)	911	(将列于造船厂的铭牌上)	

STIX 12217-2 FDIS(2011,3 月)		
FDS		1.183
FIR		1.090
FKR		1.216
FDL		0.905
FBD		0.831
FWM		1.000
FDF		1.250
STIX		42

参考文献

[1] ABBOTT I H, VON DOENHOFF A E. Theory of Wing Sections[M]. New York: McGraw-Hill, 1949.

[2] ABS 1994. Guide for Building and Classing Offshore Racing Yachts[M]. New York: American Bureau of Shipping, 1949.

[3] AIAA. Symposium on the Aero/Hydronautics of Sailingc[C]. Held annually since 1969. Western Periodicals Company, North Hollywood.

[4] ALLEN H G. Analysis and Design of Structural Sandwich Panels[M]. Oxford: Pergamon Press, 1969.

[5] ALLROTH J, WU T H. A CFD Investigation of Sailing Yacht Transom Sterns[D]. MSc thesis, Chalmers University of Technology, Dept. Shipping and Marine Technology, Gothenburg, 2013.

[6] CANNELL D, LEATHER J. The Design of Sailing Yachts[M]. London: Adlard Coles Nautical, 1976.

[7] CAPRINO G, TETI R. Sandwich Structures Handbook[K]. Il Prato-Pelf SpA, Padua, 1989.

[8] Chesapeake Sailing Yacht Symposium[C]. Held bi-annually since 1974. Society of Naval Architects and Marine Engineers, New York.

[9] CLAUGHTON A R, WELLICOME J F, Shenoi R A. Sailing Yacht Design-Theory[M]. Harlow: Addison Wesley Longman, 1998.

[10] CLAUGHTON A R, WELLICOME J F, SHENOI R A. Sailing Yacht Design-Practice[M]. Harlow: Addison Wesley Longman, 1998.

[11] DIAB. Divinycell Technical Manual H-Grade[M]. Divinycell International AB, Laholm, 1991.

[12] DYNE G, WIDMARK C. On the Efficiency of Water Jet Systems[C]. International Conference on Water Jet Propulsion-Latest Developments, Amsterdam 22 – 23 October, 1998.

[13] FOSSATI F. Aero-Hydrodynamics and the Performance of Sailing Yachts[M]. London: Adlard Coles Nautical, and Camden, Maine: International Marine/McGraw-Hill (US only), 2009.

[14] GENTRY A E. The Aerodynamics of Sail Interaction[C]. 2nd. AIAA Symposium on the Aero/Hydronautics of Sailing, 1971.

[15] GERRITSMA J, KEUNING J A. Model Experiments with Yacht Keels[J]. Seahorse Magazine, March/April 1985, pp. 23 – 26, 1985.

[16] GERRITSMA J, KEUNING J A, Onnink R. Sailing Yacht Performance in Calm Water and in Waves[C]. 12th Symposium on Developments of Interest to Yacht Architecture,

Amsterdam, 1992.
[17] GERRITSMA J, ONNINK R, Versluis A. Geometry, Resistance and Stability of the Delft Systematic Yacht Series [J]. International Shipbuilding Progress 28 (328), pp. 276 – 97, 1981.
[18] GUTELLE P. The Design of Sailing Yachts[M]. London: Nautical Books, 1984.
[19] HAMMITT A G. Technical Yacht Design[M]. London: Adlard Coles Nautical, 1975.
[20] HAZEN G S. A Model of Sail Aerodynamics for Diverse Rig Types [C]. New England Sailing Yacht Symposium, 1980.
[21] HENRY R G, MILLER R T. Sailing Yacht Design-An Appreciation of a Fine Art [J]. Transactions Society of Naval Architects and Marine Engineers, 1963.
[22] HERRESHOFF L E. The Common Sense of Yacht Design [M]. New York: Caravan-Maritime Books, 1974.
[23] HILDEBRAND M, HOLM G. Strength Parameters of Boat Laminates (in Finnish) [J]. Technical Research Centre of Finland, Research Notes No. 1289, Helsinki, 1991.
[24] HILDEBRAND M. On the Bending and Transverse Shearing Behaviour of Curved Sandwich Panels [J]. Technical Research Centre of Finland, Research Notes No. 1249, Helsinki, 1991.
[25] HONEY R A. Fibre Reinforcement Plastics in Boatbuilding[D]. University of Auckland, Department of Mechanical Engineering, 1983.
[26] HUNYADI B, HEDLUND P. Strength Comparison of Two Constructional Concepts for a 25 Metres Racing Yacht (in Swedish) [J]. The Royal Institute of Technology (KTH), Department of Lightweight Structures, Publication No. 83 – 16, Stockholm, 1983.
[27] ISO/TC 188/WG 18. Small Craft-Hull Construction/Scantlings EN ISO 12215 – 5: 2008: Design Pressures, Allowable Stresses, Scantling Determination. EN ISO 12215 – 6: 2008: Structural arrangements and details. EN ISO 12215 – 8: 2009: Rudders. EN ISO 12215 – 9: 2012: Sailing craft appendages [S]. International Standards Organization – SIS/SMS, Stockholm.
[28] ISO/TC 188/WG 22. Small Craft-Stability and buoyancy assessment and categorization. EN ISO 12217 – 2: 2009: Sailingboats of hull length greater than or equal to 6 m [S]. InternationalStandards Organization – SIS/SMS, Stockholm.
[29] Joint Committee on Safety from Capsizing Final Report of the Directors [C]. United States Yacht Racing Union, Newport and Society of Naval Architects and Marine Engineers, New York, 1985.
[30] JOUBERT P N 1982. 'Strength of Bottom Plating of Yachts' [J]. Journal of Ship Research, Vol. 26, No. 1, March 1982, pp. 45 – 49.
[31] KAY H F. The Science of Yachts, Wind and Water[M]. London: G T Foulis, 1971.
[32] KERWIN J E, HADLER J B. Propulsion, Principles of Naval Architecture Series [S]. Society of Naval Architects and Marine Engineers, Jersey City, New Jersey.
[33] KEUNING J A, SONNENBERG U B. Approximation of the Hydrodynamic Forces on a Sailing Yacht Based on the 'Delft Systematic Yacht Hull Series' [C]. 15th International

HISWA Symposium on Yacht Design and Yacht Construction, Amsterdam, 1998.
[34] KEUNING J A, KATGERT M. A Bare Hull Resistance Prediction Method Derived From the Results of the Delft Systematic Yacht Hull Series Extended to Higher Speeds [C]. International Conference on Innovation in High Performance Sailing Yachts, Lorient, 2008.
[35] KEUNING J A, VERWERFT B. A new Method for the Prediction of the Side Force on Keel and Rudder of a Sailing Yacht based on the Results of the Delft Systematic Yacht Hull Series [C]. 19th Chesapeake Sailing Yacht Symposium, Annapolis, 2009.
[36] KINNEY F S. Skene's Elements of Yacht Design [M]. New York: Dodd, Mead & Co, 1973.
[37] LACKENBY H. ITTC Dictionary of Ship Hydrodynamics [K]. Marine Technology Monographs. Royal Institute of Naval Architects, London, 1978.
[38] LARSSONL. Scientific Methods in Yacht Design [J]. Annual Review of Fluid Mechanics, Vol 22, pp. 349 – 385, 1990.
[39] LARSSON L, RAVEN H C. Ship Resistance and Flow, Principles of Naval Architecture Series, Society of Naval Architects and Marine Engineers, Jersey City, New Jersey, 2010.
[40] LARSSON L, STERN F, VISONNEAU M (eds). Numerical Ship Hydrodynamics – An Assessment of the Gothenburg 2010 Workshop, Springer Science + Business Media B. V., Dordrecht, 2013.
[41] LEER-ANDERSEN M, LARSSON L. An Experimental/Numerical Approach for Evaluating Skin Friction on Full-Scale Ships with Surface Roughness, J [J]. Marine Science and Technology, 8, pp. 26 – 36, 2003.
[42] LE PELLEY D, RICHARDS P. Effective Wind Tunnel Testing of Yacht Sails Using a Real-Time Velocity Prediction Program [C]. 20th Chesapeake Sailing Yacht Symposium, Annapolis, 2011.
[43] LJUNGQVIST K, AXFORS B, TUNANDER H, et al. Investigation of Keel Bulbs for Sailing Yachts [C]. 4th High Performance Yacht Design Conference, Auckland, 2013.
[44] Lloyd's. Rules and Regulations for the Classification of Yachts and Small Craft. Lloyd's Register, Yacht and Small Craft Department [M]. Southampton, 1978 – 1993.
[45] MARCHAJ C A. Aero-Hydrodynamics of Sailing [M]. London: Adlard Coles Nautical, 1979.
[46] MARCHAJ C A. Sailing Theory and Practice [M]. London: Adlard Coles Nautical, 1982.
[47] MARCHAJ C A. Seaworthiness. The Forgotten Factor [M]. London: Adlard Coles Nautical, 1986.
[48] MARCHAJ C A. Sail Performance: Techniques to Maximise Sail Power [M]. London: Adlard Coles Nautical, 1996.
[49] MARSHALL R. Designed to Win [M]. London: Adlard Coles Nautical, 1979.
[50] MARSHALL R. Race to Win [M]. New York and London: W W Norton & Company, 1980.
[51] MARSHALL R. Designed to Cruise [M]. New York and London: W W Norton & Company, 1990.
[52] MILGRAM J H. Sail Force Coefficients for Systematic Rig Variations [R]. Technical Report No. 10, Society of Naval Architects and Marine Engineers, New York, 1971.
[53] MILGRAM J H. Fluid Mechanics for Sailing Vessel Design [J]. Annual Review of Fluid Mechanics, Vol. 30, pp. 613 – 653, 1998.

[54] MILLER R T, KIRKMAN, K L. Sailing Yacht Design – A New Appreciation of a Fine Art [C]. Annual Meeting, Society of Naval Architects and Marine Engineers, New York, 1990.

[55] NBS. Nordic Boat Standard[S]. Det Norske Veritas Classification A/S, Oslo, 1990.

[56] NOMOTO K, TATANO H. Balance of Helm Sailing Yachts – a Ship Hydrodynamics Approach on the Problem [C]. 6th Symposium on Development of Interest to Yacht Architecture, Amsterdam, pp. 64 – 89, 1979.

[57] NOWACKI H, BLOOR M I G, OLEKSIEWICZ B (eds). Computational Geometry for Ships [J]. World Scientific, Singapore, 1995.

[58] OBARA C J, VAN DAM C P. Keel Design for Low Viscous Drag[C]. 8th Chesapeake Sailing Yacht Symposium, 1987.

[59] OLOFSSON N. Force and Flow Characteristics of a Partially Submerged Propeller[M]. PhD Thesis, Chalmers University of Technology, Department of Naval Architecture and Ocean Engineering, Gothenburg, 1996.

[60] ORYCH M. Calculations of the Flow and Resistance Components of Systematically Varied Keel/Bulb Winglets in Upright and Heeled Conditions [R]. Report No. X – 05/168, Department of Shipping and Marine Technology, Chalmers University of Technology, Gothenburg, 2005.

[61] OTTOSSON P, LARSSON L, BROWN M. The Effect of Pitch Radius of Gyration on Sailing Yacht Performance[C]. 1st High Performance Yacht Design Conference, Auckland, 2002.

[62] PHILLIPS-BIRT D. Sailing Yacht Design[M]. London: AdlardColes Nautical, 1966.

[63] POOR C L. The International Measurement System [M]. London: Offshore Racing Council, 1986.

[64] ROUSMANIERE J (ed). Desirable and Undesirable Characteristics of Offshore Yachts [M]. New York and London: W W Norton & Company, 1987.

[65] SPONBERG E W. 'Carbon Fibre Sailboat Hulls: How to Optimize the Use of an Expensive Material' [J]. Marine Technology, Vol. 23, No. 2, April 1986, pp. 165 – 174, 1986.

[66] STREET D M 1973 and 1978. The Ocean Sailing Yacht, Vol 1 & 2[M]. New York and London: W W Norton & Company, 1973, 1978.

[67] Symposium on Developments of Interest to Yacht Architecture[C]. Held bi-annually since 1969. HISWA, Amsterdam.

[68] TINOCO E N, et al. IACC Appendage Studies [C]. 11th Chesapeake Sailing Yacht Symposium, 1993.

[69] VTT 1997. VTT-NBS Extended Rule[R]. Technical Research Centre of Finland, Technical Report VTT VALB172, Helsinki.

[70] WERNER S, LARSSON L, REGNSTRM B. A CFD Validation Test Case-Wind Tunnel Tests of a Winglet Keel [C]. 2nd High Performance Yacht Design Conference, Auckland, February, 2006.

[71] WHICKER L F, FEHLNER L F 1958. Free-stream characteristics of a family of low-aspect ratio, all movable control surfacesfor application to ship design[R]. Technical report 933, David Taylor Model Basin, Bethesda, 1958.